高等职业教育工商管理系列精品教材

现代企业管理与实务

主　编　张　武　康开洁
副主编　韦海晋
参　编　张晓婷　陈宏刚　卜鹏爱
　　　　郭文斌　王文娟　刘美言

北京理工大学出版社
BEIJING INSTITUTE OF TECHNOLOGY PRESS

版权专有　侵权必究

图书在版编目（CIP）数据

现代企业管理与实务 / 张武，康开洁主编. --北京：北京理工大学出版社，2022.7（2022.8 重印）

ISBN 978-7-5763-1477-9

Ⅰ. ①现… Ⅱ. ①张… ②康… Ⅲ. ①企业管理-高等学校-教材 Ⅳ. ①F272

中国版本图书馆 CIP 数据核字（2022）第 118404 号

出版发行 / 北京理工大学出版社有限责任公司	
社　　址 / 北京市海淀区中关村南大街 5 号	
邮　　编 / 100081	
电　　话 /（010）68914775（总编室）	
（010）82562903（教材售后服务热线）	
（010）68944723（其他图书服务热线）	
网　　址 / http://www.bitpress.com.cn	
经　　销 / 全国各地新华书店	
印　　刷 / 涿州市新华印刷有限公司	
开　　本 / 787 毫米×1092 毫米　1/16	
印　　张 / 20	责任编辑 / 王晓莉
字　　数 / 518 千字	文案编辑 / 王晓莉
版　　次 / 2022 年 7 月第 1 版　2022 年 8 月第 2 次印刷	责任校对 / 刘亚男
定　　价 / 52.00 元	责任印制 / 施胜娟

图书出现印装质量问题，请拨打售后服务热线，本社负责调换

前　言

中国经济在经历了几十年的快速增长之后，工业企业的发展模式、业态以及增长动力都已发生巨变，经济增长已由传统的要素驱动、投资驱动转向创新驱动。尤其是数字产业作为数字经济发展的核心驱动和竞争力根本，正成为各地谋划"十四五"产业发展的共同选择，竞争加剧，维持正常的增长率和平均利润率成为不少企业追求的目标。数字经济创造新的竞争机制，带给传统经济的"鲶鱼效应"持续放大，在激发新主体、新模式、新业态的同时也带来更多治理难题。《现代企业管理与实务》是在数字经济背景下系统研究企业管理活动中的基本规律和一般方法的实用型教材。本书致力于帮助读者在学习过程中形成清晰、科学的现代企业管理观念。本书在以求实、创新为核心思想的同时，坚持学以致用的编写理念，注重帮助读者发现企业管理的问题所在，并积极探讨解决问题的思路与方法。目的是健全企业管理制度，完善企业机制，提高我国数字经济环境下企业治理体系和治理能力的现代化水平。作为精品课程建设与教学团队建设的成果，《现代企业管理与实务》具有这样几个显著的特点：

第一，风格简明、主线突出、结构优化。本书全局力求简洁明了，力争用有限的篇幅来高效、准确地阐述企业管理的知识体系。每个模块都突出了一条逻辑主线，特别是创新应用的模块，着眼于当下时政与管理职能的相互联系、相互影响，着眼于管理定量技术的应用。

第二，科学规范、与时俱进、内容新颖。本书在知识点的编排上，力求采用权威或经典的表述方式，确保概念、理论的表述准确。书中注重吸收国内外管理研究的新成果、新案例，强调管理的新思维、新理念，体现管理理论的新发展。同时，相关知识点与"课堂拓展"融合自然，并以二维码呈现，便于教学。

第三，释义准确、通俗易懂、易于教学。本书以通俗的语言，深入浅出地介绍管理工作的理论、过程，职能开展的具体方法。在内容上注重选取学生课堂上易于讨论的问题和便于开展实训的方法，有简有繁，突出重点，并注重案例教学，每个模块都安排有"导入案例""管理启发"和"案例分析"，易于广大教师进行案例教学。

管理学是高等院校管理类、经济类专业的核心课程，也是一些非经管类专业的选修课程。本书读者群既包括大学本、专科生，也包括各行各业的一线工作者。可作为高职本、专科各专业的管理学先导课和管理思维培养选修课。本书由张武同志提出撰写脚本，经课程团队反复讨论，确定了现在的基本框架，最后由康开洁同志负责统稿。各模块的具体分工是：

模块一,由张武编写;模块二、模块十五,由张晓婷编写;模块三、模块四,由康开洁编写;模块五、模块六,由陈宏刚编写;模块七、模块十四,由卜鹏爱编写;模块八、模块九,由郭文斌编写;模块十、模块十一,由王文娟编写;模块十二、模块十三,由刘美言编写。韦海晋同志为全书撰写思路的确定提供了宝贵的意见。

感谢北京理工大学出版社对本书的长期支持,感谢众多合作者多年来的帮助和提携,感谢曾经参与课堂的众多人士与我们分享他们的智慧、灵感和经验。

编 者

目　　录

模块一　数字化时代的管理变革 ··· 001
　　学习单元一　数字经济时代 ··· 003
　　学习单元二　数字化新技术概述 ·· 010
　　学习单元三　数字时代的管理变革 ··· 012
　　学习小结 ··· 015
　　复习思考题 ·· 015

模块二　现代企业制度 ··· 016
　　学习单元一　企业及企业类型 ··· 017
　　学习单元二　企业组织结构设计及类型 ·· 021
　　学习单元三　现代企业制度及公司治理结构 ·· 026
　　学习小结 ··· 032
　　复习思考题 ·· 032

模块三　管理概述 ··· 033
　　学习单元一　管理的性质和职能 ·· 034
　　学习单元二　管理思想与理论 ··· 040
　　学习单元三　管理者素质 ··· 051
　　学习小结 ··· 055
　　复习思考题 ·· 055

模块四　计划与有效决策 ·· 057
　　学习单元一　计划概述 ··· 058
　　学习单元二　计划工作的过程 ··· 062
　　学习单元三　预测与有效决策 ··· 069
　　学习小结 ··· 077
　　复习思考题 ·· 078

模块五　组织与环境 ·· 079
　　学习单元一　组织环境概述 ·· 080
　　学习单元二　环境分析方法 ·· 081
　　学习单元三　企业社会责任 ·· 086

学习小结 ………………………………………………………………………… 089
　　　复习思考题 ……………………………………………………………………… 089

模块六　领导与控制 …………………………………………………………………… 090
　　　学习单元一　领导职能 ………………………………………………………… 091
　　　学习单元二　激励与沟通 ……………………………………………………… 103
　　　学习单元三　控制职能 ………………………………………………………… 122
　　　学习小结 ………………………………………………………………………… 129
　　　复习思考题 ……………………………………………………………………… 130

模块七　企业战略管理 ………………………………………………………………… 132
　　　学习单元一　企业战略概述 …………………………………………………… 133
　　　学习单元二　企业战略管理的过程 …………………………………………… 137
　　　学习单元三　企业经营战略 …………………………………………………… 140
　　　学习小结 ………………………………………………………………………… 146
　　　复习思考题 ……………………………………………………………………… 147

模块八　人力资源管理及企业文化建设 ……………………………………………… 149
　　　学习单元一　人力资源管理认知 ……………………………………………… 150
　　　学习单元二　人力资源管理体系构建 ………………………………………… 153
　　　学习单元三　企业文化体系建设 ……………………………………………… 162
　　　学习小结 ………………………………………………………………………… 170
　　　复习思考题 ……………………………………………………………………… 171

模块九　营销管理 ……………………………………………………………………… 172
　　　学习单元一　市场营销管理理念 ……………………………………………… 173
　　　学习单元二　营销战略 ………………………………………………………… 177
　　　学习单元三　营销策略 ………………………………………………………… 184
　　　学习单元四　现代市场营销理念与方式 ……………………………………… 191
　　　学习小结 ………………………………………………………………………… 196
　　　复习思考题 ……………………………………………………………………… 197

模块十　生产运作管理 ………………………………………………………………… 198
　　　学习单元一　生产与生产运作管理 …………………………………………… 199
　　　学习单元二　生产过程组织 …………………………………………………… 204
　　　学习单元三　生产计划与控制 ………………………………………………… 211
　　　学习小结 ………………………………………………………………………… 216
　　　复习思考题 ……………………………………………………………………… 216

模块十一　质量管理 …………………………………………………………………… 218
　　　学习单元一　质量与质量管理 ………………………………………………… 219
　　　学习单元二　质量管理体系 …………………………………………………… 224

学习单元三　质量控制方法及数字化质量管理 229
　　学习小结 236
　　复习思考题 236

模块十二　成本管理 238
　　学习单元一　成本管理概述 239
　　学习单元二　成本管理及控制 243
　　学习小结 252
　　复习思考题 252

模块十三　技术经济分析 253
　　学习单元一　技术经济与企业管理 254
　　学习单元二　技术经济分析指标 259
　　学习单元三　价值工程 262
　　学习单元四　先进制造系统与项目评价 266
　　学习小结 272
　　复习思考题 272

模块十四　创新管理 274
　　学习单元一　创新概述 275
　　学习单元二　创新过程及其管理 280
　　学习单元三　培养创新思维 282
　　学习单元四　大数据时代的企业创新 290
　　学习小结 293
　　复习思考题 293

模块十五　工业企业的"绿色"管理 296
　　学习单元一　企业"绿色"管理战略 297
　　学习单元二　"双碳"模式下的企业转型升级 303
　　学习单元三　企业节能减排体系构建 308
　　学习小结 311
　　复习思考题 311

模块一
数字化时代的管理变革

> **本模块学习目标**
> 1. 理解数字经济的含义；
> 2. 掌握工业经济的时代定位及特征；
> 3. 了解数字化技术的典型应用场景；
> 4. 了解工业数字化时代的内涵及特征；
> 5. 了解数字技术对管理变革的影响作用。
>
> **能力目标**
> 通过本模块学习，首先让学生了解工业经济的时代划分原则，并对当前所处的工业经济有一个明确的定位；其次让学生了解数字技术的典型应用场景，从而理解技术革命对现代工业企业管理变革所带来的深层影响。
>
> **关键概念**
> 数字化　时代定位　管理变革

【导入案例】

电信行业的颠覆来自无线网络。

汽车行业的颠覆来自特斯拉。

相机行业的颠覆来自手机。

银行的颠覆来自支付宝。

还有哪些行业被什么颠覆了？

2021年10月25日晚间，特斯拉股价大涨12.66%，市值一举突破万亿美元。继苹果、微软、谷歌、亚马逊四大巨头之后，特斯拉也加入了市值万亿美元俱乐部。是什么使特斯拉在短短的近20年时间就超越所有的汽车企业，有些甚至是百年老企，一举问鼎汽车行业的头部企业？从数字化时代的视角来看，特斯拉在2011年开始推进"设计工作室"（Design Studio），利用Gigafactory的数字孪生制造（Digital Twin Manufacturing）能力，确定了自己的江湖地位。

埃隆·马斯克（Elon Musk）十多年前展示电动汽车前景的时候，几乎没有人相信它会是一个颠覆性力量。按照美国常说的一个词"新领地"（New Territory），马斯克希望把特斯拉打造成汽车领域新领地的领主。

那么是什么造就了特斯拉的颠覆性力量？一是眼光。马斯克2003年进入汽车行业时，就选择纯电动汽车，而传统汽车企业对此嗤之以鼻。二是数字化制造。走进特斯拉上海超级工厂，其犹如"科技电影世界"的数字化、智能化制造扑面而来。特斯拉自主研发了生产制造控制系统（MOS），具备人机交互、智能识别及追溯功能，深入支持世界顶级的制造工艺。MOS 系统深度应用于整车制造、电池车间、电机车间等，在提升工艺、工程设计、质量控制等方面，堪称"数字化大白"。通过对人、机、物的全面互联，构建起全要素、全产业链、全价值链全面连接的新型生产制造和服务体系，工业互联网是数字化转型的实现途径，能有效变革生产制造模式。特斯拉上海超级工厂就是数字化、智能化制造的典范。

特斯拉整个质量管控由三大基本面共同支撑：

首先，数字化、智能化的生产制造控制系统在产品质量精细化管理方面发挥了重要作用，它实现数据采集和精确追溯等功能。其中数据采集系统实现了从细节到整体的全方位数据收集，不仅达到全尺寸监控和管理，还实现了整车工厂与全供应链零件尺寸检测数据的实时采集。同时支持自动进行大数据分析，对尺寸偏差进行预判；精确追溯系统则会对关键工位安装及过程参数监控全记录，支持追溯生产过程数据查询和分析。

在生产制造过程中特斯拉设置了细致又严苛的质量检测环节。生产过程中会针对车身尺寸进行标准化控制，多种检测工具与自主开发的测量数据分析系统相结合，发现变异及时报警；同时整车固件电器功能可以实现 281 项自动检测，配合人工检测确保功能正常。值得一提的是，针对电池、电机等关键零部件，特斯拉采用近 50 套自动检测设备进行检测，确保气密、高压绝缘、电性能、电机焊接质量等符合标准，并且所有测试数据 100% 上传到数据库长期可追溯。

此外，特斯拉还设立了 Audit 评审这一人工检验方式。Audit 评审是由经过专业训练的评审员独立地站在用户使用产品的立场上，以专业、全面的眼光，对已确认合格的整车进行随机抽样质量评价，确保每台车都达到质量要求。特斯拉相信，完全从用户角度出发审视产品，更能发现问题并改进问题。这对批量生产的工业产品来说是一个极为苛刻的要求。

车辆下线并非质量管理的终点。车辆下线后，售后质量管理开始"接管"。从车辆下线出厂开始，从物流运输环节、交车前检查环节、交付后客户使用环节，全面呵护车辆的质量表现和客户的用车感受，快速响应市场抱怨，高效解决客户需求。正是这"抽丝剥茧"的质量管理体系，实现了全过程质量数字化监控、智能化分析和预防工作，真正让消费者用得放心。

 管理启示

特斯拉的成功从宏观上来看，源自大场景数字化技术的应用，但从深层剖析的角度来看，是这个时代对企业的管理形态、组织模式等产生的"颠覆性"变革带来的，应是对管理理论及范式的创新。比如组织模式，在第三次工业革命中，以信息技术为主导的模式变革诞生了丰田模式，它强调了质量和效率。而在数字化时代，特斯拉则进一步将营销、生产、销售和技术的策略结合在一起，从而颠覆了汽车行业，也因此催生了一种颠覆式的组织模式，这种模式或将成为当代工业的全新范式。其更着重为企业的业务创造一个生态环境，让其中的"用户系统"和"环境要素"为企业进化和发展触发原动力，从而去掉生产者和消费者之间的中介，让数字平台成为驱动的触手。以前是市场给订单，然后组织资源生产。而现在在新的模式下，是把用户或客户集中在自己的数字平台上，不断地去推送相应的服务，创造新的价值。通过组织的变革和业务模型变革，使特斯拉能维护好用户体验的内核，从而提供更高的企业内部效率。

丰田模式

学习单元一 数字经济时代

人类经济的发展，大体上可以分为三个阶段，即农业经济时代、工业经济时代和知识经济时代。也有理论学者将知识经济时代称为数字经济时代。在第一个阶段，经济发展的关键是生产力；在第二个阶段，经济发展主要取决于先进生产力；在第三个阶段，推动经济发展至关重要的杠杆是科学技术生产力。从人类生产力发展进程来看，人们已经经历了农业经济时代和工业经济时代，目前处于从工业经济时代向数字经济时代迁移的关键时期。一般来看，数字化时代有四个重要特征：第一，数字化的信息、知识和数据成为重要的生产要素；第二，无时不在、无处不在、无事不在的信息网络成为重要基础设施（新基建）；第三，日益演进、不断迭代升级的新一代信息技术不断赋能数字产业化和产业数字化；第四，信息网络技术的渗透为我们的生活方式、生产方式、社会运行方式、政府及工业企业管理方式都带来了重大变革。其时代划分及跃迁如图1-1所示。

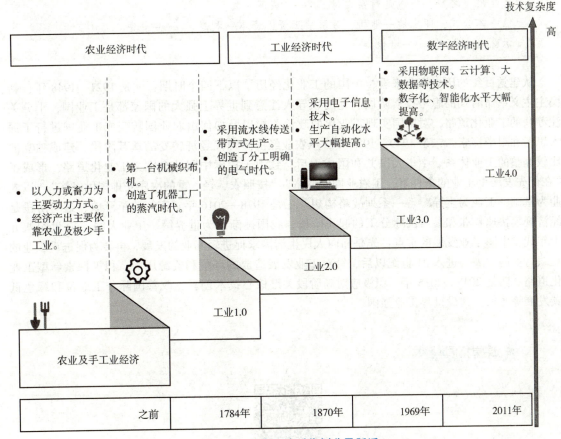

图1-1　人类经济时代划分及跃迁

农业经济时代形成时间大约是在新石器时代，也就是距今4 000年前。在农业经济社会，人们主要凭借直接经验从事农业生产，农业生产主要是通过积累经验的方式得以传承并缓慢发展。农业生产的第一次飞跃源于人们学会了使用铁犁牛耕而进行精耕细作。

我国的农业经济时代有着悠久的历史并为世界贡献了极其灿烂的农业文明。早在八九千年前，中原华夏族就开始了中国农业的农耕实践。随着耕播农业的

沟洫农业时期

出现，原始的天文、历法、气象、水利、土壤、肥料、种子等知识和技术相应产生。学者将这一时期称为农业实践时期，其后历经沟洫（xù）农业时期、精耕细作时期及当代的农业现代化。虽然目前我国是世界第二大经济体，但不能说完全摆脱了农业经济的时代特征，比如农业人口占比依然巨大、城镇化率依然不高、农业现代化水平依然偏低等，只能说我们正处在从农业化向工业化转型期。

工业经济时代形成在 18 世纪，知识经济时代形成在 20 世纪 40 年代左右。农业经济时代向工业经济时代转变的"分水岭"是 18 世纪中叶。工业经济时代大约可分为两大阶段，前一阶段从 18 世纪中叶到 19 世纪下半叶，为蒸汽动力时代；后一阶段从 19 世纪末叶到 20 世纪中叶，为电力时代。

问题互动

想一想：下列名言是属于哪个经济发展阶段的？
"劳动是财富之父，土地是财富之母。"——威廉·配第
"三位一体公式，即土地—地租，劳动—工资，资本—利息。"——萨伊
"知识就是力量。"——培根

从建党百年的历史视角来看，中国的工业化经历了以下四个时期：一是 1921—1948 年，新民主主义革命时期的思考探索阶段。党的领导人注意到世界上强大的国家都是工业国，十分关注苏联的工业化道路，对中国实现工业化的政治前提以及如何由农业国转变成工业国进行了深入思考和艰辛探索。二是 1949—1977 年，从农业经济向现代经济转变的奠基阶段，建成独立的比较完整的工业体系。中华人民共和国成立后，致力于探索中国社会主义工业化道路，形成了"在优先发展重工业的条件下，工农业同时并举""按照农、轻、重的次序安排国民经济""以农业为基础，工业为主导"等一系列战略构想。三是 1978—2016 年，实行改革开放，这一阶段是经济规模快速扩张和参与国际分工的起飞阶段，我国逐渐成为世界第一工业大国。20 世纪八九十年代，中国工业发展的重点：先是面向人民生活需求促进轻工业的发展，再转为促进重工业的短缺行业的发展。进入 21 世纪以后，针对工业发展造成的环境和资源压力，积极探索新型工业化道路。四是 2017—2035 年，积极应对新阶段关键核心技术创新、改善国际分工地位和绿色低碳发展等要求，建设世界工业强国。

课堂拓展

铁人精神

一、工业经济的时代定位及演进

从水蒸气、电子工程技术和 IT 技术的应用开始，工业社会从工业 1.0 时代逐步跨入了工业 3.0 时代。工业 4.0 的概念一经提出，就在欧洲乃至全球制造业引起了极大的关注和认同，美国、德国、日本、中国都纷纷提出了自己的工业 4.0 战略。这反映了全球范围内存在一项共识：工业制造

业的发展正处于关键的十字路口，各国都想通过模式之变来获得制造业新格局里的领导地位。

工业 4.0 在制造过程中的物料本身携带信息，物料与设备能够交换信息，基于信息能够形成智能、灵活的生产制造流程，从而使生产制造模式发生根本性改变。这种改变能够脱离传统制造业的困境，使制造过程能够以小批量、定制化的方式就近进行。也因此，人们将之前的制造业发展定义为工业 1.0 到 3.0，其中每个阶段都有革命性的变化。

工业经济的时代定位及演进如图 1-2 所示。工业经济的时代定位及演进简表如表 1-1 所示。

工业 1.0 时代，也称为第一次工业革命。其分为两个阶段，第一个阶段称为机械化。18 世纪 60 年代到 19 世纪 40 年代，以水和蒸汽为动力的机械应用到工厂之中。1765 年，织布工詹姆士·哈格里夫斯发明了被称为"珍妮机"（Spinning Jenny）的手摇纺纱机。"珍妮机"一次可以纺出许多根棉线，极大地提高了生产率。由此，揭开了工业革命的序幕。第二个阶段称为蒸汽时代，1785 年，瓦特研制成的改良型蒸汽机投入使用，提供了更加便利的动力，推动了机器的普及和发展。人类社会由此进入了"蒸汽时代"。同时，工厂也成了工业化生产的最主要组织形式，发挥着日益重要的作用。此后，以蒸汽为动力的发明不断出现，1840 年英国成为世界上第一个工业国家。

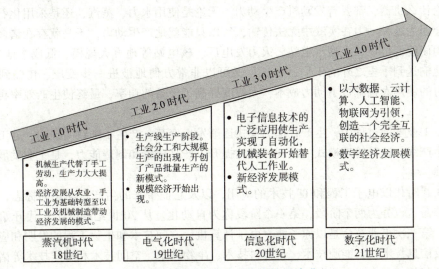

图 1-2　工业经济的时代定位及演进

表 1-1　工业经济的时代定位及演进简表

时代定位	工业革命	阶段内容	年代划分	标志物	生产力演进
工业 1.0 时代	第一次工业革命	机械化	1765 年	珍妮机	以机械动力代替手工劳动
		蒸汽时代	1785—1840 年	蒸汽机	开启了化石能量转化时代
工业 2.0 时代	第二次工业革命	电气化	1866—1870 年	发电机	创造了新的能量形式
		电气时代	1870—1900 年	电气装备	发明各类电器，能源输出更方便高效
工业 3.0 时代	第三次工业革命	自动化	1945—1980 年	电子计算机	生产工具产生新的跃升
		太空技术	1957—1981 年	人造卫星	人类探索向外太空发展，成为人类生产力的新补充
工业 4.0 时代	第四次工业革命	智能化	2013 年至今	人工智能	算力增强和数字化应用成为生产力的关键动能

水和蒸汽作为动力来源，替代了动物和人，使机械化得到大规模的发展，同时使人类生产效率得到大幅度提升。工业 1.0 时代之前，交通运输依靠的是马车，马车的大小和速度存在天然的限制，运输效率也不高。所以，古代战争中"兵马未动，粮草先行"，就是因为物流效率低、成本高，所以只好提前准备。

工业 2.0 时代，也称为第二次工业革命。也分为两个阶段，第一个阶段称为电气化。19 世纪 60 年代后期，以电力为动力，工厂实现大规模生产，由此，开始了第二次工业革命。1866 年，德国人西门子制成了发电机；到 19 世纪 70 年代，实际可用的发电机问世。第二个阶段称为电气时代。电器开始代替机器，成为补充和取代以蒸汽机为动力的新能源。随后，电灯、电车、电影放映机相继问世，人类进入了"电气时代"。19 世纪七八十年代，以煤气和汽油为燃料的内燃机相继诞生，19 世纪 90 年代柴油机创制成功。内燃机的发明解决了交通工具的发动机问题，推动了石油开采业的发展和石油化工工业的生产。1870 年，全世界生产大约 80 万吨石油，而 1900 年的年生产量猛增到了 2 000 万吨。

电力的使用和大规模的分工合作模式开启了制造业的第二次革命。制造业无论采用什么设备和技术，动力始终是其基础性的核心要素。无论是轮船还是马车，都需要动力驱动，否则无法前行。无论什么机器，都要有发动机产生动力。无论是使用水力、蒸汽，还是采用化石燃料生成动力，都会因为这种动力在实践中无法传输，所以只能就地产生动力，于是就存在诸多限制。而电力的使用使能源可以从大型水电站、火力发电厂、核电站等地方大规模、低成本地生产出来，并低成本地输送到千里之外的工厂，在工厂又可以非常方便地被进一步变压、传输到需要的设备上。电力的使用大幅降低了动力成本，大幅度提高了设备的功率，最终使生产效率再次得到跨越式提升。

此外，工业发展过程中，生产管理的模式逐渐发生变革，产生了细致明确的、分工合作的大规模制造生产线。这种管理模式的出现，有效提升了产品质量和制造能力，是工业发展之路上的重要里程碑。

工业 3.0 时代以电子工程和 IT 技术的应用，以及它们带来的生产自动化为标志，也称为第三次工业革命。也分为两个阶段，第一个阶段称为自动化。从 20 世纪四五十年代开始了新科学技术革命。第三次工业革命是以原子能、电子计算机、空间技术和生物工程的发明和应用为主要标志，涉及信息技术、新能源技术、新材料技术、生物技术、空间技术和海洋技术等诸多领域的一场信息控制技术革命。在此期间采用电子信息技术实现生产自动化。第二个阶段称为太空技术发展期。1957 年，苏联发射了世界上第一颗人造地球卫星，开创了空间技术发展的新纪元；1958 年，美国也发射了人造地球卫星；1959 年，苏联发射的"月球 2 号"卫星成为最先把物体送上月球的卫星；1961 年，苏联宇航员加加林乘坐飞船率先进入太空；1969 年，美国人尼尔·阿姆斯特朗和巴兹·奥尔德林实现了人类登月的梦想。1981 年 4 月 12 日，美国第一个可以连续使用的"哥伦比亚"号航天飞机试飞成功，并于两天后安全降落。

一方面，电子信息技术的发展带动了电子产品的飞速发展，产生了可以实现各种复杂计算功能的芯片和电路，使各种非常复杂的产品功能得以实现；另一方面，电子信息技术的发展使人与人的信息沟通变得快速方便，并且成本很低。无线电和互联网在整个人类历史上是重要的里程碑，它加快了人与人的沟通速度，让信息传递变得非常快捷和低成本。这极大地促进了制造领域的远距离分工合作，使全球范围内的分工合作得到高速发展，制造业的效率以及创新性因此提升到了新的高度。

由电子技术的发展而产生的复杂电子产品以及基于网络的信息沟通，产生了高度自动化的生产线。与工业 1.0 及工业 2.0 时代不同，工业 3.0 时代生产线上的工人数量大幅下降，整个生产线都是以全自动或者半自动的方式运行。

工业4.0是第四次工业革命，是以互联网产业化、工业智能化、工业一体化为代表，以人工智能、清洁能源、无人控制技术、量子信息技术、虚拟现实为主的全新技术革命。工业4.0是由德国政府在《德国2020高技术战略》中所提出的十大未来项目之一。自2013年4月在汉诺威工业博览会上正式推出以来，工业4.0迅速成为德国的另一个标签，并在全球范围内引发了新一轮的工业转型竞赛。

相对来说，这一次变革仍然处于起步阶段。依靠高级的软件和能够通信的机器设备，工业4.0将使工业生产进一步优化。

《中国制造2025》是中国政府实施制造强国战略第一个十年的行动纲领。《中国制造2025》提出，坚持"创新驱动、质量为先、绿色发展、结构优化、人才为本"的基本方针，坚持"市场主导、政府引导，立足当前、着眼长远，整体推进、重点突破，自主发展、开放合作"的基本原则，通过"三步走"实现制造强国的战略目标：第一步，到2025年迈入制造强国行列；第二步，到2035年中国制造业整体达到世界制造强国阵营中等水平；第三步，到中华人民共和国成立100年时，综合实力进入世界制造强国前列。

问题互动

通过工业经济的时代定位及演进简表，同学们想一想，工业5.0时代可能的形态是什么？或者有什么阶段性的跃升？同学们可以张开思想的翅膀，就人类工业发展更广阔的前景展开充分的想象。

二、认知工业数字时代

1. 工业数字时代的特征

数字时代是一个泛化的概念，是电子信息时代的代名词，因其基础要素是数据，故以数字时代命名。以互联网为代表的生产工具和以数据为代表的生产资料深度应用于当今社会的各个行业，催生了"四新"经济，即"新技术、新产业、新业态、新模式"的经济形态。现在社会上出现的一些新名词，如"绿色矿山""智慧气象""智能制造"及"数智财务"等都是"四新"经济的具体体现。

从对工业企业的影响力角度来说，数字时代的工业企业变革一般是指第四次工业革命，是在21世纪以后发展起来的以物联网、大数据、机器人及人工智能为代表的数字技术所驱动的社会生产方式变革。它推动工厂之间、工厂与消费者之间的"智能连接"，使生产方式从大规模制造转向大规模定制。

第四次工业革命的核心是网络化、信息化与智能化的深度融合。在这场技术革命中，工厂内外的生产设备、产品及人员之间将连接在一起，收集分析相关信息，预判错误，不断进行自我调整，以适应不断变化的环境。其主要特点为：

第一，一切互联（人与人、机器与机器、机器与人），互联不是简单地把数据沉淀下来，而是从本质上逐渐改变社会、企业以及人的生活方式，这些改变给企业提出了新的要求和挑战。

第二，客户需求多元化、个性化，客户需求呈现出更加多元化和个性化的趋势。这种个性化和多样化是企业需要关注的，因为我们需要认真思考和研究，发挥自身优势，聚焦细分客户群体，为客户创造价值。

第三，技术的快速迭代和颠覆，科技企业也在不断创新、升级，迭代速度超乎想象。而且很多技术具有相当程度的颠覆作用，可能会把以前的很多东西（如专利、商业模式等）推翻。由此，留给企业家思考和调整的时间窗口变得越来越小。

第四，产品和服务模式发生变化。在工业化时代，企业通过销售产品和服务将"所有权"卖给客户。在今天的数字化时代，很大程度上谈的是客户和企业怎么"黏"在一起，怎么分享更多价值，产品和服务是否真的给客户带来价值。

那么企业应该怎么办呢？

首先，也是最核心的要点是，创造客户和市场需求。通过创新手段，企业要为客户带来更多价值，满足个性化和多元化需求，实现消费升级。

其次，数字化的知识和信息成为重要生产要素。一切都在数字化，其中技术的作用是多方面的，比如给员工赋能，从而优化产品、业务、流程、客户等各部分。数字化比较快的行业是零售，因为互联网企业的零售数据沉淀得比较好。接下来是金融业、银行业。银行的信息化比较早，储存了大量数据。再往下是医疗行业，但医疗行业数据量非常大，如何打通数据、运用数据，可能不是企业能解决的问题，还需要政府、社会一起协作。所以，有数据积淀的这些行业都在数字化过程中走得比较靠前。需要强调的是，数字化不是简单地积累业务数据，而是通过大数据的分析和应用去"再造"市场和客户。

再次，企业需要重塑业务模式、组织和文化，使自身变得更敏捷、更柔性，真正以为客户创造价值为目标。

最后，现在企业之间的关系，很大程度已不再是原来的绝对竞争关系，而是一个如何培育"共享生态"的概念。这不是一个技术问题，而是整个商业模式、组织分化的转型和重塑。数字化对企业、企业管理者来讲，意味着"为客户价值而管理"。这一点和原来的视角完全不一样。

启发案例

星巴克在数字化时代如何与时俱进？

门店业务：目前在中国门店超过 4 000 家。门店毫无疑问是星巴克最好的起点，所以继续扩大门店，其中国门店扩大的速度远远高于全球平均速度。这一业务形态是星巴克的传统业务板块。

外卖业务：截至 2020 年，星巴克已经在中国 100 个城市的 3 000 家门店上线了外卖服务"专星送"。中国客户喜欢点外卖，所以星巴克也不得不适应整个市场的竞争。

手机订单：订单量在 2020 年第一财季达到整体订单量数的 10%（其中有 7% 来自外卖，3% 来自最近上线的 App 点餐到店自提）。手机下单在美国并不是非常流行的趋势，但在中国市场当年的速度明显加快，星巴克希望能够离客户更近一些。

"啡快门店"（Starbucks Now）：门店面积小，座位较少，店内只有 1~2 个咖啡师，除了常规的门店点单以外，主要服务用手机 App 点单、到店自提的消费者，也提供外送服务。

"星巴克家享咖啡"（Starbucks At Home）系列（21 款咖啡产品，包括咖啡胶囊、烘焙咖啡豆、研磨咖啡粉）。

最后两条是星巴克为了满足客户不同的需求而开发的一系列产品和服务。毕竟不是每一位客户都需要到店里去买咖啡或者跟朋友相聚，很可能客户会有家庭性的需求，所以星巴克与雀巢等品牌合作，推出了"星巴克家享咖啡"。

数字化解决方案的实施为星巴克开辟了更广泛的为客户创造价值的场景。由于与数字技术结合，以前希望做但很难实现的，现在具有了可能性。显然，星巴克会坚持以线下门店为主打，这是它与很多竞争对手不同的优势，但在线上化的过程中，为加快速度，它正在与其他企业合作，例如外卖服务，它就选择了与阿里巴巴合作。

2. 各国第四次工业革命愿景

第四次工业革命是全球性现象，已经引起了世界各国的高度重视。世界主要工业国家近年来已经制定了相应的战略措施。

德国

德国在2013年提出"工业4.0战略"，目的是利用物联网等技术，将产品、设备、资源与人连接起来，实现产品制造流程的自动化，构成产业链中企业之间的合作系统。

目前，西门子、SAP、博世等大企业为提供网络平台技术展开了竞争。德国政府、行业协会等成立了指导委员会与工作组来推进工业4.0战略，并且在标准、商业模式、研究开发与人才方面采取了一系列措施，比如融合相关国际标准来统一服务和商业模式；建立适应物联网环境的新商业模式，使整个ICT产业能够与机器和设备制造商及机电一体化系统供应商联系更紧密；支持企业、大学、研究机构联合开展自律生产系统等研究；加强技能人才培训，使之符合工业4.0的需要。

美国

2019年2月，美国白宫发布了未来工业发展规划，重点关注人工智能、先进的制造业技术、量子信息科学和5G技术。文件称过去几十年，美国在新兴技术方面一直处于领先地位，现在其他国家在努力追赶，为了确保美国的领导地位，特朗普将制定新的规划和相关法律。

工业互联网是美国企业应对第四次工业革命的代表性措施。通用电气公司、电话电报公司、国际商用机器公司、英特尔公司和思科公司联合成立了"工业互联网联盟"，美国、日本及德国等100家企业及机构加入其中，共同商定物联网标准化的基本框架以及分析应用创新实践。工业互联网使行业边界变得模糊，大数据解析成为新价值来源，像通用电气公司这样的制造业企业开始在数据解析方面创造价值，而像谷歌公司这样的信息企业也开始涉足自动汽车等制造业领域。

日本

日本在2015年提出《机器人新战略》，将应用领域分为四大部分，即制造业、服务业、医疗护理、公共建设。目标是利用云储存、人工智能等技术，将传统机器人改变成不需要驱动系统、可与外部物体和人相连接的智能机器人。

现在日本从三个方面推进机器人战略：一是推进工厂内、企业内以及企业间的网络连接。一些企业已经引进了产品周期管理系统，将开发到生产的所有工序进行统一管理。二是一些大企业开始对各个独立系统进行整合，或自制软件加以补充。为了整合工厂控制系统和企业经营系统，实现整体最优控制，日本机器人工业会开发了ORiN软件系统，对不同通信规格的数据进行转换。三是为了在企业之间进行数据共享与社会整体最优控制，日本提出分步骤推进措施，研究企业之间如何划分竞争与协调领域、如何通过数据分享实现能超越单体最优的整体最优，并采取措施以清除数据共享的障碍。

中国

为应对第四次工业革命，中国于2015年出台了《中国制造2025》，明确提出到2020年，要基本实现制造业信息化，在制造业数字化、网络化、智能化方面取得明显进展。为推进战略实施，国家制定了一系列扶持政策，从经商环境、中小企业、人才、财税等方面支持企业进行技术转型升级。2017年工信部、中国电信技术标准技术研究院等机构联合启动了"CPS信息物理系统专家宣讲团"活动，开始推动制造业信息物理系统的综合应用。

中国已经踏入第四次工业革命的大门，并且在5G、互联网、工业互联网、物联网、云计算、大数据等数字化技术赛道中进入第一梯队。在超级计算机方面，核心部件全部国产的中国超算"神威·太湖之光"以每秒9.3亿亿次的浮点运算速度，在国际TOP500组织2017年6月发布的全球超级计算机500强榜单中首次夺冠，并且排名第二的是中国超算"天河二号"。在制造业方面，中国也在向互联网智能化方向转变，生产制造与服务的自动化、信息化水平较以前大大提高。华为在第四次工业革命中，以高科技研发为主，开创了中国5G新时代。

学习单元二　数字化新技术概述

第四次工业革命是以人工智慧、清洁能源、机器人技术、量子信息技术、可控核聚变、虚拟现实以及生物技术为主的技术革命。其中与数字化新技术直接相关的是人工智能、机器人技术和虚拟现实等。对工业企业管理方式产生重大影响的数字化新技术还包括5G技术、工业互联网、物联网、云计算及大数据分析技术。

一、人工智能、机器人及物联网

人工智能（Artificial Intelligence），英文缩写为AI。它是研究、开发用于模拟、延伸和扩展人的智能的理论、方法、技术及应用系统的一门新的技术科学。人工智能是对人的意识、思维的信息过程的模拟，在计算机领域得到了愈加广泛的重视，并在机器人、经济政治决策、控制系统、仿真系统中得到应用。

工业人工智能应用最常见的起点是自动化，但更强大的用途是帮助人类决策和互动。人工智能可以对信息进行分类，并以比人类更高的速度进行预测，因此用人工智能的方法处理工业物联网设备产生的大量数据，可转变为强大的分析和决策工具。

大多数工业人工智能项目按其服务目标大体可分为四类：

（1）工业资产管理的人工智能应用：包括设备自动化、设备稳定运行和设备运行状况监控。

（2）流程的人工智能应用：包括通过跨多个资产设备或跨多个流程的自动化和稳定运行，以提高效率、改善质量和实现产量最大化。

（3）为实现卓越运营和/或业务敏捷性的人工智能应用：包括能源成本优化、预测性维护、物流和调度、研发等。

（4）在CAD/CAM中应用人工智能，优化设计结果。

机器人技术是人工智能的一个分支，主要由电气工程、机械工程和计算机科学工程组成，用于建筑、设计和工业机器人的应用。

物联网（IoT）是连接到互联网上的各种实体之间的互联，它们通过无线数据传输相互通信。这种数据发送和接收不需要人工干预。物联网和人工智能在很大程度上是互补的。物联网设备在其传感器的帮助下，在操作过程中收集大量数据，人工智能可以使用这些传感器提高设备的性能。根据研究，物联网设备每天产生2.5万亿字节的数据。通过人工智能优化，物联网设备可以了解其工作环境模式，并减少停机时间。

二、5G技术与工业互联网

2016年华为公司以PolarCode（极化码）方案取得了5G控制信道eMBB场景编码的标准。相对于4G技术，5G通信技术不仅传输速度和效率更高，而且具备很高的兼容性，可以实现多制式、多模式的结合。5G通信技术极大地提高了人们的信息通信能力，为大数据智能化时代提供有力的信息传输保障。

当前，5G+工业互联网正在深刻改变着工业企业的生产组织方式，进而悄然影响着企业生产及运营管理的各个方面。

5G+工业互联网应用场景

三、云计算及大数据技术

众所周知，人工智能（Artificial Intelligence）、大数据（Big Data）、云计算（Cloud Computing）组成的"ABC"已经是公认的技术趋势。而云计算和大数据除了给人工智能提供算力支持和数据支持外，还将众多来自政府、企业以及个人用户的需求更紧密地结合，衍生出了更为广阔的应用空间和发展潜力。云计算与大数据将引领信息技术的新一轮潮流，会带来工作方式和商业模式的根本性改变。

云计算是分布式计算的一种升级，是分布式计算、效用计算、负载均衡、并行计算、网络存储、热备份冗杂和虚拟化等计算机技术混合演进并跃升的结果。云计算的目的是提升效率，主要是指把资源放到云端，然后按需付费的"共享经济"思维。其特点是高灵活性、可扩展性和高性比。

大数据技术通过对天量数据的高效专业化处理实现数据的"增值"。比如对大量消费者提供产品或服务的企业可以利用大数据进行精准营销，做到"千人千面"，给用户提供足够个性化的产品与服务。

启发案例

飞利浦企业应用上云，运维成本缩减54%

提到飞利浦，你能想到什么？剃须刀？电动牙刷？怎么看它都像是一家电器公司。其实飞利浦公司是一家健康科技公司，致力于在从健康的生活方式及疾病的预防到诊断、治疗和家庭护理的整个健康关护全程。

该公司目前在诊断影像、图像引导治疗、病人监护、健康信息化以及消费者健康和家庭护理领域处于领导地位。

企业上云越发成为一种趋势，"用云量"也正在成为衡量数字经济发展的指标。积极引入移动互联、云计算与大数据等技术，帮助中国社会应对城市化发展、人口老龄化等带来的挑战，是飞利浦在中国的重要战略方向之一。

从设备提供商向全面解决方案提供商的转型中，飞利浦希望交付给客户的不只是一个产品，而是和多方生态共同创造的新型商业模式。

在医疗健康领域，飞利浦通过创新的数字化技术参与慢性病防治和分级诊疗建设，提供从产品、软件到以专病为基础的整体解决方案。比如在北京的医院及一家康复中心，飞利浦与医疗机构一起，对心脑血管疾病的术后康复提供数字化解决方案。

这种商业模式需要更强的IT基础设施支撑，自建数据中心无法满足需求。相对传统的自建机房IT架构，基于云平台来做方案实施除具备灵活、便捷等优势外，还可以将云上提供的大数据、人工智能平台作为基础设施快速融入业务系统。

在包括混合云架构构建、安全架构、业务连续性、企业级云管理服务的能力与资质等一系列技术评审后，2017年飞利浦关闭了苏州的数据中心，将上万人使用的企业应用从传统IT系统迁移到阿里云。

上云之后，飞利浦的IT运维成本缩减了54%；部署一台能够直接应用的服务器仅需几分钟；实现按需调节服务器资源使用量；运维人力成本也显著降低，解放时间专注业务系统的运维与优化。

学习单元三　数字时代的管理变革

另一种对数字技术的简称是"ABCD技术"，即人工智能（Artificial Intelligence）、区块链（Blockchain）、云计算（Cloud Computing）、大数据（Data）。这些底层数字技术的应用加剧了企业之间在价值供给上的竞争。与此同时，基于ABCD等技术而建立的数字化连接打破了组织内部和外部的边界，为跨界经营创造了机遇，企业不得不面临来自不同领域的颠覆式创新和替代式竞争。

ABCD等技术打破了组织边界，赋能企业跨界发展，智能化设备的应用日益推广。使得智能化设备不同的根本原因不在于互联网应用，而在于物体的性质发生了改变，智能化设备性能的扩展及其产生的数据重新定义了用户价值、竞争模式以及竞争边界。传统制约因素的消除改变了竞争方式，竞争过程从"市场内的竞争"转向"市场间的竞争"。用户与用户之间、用户与企业之间以及企业与企业之间的沟通与互动，都比以往任何时期更加频繁、高效。在数字经济浪潮下，替代式竞争是市场运行的基本特征。市场总是在不断淘汰那些低效、无效地向用户供给价值的企业的过程中，完成自我更新与升级。海量数据为企业业务流程的优化以及标准化提供了条件，也增加了维持竞争优势的难度。与那些将互联网技术仅仅作为办公工具的企业相比，能够将互联网技术用于提高核心竞争力的企业在市场竞争中往往获得更多的竞争优势。将ABCD等技术与实体经济进行深度融合，不仅有利于加快传统产业的质量变革、效率变革、动力变革，而且为企业对接全球技术标准、提升国际竞争力奠定了基础。随着ABCD等技术在企业运营中的全面应用，企业势必需要对内部的各项职能活动做出适应性调整，进而不断提高价值创造与供给的效率。

启发案例

曾经有一家世界500强企业，名叫"柯达"，在1991年的时候，它的技术领先世界同行10年，但是2012年1月破产了。

当索尼还沉浸在数码领先的喜悦中时，突然发现原来全世界卖照相机卖得最好的不是它，而是做手机的诺基亚，因为每部手机都是一部照相机，于是索尼业绩大幅亏损。

然后，原来做电脑的苹果出来了，做出了触屏的智能手机，把手机世界老大诺基亚甩到了后面：2013年9月，诺基亚被微软收购了……

但是，事情还没完。2018年，当苹果手机还如日中天时，中国的华为异军突起，又发布了全球首款AI手机，将手机带入了人工智能时代。

思考题：请问：如何理解"战胜了所有对手，却输给了时代"这句话？

一、组织结构趋于网络化、扁平化

对于工业企业而言，战略决定了组织结构。工业化时代，不管是直线制、职能制、直线职能制，还是事业部制、矩阵制，企业组织结构都像金字塔一样，呈现垂直化、科层制、等级制的特点，在应对外部环境变化、资源配置等方面缺乏足够的灵活性。数字经济的高速发展使得企业战略发生转变，也要求企业对组织结构进行创新，重新协调、评估和筹划人财物的组合。企业职能部门之间的协同体现为横向业务的跨界入局以及纵向业务的贯通融会，由此构建起网络化的组织架构。其中，企业、用户都表现为一个个独立的节点，节点之间通过数据传递建立实时连接。网络组织的运营以节点为单位，具有去中心化、去中介化等特点。

以腾讯公司的微信为例，在最早的通信功能上陆续添加了手机充值、生活缴费、城市服务等新功能，并且通过与第三方合作的模式先后推出了车票购买、打车出行、点餐外卖、酒店预订等服务，打造微信生态圈体系。在纵向业务上，借助迁移学习、城市计算等技术实现业务之间的贯通融合，优化价值供给的成本与效率。为了改善城市生活品质，阿里巴巴提出"3公里理想生活圈"，在淘宝、天猫、蚂蚁金服、菜鸟、阿里云等业务的基础上，于2018年入股居然之家、收购饿了么，打通线上与线下的连接，组成新零售生态的"八路纵队"。

二、营销模式趋于精准化、精细化

精准化、精细化营销的基础是透过丰富、海量的数据去深入分析用户的消费行为与意图，开展全渠道营销、拓展数据来源成为必要之举。所谓全渠道营销是指企业采用ABCD等技术，通过实体商店、网上商城、移动终端、社交网络等多元化的渠道满足用户多方面的综合性需求，给予用户全方面的直接沟通以及一体化消费体验，并在不同渠道之间实现精准衔接。

苹果公司旗下iTunes凭借让用户在线整理歌曲库、仅对入库歌曲进行付费的商业模式，减少了用户购买整张唱片专辑的成本以及盗版资源的泛滥，也节省了用户为听喜欢的歌曲而不得不更换CD的时间。iTunes成为美国最大的在线音乐商家，为苹果公司创造了巨大的经济利益。

优衣库以信息化管理的方式打通供应链的主要环节，基于对用户数据的分析进行市场预测，连接线上线下链条，改善生产、分配流程，降低库存数量。同时，优衣库还利用人工智能技术建立全球用户的数据平台，加强对用户需求变化的观察与判断，实现从"为所有人而做"向"为你而做"的转变。

三、生产模式趋于模块化、柔性化

精准化、精细化的营销模式倒逼上游的生产体系发生变化，模块化、柔性化生产模式应运而生，进而逐步替代了工业化时代的单一性、批量化生产模式。为了满足顾客的多样化需求，企业的生产装配线必须具有快速调整的能力。柔性化生产最早由英国莫林斯公司于1965年首次提出，生产技术的发展不断扩大了柔性化生产的内涵与形式。数字技术与制造业的不断融合带来制造范式的变革，制造业在数字化空间中实现闭环、赋能的价值循环。

三一集团作为高度离散化的制造型企业，在经过数字化升级后，建立起基于三维仿真的数字化规划的多车间协同、执行一体化的柔性化生产模式，生产效率、物流配送效率得以提高，生产周期、误操作、不良品率、人力成本、运营成本等均有不同程度的降低。

上汽大通采用C2B模式，在数字化平台上构建数字化运营体系和数字化营销体系，推出用户确认、在线互动、众智造车、随心选配、个性创造、自选服务、安心置换等定制化业务，打造全生命周期的数字化场景体验，实现用户对生产活动的全程在线参与。

四、产品设计趋于版本化、迭代化

在数字化空间中，详细的技术参数全方位地展示了每一件产品，物理世界的虚拟呈现降低了企业试错与创新的成本。对于一些设计原理高度复杂的产品，也能够被数字化为零散的组装部件，较为准确地还原系统集成的步骤。在产品性能不断迭代与升级的同时，企业还需要兼顾对多样化、个性化需求的满足。针对不同的用户群体提供差异化的版本，尽可能地增加总的价值供给。

微软公司在推出 Windows7 系统时，为了更好地适应不同用户群体的消费特点，将产品进一步细分为初级版、家庭普通版、家庭高级版、专业版、企业版以及旗舰版六个版本，不同版本的功能、桌面体验、常规操作、网络性能存在细微差别。在数字经济下，沿着时间和空间两个维度进行产品版本划分，近乎创意无限，这样企业就可以低成本，甚至零边际成本实现产品差异化，进而实现成本领先优势和产品差别化优势的兼顾和结合。

五、研发模式趋于开放化、开源化

数字经济时代下，任何企业都不具备在所有领域保持领先的全部技术、资源与能力，只有在不断凝聚、展现新想法的过程中才能发展壮大。因此，创新不仅仅是组织内部的闭门造车，而是需要整个生态的协力共进。整个生态在价值创造上的协同，产生指数级的增长效应。有价值的思想遍布数字化空间的各个角落，企业要实现可持续发展显然不能忽略规模庞大的外部知识。ABCD 等技术以及开源系统能够为企业源源不断地输入新的创意，开放化创新模式为产品迭代提供了强劲动能。从概念上讲，开放化创新是指企业借助互联网将研发职能众包给非特定的主体，在任何时间、任何地点对各种形式的意见都保持开放、接收的姿态，并将其中好的创意表现在产品和服务中。以维基百科为例，通过向全球用户开放编辑功能，加快词条的解释与更新，在 2002—2008 年已拥有多种语言版本，共计 20 多万组词条，信息储量远超《不列颠百科全书》。

开放化创新模式可以分为外部知识在组织内部的利用，以及内部知识向组织外部的转移。在内向开放化创新与外向开放化创新的协同作用下，知识的跨界传播与交互促进不同主体在数字化空间中密集的虚拟集聚，催生出开放化创新网络。Linux 系统向全球开放源代码，允许程序员在原始系统的基础上进行修改、研发与测试，提高产品质量和性能。正是凭借汇聚全球爱好者的共同努力，Linux 系统被广泛地应用于各类计算机硬件设备中。根据中国信通院发布的《中国云计算开源发展调查报告（2018 年）》，有 80% 以上的企业在使用私有云的过程中应用了开源技术。

六、用工模式趋于多元化、弹性化

ABCD 等技术应用对生产率的影响具有不确定性，而只有在特定情境下与高技术劳动力相结合之后才能产生正向的促进作用。高技术劳动力在数据分析、深度思考以及解决新问题等方面的优势，对 ABCD 等技术形成有益的赋能与补充，其市场需求日益增加。互联网促进了企业与高技术劳动力之间快速匹配，二者之间通过建立短期、灵活的项目契约关系，达成合作。劳动者不必拘泥于传统组织的束缚，企业也能够按需招聘、降低用工成本、提高创新能力。由于长期、稳定的用工契约被打破，劳动者在整个职业生涯中将会完成更多性质不同的工作，终身学习成为每个人必备的新技能。这种新的用工形态较好地迎合了高技术劳动力的工作偏好，被称为零工经济。

基于云技术而建立的人力云模型，为企业在全球范围内实时获得人才资源提供了便利。根据国际咨询机构 Staffing Industry Analysts 统计，2017 年全球人力云总收入达到 820 亿美元，全球零工经济规模达到 3.7 万亿美元。根据世界银行发布的《世界发展报告 2019》，当前全球零工经济的活跃劳动者不到 0.5%，发展中国家的这一数据不到 0.3%，未来还有很大的发展空间，特别是在高技术劳动力的供给方面。根据在线工业人才供应商 PeopleReady 对美国劳动者的调研结果，有超过 52% 的劳动者表示计划将在 2020 年承担更多的零工任务。

在创新驱动的全球氛围下，零工经济使得组织边界随着目标的变化而变化，劳动者之间以项目为单位形成液态组织。液态组织没有层级结构，人才、技术、知识等要素在自由流动的过程中实现共融共生。自适应、自驱动的模式强化了劳动者的"使命感和归属感"，激发了组织的创新活力。多元化、弹性化的用工模式，也使得企业能够对市场竞争和变革做出快速、有效的应对。以字节跳动为例，企业自成立之日起建立了信任文化，员工可以在重大项目之间调配或者自行组建项目团队，按照团队目标、关键成果进行周期性考核。凭借项目团队的自主创新能力，字节跳动在 8 年多的时间里，陆续推出了今日头条、抖音短视频、懂车帝等产品，业务遍布全球 150 个国家和地区。

学 习 小 结

本模块为本书的时代定位确立基调，主要在三个方面概述了数字化时代我国工业企业所面临的运营环境及管理变革。首先阐述了数字经济时代的概念，并且介绍了人类经济活动各个时代划分的依据及历史演进过程。从农业经济时代到工业经济时代，再到数字经济时代是一个生产力不断提升的过程，尤其是工业经济时代，包括当下的数字经济时代，按照典型生产工具出现的年份又被划分为工业 1.0 到工业 4.0 时期。其次，要求学生了解引发数字经济时代开启的主要技术，它们主要是人工智能、机器人技术和虚拟现实等，还包括 5G 技术、工业互联网、物联网、云计算及大数据分析技术。最后，在宏观层面上概述了数字时代正在进行的管理变革。由于数字首次成为生产要素之一，其价值已渗透在当代工业企业管理的各个方面，对管理变革将产生持续和深远的影响。

复 习 思 考 题

1. 查阅资料，论述英国的工业革命始自何时，并比较当时中国和美国的经济状况。
2. 查阅资料，说说你所认为的当下中国最具有数字化特征的企业是哪一家，为什么？

优衣库在数字化时代下的"颠覆"与"创新"

思考题：
1. 从以上案例中推测优衣库主要应用的数字化技术有哪些。
2. 数字技术对优衣库这家大型跨国企业管理方式的哪些方面有"颠覆"性的影响力。
3. 网上查找资料，对优衣库在不同工业经济时期的管理特点以列表的方式进行总结。

模块二

现代企业制度

本模块学习目标

1. 理解代企业管理制度的特征；
2. 理解企业管理组织结构的形式；
3. 掌握现代企业制度的内容；
4. 了解公司类型及治理结构的内容。

能力目标

能够根据学习的内容对各种企业类型进行识别和分类，实际分析企业制度及制定改进措施的能力。

关键概念

现代企业制度　企业组织结构　产权制度　公司治理结构

▶【导入案例】

海尔文化激活"休克鱼"

红星电器曾经和海尔一样，被青岛市列为重点和名牌企业。原红星厂拥有 3 500 多名员工，曾是我国三大洗衣机生产企业之一，年产洗衣机达 70 多万台。但在同样的起跑线上，海尔越跑越快，摘取了中国家电第一名牌的桂冠，而红星的经营每况愈下，到 1995 年上半年，企业亏损 1 亿多元，资不抵债。

1995 年 7 月，在青岛市政府的支持下，红星电器整体划归海尔，连同所有的债务。在海尔看来，红星厂属于"休克鱼"：企业的硬件很好——鱼的肌体没有腐烂，而鱼处于休克状态，说明企业的思想观念有问题，导致企业停滞不前。海尔要以自己的文化激活"休克鱼"。海尔只派了三个人去。去之前，张瑞敏对他们说："红星厂搞成这个样子，是人的问题，是管理问题。一千万，一个亿，海尔都拿得出来，但现在绝对不能给。要通过海尔文化，通过海尔的管理模式，来激活这个企业。

这三个人到红星厂做的第一件事是按海尔文化来建立干部队伍。因为干部是企业的头儿，首先要把"鱼"脑子激活，才有可能把整条"鱼"从睡梦中唤醒。他们通过职代会来评议现有的 105 名干部，决定定编 49 名。海尔人在红星厂烧的第一把火，就是营造一个公开竞争的氛围，让原来所有的干部和全厂职工一起参加干部岗位竞争。结果，原来的 100 多名干部，通过竞争上岗的只有 30 多人，从来没有当过干部的人，有 10 多个通过竞争成了干部。这件事，一下子就把大家的积极性激发出来了。公开、公平、公正的竞争氛围是一股强大的推动力，人们不知不觉地就被推动得从迈方步走到跑步前进了。干部问题解决以后，还面临一个难关——资金问题。在当时的红星厂里，退回来的大量洗衣机堆积在仓库里，所有的销售人员都在家里待着，工人没有活干，发工资的钱也没有。红星厂的一些人找海尔总部要钱。张瑞敏对他们说："钱肯定不给，你们的货都套到商场上去了，要想办法把货款要回来发工资。现在虽然是淡季，但从海尔的理念来看，只有淡季的思想，没有淡季的产品。如果你的思想处在淡季，就会把消极等待的行为看成是正常的；如果你认为没有淡季，就会创造出一年四季都一样卖得很好的产品来。树立了这样的观念，什么事情干不成呢？"于是，他们以山东潍坊市作为试点，派人去催要货款。潍坊的商家说："不行，你们厂有很多产品质量太差，都积压在仓库里，要钱的话，这些问题得先解决。"派去的人在总部的支持下，就以海尔的名义做出担保："第一，以后给你们的产品肯定不会再有质量问题。第二，原来有问题的产品全部收回，如果你们不放心的话，现在就可以把这些产品收回来，拿回去处理。"终于把货款要回来了。潍坊要款的试点成功以后，立即推广，红星厂的销售人员陆续收回了一些货款。这样，就缓解了资金困难。

海尔兼并红星，就是这样派了三个人去，没有增加一分钱的投资，没有增加一台设备，主要是去营造公开、公平、公正竞争的文化氛围，灌输并实践海尔的生产经营理念，输出海尔的企业文化。结果是：兼并的当月即亏损了700万元；8月、9月虽仍然亏损，但亏损额大大减少；10月份达到盈亏平衡；11月份盈利15万元，年底完全摆脱困境。"只有淡季思想没有淡季产品"的经营理念，使他们开始把目光投向市场，决心开发出多种多样的产品，使本厂没有淡季。"小小神童"洗衣机就是填补淡季的产品。它是针对夏季的上海市场而设计的，因为上海人很喜欢清洁，每天都要洗衣服，而一般的洗衣机都太大，夏天的衣服比较少，很需要"小小神童"这种体积比较小、耗水和耗电都比较少的洗衣机。"小小神童"一生产出来就送往上海。果然不出红星厂设计人员所料，一上市就大受欢迎。在北京等一些大城市也出现供不应求的局面。结果，在过去认为是淡季的日子里，红星厂的生产已经忙不过来了。

原本属于"休克鱼"的红星厂，被海尔激活以后，也开始为"吃"其他"休克鱼"做贡献了。海尔按照专吃"休克鱼"的思路，连续兼并了15家企业。这些企业被兼并时的亏损总额是5.5亿元，兼并以后都已扭亏为盈，而且盘活了近15亿元的资产。

管理启示

"海尔文化激活休克鱼"的案例，说明了企业文化的强大推动力。"真正影响企业发展与走向的不是技术，也不是资金，而是文化。"成功的企业文化，是全体员工事业上的共同追求和每个职工自身价值的体现。企业员工所具有的文化底蕴、思维方式和传统价值观念，成为企业文化的基础，是人们接受新的文化观念的融合剂、催化剂。相对于企业的其他资源因素——产品、技术、资金、企业管理者以及管理方式而言，企业文化可能是最稳定发挥作用的因素。

学习单元一　企业及企业类型

一、企业的概念及特点

所谓企业，是指从事商品生产、商品流通或服务性经济活动，实行独立核算，以营利为目的，依法成立的经济组织。

一个企业应具备以下条件：

必须有一定的组织机构，有自己的名称、办公和经营场所、组织章程等要素。

应自主经营、独立核算、自负盈亏，具有法人资格。

企业是一个经济组织。企业并不是从人类社会存在以来就有的，而是在社会生产力发展到一定水平时才产生的，它是商品经济的产物。不同类型的企业，都有反映它们各自特殊性的某些特征。但凡企业，也都具有反映其共性的一般特征。企业的一般特征主要有以下几方面。

1. 经济性

企业是经济组织，它在社会中所从事的是经济活动，以谋求利润为目的。企业是市场中的经营主体，它以自己生产的产品或提供的劳务，通过交换来满足社会需要，并从中获得利润。企业如果没有盈利，就不能发展，就会在市场竞争中失败。而且，如果没有盈利，就没有企业财产所有者和经营者的利益，他们也就没有搞好企业生产经营的积极性，企业就会消亡。企业的经济性是它区别于从事非经济活动的政府机关、政治组织、事业单位、群众组织和学术团体等非经济组织的本质的特征。

2. 社会性

企业是一个社会组织。从商品生产角度看，企业所从事的生产经营活动是社会化大生产的一个组成部分，企业是社会经济系统中的一个子系统，它与其他子系统发生广泛的经济联系；从企业与社会其他各部门、各单位的非经济关系看，它既依赖社会的进步和国家的富强，也依赖党和政府对社会的管理，它从属于一定的政治和社会体系，还要承担一定的社会责任。因此，它具有社会性。

3. 独立自主性

企业是独立自主从事生产经营活动的经济组织。在国家法律、政策允许的范围内，企业的生产经营活动不受其他主体的干预。法人企业的独立自主性在法律上表现为财产独立、核算独立、经营自主，并以自己独立的财产享有民事权利和承担民事责任。

4. 能动性

企业是一个能动的有机体。企业的能动性表现在对外部环境的适应能力、自我改造能力、自我约束能力和自我发展能力。从系统论的角度讲，企业是一个耗散结构系统，它通过不断地与外界进行能量、物质和信息的交换，调整自己的内部结构，以适应市场环境的变化，并发展和壮大自己。

5. 竞争性

企业是市场中的经营主体，同时也是竞争主体。竞争是市场经济的基本规律。企业要生存、要发展，就必须参与市场竞争，并在竞争中取胜。企业的竞争性表现在它所生产的产品和提供的服务要有竞争力，要在市场上接受用户的评判和挑选，要得到社会的承认。市场竞争的结果是优胜劣汰。企业通过自己有竞争力的产品或服务在市场经济中求生存，求发展。

二、企业的目标与责任

1. 企业的目标

企业的目标是企业各项活动所要达到的总体效果。经济学假设企业经营的目标是追求最大化的利润，长期追求企业价值最大化。现实中的企业可能以市场份额最大化、企业成长速度最大化等为目标。

企业目标按时间可分为当前目标（1年以内）、短期目标（1~3年）、中期目标（3~5年）、长期目标（5 年以上）；按整体与局部可分为整体目标、部门目标；按职能可分为营销目标、销售目标、财务目标、生产目标、人力资源目标、研发目标等；按管理层级由低到高可分为基层作业目标、中层职能目标、高层战略目标。

管理启示

天津中远公司的目标：
创国际一流企业，跻身世界 500 强。
长安汽车的"三三三"目标：
创造名牌，推出名人，争当知名企业的"三名企业"；
降低成本，激活资本，以人为本的"三本主义"；
用好权力，获取智力，开发潜力的"三力思想"。
四通公司企业的目标：
中国的 IBM，世界的四通。

2. 企业的责任

企业责任是社会文明发展的产物，是社会文明的标志与责任。是人类迈向工业文明的产物，是企业必须承担的一种义务。

企业落实社会责任，实现企业经济责任、社会责任和环境责任的动态平衡，反而会提升企业的竞争力与社会责任，为企业树立良好的声誉和形象，从而提升公司的品牌形象，获得所有利益相关者对企业的良好印象，增强投资者信心，容易吸引到企业所需要的优秀人才，并且留住人才等。

课堂拓展

中国企业社会责任意识提升巨大

三、企业类型

从不同的角度，按照不同的标准可将企业划分成不同的类型。

1. 按企业资产的所有制性质分类

这是我国过去常用的一种分类方法。按照企业资产的所有制性质可将企业分成以下几种类型。

（1）国有企业，也称全民所有制企业。它的全部生产资料和劳动成果归全体劳动者所有，或归代表全体劳动者利益的国家所有。在计划经济体制下，我国的国有企业全部由国家直接经营。由国家直接经营的国有企业称国营企业。

（2）集体所有制企业，简称集体企业。在集体企业里，企业的全部生产资料和劳动成果归一定范围内的劳动者共同所有。

（3）私营企业，指企业的全部资产属私人所有的企业。我国《私营企业暂行条例》规定：

"私营企业是指企业资产属于私人所有，雇工8人以上的营利性经济组织。"

（4）混合所有制企业，指具有两种或两种以上所有制经济成分的企业，如中外合资经营企业、中外合作经营企业、国内具有多种经济成分的股份制企业等。中外合资经营企业是由外国企业、个人或其他经济组织与我国企业共同投资开办、共同管理、共担风险、共负盈亏的企业。它在法律上表现为股权式企业，即合资各方的各种投资或提供的合作条件必须以货币形式进行估价，按股本多少分配企业收益和承担责任，它必须具备中国法人资格。中外合作经营企业是由外国企业、个人或其他经济组织与我国企业或其他经济组织共同投资或提供合作条件在中国境内共同举办，以合同形式规定双方权利和义务关系的企业。它可以具备中国法人资格，也可以不具备。合作各方依照合同的约定进行收益或产品的分配，承担风险和亏损，并可依合同规定收回投资。

2. 根据企业制度的形态构成分类

这是国际上对企业进行分类的一种常用方法。按此方法可将企业分成业主制企业、合伙制企业和公司制企业。

（1）业主制企业。它是由一个人出资设立的企业，又称个人企业。出资者就是企业主，企业主对企业的财务、业务、人事等重大问题有决定性的控制权。他独享企业的利润，独自承担企业风险，对企业债务负无限责任。从法律上看，业主制企业不是法人，是一个自然人。

（2）合伙制企业。它是由2个人或数人约定、共同出资设立的企业。合伙企业的合伙人之间是一种契约关系，不具备法人的基本条件。但有些国家的法典中，明确允许合伙企业采取法人的形式。根据合伙人在合伙企业中享有的权利和承担的责任不同，可将其分为普通合伙人和有限合伙人。普通合伙人拥有参与管理和控制合伙企业的全部权利，对企业债务负无限连带责任，其收益是不固定的。有限合伙人无参与企业管理和控制合伙企业的权利，对企业债务和民事侵权行为仅以出资额为限负有限责任，根据合伙契约中的规定分享企业收益。由普通合伙人组成的合伙企业为普通合伙企业，由普通合伙人与有限合伙人共同组成的企业为有限合伙企业。业主制企业和合伙制企业统称为古典企业。

（3）公司制企业。公司是指依公司法设立，具有资本联合属性的企业。国际上有关公司的概念一般认为："公司是依法定程序设立，以营利为目的的社团法人。"因此，公司具有反映其特殊性的两个基本特征：公司具有法人资格，公司资本具有联合属性。这是公司区别于其他非公司企业的本质特征。根据我国公司法规定，我国存在国有独资公司，这是一种特殊的公司形式。

对公司企业可进一步按照其股东的责任范围分为以下四类：

①无限公司。是由2个以上的股东出资设立，股东对公司债务负无限连带责任的公司。

②有限责任公司。是由一定数量（我国公司法规定为2~50个）的股东出资设立，各股东仅以出资额为限对公司债务负清偿责任的公司。有限责任公司不能对外发行股票，股东只有一份表示股份份额的股权证书，股份的转让受严格限制。

③两合公司。是由1名以上的无限责任股东和1名以上的有限责任股东共同出资设立，无限责任股东对公司债务负无限连带责任，而有限责任股东仅以出资额为限承担有限责任的公司。

④股份有限公司。是由一定数量（我国公司法规定为5个）以上的股东出资设立，全部资本分为均等股份，股东以其所持股份为限对公司债务承担责任的公司。股份有限公司的财务公开，股份在法律和公司章程规定的范围内可以自由转让。

3. 按企业生产经营业务的性质分类

这种分类方法也是我国常用的企业分类方法，而且我国企业的上级主管部门也是按这一分类来设置管理机构的。按这种分类方法划分的类型如下：

（1）工业企业。从事工业品生产的企业，为社会提供工业产品和工业性服务。

(2) 农业企业。从事农、林、牧、副、渔业生产的企业，为社会提供农副产品。

(3) 商业企业。从事生活资料流通和流通服务的企业。

(4) 物资企业。从事工业品生产资料流通或流通服务的企业。

(5) 交通运输企业。为社会提供交通运输服务的企业。

(6) 金融企业。专门经营货币或信用业务的企业。

除上述主要类型外，还有邮电、旅游企业等。上述企业中的商业企业和物资企业统称为商品流通企业，简称流通企业。将生活资料和生产资料分开是我国计划经济体制的产物。生活资料和生产资料在生产和消费方面虽有各自的特点，因而组织流通的活动也会有所不同，但从市场经济的角度看，它们都是商品，没有本质的区别。

学习单元二　企业组织结构设计及类型

一、企业组织结构与组织管理

企业组织结构的概念有广义和狭义之分。狭义的组织结构，是指为了实现组织的目标，在组织理论指导下，经过组织设计形成的组织内部各个部门、各个层次之间固定的排列方式，即组织内部的构成方式。广义的组织结构，除了包含狭义的组织结构内容外，还包括组织之间的相互关系类型，如专业化协作、经济联合体、企业集团等。

企业的组织架构就是一种决策权的划分体系以及各部门的分工协作体系。组织架构需要根据企业总目标，把企业管理要素配置在一定的方位上，确定其活动条件，规定其活动范围，形成相对稳定的科学的管理体系。

没有组织架构的企业将是一盘散沙，组织架构不合理会严重阻碍企业的正常运作，甚至导致企业经营的彻底失败。相反，适宜、高效的组织架构能够最大限度地释放企业的能量，使组织更好地发挥协同效应，达到"1+1>2"的合理运营状态。

很多企业正承受着组织架构不合理所带来的损失与困惑：组织内部信息传导效率降低、失真严重；企业做出的决策低效甚至错误；组织部门设置臃肿；部门间责任划分不清，导致工作中互相推诿、互相掣肘；企业内耗严重；等等。要清除这些企业病，只有通过组织架构变革来实现。

二、管理幅度与管理层次设计

1. 管理幅度与管理层次的含义

管理幅度是指管理者能够直接有效地指挥监督下属的人数。由于人们受时间、精力、能力等条件的限制，每位管理者有效地领导下属的人数是有限的。

管理层次是指组织结构中从最高层延伸到基层的层级数目。当下属人数超出一个管理者的管理幅度时，就必须增加一个管理层次，以保证管理的有效性。

2. 管理幅度与管理层次的关系

管理幅度影响管理层次，二者之间存在互动性。当物流企业员工人数一定时，管理者能直接有效管理的下属越少即管理幅度越小，管理层次越多；反之，管理幅度加大，就会减少管理层次。一般我们称管理幅度小、管理层次多的组织结构为锥型式（宝塔式或高架式）组织结构，称管理幅度大、管理层次少的结构为扁平式组织结构。

在锥型式组织结构中，每位管理者仅有较少的下属，可以对下属进行严密的监督和控制，但是管理层次多，管理者人数多，管理费用增加；同时，较多的层次使沟通变得复杂，经过多个管理层次向下传达命令、计划和政策，会发生遗漏和曲解，也使得基层人员向上汇报工作和反映情况变得复杂，使许多高层管理者不能及时了解问题的真相。受经济全球化和信息化、一体化的影响，企业中的中层管理者的功能正逐渐由计算机来处理完成。为了保持竞争力，越来越多的企业倾向于设立扁平化的组织结构。

3. 管理幅度设计需考虑的因素

扁平化是组织机构发展的趋势，那么对企业而言，管理幅度设计为多少最有效率呢？管理幅度的宽窄取决于管理者的时间、精力、偏好及素质等。一般可将影响管理幅度的因素概括为以下四类。

（1）管理者能力和下属的素质：如果企业中管理者的理解能力、表达能力等综合能力强，可迅速地解决问题、抓住关键、明确指示，并使下属准确理解和有效执行，从而提高绩效，则管理幅度设计可以宽些。如果下属素质高、受过系统培训等，能很好地理解和执行上级的指令，从而减少请示，使得上级少费时间及精力，管理幅度也可适当放宽。

（2）管理内容：管理内容包括管理层次、业务性质、计划状况及非管理事务数量。就管理层次而言，处在企业中的不同层次，决策及用人的比重也不同，一旦决策比重大，管理者指导和协调下级的时间少，管理幅度就窄些；就业务性质而言，下属工作内容、性质相近或相似，则对下属的指导也基本相同，管理幅度就宽些；就计划的完善程度而言，管理幅度基本上与计划完善程度成正比；就非管理事务数量而言，管理幅度基本上与之成反比。

（3）管理条件：管理条件包括助手的配备情况、信息处理设备的先进程度等。显然，助手配备得好，可以使管理者不必亲自去处理许多事务，就可以节省管理者的大量时间及精力，从而扩大管理幅度。信息处理设备先进且功能充分发挥，可节省管理者在处理日常事务及决策思考过程中的时间和精力，从而扩大管理幅度。

（4）管理环境：管理幅度还取决于管理环境的变化速度、频度及程度。无疑，管理环境变化越快、频度越高、程度越大，将使管理者花费越多的时间及精力来应付和处理变化态势，这样管理幅度就不可能很宽。

三、组织结构的设计原则

1. 分工明晰

分工明晰是指组织中的各个层次、各个部门、每个人对自己所承担工作的职权、职责有明晰的认识。组织结构的设计和组织形式的选择越是能反映目标所需的各项任务和工作分工以及彼此间协调，委派的职务越是能适合于担任这一职务的员工的能力和动机，其组织结构就越有效。

2. 权责对等

权责对等是指在进行组织设计时，既要明确规定每一管理层次和各个部门的职责范围，又要赋予完成其职责所必需的管理权限。职权与职责必须协调一致，有权无责、有责无权都是组织的缺陷，应尽量避免。

问题互动

在企业管理中，若权责不对等，出现"有权无责"或"有责无权"的现象，会带来哪些后果？

3. 层幅适当

组织设计的重要任务之一就是设计管理层次。管理层次与管理幅度密切相关。一般来说，在组织规模一定的情况下，管理层次与管理幅度成反比。但是管理幅度不能无限度增加，因为每个人的知识和能力都是有限的。有时管理幅度增加一人，就可能使管理人员不堪重负。

企业组织结构发展的趋势之一就是加大管理幅度，构造扁平化结构。

4. 以客户为中心

客户经济的出现意味着：一是企业的绩效、价值由客户决定，因此物流企业组织设计要体现出如何更好地为客户提供产品和服务；二是客户成为中心，物流企业的资源配置以客户为核心和主导，运作活动围绕着客户进行。

四、企业组织结构类型

1. 简单结构

所谓简单结构，是指一种低复杂性、低正规化和职权集中在一个人手中的组织。这种组织是一种"扁平"组织，通常只有两三个纵向层次，有一个松散的员工队伍，并且决策权集中于一个人身上，如图2-1所示。在这种组织结构中，所有者和经营者往往合二为一。

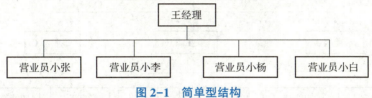

图2-1 简单型结构

简单结构的优点是反应快速、灵活，运作成本低，责任明确，缺点是只适用于小型企业。由于决策集中在一个人手中，当企业成长壮大后，决策制定将变得非常缓慢，企业的发展会受到限制。因此，当企业逐渐发展壮大，员工规模越来越大，若管理者的综合素质不够高，就会导致企业的运行风险很高。

2. 职能型结构

职能型结构是最基本的一种组织结构形式。企业从下至上，按工作性质相同或类似的原则将各种活动组合起来，即企业的组织结构从企业高层到基层均是按照职能部门化设立的，如图2-2所示。

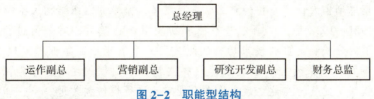

图2-2 职能型结构

企业中许多业务活动都需要有专门的知识和能力，将专业技能相同或相似的业务活动归类组合到一个部门，最大优点是从专业化中取得优势。将具有专业技能的人员组合在同一部门中工作，有利于促进深层次知识和技能的提高，促进职能部门的规模经济，减少重复建设和浪费。同时，各职能部门围绕物流企业总体目标开展工作，管理权力高度集中，职责划分明确。

职能型结构的不足之处：各个部门常因为追求部门目标而看不到全局的最佳利益，没有一项活动对最终结果负全部责任，高层主管承担的责任和压力都特别大。如果各职能部门各自强调自己的重要性，会导致各职能部门之间不断发生冲突。此外，职能型结构会导致企业对外界环境变化的反应缓慢，而这种反应又需要跨部门的协调。

一般来说，职能型结构适用于中小型企业。在发展初期或者外部环境比较稳定时，采用这种结构较为有利。

从企业发展的角度来看，当企业经营领域不断扩宽，服务种类越来越丰富时，职能型结构的集权式管理缺点就会越突出。集权式管理向分权式管理的变革，成为一种客观必然要求，事业部结构就应运而生了。

3. 事业部结构

事业部结构简称 M 形结构，是为了满足企业规模扩大化和多样化经营对组织机构的要求而产生的一种组织结构，如图 2-3 所示。事业部结构是在总公司领导下设立多个事业部，各个事业部有各自独立的产品（服务）和市场，实行独立核算。事业部内部在经营管理上拥有自主权和独立性，总公司对各事业部提供支援服务，同时协调和控制各事业部的活动。事业部结构最突出的特点是集中决策、分散经营。

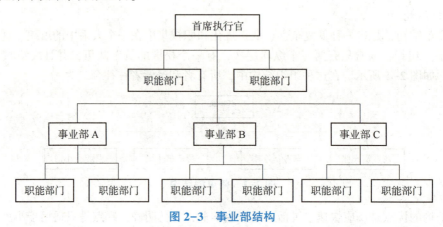

图 2-3 事业部结构

事业部结构的产生

事业部结构首创于美国通用汽车公司。在 20 世纪 20 年代初，通用汽车公司合并收购了许多小公司，企业规模急剧扩大，产品种类和经营项目增多，原来的组织结构已不能适应要求，内部管理十分混乱。1921—1922 年，小阿尔弗雷德·斯隆担任总裁后，对公司进行了大规模改革，实行了集中政策下的分权制，重新按市场档次划分了五个汽车产品事业部，建立起一个被大大加强的公司总办事处和一系列控制系统来协调和监督各事业部的经营。小斯隆通过组织变革，使通用汽车很快恢复了元气。在这之后，许多企业对此进行模仿和改进。

事业部制的优点：由于每个事业部都是一个独立的、比较完整的生产经营管理系统，因此提高了管理的灵活性和对市场的适应性；而总公司能够从具体的日常事务中摆脱出来，集中精力进行战略决策和长远规划，因此决策的效率大大提高。

（1）强调结果，事业部对某种产品、某个地区或某类客户负完全责任，可以使各事业部对市场的变化做出迅速反应；

（2）企业最高管理部门可以摆脱日常行政管理事务，专心于长远战略规划；

（3）各事业部独立进行经营核算，可以发挥其灵活性和主动性；

（4）可以促进各事业部之间的竞争；

（5）有利于培养和训练高级管理人才，各事业部经理在运作事业部的过程中，可获得丰富的经验。

它的缺点：各事业部之间的横向协调困难，甚至互为竞争对手；在总公司和各事业部中都要设置职能机构，容易造成机构重叠，管理费用增加。事业部制主要适用于经营多样化、产量大、品种多并有稳定市场的大公司。

4. 矩阵结构

（1）矩阵组织结构形式：矩阵结构是由美国的洛克希德和休斯飞机公司于20世纪50年代首创的一种组织结构。它是由纵横两套管理系统交错而成的组织结构，把按职能划分部门和按产品（项目）划分部门相结合，使同一小组人员既同原职能部门保持业务和组织上的联系，又与按产品或项目划分的小组保持横向联系，形成一个矩阵，如图2-4所示。

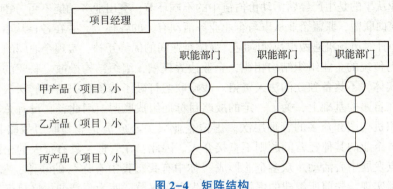

图 2-4 矩阵结构

矩阵结构的优点在于它能使物流企业满足来自产品和职能的双重要求。资源可以在不同地区之间灵活分配，专业人员和专用设备能够得到充分利用，物流企业能不断适应变化的外界要求。

（2）矩阵结构优缺点：矩阵结构的缺点在于员工要面对双重领导，这使执行人员需要出色的人际交往和解决冲突的技能。如解决不好，会带来混乱，并给员工带来较大压力。为了避免缺点，一是要对项目经理和职能经理进行明确分工。项目经理对产品成果负责，职能经理主要负责执行与协调有关项目的各层职能任务，如评议、升迁等。二是项目经理和职能经理之间要加强沟通和合作。

在实际运作中，许多企业发现矩阵结构很难实现和保持项目与职能间的平衡，因为权力结构的某一方经常会处于主导地位。因此矩阵结构出现了两种演化形式——职能式矩阵和产品式矩阵。在职能式矩阵中，职能主管拥有主要权力，项目经理仅仅协调产品品活动；与之相反，在产品式矩阵中，项目经理拥有主要权力，职能经理仅仅为项目安排技术，并在需要时提供专业技术咨询。

（3）采用矩阵结构应考虑的条件：矩阵结构最明显的特点是突破了统一指挥原则，创造了双重指挥链。采用矩阵结构一般要考虑下列条件：

①来自外部环境的双重压力，如对深层次技术知识（职能）和经常性自新产品或服务（项目或服务）的压力。这种双重压力意味着企业在职能和产品之间需要一种权力的平衡。

②来自信息处理能力方面的高强度压力。当物流企业经常碰到高度不确定、相互依赖的任务时，信息负荷日益加重，就必须建立更为复杂的交流和决策网络。

③不同项目或产品之间存在着共享稀缺资源的压力。通常是中等规模、拥有中等数量的产品线或项目的企业采用矩阵结构。企业为了获得规模效益，必须采用更灵活的体制来充分利用有限资源，使资源在各类项目、各类产品、各类服务、各类客户、各类市场上能迅速得到重新配置。

矩阵结构可以分为临时性矩阵和永久性矩阵。在临时性矩阵结构中，管理当局从职能部门中抽调人员组成项目小组。项目结束后，该小组也被撤销。

5. 战略联盟（虚拟企业）

在社会分工日趋细化、市场竞争激烈的时代，众多各具优势的企业联合起来，相互支持，建立了战略联盟。战略联盟是一种依靠信息技术、基于特定目标的多个企业组成的联盟，各合作伙伴贡献自己最擅长的能力，并共同分担成本及分享技能，以把握快速变化的市场机遇。通过组合参与企业的核心能力，以实现单个企业不能完成的目标，使不同的企业通过合作组建一个虚拟组织。战略联盟可以是纵向联盟，也可以是横向联盟。

战略联盟可以是纵向联盟，由企业与企业为谋取共同利益，形成基于合作关系的长期契约关系，联盟的企业从事的是生产经营活动价值链中的不同环节，突出业务功能不可分割的特征。战略联盟也可以是横向联盟，联盟企业从事与企业业务活动有关的各环节，并在各自从事的业务环节上具有核心能力，针对市场机遇做出快速响应，强调企业间的优势互补，实现企业间的合作。

战略联盟与传统的企业组织结构相比，企业边界模糊，组织结构松散。联盟的企业不是法律意义上的经济实体，不具备独立的法人资格。战略联盟打破了传统组织结构的层次和界限，由一些独立的企业在自愿的基础上，为了一定的战略目标而组成联盟。因此，它没有总部办公室，也没有固定的组织机构图和众多的管理层次。虚拟企业只关心成员企业与联盟战略目标有关的经营问题，对成员企业的其他经营问题则不直接介入。因此，在管理上具有很大的松散性。这便于节约资源，重点发展中心活动。众多企业形成"你中有我、我中有你"的联盟，整体边界模糊。一旦联盟的目标实现，先前所组建的虚拟企业即告宣布解散，而为了新的战略目标，又可经过重新组合，邀请更多更适合的企业加盟，创建新的虚拟企业。虚拟企业正是依靠这种动态结构、灵活方式来适应市场的快速变化。

虚拟企业的运行以发达的信息网络为基础。现代化信息技术与通信手段使所有参与的企业都能共享信息、协调步调、保证合作，集成出较强的竞争优势。

企业的战略联盟形成必须考虑各企业核心能力的搭配。同时，联盟企业有自己的企业文化、经营理念、管理模式，需要一定时期的磨合，适应并认同彼此的差异，实现战略协同，相互学习并创造新的交叉知识，提升企业的核心竞争力。

问题互动

A创办的公司从小到大，已经发展40多年了。最近几个月，公司的利润大幅度下降，成本急剧上升。A认为，公司目前的管理组织在很多方面都不灵活，不能对市场和其他条件变化做出有效的反应。因此，A又开始怀念公司创办初期那种小巧精干的组织结构了。A认为，目前做任何事情都不能直接找当事人，而要通过一层层的参谋人员和职能经理，这种组织机构太复杂了。

请问：该公司是否应该改变目前的组织结构形式？为什么？

学习单元三　现代企业制度及公司治理结构

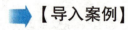【导入案例】

破窗效应

"破窗效应"理论认为，如果有人打坏了一幢建筑物的窗户玻璃，而这扇窗户又得不到及时的维修，别人就可能受到某些示范性的纵容去打烂更多的窗户玻璃。久而久之，这些破窗户就给人造成一种无序的感觉，结果在这种公众麻木不仁的氛围中出现失控的现象。

有一家百来号人的本土企业，公司规定上班时间必须佩戴工牌。虽然制度规定如果发现不戴工牌，每次罚款20元，但最初几个员工没有照做，管理层并没有引起重视，没有严格执行该项规定。一个月以后，不戴工牌的员工数量由最初的几个发展到了几乎50%。员工对此事抱着"可有可无"的态度，管理层并没有"令行禁止"反而一再纵容，结果这一制度不了了之，没有起到应有的效果。

从"破窗效应"中，我们可以得出这样一个道理。任何一种不良现象的存在，都在传递着一种信息，这种信息会导致不良现象的无限扩展，同时必须高度警觉那些看起来是偶然的、个别的、轻微的"过错"，如果对这种行为不闻不问、熟视无睹、反应迟钝或纠正不力，就会纵容更多的人"去打烂更多的窗户玻璃"，就极有可能演变成"千里之堤，溃于蚁穴"的恶果。如果一个企业的管理制度不能有效地制约这样的行为，那么还何谈企业的发展呢!

一、现代企业制度的概念

1. 现代企业制度概念及内涵

现代企业制度是以企业法人制度为基础、企业产权制度为核心，以产权清晰、权责明确、政企分开、管理科学为条件而展开的，由各项具体制度所组成的用于规范企业基本经济关系的制度体系。

企业制度是在一定的财产关系基础上形成的，企业的行为倾向与企业产权结构之间有着某种对应关系，企业在市场上所进行的物品或服务的交换实质上也是产权的交易。

现代企业制度包括以下几层含义。
(1) 现代企业制度是企业制度的现代形式；
(2) 现代企业制度是由若干具体制度相互联系而构成的系统；
(3) 企业法人制度是现代企业制度的基础；
(4) 产权制度是现代企业制度的核心；
(5) 现代企业制度以公司制为主要组织形式。

2. 企业制度的种类

现代企业制度的核心是企业法人制度，主要形式是股份有限公司。它包括企业的产权制度、企业领导制度、企业组织制度、企业管理制度等规范企业内、外部关系的一系列制度和规范。

企业制度是企业产权制度、企业组织形式和经营管理制度的总和。企业制度的核心是产权制度，企业组织形式和经营管理制度是以产权制度为基础的，三者分别构成企业制度的不同层次。企业制度是一个动态的范畴，它是随着商品经济的发展而不断创新和演进的。

从企业发展的历史来看，具有代表性的企业制度有以下三种：

(1) 业主制。这一企业制度的物质载体是小规模的企业组织，即通常所说的独资企业。在业主制企业中，出资人既是财产的唯一所有者，又是经营者。企业主可以按照自己的意志经营，并独自获得全部经营收益。这种企业形式一般规模小，经营灵活。正是这些优点，使得业主制这一古老的企业制度一直延续至今。但业主制也有其缺陷，如资本来源有限，企业发展受限制；企业主要对企业的全部债务承担无限责任，经营风险大；企业的存在与解散完全取决于企业主，企业存续期限短等。因此业主制难以适应社会化商品经济发展和企业规模不断扩大的要求。

(2) 合伙制。这是一种由2个或2个以上的人共同投资，并分享剩余、共同监督和管理的企业制度。合伙企业的资本由合伙人共同筹集，扩大了资金来源；合伙人共同对企业承担无限责任，可以分散投资风险；合伙人共同管理企业，有助于提高决策能力。但是合伙人在经营决策上也容易产生意见分歧，合伙人之间可能出现偷懒的道德风险。所以合伙制企业一般都局限于较小的合伙范围，以小规模企业居多。

（3）公司制。现代公司制企业的主要形式是有限责任公司和股份有限公司。公司制的特点是公司的资本来源广泛，使大规模生产成为可能；出资人对公司只负有限责任，投资风险相对降低；公司拥有独立的法人财产权，保证了企业决策的独立性、连续性和完整性；所有权与经营权相分离，为科学管理奠定了基础。

二、现代企业产权制度

1. 产权及产权制度

产权是一种财产权，是指支配一项事物的权利。产权的内涵包括占有权、经营权、处置权和收益权。所谓企业产权制度，简单地说，就是围绕企业财产的运营而发生的相关主体间权、责、利关系的制度安排。它规定企业内所有者、经营者、生产者在一定条件下的地位、相互关系以及各自的作用。所谓法人，就是依法成立，拥有独立财产，按一定的规章制度建立和从事活动，并能以自己的名义行使权利和承担义务的社会团体。

2. 现代企业产权制度特点

现代企业产权制度具有以下基本特点。

（1）责权明晰，拥有明确的人格化代表。现代企业要求在产权界定的基础上，实现产权关系明晰化。就是要明确企业财产关系、财产责任与财产权利；明确企业法人与出资者、债权者的关系，企业法人的权利与责任；明确经营者与职工的关系等。

（2）产权市场化。在市场经济条件下的现代企业中，企业的产权成为一种可交换的商品，在市场中能够自由流动。企业产权流动的过程，既是这种商品买卖、交换的过程，也是企业的组织结构和资源配置结构进行调整的过程。

（3）所有权与控制权相分离。公司企业为所有权和经营权在形式上的分离提供了可行的组织基础。公司作为法人对法人财产权的行使对股东与企业的关系而言，是以企业的所有权与控制权在企业内部实际上的统一为前提的。

（4）产权权益有明确的保障。现代企业以法律形式来维系产权的契约关系，明确产权关系中的权利，保护各种合法权益，调整各行为主体的关系。

（5）其治理结构具有决策权、监督权与执行权相互独立、相互制约、相互合作的特点。

明晰的产权关系，是建立现代企业制度的前提和条件。产权不清晰，权责便无法划分，政企便难以分开，但产权清晰不是建立现代企业制度的唯一内容。现代企业制度的企业法人制度、有限责任制度、领导体制与组织制度等，都需要以产权清晰为条件，又都与权责明确、政企分开、管理科学相联系。如果权责不明确，政企分不开，既无法建立完善的法人制度，也难以实现以有限责任制度为目标的公司制改造。现代企业制度意味着企业从法人制度、管理体制、决策程序到资源配置、经营策略、收入分配等各方面都要实行一系列新的方法，需要企业在管理水平上有一个大的提高。

课堂拓展

有恒产者有恒心。产权制度是社会主义市场经济的基石，保护产权是坚持社会主义基本经济制度的必然要求。企业家是经济活动的重要主体，改革开放以来，一大批优秀企业家在市场竞争中迅速成长，为积累社会财富、创造就业岗位、促进经济社会发展、增强综合国力做出了重要贡献。以习近平同志为核心的党中央十分重视产权和企业家合法权益保护工作。党的十九大报告指出：“经济体制改革必须以完善产权制度和要素市场化配置为重点，实现产权有效激励、要素自由流动、价格反应灵活、竞争公平有序、企业优胜劣汰。”并进一步要求："支持民营企业发展，激发各类市场主体活力。""激发和保护企业家精神，鼓励更多社会主体投身创新创业。"2020年7月21日，习近平总书记在企业家座谈会上强调指出，要依法平等地保护各种所有制企业产权和自主经营权，要依法保护企业家合法权益，加强产权和知识产权保护，营造激励企业家干事创业的浓厚氛围。

启发案例

我国国有企业的产权改革历程

三、现代企业制度的特征

现代企业制度就是公司制，其主要的特征是企业里既有个人资产又有企业资产，所有权与经营权高度、规范化的分离；由董事会聘请职业经理行使企业的经营权，实行全面的委托代理制。现代企业制度的特征包括产权明晰、政企分开、权责明确和管理科学。

1. 产权明晰

产权明晰是指要以法律的形式明确企业的出资者与企业的基本财产的关系，尤其要明确企业国有资产的直接投资主体。

现代企业制度是一种出资者明确、产权清晰的企业制度。表现在如果企业的资产是由国家单独出资形成的，其企业的所有权即对资产的占有、使用和收益的权利属于国家。如果企业的资产是由包括国家在内的多个出资者投资形成的，其企业的资产所有权属于包括国家在内的多个出资者按投资比例分别所有；而企业则拥有包括国家在内的出资者投资形成的全部法人财产权，即企业对包括国家在内的出资者授予其经营管理的财产依法享有独立支配权，包括占有、使用、支配、处置和收益的权利，成为享有民事权利、承担民事责任的法人实体。

2. 政企分开

政企分开是指政企关系合理，即政府和企业在权利和义务等方面的关系明确，适应市场经济体制要求，符合客观经济规律。现代企业制度中政企关系合理的表现是政企分开，企业不再是政府的附属物，政府不再包揽企业的一切；政府把本应属于企业的权力归还给企业，企业按市场需求自主组织生产经营活动，并把提高劳动生产率和经济效益作为目的。政府主要运用经济手段、法律手段和必要的行政手段对国民经济进行宏观管理，并把保持经济总量基本平衡、促进经济结构的优化、引导整个国民经济健康发展作为宏观调控的目标，而不是直接干预企业的生产经营活动。企业在市场竞争中优胜劣汰，长期亏损、资不抵债的要依法破产。政府仅以投资额为限对企业债务承担有限责任，而不再承担与政府无关的责任。政府的社会经济管理和国有资产所有权职能分开，政府的行政管理职能和企业的经营管理职能分开。

3. 权责明确

权责明确是指企业资产所有者和企业法人财产所有者在企业中享有的权利和承担的责任清楚、明确，具体表现在出资者按投入企业的资本额享有所有权的权益，即资产受益、重大决策和选择管理者等权利。但当企业亏损或破产时，出资者只对企业的债务承担以出资额为限的有限责任；出资者不直接参与企业的具体经营活动，不直接支配企业的法人财产。企业以其全部法人财产，依法自主经营，自负盈亏，照章纳税，对出资者承担资产保值增值的责任。企业拥有法人财产权，以全部法人财产独立享有民事权利、承担民事责任，依法自主经营。企业以独立的法人财产对其经营活动负责，以其全部资产对企业债务承担责任。

4. 管理科学

管理科学是指企业内部的领导体制和组织管理制度科学合理、符合市场经济体制要求。现代企业制度中管理科学的表现是，凡实行公司制的企业，都要按公司法的规定设置企业内部的组织管理机构，以有效地调节所有者、经营者和职工的相互关系；按公司法的规定制定有关规章制度，以形成激励与约束相结合的经营机制，促进企业的发展。不实行公司制的企业，也都能建立起符合市场经济体制要求的企业内部组织管理制度。现代企业制度特征的这四句话是一个有机整体，缺一不可，不能只强调某一方面而忽略其他方面，必须全面准确地领会。

问题互动

分粥

有7个人曾经住在一起，每天分一大桶粥。要命的是，粥每天都不够分。一开始，他们抓阄决定谁来分粥，每天轮一个。于是乎每周下来，他们只有一天是饱的，就是自己分粥的那一天。后来他们推选出一个道德高尚的人来分粥。强权就会产生腐败，大家开始挖空心思去讨好他、贿赂他，搞得整个小团体乌烟瘴气。然后大家开始组成3人分粥委员会及4人评选委员会，每次分粥都在互相攻击、扯皮下进行，粥吃到嘴里全是凉的。最后，他们想出来一种方法——轮流分粥，但分粥的人要给其他人都分完后才能拿剩下的最后一碗。

为了不让自己吃到最少的，每人都尽量分得平均，就算不平均，也只能认了。大家快快乐乐，和和气气，日子也越过越好。

看完这则小故事，请谈一谈你的想法。

四、现代企业的公司治理结构

在公司制企业中，由于投资主体多元化，任何一个投资者都不可能是企业的完全所有者，只能是企业的所有者之一。在所有权极其分散（如大型股份制公司）的情况下，所有者一般不是企业的经营者，由经过专门训练的职业企业家来经营管理企业。这样，在法人企业中就会有三种利益主体，他们是所有者、经营者和一般职工。三者之间在各自利益基础上的相互制约构成了完善的法人治理结构。公司治理是指调整诸多利益相关者的关系，主要包括股东、董事会、经理层的关系，这些利益关系决定企业的发展方向和业绩。

公司治理讨论的基本问题，就是如何使企业的管理者在利用资本供给者提供的资产发挥资产用途的同时，承担起对资本供给者的责任。利用公司治理的结构和机制，明确不同公司利益相关者的权利、责任和影响，建立委托代理人之间激励兼容的制度安排，是提高企业战略决策能力、为投资者创造价值管理的前提。

所谓完善的法人治理结构，必须实现两项基本要求，一是既要保证股东的权益，又要使经营者有自主经营的权利；二是使所有者、经营者和企业的职工既相互制衡，又具有工作积极性。公司制企业通过实行三权分离的法人治理结构，较好地解决了这一问题。公司企业法人治理结构实行决策、执行、监督三权分离，三者之间相互制约，从而形成良好的运行机制。这种法人治理结构由股东大会、董事会、经理班子和监事会组成。

1. 股东大会

股东大会由全体股东组成，是公司的最高权力机构。股东大会通过股东大会会议决定公司的经营方针，选举和罢免董事会、监事会成员，修改公司章程，审议和批准公司的财务预算、决算、投资及收益分配等重大事项。

2. 董事会

董事会是公司的经营决策机构，它由股东大会选举产生。董事会执行股东大会的决议，决定公司的经营计划和投资方案，制定公司预决算和利润分配方案，决定公司内部管理机构的设置，聘任或解聘经理，根据经理提名聘任或解聘副经理、财务负责人等公司高级职员。董事长由董事会选举产生，一般为公司法人代表。董事会实行集体决策，采取每人一票和简单多数通过的原则。董事会成员对其投票要签字在案并承担责任。

3. 经理班子

经理班子是指由总经理、副总经理和公司高级职员组成的执行机构。法人企业对公司总经理实行聘任制，由董事会聘任总经理。总经理负责公司的日常生产经营活动，对公司的生产经营和管理进行全面领导，依照公司章程和董事会的授权行使职权。总经理对董事会负责。

4. 监事会

监事会是股东大会领导下的公司监督机构。监事会成员由股东代表和一定比例的职工代表组成。股东代表由股东大会选举产生，职工代表由公司职工民主选举产生。监事会依法和依照公司章程对董事会成员、总经理和高级职员行使职权的活动进行监督，检查公司的经营和财务状况，可对董事和经理的任免、奖惩提出建议。监事会成员不得兼任公司的董事及其他高级管理职务。上述机构中，股东大会和董事会是公司的决策机构，经理班子是执行机构，监事会是监督机构。它们之间的关系可用图2-5表示。

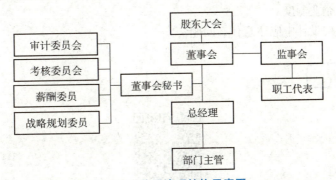

图2-5 公司治理结构示意图

启发案例

CEO、COO、CFO、CIO、CTO、CMO你都知道是什么吗？

学习小结

企业是指从事商品生产、商品流通或服务性经济活动，实行独立核算，以营利为目的，依法成立的经济组织。企业的主要特征有经济性、社会性、独立自主性、能动性和竞争性。企业按资产的所有制性质可分为国有企业、集体所有制企业、私营企业、混合所有制企业；根据企业制度的形态构成可分为业主制企业、合伙企业、公司制企业，而公司制企业按照其股东的责任范围可分为无限公司、有限责任、有限责任公司、两合公司和股份有限公司。组织结构是企业组织结构系统的构成形式，是企业内部的组织层次，通常分为高、中、低三层。常见的中小企业组织结构有直线制、职能式和直线—职能制。大型企业的组织结构主要有事业部制、分权制、矩阵制等。

现代企业制度是以企业法人制度为基础、企业产权制度为核心，以产权清晰、权责明确、政企分开、管理科学为条件而展开的，由各项具体制度所组成的，用于规范企业基本经济关系的制度体系。公司企业法人治理结构实行决策、执行、监督三权分离，三者之间相互制约而形成良好的运行机制。这种法人治理结构由股东大会、董事会、经理班子和监事会组成。

企业文化，就是企业组织在长期的实践中形成并为企业成员普遍遵守和奉行的共同价值观念，包括企业的经营思想、企业精神、企业目标、道德规范、行为准则等。

复习思考题

1. 企业的概念及特征是什么？
2. 企业建立的条件有哪些？
3. 企业有哪些类型？
4. 什么是现代企业制度？
5. 企业组织结构设计中应注意什么问题？

CE 根治"大企业病"，焕发生机

请思考：结合上述案例总结一下"大企业病"的典型特征是什么？GE 的企业文化主要体现在哪些方面？查阅相关资料，比较分析我国"大企业病"现象，假如你是该企业员工，有什么好建议？

请分别调查工业企业、商业企业和行政事业单位的组织结构图，并进行对比分析。

模块三
管理概述

> **本模块学习目标**
> 1. 掌握管理的概念和内涵；
> 2. 理解管理的特点；
> 3. 了解管理的主要经典理论；
> 4. 了解管理者的概念、分类和角色等内容；
> 5. 理解管理者应掌握的技能。
>
> **能力目标**
> 　　通过本章的学习，能理解管理的内涵和基本要求，熟悉管理学经典理论并对管理者角色应具备的素质有明确的认识。
>
> **关键概念**
> 　　管理　管理职能　管理理论　管理者技能

【导入案例】

　　某天深夜，总经理偶尔发现加油站员工在值班期间违规睡觉。第二天他便把企管部经理叫到办公室批评了一顿，责怪企管部监督不力，制度执行不严。企管部经理感觉很委屈：相关公司制度企管部已经认真制定完成，向公司各个部门交代沟通也很清楚，并且企管部也在认真监督检查各部门的执行情况，但是不可能面面俱到，深夜里发生这种事，企管部也没有办法避免；况且加油站作为企管部的平级部门，企管部经理无权直接指挥加油站经理，发生这种事情，不应该由企管部承担责任（挨骂），而应由加油站经理负责。

　　公司的组织手册中规定：总经理负责全面主持公司的管理和业务；企管部经理作为公司综合管理部门负责人，主管公司规章制度的组织修订、监督执行以及对公司各部门的考核奖惩；加油站作为公司下属业务部门，等级上与企管部平级，其经理作为该业务部门负责人，负责实施该部门的业务运作和管理。

管理启示

　　从这个例子可以看出，组织的作用依赖于管理，管理是组织协调各部分的活动，并使之与环境相适应的主要力量。所有的管理活动都是在组织中进行，有组织，就有管理；有了管理，组织才能进行正常的活动。因此，管理是一切组织正常发挥作用的前提，任何一个有组织的集体活动,不论其性质如何,都只有在管理者对其加以管理的条件下,才能按照所要求的方向进行。

然而,管理是有其自身规律的,那就是管理要划分层次,要按照管理职能有序地进行,实行统一领导、分级管理,对组织中的人员、物资、资金、信息等资源进行有效的管理,通过合理组合,使其产生一种新的效能,以充分发挥各种要素的最大潜能,使之人尽其才、物尽其用,产生良好的经济效益和社会效益。

学习单元一　管理的性质和职能

自从出现人群组织,管理也就产生了。管理是人类各项活动中最重要的活动之一。人类在面对大自然、自身的生存发展等诸多难题时,管理作为协调人群使每个体努力工作,以便实现大家共同目标的活动就已经存在,而且成为成功不可缺少的因素。21世纪以来,在世界范围内人们已经广泛地学习和推广科学的管理方法,这极大地推动了人类社会的发展。管理是一切有组织的活动中必不可少的组成部分。今日的人类已掌握了强大的科学技术,在自然界、社会文化等方面的知识积累已十分丰富,管理可以变为个人管理自己时间和事务的一种行为。在工业化、信息化的现代社会中,筹划未来,协调社会成员的行为,挑战新问题,已成为人类社会进步的必要环节,而这些环节都离不开管理。那么,什么是管理,为什么要进行管理活动,怎样才能有效地进行管理活动,谁来行使管理权力和履行管理职能呢?本章主要就这些问题阐述管理的概念,管理的性质与职能,管理的重要意义与作用,管理的主体、职责及素质要求及经典的管理理论等,为本书其余各模块的学习奠定基础。

一、管理的定义

什么是管理?这是每个初学管理的人首先遇到的问题。人类的管理能力和管理活动,可以说就是人类自身的天性,古老得就像拇指可以竖起一样。但是,管理学却是一门相当新的学科,它的源头可以追溯到19世纪中期。

过去几十年来,管理学发掘出了自己真正的优势,将复杂、专业的知识转化成具体的操作。管理涉及各种领域,站在不同的角度也有不同的解释,表层化的理解,管理就是管辖梳理。政治学家认为,管理是建立有效的权力管理系统,科学地分权、授权和集权;经济学家认为,管理是对组织的资源进行计划、组织、领导和控制,以实现既定目标的过程,优秀的管理是一种稀缺的经济资源;心理学家则认为,管理是沟通、协调与激励,是使人适应组织和社会的过程;社会学家则认为,管理是一种文化活动,管理水平是社会进步、社会文明的一种标志。

科学管理理论创始人、"科学管理之父"弗雷德里克·泰勒认为,管理就是"确切了解希望工人干些什么,然后设法使他们用最好最节约的方法去完成它"。这说明,管理是一种明确目标,并授予被管理者工作方法,以求更好地实现目标的活动。

"经典管理学之父"亨利·法约尔区别了经营与管理这两个容易混淆的概念,从管理的组织过程的角度,指出管理是经营活动中的一种活动,它包括计划、组织、指挥、协调和控制五个要素。

集管理之大成的管理学家孔茨说:"管理就是由一个或更多的人来协调他人的活动,以便收到个人单独活动所不能收到的效果而进行的各种活动。所以,管理就是设计一种良好的环境,使人在群体里高效率地完成既定目标。"这里,孔茨强调了协调的重要性以及人在管理中的重要性,孔茨关于管理的定义的重要性在于,他特别指出了管理的体系问题,而不是就管理而管理。

决策管理学家西蒙从决策的角度总结说:"决策是管理的心脏,管理就是由一系列的决策组成,更确切地说管理就是决策。"这里,西蒙突出了管理的决策功能,在他看来管理的一切工作就是在面对现实与未来、面对环境与员工不断做出各种决策。"决策说"对于管理的本质认识又进了一步,将管理从一般性的事务性工作中解脱出来,集中反映到了决策的高度上。但是,因为决策的过程相当复杂,西蒙的管理"决策说"也并没有进一步深入下去,以至于在实际中无法把握管理决策的重要作用。

"现代管理之父"德鲁克结合他的管理实践活动总结说:"归根结底,管理就是一种实践,其本质不在于'知',而在于'行',其验证不在于逻辑,而在于成果。所以,管理的唯一权威就是成就。"德鲁克强调的是管理的实践特性和实用效果。从严格意义上说,德鲁克的这一认识把人们对管理的虚无化又拉回到了现实之中,避免了那种为管理而管理行为的发生。但是,过于强调管理的实效性也可能会形成不注重客观规律、急功近利的效果,反而在现实中会适得其反。

综上所述,即使是管理学家,他们每一个人对管理的认识也是不同的,这说明了管理行为的复杂特性和人的认知差别。其实,管理的目的很简单,就是用最小的投入来获取最大的收益,但是在管理的过程中往往因为很多具体问题的不确定性而很难达到这一目标。

那么,如何确定管理的定义呢?首先,管理应当是一种科学的方法;其次,管理不只是一种简单的组织行为,而是一种创造性的人类组织活动,管理的行为本身决定了管理的目标不会有终结。因此,管理定义的多样化既反映了人们研究立场、方法和角度的不同,同时,也反映了管理科学的不成熟性。这说明管理没有一个统一的定义是现实的结果,因为,假使有了一个统一但不全面的定义,就会使管理走向教条化。但是,缺少明确的定义又使人们无法准确地认识和把握管理的特质。

总的来看,迄今为止,管理还没有确切的定义。过于简单地认识管理,就会在管理过程中因为事物的复杂和路径的不明确失去了管理的指导意义;但是,把管理作为一种包罗万象、面面俱到的知识或教条,就会脱离管理的现实环境,使管理行为趋向复杂,而不能真正地解决问题。正如安德泽杰·胡克金斯基在《管理宗师——世界一流的管理思想》一书中所指出的那样,许多管理学家的理论"最显著的特征是严重的实用主义,这不仅反映在他们只关心自己的理论是否被应用了,而且正如许多严厉的批评家所指出的那样,还反映在他们有意拒绝回答像组织的性质这样基础性的问题"。

问题互动

管理实践告诉我们:无论怎样定义管理本身,我们将来都要像管理者那样思考。也就是说,我们都需要不断学习领会管理的意义。对此你有什么想法呢?

以上考察的是国外知名学者和最新流行教材对管理所下的定义,下面我们选取了国内教材中有代表性的学者周三多的定义。

他认为管理是组织为了达到个人无法实现的目标,通过各项职能活动合理分配、协调相关资源的过程。他将管理的内涵划分为如下几方面:

①管理的载体是组织。组织包括企事业单位、国家机关、政治党派、社会团体以及宗教组织等。

②管理的本质是合理分配、协调相关资源。所谓"合理",是从管理者的角度来看的,因此具有局限性和相对的合理性。

③管理的对象是相关资源。即包括人力资源在内的一切可调用的资源,包括原材料、人员、资金、土地、设备、客户和信息,其中人员是最重要的,所以管理要以人为中心。

④管理的职能活动包括信息、决策、计划、组织、领导、控制和创新。

⑤管理的目的是实现既定的目标。同时，该目标是个人力量无法完成的，这也是组织设立的原因。

管理是一种思想，是一种文化，是管理者的社会道德责任，是为了管理者所管理的机构取得经济和社会成就，是为了所处社会的全面和长远利益而必须关心、全力履行的责任和义务，表现为管理者对社会的适应和发展的参与。

二、管理的性质

1. 管理的目的性

管理是人类一种有意识、有目的的活动，因而它有明显的目的性。管理的这一特征是我们区别自然界和人类社会中那些非管理活动的重要标志。凡是盲目的、没有明确的目的的活动，都不能称为管理活动；那些由生理功能驱使、无意识的本能活动，亦不能称为管理活动。管理的目的性是由管理活动产生和发展的内在要求决定的。如果管理没有一定的目标，那么它就没有存在的必要了。管理的目的性要求管理人员时刻明确管理的目标是什么，并围绕目标实施有效的管理。

美国国际商业机器公司的创办人托马斯曾经给他的部下讲过这样一则故事，深入浅出地说明了管理的作用。

启发案例

有一个男孩买了一条长裤，穿上一试，裤子长了2寸①。他请奶奶帮忙把裤子剪短2寸，可奶奶说眼下的家务事太多，让他去找妈妈。而妈妈回答他说，今天她已经同别人约好去玩牌。男孩又去找姐姐，但是姐姐有约会，时间就要到了。这个男孩非常失望，担心明天穿不上这条裤子，他就带着这种心情入睡了。奶奶忙完家务事，想起了孙子的裤子，就去把裤子剪短了2寸；姐姐回来后心疼弟弟，又把裤子剪短了2寸；妈妈回来后同样也把裤子剪短了2寸。可以想象，第二天早上男孩起来后穿上那条裤子会是怎样的一个情景。这就是没有管理的活动所造成的恶果。

2. 管理的科学性与艺术性

（1）管理的科学性。管理的科学性是指管理反映了管理活动具有其自身的特点和客观规律。主要表现为：管理从管理活动中的客观实际出发，来研究社会组织中管理活动的特点及其规律性，并以反映管理活动特点及其规律性的管理理论和方法为指导，建立一套系统的分析管理问题、解决管理问题的科学的方法论。如果管理者了解管理活动的基本特点及规律并掌握了系统的管理知识和方法，就可以对管理活动中存在的问题提出切实可行的应对方案；反之，如果管理者不了解管理活动的特点及规律，不了解管理的科学方法，并且违背管理的客观规律，就不能很好地解决管理中的问题，就会给组织带来不必要的损失。

（2）管理的艺术性。管理的主体与客体都离不开"人"，所有的管理活动都会受到人的情感、意志、个性、能力等诸多无法利用科学方法检测和衡量的非理性因素的影响和制约。管理的艺术性主要是指管理者在管理实践活动中对管理原理、理论的运用和对管理方式方法的选择，要具有一定的灵活性、技巧性及创造性。

一方面，由于管理活动都是在某一特定的组织环境中进行的，而组织环境又往往处于复杂的变化之中，因此，不存在一成不变的管理模式，任何管理理论都不可能解决所有组织管理活动中

---

① 1寸≈3.33厘米。

的所有问题。另一方面,由于管理离不开人,而人是具有主观能动性和情感性的高级动物,并且人的需要具有多样性,一个人情感的变化会受到多种因素的影响,经营管理活动会因为人的不同而存在差别,也就造成管理的"艺术性"特点贯穿于组织决策和管理的每一个具体过程。

要调动人的积极性和创造性,管理者就要重视环境的变化,具体问题具体分析,运用所掌握的管理理论和方法,发挥自身的聪明才智,采取权变的管理方式方法,这样才能取得理想的管理效果。从这方面来说,管理是由管理者创造的灵活运用诸如计划、组织、领导、控制等职能手段的艺术。既然管理是一门艺术,它的内涵往往"只可意会,不可言传"。

麦当劳的约束机制

麦当劳公司通过详细的程序、规则和条例规定,使分布在世界各地的所有麦当劳分店的经营者和员工们都遵循一种标准化、规范化的作业。公司在芝加哥开办了专门的培训中心——汉堡包大学,要求所有的特许经营者在开业之前都接受为期一个月的强化培训。回去之后,他们还被要求对所有的工作人员进行培训,确保公司的规章条例得到准确的理解和贯彻执行。

为了确保所有特许经营分店都能按统一的要求开展活动,麦当劳公司总部的管理人员还经常走访、巡视世界各地的经营店,进行直接的监督和控制。例如,有一次巡视中发现某家分店自做主张,在店里摆放电视机和其他物品以吸引顾客,这种做法因与麦当劳的风格不一致,立即得到纠正。除了直接控制外,麦当劳公司还定期对各经营分店的业绩进行考评。为此,各分店要及时提供有关营业额、经营成本、利润等方面的信息,这样,总部管理人员就能及时了解各分店经营的动态和出现的问题,以便商讨和采取改进的对策。

(3)管理的经济性。管理的对象是组织中以人力资源为中心的各种资源。管理的实质就是通过计划、组织、领导、控制等职能手段,实现组织内部各种资源的合理配置。资源配置是需要成本的,管理就是要使资源配置的成本最小化。因此,管理就具有一定的经济性。

首先,管理的经济性反映在资源配置的机会成本上。管理者选择一种资源配置方式,必然要以放弃另一种资源配置方式为代价,这里就存在机会成本的问题。其次,管理的经济性反映在管理方式、方法选择的成本比较上。由于各种资源配置的方式方法所费成本存在差别,因此,在如何选择配置方式的问题上存在经济性的问题。最后,管理是对资源有效整合的过程,选择不同的资源供给和配比,也存在成本大小的差别,这是经济性的又一种表现。

(4)管理的动态性。

①管理对象的动态性:在管理过程中,作为管理对象的员工会受到个人性格、当时特定环境、情绪、思想、偏好等的影响,从而造成其原本可以发挥的能力和技巧无法全数施展,有时甚至会出现一定的失误或差错。

②管理运行时空的动态性:时空本身处在不断的运动变化之中,在设定未来的发展方案时,未来的组织环境将会发生什么样的变化是难以确定的。因时空不确定性带来的组织环境的不确定性是战略管理中最难以把握和解决的。

不同的市场

宝洁公司是美国一家有名的公司,它生产的婴儿尿布历史悠久,很多美国人都是包着宝洁生产的尿布长大的。20世纪80年代，宝洁公司决定把婴儿尿布引出国门，打入中国香港地区和德国市场。宝洁公司认为，不管是中国香港地区的婴儿也好，德国的婴儿也罢，都是婴儿，都需要尿布，不会有什么问题，所以，进入这两个市场之前没有进行"实地试营销"。结果，没有预料到的问题出现了。中国香港地区的消费者反映，宝洁公司的尿布太厚；而德国的消费者却反映，宝洁公司的尿布太薄。一样的尿布，怎么能一个说太厚一个说太薄呢？宝洁公司经过仔细调查才发现，原来原因出在婴儿的母亲身上。中国香港地区的母亲把婴儿的舒适当作头等大事，孩子一尿就换尿布，而宝洁公司的尿布一次可以兜几泡尿，自然就显得太厚了。而德国的母亲比较制度化，早上给孩子换一次，到晚上再换一次，这中间孩子要尿好多次，自然尿布就显得太薄了。

③管理工具手段的动态性：由于不同的人具有不同的个性、情感、需要等，很难用某一种管理职能和手段去管理所有的人。而且，管理活动中人际沟通方法、精神激励办法等的作用效果也是难以确定的。

④管理实施结果的动态性：由于管理受到上述几种动态性的影响，管理活动的结果可能会偏离管理目标或只有部分实现管理目标，带有一定的不确定性。

（5）管理的人本性。管理的人本性是指在管理过程中以人为中心，把理解人、尊重人、调动人的积极性放在首位，把人视为管理的重要对象及组织最重要的资源。从管理者来看，其管理能力直接影响组织管理的水平；从被管理者来看，如果其素质较差、能力较低，不能接受和理解管理者的指令或不能自我约束，就不能保证实施有效的管理；从管理的核心来看，就是处理各种人际关系，所以在管理过程中，只有把人作为根本，才能协调好其他要素，实现高效率的管理。

管理的人本性

如何管理你不喜欢的人

如果你和多数领导一样，那你可能更喜欢表现良好、不产生坏消息的下属。但是那些不讨你喜欢、经常激怒或挑战你的下属，却往往能够提出新见解，并促进团队成功。那么，该如何管理你不喜欢的人呢？首先，学习如何处理失望。每个人都希望得到老板的欣赏，你的员工可能认为，你的任何不满都和他们的表现有关。所以，你要保持公平公正及沉着冷静的态度。其次，检查你的偏见。如果你很难做到公平，那就要向了解员工工作情况的其他经理人寻求意见，看看你的评估标准是否和其他人一样。最后，保持开放的思想。花费更多时间和问题员工共事，也许你们可以共同合作完成一项艰巨的任务。请记住，观点不是一成不变的，你现在最喜欢的员工也许有一天会变成最令你讨厌的人。

（6）管理的创新性。由于管理具有一定的动态性，对任何一个具体的管理对象都没有一种完全有章可循的模式可以参照，那么，为达到既定的组织管理目标，就需要具备一定的创造性。管理的创造性根植于管理的动态性之中，与管理的科学性和艺术性相关，正是由于这一特征的存在，才使得管理创新成为必要。

三、管理的基本职能

为了完成既定的目标任务而开展的一系列活动，构成了管理的职能，通常称为管理职能。主要有计划（Planning）、组织（Organizing）、领导（Leading）和控制（Controlling）。

1. 计划

凡事预则立，不预则废。任何有组织的集体活动，都需要在一定的计划指引下进行，计划是对组织未来活动进行预先筹划。管理者通过制订计划，可以帮助组织成员认清所处的环境和形势，指明活动的目标以及实现目标的途径。任何活动在开始之前，首先需要制订计划，这样才能做到有的放矢。

人类第一次登月

案例证明，即使在太空行动中，最聪明的管理者和技术人员已经做了最出色的计划，也不能总是按照计划行事。

2. 组织

组织因目标而存在。为确保制订出来的计划能够顺利实现，管理者还需要对组织中每个单位、每个成员在工作执行之中的分工协作关系做出合理的安排。

3. 领导

所谓领导，是指管理者利用组织所赋予的职权和自身拥有的权力，去指挥、影响和激励组织成员为实现组织目标而努力工作的一种具有艺术性的管理活动过程。沟通和激励是领导工作的主要内容。沟通工作是领导者与同事或下属交流思想、互通信息、协调关系，在相互理解的基础上求同存异，增强组织的凝聚力。激励工作是领导者把实现组织目标与满足个人需要有机结合起来，通过激励元素激发和强化下属工作的动力。

4. 控制

控制是为了保证组织各部门、各环节能按既定的计划开展工作从而实现组织目标的一项管理活动。其内容主要包括根据计划标准检查各部门、各环节的工作情况，判断其工作结果是否与计划要求相吻合以及存在偏差的程度。如果存在较大的偏差，则分析偏差产生后对业务活动的影响程度及偏差产生的具体原因，在此基础上，如果有必要的话还要针对所发现的原因，制定并实施纠正偏差的措施，以确保组织目标和计划的有效实现。控制不仅是对组织计划执行情况的检查和监控，而且可能在偏差纠正措施难以取得预期效果，或者组织内外环境出现重大变化时，导致管理者在本计划执行期尚未结束时就做出使某时点以后的组织活动发生局部甚至全局调整的计划修订或重新制订行为。这样，控制可能意味着新的计划过程的提前开始。

启发案例

魏文王问名医扁鹊说:"你们家兄弟三人,都精于医术,到底哪一位更好呢?"扁鹊答:"长兄最好,中兄次之,我最差。"文王再问:"那为什么你最出名呢?"扁鹊答:"长兄治病,是治病于病情发作之前。由于一般人不知道他事先能铲除病因,所以他的名气只及本乡。而我是治病于病情严重之时。一般人看到我在经脉上穿针管放血,在皮肤上敷药等大手术,所以以为我的医术高明,名气因此响遍全国。"你有没有从这番对话中领悟到什么呢?

上述的各项管理职能是带有普遍性的,所有管理人员不论在何岗位,处于哪一管理层次,都要执行这些基本管理职能,同时它们相互关联、相互作用,共同为实现组织目标服务(图3-1)。

计划	组织	领导	控制
明确目标	设计组织结构	指导激励	确立标准
研究条件	配备人员	沟通协调	衡量绩效
制定决策	组织运行	解决冲突	纠正偏差
编制行动方案	组织学习与变革		

图 3-1 管理职能关系

学习单元二 管理思想与理论

一、管理思想的形成

1. 亚当·斯密的劳动分工与"经济人"管理思想

亚当·斯密(Adam Smith,1723—1790)是苏格兰的政治经济学家与哲学家,他在1776年发表了代表作《国富论》。该著作不仅对经济和政治的理论发展有着突出的贡献,对管理思想的发展也起着重大作用。

(1)劳动分工的观点。亚当·斯密在他的《国富论》中以制针业为例说明了劳动分工给制造业带来的变化。他写道:"如果一名工人没有受过专门的训练,恐怕工作一天也难以制造出一枚针来。如果希望他每天制造20枚针那就更不可能了。但如果把制针程序分为若干项目,每一项就都变成一门特殊的工作了。一个人担任抽线工作,另一个人专门拉直,第三个人负责剪断,第四个人进行磨尖,第五个人在另一头打孔并磨角。这样一来,平均一个人每天可以生产48 000枚针,生产效率提高的幅度是相当惊人的。"这段生动论述,形象地把劳动分工的优越性展现出来了。

亚当·斯密认为,劳动分工之所以能大大提高生产效率,可归结为下面三个原因:增加了每个工人的技术熟练程度;节省了从一种工作转换为另一种工作所需要的时间;发明了许多便于工作又节省劳动时间的机器。

(2)"经济人"观点。亚当·斯密在研究经济现象时,提出一个根本的观点是,经济现象是具有利己主义的人们的活动所产生的。他认为,人们在经济行为中,追求的完全是私人利益。但是,每个人的私人利益又受到其他人的利益限制,这就迫使每个人必须顾及其他人的利益,正是这种限制而产生了社会利益,社会利益是以个人利益为立足点的。

他在《国富论》一书中曾用这样的话来描述人们的相互关系:"人类几乎随时随地都需要同

胞的协助，要想仅仅依赖他人的恩惠，那是一定不行的。他如果能够刺激他们的利己心，使有利于他，并告诉他们，给他做事是对他们自己有利，他要达到目的就容易得多了。不论是谁，如果他要与旁人做买卖，他首先就要这样提议：'请给我我所要的东西吧，同时，你也可获得你所要的东西。'这句话是交易的通义。"

这种将人类的行为始点归于"经济"因素的"经济人"的观点，即认为人类是由于追求物质、经济利益才产生了行为的动机，是当时生产关系的反映。正因为如此，此观点对于传统管理时期和科学管理时代的管理实践和理论，都产生了极其重要的影响。

2. 罗伯特·欧文的人事管理管理思想

罗伯特·欧文（Robert Owen，1771—1858）是19世纪初期英国卓越的空想社会主义者。他早年在苏格兰经营一家大纺织厂，并以在该厂进行了前所未有的试验而闻名于世。欧文认为，试验前此厂是当时"社会的缩影"，集中了"工厂制度下的一切罪恶"，如劳动时间长、劳动强度高、工资低、生活条件恶劣等。

为此，他在自己开办的纺织厂里实行了一系列大胆的改革：① 改善工作条件，包括将劳动时间缩短为10.5小时，严禁未满9岁的儿童参加劳动等；②提高工资并免费供应膳食；③建设工人住宅区，改善工人的生活条件；④开设工厂商店，按成本价出售工人所需要的生活必需品；⑤设立幼儿园和模范学校；⑥创办互助储金会和医院，发放抚恤金，等等。其目的是探索在改善工人生活条件的前提下，能否有利于工厂所有者大幅提高劳动生产率。事实证明，他的设想在"一定条件下"是能成功的。他的改革确实改善了工人阶级的生活条件，同时也使工厂所有者获得了丰厚的利润。

另外，欧文还提出，工厂所有者不仅要"关心"工人，还应该"关心"工厂的股东，分给其应得的红利。总而言之，作为工厂的所有者必须重视"人"的作用。

欧文的管理思想主要体现在以下几个方面：①重视人的因素和人的作用；②实行灵活稳健的人事政策和待人处事的方法；③主张对人力进行投资；④主张改善劳动条件和工资待遇；⑤主张与工人和睦相处；⑥强调对人的本性进行深入了解与剖析；⑦养成一丝不苟、准确无误的工作习惯。

因为罗伯特·欧文最先注意到"人"的因素并开始关心"人"，所以在某些管理学著作中，他被誉为"人事管理之父"。

3. 查尔斯·巴贝奇的作业研究和报酬制度

查尔斯·巴贝奇（Charles Babbage，1792—1871）是英国剑桥大学数学教授，同时又是科学家和作家，是科学管理的先驱者。

巴贝奇不仅赞同亚当·斯密关于分工能提高劳动生产率的观点，他还进一步分析了劳动分工使生产率提高的原因，他的解释比亚当·斯密更全面、更细致。他认为劳动分工使生产率提高的原因是：①节省了学习所需要的时间；②节省了学习期间所耗费的材料；③节省了从一道工序转移到下一道工序所需要的时间；④经常从事某一工作，肌肉能够得到锻炼，不易引起疲劳；⑤节省了改变工具、调整工具所需要的时间；⑥重复同一操作，技术熟练，工作速度较快；⑦注意力集中于单一作业，便于改进工具和机器。

巴贝奇还提出了一种工资加利润分享的制度，以此来调动劳动者的工作积极性。他认为，工人除了拿工资，还应按工厂所创利润的百分比额外得到一部分报酬。这种做法有以下几点好处：①使每个工人的利益同工厂的发展及其所创利润的多少直接有关；②每个工人都会关心浪费和管理不善等问题；③能促使每个部门改进工作；④有助于激励工人提高技术及品德；⑤工人同雇主的利益一致，可以消除隔阂，共求企业的发展。他的这种工资加利润分享的制度的管理思想对我们当今的企业管理仍然有一定的参考价值。

巴贝奇提出的许多原则不但适用于企业，也适用于其他类型的组织。

马萨诸塞铁路公司聘用经理事件

1841年10月5日，在美国马萨诸塞至纽约的西部铁路上，两列火车相撞，造成近20人伤亡。美国社会舆论哗然，公众对这次事件议论纷纷，对铁路公司老板低劣的管理进行了严厉抨击。为了平息这种群情激愤的局面，在马萨诸塞州议会的推动下，这个铁路公司不得不进行管理改革，资本家交出了管理权，只拿红利，另聘具有管理才能的人担任企业领导。这便成了美国历史上第一次通过正式聘用领薪金的经理人员管理企业的案例。

马萨诸塞经理事件虽属偶然，但两权分离是生产发展的客观要求。管理权分离后，越来越需要管理职能专业化，要求有专职的管理人员，建立专门的管理机构，用科学的管理制度和方法进行管理。同时，也要求对过去积累的管理经验进行总结提高，使之系统化、科学化并上升为理论。一些管理人员与工程技术人员开始致力于总结经验，进行各种试验研究，并把当时的科技成果应用于企业管理，出现了一系列管理理论与方法，最终形成了科学管理理论。

二、管理理论的产生

1. 科学管理理论

弗雷德里克·温斯洛·泰勒（Frederick Winslow Taylor，1856—1915），1856年出生于美国费城一个富有的律师家庭。泰勒中学毕业后考上哈佛大学法律系，但不幸因眼疾而被迫辍学。1875年，他进入一家小机械厂当徒工，1878年转入费城米德瓦尔钢铁厂（Midvale Steel Works）当机械工人，他在该厂一直干到1897年。在此期间，由于工作努力，表现突出，他在短短6年时间内就从一名普通的技工逐步提升为车间管理员、小组长、工长、技师、制图主任和总工程师，并在业余学习的基础上获得了机械工程学士学位。1898—1901年，泰勒又受雇于伯利恒钢铁公司（Bethlehem Steel Company）继续从事管理方面的研究。1901年后，他以大部分时间从事咨询、写作和演讲等工作，来宣传他的一套管理理论——"科学管理"，即通常所称的"泰勒制"。泰勒在管理理论方面做了许多重要的开拓性工作，为现代管理理论奠定了基础。泰勒总结了几十年试验研究的成果，归纳了自己长期管理实践的经验，概括出一些管理原理和方法，经过系统化整理，形成了"科学管理"的理论。由于做出的杰出贡献，他被后人尊为"科学管理之父"。泰勒的思考如图3-2所示。

1898年，泰勒受雇于伯利恒钢铁公司期间，进行了著名的"搬运铁块试验"和"铁锹试验"。"搬运铁块试验"是在这家公司的五座高炉的产品搬运班组大约75名工人中进行的。由于这一研究改进了操作方法，训练了工人，其结果使生铁块的搬运量提高3倍。"铁锹试验"首先是系统地研究锹上的负载应为多大的问题；其次研究各种材料能够达到标准负载的锹的形状、规格问题；与此同时还研究了各种原料装锹的最好方法的问题，此外还对每一套动作的精确时间做了研究，从而得出了一个"一流工人"每天应该完成的工作量。这项研究的结果是非常出色的，堆料场的劳动力从400~600人减少为140人，平均每人每天的操作量从16吨提高到59吨，每个工人的日工资从1.15美元提高到1.88美元。泰勒的科学管理的根本目的是求最高效率，而最高的工作效率是雇主和雇员达到共同富裕的基础，使较高工资和较低的劳动成本统一

图 3-2 泰勒的思考

起来,从而促进再生产的发展。要以科学化、标准化的管理方法代替以往的经验管理,为此,泰勒提出了一些基本的管理制度。

(1) 对工人提出科学的操作方法,以便有效利用工时,提高工效。研究工人工作时动作的合理性,去掉多余的动作,改善必要动作,并规定完成每一个单位操作的标准时间,制定劳动时间定额。

(2) 对工人进行科学的选择、培训和晋升。选择合适的工人安排在合适的岗位上并培训工人使用标准的操作方法,使之在工作中逐步成长。

(3) 制定科学的工艺规程,使工具、机器、材料标准化,并对作业环境标准化,用文件形式固定下来。

(4) 实行具有激励性的计件工资报酬制度。对完成和超额完成工作定额的工人以较高的工资率计件支付工资,对完不成定额的工人则按较低的工资率支付工资,如图 3-3 所示。

图 3-3 计件工资报酬制度

(5) 管理和劳动分离。管理者和劳动者在工作中密切合作,以保证工作按标准的设计程序进行。

上述这些措施虽然在现在已成为管理常识,但在当时却是重大的变革。随后,美国企业的生产率有了大幅度的提高,出现了高效率、低成本、高工资、高利润的新局面。泰勒一生致力于"科学管理",但他的做法和主张并非一开始就被人们接受,而是日益引起社会舆论的种种议论。于是,美国国会于1912年举行对"泰勒制"其他工场管理制的听证会,泰勒在听证会上做了精彩的证词,向公众宣传科学管理的原理及其具体的方法、技术,引起了极大的反响。

管理启示

科学管理:
它是科学,而不是单凭经验的方法;
它是和谐,而不是冲突;
它是合作,而不是个人主义;
它以最大产出代替有限产出;
它让每个人达到最高效率和获得最大富有……

2. 一般管理理论

法约尔是和泰勒同时代的杰出人物,都是管理科学的奠基人。但由于他们的背景和经历不同,他们研究管理的着眼点也有所不同。法约尔是从高等学校毕业后进入企业工作,长期在企业中担任领导工作,这使他有自上而下观察管理问题的基础和条件,考虑任何问题也总是从高层管理者的角度,最关心企业整体管理效率的提高。法约尔的代表作是于1916年出版的《工业管理与一般管理》,其主要贡献是管理理论的一般化研究。法约尔提出了企业的六项经营活动及管理的五个职能,并确定了管理的14条基本原则。这些系统化、明确化的概念和认识成为众多管理文献和管理者的共同语言,为后人研究企业经营、管理行为、管理原则起到了先导作用,如图3-4所示。

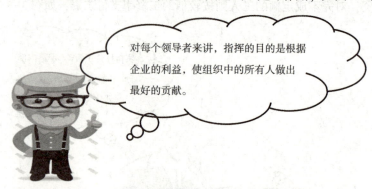

图3-4　法约尔的理论核心

（1）企业的基本活动与管理的五项职能。法约尔认为,企业无论大小,简单还是复杂,其全部活动都可以概括为六种基本的活动,而管理只是其中之一。这六种基本活动是:技术活动（指生产、制造、加工等活动）;商业活动（指购买、销售、交换等活动）;财务活动（指资金的筹措和运用）;安全活动（指设备维护和职工安全等活动）;会计活动（指货物盘存、成本统计、核算等）;管理活动（其中又包括计划、组织、指挥、协调和控制五项职能活动）。在这六种基本活动中,管理活动处于核心地位。管理活动由五种职能组成:计划、组织、指挥、协调和控制。

（2）法约尔的14条管理原则。法约尔根据自己的工作经验,归纳出简明的14条管理原则。

①劳动分工:对劳动实行专业化分工可以提高效率,但分工要适度,并非越细越好。

②职权与职责:职权与职责应该相互联系、相互匹配,任何组织和个人在行使职权的同时,都必须承担相应的责任,有权无责或有责无权都是组织上的缺陷。

③纪律：它是企业领导人同下属人员之间在服从、勤勉、积极、尊敬等方面所达成的协议，组织成功离不开纪律。

④统一指挥：组织中作为下属的每个成员只能接受来自一个上级的指挥，统一的指挥是组织成功的重要保证。

⑤统一领导：为组织中具有同一目标的各项活动制订一个计划，只能有一个领导人。

⑥个人利益服从整体利益：任何雇员个人或雇员群体的利益，都应当服从组织的整体利益，个人和小集体的利益不能凌驾于组织利益之上。

⑦人员报酬要合理：对工作成绩和工作效率优良者应给予奖励，但报酬应该合理，不能超出合适的限度。

⑧集权与分权：组织权力的集中与分散应符合组织的客观情况，要根据组织的性质、条件、环境及人员素质确定适当的权力结构。

⑨"等级链"与"跳板"：由高层管理者到低层管理者的直线职权组成了一个"等级链"，管理信息应当按等级链上下传递。如果恪守等级链会导致信息传递延迟，平级之间则可以直接通过"跳板"来横向沟通，但事后要汇报。

⑩秩序：组织中的各项物资安排有序，每个成员各安其位、各司其职。

⑪公平：管理者应当和善、平等地对待下级。下级在受到公平对待时，会报以忠诚和献身精神，来完成他们的任务。

⑫人员稳定：人员的经常变动对企业不利，组织应当留住自己需要的人才。

⑬首创精神：应当鼓励雇员的创造性和主动性，这是人们工作的动力和乐趣之一。

⑭人员团结：鼓励团结的精神，以实现组织内部成员之间的协调与合作。

总的来说，法约尔的一般管理理论是西方管理思想和理论发展史上的又一里程碑，它为以后管理理论的发展勾画出基本的理论框架。

管理启示

对于一个管理者来说，了解外部环境的构成要素，并对其中的一些特定要素进行考察，是非常重要的。不过，作为一个管理者，了解外部环境是如何对管理者产生影响的也是同样重要的。在通常情况下，我们将外部环境对管理者的影响和约束主要分为三个方面：第一，对工作岗位和就业的影响；第二，当前的环境不确定性；第三，组织与其外部的利益相关者之间的各种关系。

课堂拓展

企业在经营过程中，着眼点不能仅仅停留在股东身上，还应关注利益相关者的利益。

3. 行政管理学理论

（1）韦伯行政组织理论的主要内容。韦伯首先从组织的等级制度开始进行分析。他认为组织等级源于组织结构，而组织结构源于组织层次。他从各类组织中归纳出一种由主要负责人、行政官员和一般工作人员三个层次组成的结构。主要负责人的主要职能是进行决策，行政官员的主要职能是贯彻决策，一般工作人员的主要职能是进行实际工作。

（2）韦伯行政组织理论的评价。韦伯的行政组织理论对管理实践活动的启示主要体现在以下三个方面：

经营与营利、生存与发展

①企业的组织体系应按照不同的职务划分为高、中、低三个管理层，每一层都对应了不同的管理职能。

②管理人员必须遵守组织规则，自己的行为要受规则的制约，但同时他们也有责任监督其他成员服从这些规则。

③理想行政组织的几项特征，可以作为企业内部机构改革重整的基本准则。

(3) 韦伯行政组织理论的意义。韦伯的行政组织理论把个人与权力相分离，认为职位是职业带来的，不是个人身份的象征，权力来源于规章制度，它摆脱了传统组织随机、易变、主观、偏见的影响，具有比其他管理体制优越得多的精确性、连续性、可靠性和稳定性。

同时，规章制度为每项工作确定了明确的职权和责任，使组织运转和成员行为尽可能少地依赖个人。由于大型企业组织规模大、分工细、层次多，需要准确、连续、稳定的秩序来保证组织各部分的协调，所以，行政组织理论适应大型企业组织的需要。

三、管理理论的建立

行为管理理论主要通过研究人类行为产生的原因以及人的行为动机和发展变化规律，寻找有效调动积极性、达成组织目标的方法。行为管理理论的管理学家将管理学的研究课题由"经济人"转向"社会人"。

行为管理理论是由人际关系学说发展起来的，而人际关系学说的诞生开始于霍桑试验与梅奥对人性的探索。

问题互动

管理者最希望员工拥有哪些特质？

工作努力、头脑灵活、表现出众、善于处理人际关系、工作态度端正。

1. 霍桑试验和梅奥的人群关系理论

(1) 霍桑试验。霍桑试验是从1924—1932年在美国芝加哥郊外的西方电器公司下属的霍桑工厂中进行的。霍桑工厂当时有2.5万名工人，主要从事电话机和电器设备的生产。工厂具有较完善的娱乐设施、医疗制度和养老金制度，但是工人们仍然有强烈的不满情绪，生产效率很低。为了探究原因，1924年11月，美国国家研究委员会组织了一个由多方面专家组成的研究小组进驻霍桑工厂，进行试验。试验分成四个阶段：照明试验、电话继电器装配试验、大规模访问交谈和对接线板接线工作室的研究（群体试验）。

①照明试验（1924—1927年）：试验目的是研究照明情况对生产效率的影响。试验把12名女工分成"试验组"和"控制组"，研究工作者对两个组的工作情况做了仔细的观察和精确的记录。开始时，两个组的照明度一样。以后逐步改变试验组的照明度，而控制组始终维持不变。研究人员希望由此推测出照明强度变化所发生的影响。但结果试验组同控制组一样，产量都是直上升的。由此得出结论：车间照明只是影响员工产量的因素之一，而且是不太重要的因素；由于牵涉的因素太多，难以控制，无法测出照明对产量的影响。于是试验继续进行。

②电话继电器装配试验（1927年8月—1928年4月）：试验目的是了解各种工作条件的变动对小组生产效率的影响，以便能够更有效地控制影响工作效率的因素。他们先后选择了工资报酬、工间休息、每日工作长度、每周工作天数等因素进行对工作效率影响的试验，发现无论每个因素怎么变化，产量都是增加的。他们认为参加试验的小组产量增长的原因，主要是参加试验的女工受到人们越来越多的注意，并形成一种参与试验计划的感觉，因而情绪高昂。研究人员由此

得出结论：工作条件、休息时间以至于工资报酬等方面的改变，都不是影响劳动生产率的第一位的因素。最重要的是企业管理当局同工人之间，以及工人相互之间的社会关系。

③大规模访谈：试验进行到第三阶段，研究小组进行了大规模的访问交谈。他们共花了2年时间对2万名职工进行了访问交谈。通过交谈，了解工人对工作、环境、监工、公司和使他们烦恼的所有问题的看法，以及这些看法是如何影响生产效率的。经过这些研究发现，影响生产力最重要的因素是工作中发展起来的人群关系，而不是待遇及工作环境。研究小组还了解到，每个工人的工作效率的高低，不仅取决于他们自身的情况，而且与他所在小组中的同事有关。任何一个人的工作效率都要受到他的同事的影响。研究小组决定进行第四阶段的试验。

④在第四阶段试验中，研究小组决定选择接线板接线工作室进行研究。该室有9位接线工、3位焊接工和2位检查员。研究小组对他们生产效率和行为持续观察和研究了6个月后，有了许多重要的发现。

a. 大部分成员都故意自行限制产量。工人们说："假如我们的产量提高了，公司就会提高工作定额，或者造成一部分人失业。"有的工人说："工作不要太快，才能保护那些工作速度较慢的同事，免得他们受到管理阶层的斥责。"

b. 工人对待他们不同层次的上级持不同态度。对于小组长，大部分工人认为是小组的成员之一；对于小组长的上级——股长，认为他有点权威；对于股长的上级——领班，每当他出现时，大家都规规矩矩，表现良好。这说明个人在组织中职位越高，所受到的尊敬就越大，大家对他的顾忌心理也越强。

c. 工作室中存在着派系。每一个派系都有自己的一套行为规范，派系的成员必须遵守这些规范，如果违反规范就要受到惩罚。这种派系是非正式组织，这种组织并不是由于工作不同所形成的，而是和工作位置有些关系。这种非正式组织中也有领袖人物，他存在的目的是对内控制其成员的行为，对外保护自己派系的成员，并且注意不受管理阶层的干预。

霍桑试验的研究结果否定了传统管理理论对人的假设，表明了工人不是被动的、孤立的个体，他们的行为不仅仅受工资的刺激，影响生产效率的最重要因素不是待遇和工作条件，而是工作中的人际关系。据此，梅奥提出了自己的观点：第一，职工是"社会人"；第二，企业中存在着"非正式组织"；第三，新的企业领导能力在于通过提高职工的满足度来提高其士气。这三条可以说是人际关系学说的基本要点，也是行为科学在以后发展的理论基础，并对以后的管理思想发展产生了重大影响。

（2）霍桑试验的评价。梅奥的人群关系理论克服了古典管理理论的不足，导致了管理上的一系列改革，其中许多措施到现在仍是管理者所遵循的准则。其贡献主要有以下几点：

①激起了管理层对人的因素的研究兴趣；

②改变了人与机器没有差别的观点，恢复了人的"社会人"的本来面目；

③为行为科学奠定了基础；

④为管理思想的发展开辟了新领域；

⑤为管理方法的变革指明了方向。

（3）对实践活动的启示。当时，人们根据梅奥的人群关系理论，在管理过程中实施了新的措施，主要可以归纳为以下六点：

①强调对管理者和监督者进行教育和训练，以改变他们对工人的态度和监督方式；

②提倡下级参与企业的各种决策，否定采取解雇和人事考核制裁等强制性手段迫使职工服从的古典管理方法；

③加强意见沟通，允许职工对作业目标、作业标准和作业方法提出意见，鼓励上下级之间实行意见交流；

④建立面谈和调解制度，以消除不满和争端；

⑤改变管理人员的标准，重视管理者自身的人群关系，以及协调人群关系的能力；

⑥重视、利用和倡导各种非正式组织，重视美化工作和宿舍环境，建设娱乐、运动、生活福利设施等。

（4）人群关系理论的局限性：

①过分强调非正式组织的作用。人群关系论认为，组织内人群行为强烈地受到非正式组织的影响。可是实践证明，非正式组织并非经常地对每个人的行为有决定性的影响，经常起作用的仍然是正式组织。

②过多强调感情的作用，似乎职工的行动主要受感情和关系的支配。事实上，关系好不一定士气高，更不一定生产效率高。

③过分否定经济报酬、工作条件、外部监督、作业标准的影响。事实上，这些因素在人们行为中仍然起着重要作用。

（5）组织行为学研究之路。学习组织行为学的一个挑战在于其研究对象不是那些显而易见的事项，而是隐藏的大部分的事项。组织行为学能够帮助管理者更深入地领悟和把握组织的这些重要而隐秘的部分。

（6）态度决定工作绩效。态度虽然由三种成分构成，但态度通常指的是情感成分，了解这三种成分的构成，对于我们深刻理解态度的复杂性大有裨益（表3-1）。一般管理者对员工的绝大多数态度都不感兴趣，只对员工与工作相关的态度"感冒"。其中最为管理者关心的有三种，分别是工作满意度、工作投入和组织承诺。此外，员工敬业度也逐渐进入管理者的视野。

表 3-1 态度的三种构成

态度	认知成分	个体所持有的信念、观点、知识、信息等
	情感成分	对态度对象肯定或否定的评价及由此引发的情绪
	行为成分	个体以某种特定的方式对某人或某事采取行动的意向

组织的冰山模型如图 3-5 所示。

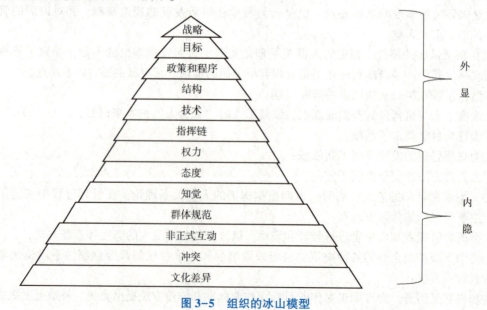

图 3-5 组织的冰山模型

工作满意度是指员工对目前工作状态的总体态度，而且这个态度会影响员工后续的行为。工作满意度主要与生产率、缺勤率、离职率、顾客满意度、组织公民行为以及工作场所不当行为六方面相关。霍桑研究表明，快乐的员工生产率高，而快乐就意味着员工的工作满意度高。组织是由个体构成的，那么，显而易见，满意度高的组织会比满意度低的组织更加高效。

职场精神

2. 激励理论

（1）马斯洛需要层次理论。了解员工的需要是应用需要层次理论对员工进行激励的一个重要前提。在不同组织不同时期的员工以及组织中不同的员工的需要充满差异性，而且经常变化。因此，管理者应该经常用各种方式进行调研，弄清员工未得到满足的需要是什么，然后有针对性地进行激励。

马斯洛理论把需要分成生理需要、安全需要、归属和爱的需要、尊重需要和自我实现需要五类，依次由较低层次到较高层次（图3-6）。

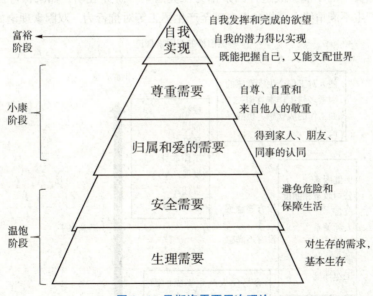

图3-6　马斯洛需要层次理论

从企业经营消费者满意（CS）战略的角度来看，每一个需求层次上的消费者对产品的要求都不一样，即不同的产品满足不同的需求层次。将营销方法建立在消费者需求的基础之上考虑，不同的需求也即产生不同的营销手段。

根据五个需要层次，可以划分出五个消费者市场：

①生理需要——满足最低需求层次的市场，消费者只要求产品具有一般功能即可。

②安全需要——满足对"安全"有要求的市场，消费者关注产品对身体的影响。

③归属和爱的需要——满足对"交际"有要求的市场，消费者关注产品是否有助于提高自

④尊重需要——满足对产品有与众不同要求的市场，消费者关注产品的象征意义。

⑤自我实现需要——满足对产品有自己判断标准的市场，消费者拥有自己固定的品牌需求层次越高，消费者就越不容易被满足。

经济学上，"消费者愿意支付的价格≌消费者获得的满意度"，也就是说，同样的洗衣粉，满足消费者需求层次越高，消费者能接受的产品定价也越高。市场的竞争，总是越低端越激烈，价格竞争显然是将"需求层次"降到最低，消费者感觉不到其他层次的"满意"，愿意支付的价格当然也低。

管理启示

成就需求指达到标准、追求卓越、争取成功的需求。权力需求指影响或控制他人且不受他人控制的欲望。归属需求指建立友好亲密的人际关系的愿望。

（2）双因素理论。

赫茨伯格（F. Herzberg）在1959年与别人合著的《工作激励因素》和1966年出版的《工作和人性》两本著作中，提出了激励因素和保健因素，简称双因素理论。赫茨伯格从1 844个案例调查中发现，造成员工不满的原因，主要是公司的政策、行政管理、监督、工作条件、薪水、地位、安全以及各种人事关系的处理不善。这些因素的改善，虽不能使员工变得非常满意，真正激发员工的积极性，却能解除员工的不满，故这种因素称为保健因素。研究表明，如果保健因素不能得到满足，员工往往会产生不满情绪、消极怠工，甚至产生罢工等对抗行为。双因素理论如图3-7所示。

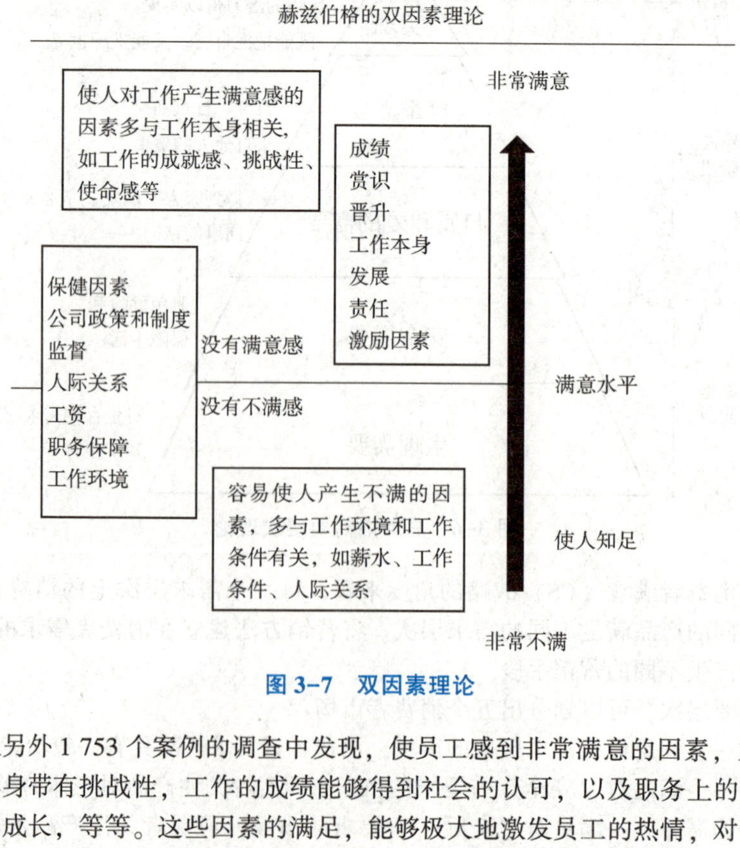

图3-7 双因素理论

赫茨伯格从另外1 753个案例的调查中发现，使员工感到非常满意的因素，主要是工作富有成就感，工作本身带有挑战性，工作的成绩能够得到社会的认可，以及职务上的责任感和职业上能够得到发展和成长，等等。这些因素的满足，能够极大地激发员工的热情，对于员工的行为动机具有积极的促进作用，它常常是一个管理者调动员工积极性、提高劳动生产效率的好办法。研究表明，这类因素解决不好，也会引起员工的不满，它虽无关大局，却能严重影响工作的效率。因此，赫茨伯格把这种因素称为激励因素。

赫茨伯格在研究的过程中还发现，在两种因素中，如果把某些激励因素，如表扬和某些物质的奖励等变成保健因素，或任意扩大保健因素，都会降低一个人在工作中所得到的内在满足，引起内部动机的萎缩，从而导致个人工作积极性的降低。

学习单元三　管理者素质

一、管理者的定义及分类

组织中有许多成员从事一线的操作工作，也有的从事生产辅助性工作，还有的从事管理事务，各自有分工。把从事管理工作、负有领导指挥职能和协调下级成员去完成组织目标的人员称为管理者。

如果考虑所从事的业务类型，管理工作可分为计划工作、财务工作、技术工作、人事工作等。其实，管理学中研究的是带共性的对象和问题，尽管也研究人事职能、财务管理等，但我们是放在整个管理过程中来研究。如果我们按管理者在组织结构中的层次来区分的话，就可以研究不同的管理者在组织管理过程中的地位和作用，而不会涉及具体的业务内容，即管理者按层次划分为高层管理者、中层管理者、基层管理者（图3-8）。

图3-8　管理者层次

高层管理者，通俗地说就是一个组织的头头。组织有大小，成员有多少，但只要是代表该组织的管理者，就是高层管理者。高层管理者除了代表一个组织外，还要把握本组织的目标及发展方向、做出计划和决策、审核组织业绩、沟通与其他组织的联系。因此，组织的高级管理人员应具备较高的文化素质、较强的战略意识。

中层管理者，我们通常称为中层管理人员。他们是一个组织中某个部门的负责人，如公司中的部门经理、企业中的车间主任等。他们要贯彻执行高层管理者的指令和计划意图，把任务落实到基层单位，并检查、督促、协调基层管理者的工作，保证任务的完成。他们要完成高层管理者交办的工作，并向其提供进行决策所需的信息和各种方案。他们的作用主要是上情下达，下情上达，承上启下。

基层管理者或一线管理者，他们是组织中最下层的管理者，直接面向在第一线工作的组织成员，如企业车间里的班组长、职能部门最基层的管理人员等。他们所接到的指令是具体的、明确的，所能调动的资源是有限的，工作目标也是比较明确的，即带领和指挥一线工作人员有效地完成任务。他们要向上级报告任务的执行情况，反映工作中遇到的困难并请求支持，可以说，基层管理者的工作对组织目标的实现和实际业绩起着直接的决定作用。

二、管理者的工作

丙吉问牛

西汉有一个丞相叫丙吉，有一天他到长安城外去视察民情，走到半路就有人拦轿喊冤，查问之下原来是有人打架斗殴致死，家属来告状。丙吉回答说："不要理会，绕道而行。"走了没多远，发现有一头牛躺在路上直喘气，丙吉下轿围着牛查看了很久，问了很多问题。人们就议论纷纷，觉得这个丞相不称职，死了人不管，对一头生病的牛却那么关心。皇帝听到传言之后就问丙吉为什么这么做，丙吉回答："这很简单，打架斗殴是地方官员该管的事情，他自会按法律处置，如果他渎职不办，再由我来查办他，我绕道而行没有错。丞相管天下大事，现在天气还不热，牛就躺在地上喘气，我怀疑今年天时不利，可能有瘟疫要流行。要是瘟疫流行，我没有及时察觉就是我丞相的失职。所以，我必须了解清楚这头牛生病是因为吃坏了东西还是因为天时不利的原因。"一番话说得皇帝非常赞赏。

 管理启示

管理者应该清楚自己所处的层次和明白自己的职责，什么该管，什么不该管，有所为，有所不为。

1. 管理者的层次

（1）高层管理者。高层管理者是指一个组织中最高领导层的组成人员。他们对外代表组织，对内拥有最高职位和最高权力，并对组织的总体目标负责。他们侧重组织的长远发展计划、战略目标和重大政策的制定，拥有人事、资金等资源的控制权，以决策为主要职能，故也称为决策层。例如，一个工商企业的总经理就属于高层管理者。

（2）中层管理者。中层管理者是指一个组织中中层机构的负责人员。他们是高层管理者的决策执行者，负责制订具体的计划、政策，行使高层管理者授权下的指挥权，并向高层管理者报告工作，也称为执行层。例如，工厂的生产处长、商场的商品部主任就属于中层管理者。

（3）基层管理者。基层管理者是指在生产经营第一线的管理人员。他们负责将组织的决策在基层落实，制订作业计划，负责现场指挥与现场监督，也称为作业层。例如，生产车间的工段长、班组长就属于基层管理者。

三个层次管理工作特性及内容如表3-2所示。

表3-2 三个层次管理工作特性及内容

工作性质	高层管理者	中层管理者	基层管理者
经营方针	重要	适当考虑	不重要
管理目标	适当考虑	重要	重要
考虑管理问题的时间范围	1~5年或5年以上	1年	每日
工作活动范围	极为广泛	多项工作职能	单项工作职能
复杂程度	非常复杂	不太复杂	简单易行
工作计量	困难	不困难	较易
工作内容	计划、政策、战略	按计划实施	最终活动
采用信息来源	组织外部为主	组织内部为主	组织内部
智力特征	创造性	有效性	业务性
人数	少数	适当人群	多数

2. 管理角色及经理工作

明茨伯格的管理角色理论将十种管理角色分为三类（表3-3）。组织的正式权威和地位，产生了经理人的人际关系角色；人际关系角色又会使经理成为信息中枢，同外部的交往带来外界信息，内部信息在他那里集中，产生了经理人的信息角色；掌握信息的独特地位和组织赋予的权力地位，使经理在决策尤其是战略中处于中心位置，产生了经理人的决策角色。

表3-3 明茨伯格的管理角色理论

角色		描述	活动特征
人际关系方面	1. 挂名首脑	象征性的首脑，必须履行许多法律性的或社会性的例行义务	迎接来访者，签署法律
	2. 领导者	负责激励和动员下属，负责人员配备、培训和交往	实际上从事所有的有下级参与的活动
	3. 联络者	维护自身发展起来的外部接触和联系网络，向人们提供信息	从事外部的活动
信息传递方面	4. 监听者	寻求和获取各种特定的信息，以便透彻地了解组织与环境，作为组织内部和外部信息的神经中枢	阅读期刊和报告，保持私人接触
	5. 传播者	将从外部获得的信息传递给组织其他成员，解释和综合组织中有影响的人物的各种价值观点	举行信息交流会，传达信息
	6. 发言人	向外界发布有关组织的计划、政策、行动、结果等信息，作为组织所在业务方面的专家	向媒体发布信息
决策制定方面	7. 企业家	分析组织和行业中机会，制定"改进方案"以及发起变革，监督某些方案的策划	制定战略，检查会议决议执行情况，开发新项目
	8. 纠纷调解者	当组织面临重大的、意外的动乱时，负责补救行动	制定混乱和危机时期的应对策略
	9. 资源分配	负责分配组织中各种资源	调度、询问、授权、组织设计及预算的各种活动和安排下级的工作
	10. 谈判者	在各种谈判中作为组织代表	项目、合同谈判

三类十种角色都是可观察到的，构成一个整体，每种角色都不孤立存在。人们不能随意取消一种角色而希望其余的角色完整无损。例如，一个不担任联络者角色的经理就得不到外部信息，因而就不能传播良好的信息或做出有效的战略决策。

3. 有效的管理者与成功的管理者

对于管理者而言，更为重要的是管理者应当以什么方式开展工作。所谓有效的管理者是指组织中在工作上最有成绩的管理者，用工作成绩的数量和质量以及下级对其满意和承诺的程度作为标志。而成功的管理者则是指在组织中提升得最快的管理者，用在组织中晋升的速度作为其标志。卢森斯分析研究了450多位管理者，他把这些管理者的活动分成以下四类：

①传统管理：决策、计划和控制。
②沟通：交流例行信息和处理文书工作。
③人力资源管理：激励、惩戒、调解冲突、人员配备和培训。
④网络联系：社交活动、政治活动和与外界交往。

卢森斯的研究表明，"平均"意义上的管理者花费32%的时间从事传统管理活动、29%的时间从事沟通活动、20%的时间从事人力资源管理活动、19%的时间从事网络活动。但是，不同的管理者花在这四项活动上的时间和精力显著不同。成功的管理者在对各种活动的强调重点上与有效的管理者显著不同之处在于，用在维护网络关系上的时间和精力最多，而从事人力资源管理活动的时间和精力最少。而在有效的管理者中，用在沟通上的时间和精力最多，用在维护网络关系的时间和精力最少。

管理的主要目标是使企业的经营活动持续发展，优秀的管理者必须能够以自身的行为影响员工的思想，能够做到就是没有你业务也能顺利进行。管理者不应事必躬亲。管理者尤其是组织的高级管理者，其根本在于以身作则，其中"则"是原则，是制度，是机制。

优秀的经理是怎样炼成的

三、管理者应具备的技能

管理者要履行管理职能，必须具备一定的素质和技能。一般来讲，管理人员需要三种基本技能，即技术技能、人事技能和概念技能。任何管理人员，不管其所处的管理地位怎样，必须不同程度地具备这三种技能。

1. 技术技能

技术技能是指从事自己的具体工作所需要的技能、方法，即对某一特殊活动（特别是包含方法、过程、程序或技术的技能）的理解和熟练，包括在工作中运用具体的知识、工具或技巧的能力，如财务管理中的会计核算的技能。这种技能是对基层管理者或一线工作人员的基本要求，即所谓的要懂行。对于一个管理者来说，虽然没有必要成为精通某一专业领域或专业技能的专家（因为他可以依靠有关专业领域来解决专门的问题），但仍需要掌握与其管理的专业领域相关的基本技能，否则管理者就很难与其所主管的组织内的专业技术人员进行有效的沟通，从而也就难以对自己所管辖的义务范围内的各项工作进行具体有效的指导。

2. 人事技能

人事技能又称人际关系技能，是指一个人能够以群体成员的身份有效地工作的行政能力，是管理者应当掌握的最重要的技能之一。因为管理活动最根本的是对人的管理，而对人的管理的每一项活动都要处理人与人之间的关系。你可以聘到世界上最聪明的人为你工作，但如果他不能与其他人沟通并激励别人，则对你一点用途也没有。简言之，人事技能即理解、激励和与他人融洽相处的能力。

3. 概念技能

概念技能亦称思想技能或观念技能，是一种把握大局，预测本行业未来发展趋势，并在此基础上做出正确决策、引导组织发展方向的能力。

该技能包括系统性、整体性的识别能力、创新能力和抽象思维能力。这种技能有利于管理人员胸怀全局、认清左右形势的重要因素、评价各种机会并决定如何采取行动，使本组织在激烈的竞争中处于有利地位。

概念技能的提高也需要通过一定的学习。一个人受教育的时间越长，掌握的知识越丰富、越广泛，他的概念技能就越高，但提高概念技能是一个潜移默化的过程。

　　成功的管理者应具备上述技能，但不同层次的管理者在这三方面有不同的要求。基层管理者或一线工作人员应当不断学习，具有较高的技术技能，只有这样才能做好本职工作，才能在工作岗位上具有竞争力。退一步说，有一技之长才能有一个饭碗。高级管理人员必须具备战略眼光，审时度势，应具有较高的概念技能，这样企业才能可持续发展。所有的管理者都在与他人打交道，都应具备一定的人际关系技能。

　　随着创新在管理中的作用日益增强，管理者还应具备创新能力。管理者遇到的问题中会有相当数量与前人或同代人遇到的并已解决的问题相类似，这时他可以借鉴别人或自己的经验来解决，当然要考虑时间、地点、环境的不同所带来的可能变化。但随着社会经济发展的全球化进程加快，环境的不确定性增强，新问题不断出现。管理者要研究新问题是在什么条件和什么背景下产生的，与以往相类似的问题有什么不同之处，运用自己多方面的知识和经验，进行分析和判断，找出新问题中的内在规律性的东西，进行逻辑推理，再到实践中去验证解决问题的方案，然后总结提高，形成新概念和新思想。

　　创新能力的提高有赖于丰富的知识和丰富的实践经验，有赖于逻辑思维和推理的能力，有赖于综合判断的能力，最后要强调的一点是对新生事物的敏感性。有的人对周围发生的事情熟视无睹，一切都习以为常，他怎么会去创新、去提高创新能力呢？我们常说失败是成功之母，其中含义还应包括失败有可能带来创新的机会。越是高层的管理者，他遇到新问题的可能性越大，就越需要有较强的创新能力，尤其是组织的管理战略创新。

学 习 小 结

　　管理就是在特定环境下，对组织拥有的资源进行计划、组织、领导和控制，以便有效实现组织目标的过程。

　　管理具有一定的目的性，管理依赖一定的环境，管理的对象是组织的资源，管理是由一系列相互关联的职能构成的。

　　管理行为既讲效率，又涉及怎样使活动得以按计划完成，正确实现预定的目标，即寻求活动的效果。当管理人员实现了组织的目的，我们通常就认为他们是有成效的。因此，效率涉及手段，是活动的方式；而效果涉及目的，是活动的结果。四项基本管理职能是计划、组织、领导和控制。组织中所有层次所有部门的经理都在执行这些职能，有效的管理意味着成功地管理这些组织活动。

　　组织总共有三个管理层次。一线经理负责对非管理人员的日常监管，中层经理负责有效和高效地开发、利用组织资源，高层经理有跨部门管理的职能。高层经理的工作是要为整个组织提出恰当的目标并对中层经理是否利用组织资源完成目标进行核实。

　　管理者要履行管理职能，必须具备一定的素质和技能。一般来讲，管理人员需要三种基本技能，即技术技能、人事技能和概念技能。任何管理人员，不管其所处的管理地位怎样，必须不同程度地具备这三种技能。管理学的特性有综合性、科学性、艺术性和应用性。

复习思考题

1. 管理的定义和内涵是什么？
2. 泰勒所提出的科学管理理论有哪些主要内容？

3. 简述法约尔提出的管理原则。

4. 梅奥的霍桑试验有什么意义？梅奥对行为科学的主要贡献有哪些？

5. 如何理解管理的基本职能？将四项管理的基本职能与明茨伯格的十种管理者的角色相对照。

6. 管理者应掌握哪几个方面的技能？

案例分析

升任公司总裁后的思考

思考题：

1. 你认为郭宁当上公司总裁后，他的管理责任与过去相比有了哪些变化？应当如何去适应这些变化？

2. 你认为郭宁要成功地胜任公司总裁的工作，哪些管理技能是最重要的？你觉得他具备这些技能吗？试加以分析。

3. 如果你是郭宁，你认为当上公司总裁后自己应该补上哪些欠缺才能使公司取得更好的绩效？

模块四

计划与有效决策

本模块学习目标

1. 理解计划的含义和作用；
2. 了解各种类型的计划以及影响计划有效性的权变因素；
3. 理解计划过程；
4. 掌握目标管理的实质和过程；
5. 了解决策的含义和类型；
6. 理解和掌握有效决策的方法。

能力目标

计划是管理活动的首要职能，能运用计划的方法管理自己的工作。学习使用预测方法，对组织外部、内部环境进行识别，分析和利用可能拥有的资源，明确组织未来一定时期的目标，选择完成这些目标的途径和采取的方案等活动。

关键概念

计划　目标管理　有效决策

【导入案例】

布里丹困境

布里丹牵着饿得咕咕叫的驴子找草吃，看到左边的草茂盛，就带它到了左边，又觉得右边的草颜色更绿，于是带驴子到右边，但又觉得远处的草品种更好，他便牵它到远处……在布里丹举棋不定中，驴子饿死了。类似这种举棋不定、难以做出抉择的行为就被称为"布里丹困境"。

在我们每一个人的生活中也经常面临着种种抉择，如何选择对人生的成败得失关系极为重要，因而人们都希望得到最佳的抉择，常常在抉择之前反复权衡利弊，再三仔细斟酌，甚至犹豫不决、举棋不定。但是，在很多情况下，机会稍纵即逝，并没有留下足够的时间让我们去反复思考，反而要求我们当机立断、迅速决策。如果我们犹豫不决，就会两手空空，一无所获。"布里丹困境"是决策之大忌。当我们面对不一样的选择时，或者"非理性地"选择其中的一片草地，或者"理性地"等待下去，直至饿死。前者要求我们在已有知识、经验基础上，运用直觉、想象力、创新思维，找出尽可能多的方案进行抉择，以"有限理性"求得"满意"结果。

管理启示

如果说计划的制订主要是专业管理者的工作，那计划的执行则需要组织全体成员共同努力。在计划执行过程中能否很好地完成计划，除制订的计划必须可行外，主要取决于能否充分调动全体组织成员的工作积极性。因此，在计划管理过程中，必须考虑如何调动组织成员的工作积极性。目标管理就是一种充分发挥组织中不同成员在计划执行中的作用，通过协调这些组织成员的共同努力，保证实现计划的一种有效方法。

学习单元一 计划概述

一、计划的含义

《礼记·中庸》中提到，"凡事预则立，不预则废"。这说明，在长期的管理实践活动中，我们要着眼长远、把握大势、开门问策、集思广益、研究新情况、做出新规划。

计划（Planning）是为了实现组织目标而预先制定的行动安排，为了使集体活动卓有成效，就必须首先明确追求的目标，明确为了实现这些目标所必须经过的路径和行动方案。计划有静态和动态之分，静态意义上的计划是指用文字和指标等形式所表述的组织在未来一定时期内有关行动方向、内容和方式等安排的管理文件；动态意义上的计划是指组织根据环境的需要和自身的特点，确定组织在一定时期内的目标，并通过计划的编制、执行和控制来协调、组织各类资源以实现预期目标的过程。这一过程可归纳为"5W1H"，即做什么（What）、为什么做（Why）、何时做（When）、在哪里做（Where）、谁来做（Who）和怎么做（How），如图4-1所示。

图 4-1 计划

在执行计划的过程中，要不断地检查计划的完成进度和程度。有时计划活动所处的客观环境可能发生了变化，也可能因为人们对客观环境的主观认识有了改变，为了使组织活动更加符合环境特点的要求，必须对计划进行适时的调整。滚动计划是一种保证计划在执行过程中能够根据情况变化适时修正和调整的一种现代计划方法。

二、计划的类型及其选择

1. 计划的类型

随着生产力的发展，组织规模在不断扩大，形成了高度的分工与协作关系，这就要求每一个组织科学地制订各种计划才能协调与平衡多方面的活动，求得本组织的生存与发展。

描述组织计划的最常见的方式是按照计划的作用性质、时间跨度、专业领域、约束力等来分类。表4-1列出了按不同方法分类的计划方法。

表4-1 计划的类型

分类依据	计划类型		
作用性质	战略计划	战术计划	作业计划
时间跨度	长期计划（5年以上）	中期计划（1~5年）	短期计划（1年以内）
专业领域	业务计划	财务计划	人事计划
约束力	指令性计划	指导性计划	

战略计划、战术计划和作业计划强调的是组织纵向层次的指导和衔接。战略计划一般是由高层管理人员负责，战术计划和作业计划往往由中层、基层管理人员甚至是具体作业人员负责，战略计划对战术计划和作业计划具有指导作用，而较好地完成战术计划和作业计划能够确保战略计划的实施。

2. 影响计划有效性的权变因素

组织需要制订各种类型的计划，当制订和执行计划的环境条件不同时，必须制订与环境条件相适应的计划，才能充分发挥计划的有效性，保证组织有序运行、持续发展。通常，把影响计划有效性的因素称为计划的权变因素。

计划的权变因素

三、计划的作用

计划对组织管理的作用主要体现在以下几个方面：

1. 管理者协调指导工作的依据

管理学家孔茨说："计划工作是一座桥梁，它把我们所处的此岸和要去的彼岸连接起来，以克服这一天堑。"这说明，计划起到了目标与现实之间桥梁的作用，计划工作使组织全体成员有了明确的努力方向，并在未来不确定性和变化的环境中把注意力始终集中在既定目标上，同时，各部门之间相互协调有序地展开活动。尽管实际工作结果往往会偏离预期目标，但是计划会给管理者以明确的方向，从而使偏离比没有计划时要小得多。另外，不管结果如何，计划工作能迫使管理者认真思考工作和工作方式，弄清这两个问题就是计划工作价值体现之一。

2. 降低风险，把握主动权的手段

计划是指向未来的，未来常常会有我们无法准确预知的事情发生，对计划产生冲击，因而未来具有一定的不确定性和风险。面对未来的不可控因素，计划促进组织采用科学的预测，提出预案，早做安排，多手准备，变不利为有利，减少变化带来的冲击，从而把风险降到最低限度。但是不要误认为"计划可以消除变化"。变化总会有的，计划并不能消除变化，但计划可以预测变化并制定应对措施。

3. 提高效率，减少浪费

一个严密细致的计划，可以减少未来活动中的随意性，能够消除不必要的重复所带来的浪

费，同时，还可以在最短的时间内完成工作，减少非正常工作时间带来的损失，有利于组织实行更经济的管理。

4. 管理者实施控制的标准

计划是控制的基础，控制中几乎所有的标准都来自计划，如果没有既定的目标和指标作为衡量尺度，管理人员就无法检查目标的实现情况及纠正偏差，也就无法控制。人们对计划往往有一种误解，认为计划一旦制订，就是意味着所有工作必须一成不变地严格按照计划执行，"计划降低灵活性"。事实上，在一个变化的环境中，计划需要不断地制订和修订，以适应变化。另外，计划并不是死的规章制度，不是没有任何余地，制订的计划内容可以根据不同情况留有一定的弹性空间。

5. 激励组织员工士气的武器

计划指标水平要高于平均指标水平，允许少数人完不成计划，多数人通过努力才能完成计划，少数人可以超过计划，所以计划指标具有挑战性，也就使计划指标具有激励作用。例如，有研究发现，当人们在接近完成任务的时候会出现一种"终末激发"效应，即在人们已经出现疲劳的情况下，看到计划要完成时会受到一种激励，这使人们的工作效率又重新上升，并一直会坚持到完成计划任务。

启发案例

海星公司的管理模式

问题互动

通过案例提问：海星公司的管理模式的主要问题在哪里？一家高技术性公司赢得市场主动权的关键是什么？

管理启示

计划工作就是根据社会需要和组织的自身能力，在科学预测未来的基础上确定组织在一定时期内的奋斗目标，通过计划的编制、执行和检查，协调和合理安排组织中各方面的经营和管理活动，有效地利用组织的人力、物力和财力资源，以取得最佳的经济效益和社会效益的组织活动过程。计划工作与未来密切相关，要想取得预期的效果，必须正确地预测未来。因此也就要求管理者要对过去的信息情报加以科学的分析，根据分析结果和现在的现实条件设立组织的未来目标，确定达到目标的一系列政策和方法，最后才能形成一个完整的计划。

四、计划的形式

计划活动的结果可以表现为各种具体的计划形式。美国的管理学家孔茨和韦里克从抽象到具体把计划分为使命、目标、战略、政策、程序、规则、规划和预算八层体系，如图4-2所示。

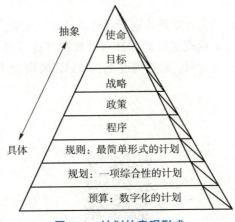

图 4-2　计划的表现形式

1. 使命

使命是指社会赋予组织的目的或宗旨，即一个组织是干什么的和应该干什么，例如，学校的使命是教书育人，法院的使命是解释和执行法律，医院的使命是治病救人等。不同的组织表现为不同的使命，这也是一个组织存在的基本理由。

2. 目标

目标是使命的具体化，组织的目标是围绕组织存在的使命而制定的，它说明了组织从事这项事业的预期成果。管理者将组织目标细化，从而得出各方面的目标，从确定目标到目标分解，直至形成目标体系，构成了组织全部计划的基础。目标不仅是计划工作的终点，而且也是组织、领导和控制所要达到的最终结果。

3. 战略

使命、目标仍不能清楚地描述一个组织的具体实际情况，因此，战略是为了达到组织的长远目标所采取的行动方针和资源利用的总计划，是实现组织目标的途径。它表现为一种总的方案，指出工作的重点和顺序及人、财、物等各种资源分配的方法。

4. 政策

政策是组织在决策或处理问题时用来指导和沟通思想与行为的文字规定。政策作为计划，有助于将一些问题的解决方案事先确定下来，减少对某些例行事件的处理成本，并给其他派生计划以一个全局性概貌，从而使主管人员能够控制全局。制定政策应酌情考虑下级在一定范围内的自由，使下级在不违背政策的前提下，能较好地处置问题。

5. 程序

程序是处理未来活动的例行方法和时间顺序的计划，它规定了解决例行问题的方法步骤。程序也可以看作是一种经过优化的计划，是日常工作过程和工作方法的提炼和规范化。通俗地讲，程序也就是办事手续。程序与战略不同，它是行动指南，而非思想指南。程序与政策不同，它没有给行动者自由处理的权利。在实践工作当中，程序一般表现为组织的规章制度。

6. 规则

规则是指根据具体情况采取或不采取某种特定的行动的规定。其通常是一种简单形式的计划。规则与政策的区别在于规则在应用中不具有自由处置权，而政策在决策时则有一定的自由处置权；规则与程序的区别在于规则是指导行动但不说明时间顺序，可以把程序看作是一系列规则的总和,但一条规则不一定是程序的组成部分。

7. 规划

规划是一个组织比较全面的长远发展计划,它包括目标、政策、程序、规则、任务分配、采取的步骤、要使用的资源及为完成既定行动方针所需要的其他因素。组织的规划是一份综合性的,同时也是粗线条、纲要性的计划。通常情况下,规划需要资金和预算的支持。

职业生涯规划

8. 预算

预算是用数字表示的预期结果,也可以理解为数字化的计划。一般用货币单位来表示,也可以用诸如工时、机时、产品单位或其他的数字指标来表示。预算是一种主要的控制手段,因为作为数字化的预算是计划与控制的连接点,也是控制的衡量标准。

预算与国家发展

学习单元二　计划工作的过程

一、计划的制订过程

1. 计划目标的要求

(1) 企业计划目标应兼顾多方面的利益:既要考虑国家的利益,又要考虑企业本身和职工的利益,同时也要考虑消费者和社会的利益。绝不能牺牲国家、社会、消费者的利益,片面追求企业利益。

(2) 企业计划目标的确定应当明确,并且尽可能使之数量化。有些难以直接用数量陈述的目标,也可以用间接方式来表示。只有明确陈述目标并数量化,才能使企业全体职工清楚地了解努力方向,从而提高工作效率,同时,也便于对计划执行情况的检查。

(3) 企业计划目标的确定必须先进合理。目标的先进性,可以鼓励职工的进取心;目标的合理性,即目标的现实性,可以不挫伤职工的积极性。为此,必须吸引职工参与计划目标的拟定。

（4）企业计划目标应具有执行上的弹性。所谓计划目标执行上的弹性，是指允许目标有适当的变通性，以便遇到环境的改变或意外的困难可以及时做出适应性的改变。当然，这并非否定计划目标的严肃性，而是使计划目标更加切合已经改变了的客观现实。

2. 拟订计划的步骤

计划制订是一个活动过程，而不是一次性的活动。随着组织内外部条件的不断变化，需要对计划进行修改，甚至更新，以至形成各种形式的可行计划。因此，计划活动是一个由若干互相衔接的步骤所组成的连续的逻辑过程，这一过程可分为以下五个步骤：

（1）分析组织内外环境，明确组织宗旨和使命。计划是为了组织的生存和发展而制订的，计划应保障组织的活动与环境的协调，了解组织环境的特点和组织内部拥有的资源和能力，明确组织可控和不可控的（各项）条件，在此基础上才能确定组织的目标。

组织环境为组织提供机会，但组织必须能够把握机会，具体包括洞察未来可能出现的机会、组织对机会的认识和把握机会的能力；根据对竞争对手的分析，确定自身的优势和劣势，确立本组织的竞争地位，明确期望得到的结果等。在估量机会的基础上，计划活动的第一步就是要为组织确立宗旨和使命。宗旨是社会和经济赋予组织的基本职能，它明确了组织何以立足于环境。使命是组织实现宗旨的途径。一个组织的使命能够使该组织区别于类似的其他组织。

组织高层管理者在确立组织宗旨和使命后，就要把它们告知组织内所有成员以及各种各样的相关利益群体，让参与计划的制订与实施工作的人员理解并接受组织的宗旨和使命，这将非常有利于计划的顺利执行和目标的实现。

（2）制定组织目标。从广义的目标（Goals）来理解，组织目标是多种多样的，从组织层次看，组织目标也有等级层次之分。首先，组织要有适应环境的目标，即宗旨。其次，组织要有实现宗旨的途径，即使命。最后，组织要有完成使命所要达到的结果，即目标。目标是组织宗旨和使命的具体化。计划工作的第二步就是制定狭义的目标，即组织所要达到的结果。

目标对于组织是至关重要的，因为所有的努力和活动都是为了实现目标。目标有许多作用：它指明了组织前进的方向；作为行为标准与实际行动进行比较，还起到控制标准的作用；在既定环境中，目标决定组织应当扮演的角色等。适宜的目标，不仅可以协调组织成员的工作，还可激励组织成员保持较高的积极性，促使他们去努力实现目标。

正确而有效的目标具有下列主要特征：目标应具体，切忌含混笼统；目标应可衡量，尽可能数量化或精确描述；目标应有完成时间期限；目标不应强调活动，而应强调成果；目标既应切实可行，又应具有挑战性；目标应尽可能由负责完成它的人来制定或参与制定。

（3）目标分解与目标结构分析。目标分解是将决策确定的组织总目标分解落实到各个部门、各个活动环节，将长期目标分解为各个阶段分目标的过程。通过分解，确定了组织的各个部门在未来各个时期的具体任务以及完成这些任务应达到的具体标准。目标分解的结果是形成组织的目标结构，包括目标的时间结构和空间结构。可以说，目标结构描述了组织中较高层次的目标（如总体目标与长期目标）与较低层次目标（如各部门、各环节、每个人与各阶段目标）相互间的指导与保证关系。

目标结构的分析是研究较低层次的目标对较高层次目标的保证能否落实，即分析组织在各个时期的具体目标能否实现，从而能否保证长期目标的达成；组织的各个部分的具体目标能否实现，从而能否保证整体目标的达成。如果较低层次的某个具体目标不能充分实现，则应考虑能否采取有关补救措施，否则就应调整较高层次的目标要求，有时甚至可能导致重要决策的重新修订。

（4）综合平衡。首先，综合平衡是分析由目标结构决定的或与目标结构对应的组织各部分在各时期的任务是否相互衔接和协调，具体包括任务的时间平衡和空间平衡。时间平衡是要分析组织在各时期的任务是否相互衔接，从而保证组织活动顺利进行；空间平衡则要研究组织各个部门的任务是否保持相应的比例关系，从而保证组织的整体活动协调开展。

其次，综合平衡还要研究组织活动的进行与资源供应的关系，分析组织能否在适当的时间筹集到适当品种和数量的资源，从而能否保证组织活动的连续性。

最后，综合平衡还要分析不同环节、不同时间的任务与能力之间是否平衡，即研究组织的各个部分是否能够保证在任何时间都有足够的能力去完成规定的任务。由于组织的内外环境和活动条件经常发生变化，所以这可能导致任务进行调整，因而在任务与能力平衡的同时，还需留有一定的余地，以保证这种将会产生的调整在必要时有可能进行。

（5）编制并下达执行计划。完成上述各阶段任务之后，就应制定具体的计划方案。计划方案类似于行动路线图，是指挥和协调组织活动的工作文件，就是要清楚地告诉人们我们之前提到的做什么（What）、何时做（When）、由谁做（Who）、何地做（Where）以及如何做（How）的问题。制订计划的流程等工作，实质是决策的过程，如图 4-3 所示。

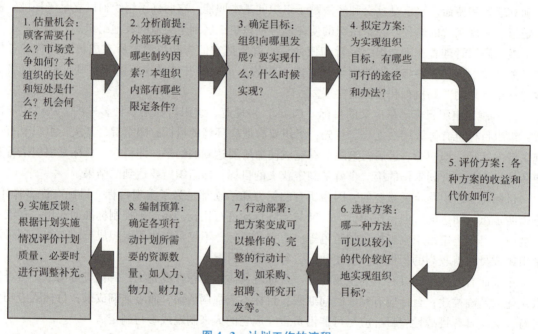

图 4-3　计划工作的流程

计划是面向未来的管理活动，未来是不确定的，不管计划多么周密，在实施过程中都可能因为内外部环境的变化而无法顺利执行，有的情况下甚至需要对预先制订的计划予以调整。僵化的计划有时比没有计划更糟。因此，在制订计划方案的同时，还应该制订应急计划，即事先估计计划实施过程中可能出现的问题，预先制订一套甚至几套备选方案，这样可以加大计划工作的弹性，使之更好地适应未来环境。

确定计划方案之后，计划工作并未完成，因为如果计划不能转化为实际行动和业绩，再好的计划也没有用处。因此，实施全面计划管理的组织，应把实施计划包括在计划工作中，组织中的计划部门应全过程参与计划的执行，以便了解和检查计划的实施情况，与计划实施部门共同分析问题，采取对策，确保计划目标的顺利实现。

启发案例

你今天计划了吗?

二、计划编制的方法

1. 滚动计划法

这是一种定期修订未来计划的方法。这种方法采用"远粗近细"的方法,即把近期的详细计划和远期的粗略计划结合在一起。在近期计划完成后,再根据执行结果的情况和新的环境变化逐步细化并修正远期计划,每次修正都向前滚动一个时段,这就是滚动计划。

滚动计划法的优点:

(1)滚动计划法最突出的优点是计划更加切合实际,并且使战略性计划的实施也更加切合实际。

(2)滚动计划法相对缩短了计划时期,加大了计划的准确性和可操作性,从而是战略性计划实施的有效方法。

(3)滚动计划法大大加强了计划的弹性,这在环境剧烈变化的时代尤为重要,它可以提高组织的应变能力。

需要指出的是,滚动间隔期的选择要适应企业的具体情况,如果滚动间隔期偏短,则计划调整较频繁,好处是有利于计划符合实际,缺点是降低了计划的严肃性。一般情况是,生产比较稳定的大批量生产的企业宜采用较长的滚动间隔期,生产不太稳定的单件小批量生产的企业则可考虑采用较短的间隔期。

2. PDCA 计划循环法

PDCA 是英文 Plan(计划)、Do(执行)、Check(检查)、Action(总结处理)四个词的第一个字母。任何一项工作均要先有个计划,然后按照计划的规定去执行、检查和总结。这个过程周而复始,不断循环前进,才能保证计划管理的系统性、全面性和完整性。PDCA 循环是一个综合性的循环。大循环套中循环,中循环套小循环,逐级分层,环环扣紧。每一个循环系统包括计划—执行—检查—总结这四个阶段,周而复始地运动,把整个计划工作有机地联系起来,紧密配合,相互促进。

PDCA 计划循环法一般可分为四个阶段和八个步骤,如图 4-4 所示。

3. 线性规划方法

线性规划方法是企业进行总产量计划时常用的一种定量方法。线性规划是运筹学的一个最重要的分支,理论上最完善,实际应用得最广泛。主要用于研究有限资源的最佳分配问题,即如何对有限的资源做出最佳方式的调配和最有利的使用,以便最充分地发挥资源的效能去获取最佳的经济效益。由于有成熟的计算机应用软件的支持,采用线性规划模型安排生产计划,并不是一件困难的事情。在总体计划中,用线性规划模型解决问题的思路是,在有限的生产资源和市场需求条件约束下,求利润最大的总产量计划。该方法的最大优点是可以处理多品种问题。

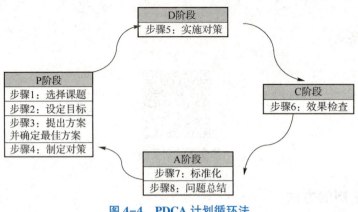

图 4-4　PDCA 计划循环法

三、目标管理

目标管理是一种系统管理方法，它与计划和控制工作有很大的关系。目标管理是具有活力的管理方法，下级人员通过设置目标来承担自己的义务，实际上是一种承诺管理。最突出的特点是强调"成果管理"和"自我控制"。由于目标管理被认为更适合于对管理人员的激励和评价，所以常常被人们称为"对管理者的管理"。

从前有一个年轻的伐木工人，他给自己定了一个明确的目标，就是每天要砍 10 棵树，第一天他工作了 8 个小时，砍了 10 棵树，到第二天，他用了 8 个小时只砍了 9 棵树，他又增加了 1 个小时，完成了 10 棵树的任务，到第三天，他不得不又增加了 1 个小时，才完成了自己制定的任务，第四天、第五天，他投入的时间越来越多，但是他制定的任务越来越不可能完成。正在这个时候，走过来一个农民，问伐木工人：年轻人，你为什么不停下来磨一下你的斧头呢？年轻人回答，对不起，我没有时间去打磨我的斧头，我要完成砍 10 棵树的任务。

如何把企业的发展目标或管理者的目标，转化为被管理者的目标，使之自主自觉地为实现企业或管理者的目标而努力工作？

1. 目标管理的实质

目标管理不像传统的目标设定方法那样完全由上级设定和分派目标给下级，企业的目的和任务必须转化为目标，目标的实现者同时也是目标的制定者，目标管理采用参与方式来决定目标，即上级和下级共同参与目标的选择并对如何实现目标达成一致意见，这就是所谓的目标管理。图 4-5 所示为目标管理的核心。

目标管理的要点：第一，目标管理是参与管理的一种形式；第二，强调"自我控制"；第三，经理权力下放；第四，效益优先。

2. 目标管理的基本内容

我们把目标管理过程分成以下六个步骤。

图 4-5　目标管理的核心

（1）总目标制定。组织的管理人员在对经营环境调查分析的基础上，根据组织拥有的资源以及发展的需要，应首先确定组织未来运作的一个总目标。这个总目标是组织使命、宗旨在某一阶段需要完成的任务或是达成的状态。

目标不可脱离实际

（2）建立目标体系。目标管理的第二步就是将总目标进行横向与纵向的分解，建立一套完整的目标体系，如表4-2所示。

表 4-2　如何设置合理的目标

不恰当的目标	恰当的目标
以过程或活动的形式来表述	以最终结果来表述
无法完全实现，没有具体的完成目标的期限	在确定的时间内可以完成
对期望达到的目标定义得模棱两可	确定目标的完成形式
理论化或者理想化	与公司的管理有关，从公司管理的实际出发
没有真正的结果	对公司的成功很重要
或者过于简练、不清楚，或者太长、太复杂	尽可能地用数量最精确地说明
重复，一项陈述中包含两个或者多个承诺	一项陈述只限于一个重要的承诺
缺乏对改进的要求	有对改进的要求

10 个优秀的管理目标

(3) 目标的实施。目标管理的核心就是强调"自我控制"。完成各级目标的制定后，管理人员就应该将权力下放给手下的员工，靠员工的自我管理和控制完成既定的目标。目标管理并不等于管理人员放弃管理，而是通过指导、协助、提供情报、创造良好的工作氛围等方式来帮助员工完成目标任务。

(4) 目标成果的评价和奖励。将既定的目标作为评价工作的标准，定期检查和评价各级完成任务的情况。一般通过两种方式进行检查与评价，一种是各层次、各部门、各个员工的自我考评，另一种是组织的上级对下级进行考评。当然，也可以两种方式一起使用，先是自我评价，然后由上级复查。对完成任务和实现目标好的员工要给以奖励，而对未能按时按标准完成任务和实现目标的员工要提出批评，甚至惩罚。总之，奖惩一定要严明。

(5) 总结经验教训。上级和下级共同对上一阶段目标管理工作的成败进行总结，有助于发现问题，找出原因，总结经验，以提高将来目标管理的质量。特别是要对目标设立、自我控制、上级的管理等问题进行深入的总结。

(6) 进入新的循环。经过目标成果检查、评价，确认任务已完成、目标已达到并进行经验总结后，目标管理可进入下一个循环阶段。

课堂拓展

制定目标要真实

管理启示

动机激发理论、人性假设理论和授权理论是目标管理的理论基础。动机不仅是目标管理，也是一切现代管理的首要核心问题。人的积极性是与需求相关的，是由人的动机推进的。只有了解了人的需求和动机的规律性，才能预测人的行为，进而引导人的行为，调动人的积极性。当人产生某种需求而未得到满足时，紧张的心理状态就会转化为动机，推动人们去从事某种活动，向目标前进。目标管理就是遵循这一原理，根据人们的需求设置目标，使组织和个人需求尽可能相结合，以激发动机，引导人们的行为，去完成整体的组织目标。

3. 目标管理的促进手段

什么是目标？

达到目标的程度。

如何实现？

何时完成？

完成得怎么样？

目标管理案例如表4-3所示。

表 4-3　目标管理案例

要素	内容	营业科长的目标（例子）
1. 什么是目标？	要达到目标的主题、项目	A 产品的上升
2. 达到目标的程度	要达到的质、量以及状态	营业额 5 亿，毛利 1 亿
3. 如何实现？	实现目标需要采取的措施、手段和方法	开拓销售中心轴线，衡量与以前产品的差异
4. 何时完成？	期限和计划	前 3 个月制订计划，后 3 个月投放市场
5. 完成得怎么样？	对完成结果的评价	营业额 5 亿，毛利 1 亿，同以前相比有了明显变化

学习单元三　预测与有效决策

计划工作中，确定目标以及确定实现目标的实施方案等过程，都需要决策。决策是计划的核心。当然，在组织的管理活动中，并不只是计划工作需要决策，决策具有普遍性的意义。决策活动是一个错综复杂的过程。有时，为了做出一个重大的决策，需要同时或事先做出几个不同的决策，把这些决策的结果作为重大决策的前提和依据；有时做出一个决策以后，又引申出需要做出几个相关决策，前一个决策的完成是后几个决策的开始。这正好印证了"管理是由一系列决策组成的"的论述。图 4-6 所示为决策管理大师西蒙。

图 4-6　决策管理大师西蒙

一、决策的含义和类型

有关决策的概念，不同的管理学派从不同的角度给出了不同的描述。综合起来，决策就是为了解决现实中出现的问题，实现某个特定的目标，在充分搜集并详细分析了相关信息后，提出解决问题和实现目标的各种可行方案，依据评定准则和标准，选定方案并实施，作为解决问题、达到目标的方法和途径。简单地说，决策就是针对问题和目标，分析和解决问题的一个管理过程。由此可见，决策活动具有目标性、可行性、选择性、过程性和动态性。

决策是组织中具有普遍性的活动，但决策活动因管理层次、管理部门不同而不同。一般可以按不同原则对决策进行分类。

中国革命战争的战略问题

1. 决策的类型

（1）按照决策的范围，可分为战略决策、管理决策和业务决策。

①战略决策：这是对涉及组织大政方针、战略目标的大事件进行的决策活动，是对组织全局性、长期性，关系到组织生存和发展的根本问题进行的决策。它还包括：组织资产结构的调整和股份变化；区域性或国内外市场的开拓、巩固、发展；机构的调整设置；高层管理人员的人事变动等。

战略决策面临的问题错综复杂，主要是协调组织与组织环境之间的关系。决策过程所要考虑的环境是多变的，决策方案的设立、研究、分析乃至最后的抉择，都需要决策者高度的洞察力和决策判断力。必要时，可聘请组织外部有关专家对方案进行设定和分析，借助"外脑"进行有效决策。通常，战略决策不仅需要经验和知识，更需要研究和判断的综合方法，包括使用合适的数学模型和计算机。通常战略决策是由组织的高层管理者做出的。

②管理决策：与战略决策相比，管理决策就是战术决策，也是管理中的主要业务决策。例如：资金的筹集、分配、使用及控制；市场营销的策划活动；生产计划的编排和实施；控制和降低产品缺陷程度和提高产品质量；产品更新换代；技术更新改造；重点设备的维护和保养；重要和贵重物资的采购和保管；管理人员的配备和调整人力资源配置和培训等。

管理决策大多是战略决策的支持性步骤和过程，是在组织范围内解决贯穿于整个组织的活动且能影响组织的问题。管理决策是每个管理主管人员的日常工作内容，它依赖主管人员的经验和综合研究方法，也可使用计算机和数学模型。管理决策不直接或在短期内不影响组织生存和发展，但它对整个组织的运行起着重要作用，是组织大政方针和战略目标得以实现的根本保证。

③业务决策：这是涉及组织中的一般管理和工作的具体决策活动，也称为执行性决策。例如：一般设备的维护和保养；一般物资的采购和保管；具体某个产品调查表的发放和收集；岗位职责的制定和执行；某个工艺文件的制定和修改；产品的销售服务等。

组织的所有决策中，业务决策是范围最小、影响最小的具体决策，是组织中所有决策的基础，也是组织运行的基础。业务决策是组织中不少员工经常性的工作内容。通常，业务决策的有效与否，很大程度上依赖决策者的经验和常识。

（2）按照决策的程度：可分为理性决策、有限理性决策和直觉决策。

①理性决策：是指决策必须理性，必须符合客观和逻辑。在理性决策中，面对问题是清楚的、明确的、无异议的，决策者拥有与决策有关的全部信息；要实现的目标是清晰的、没有冲突的、唯一的；所有可行方案是已知的，这些方案实施的结果也是明了的；选择方案的准则是明确且一贯不变的；获取信息、做出选择、实施方案都是没有时间和成本约束的，而且决策者最终的选择都能产生最大的经济收益。

很明显，理性决策带有很大的局限性，有很大的假设成分。首先目标可能不是一个，且相互矛盾；可行方案和实施结果可能是可知的，也可能是未知的；信息不大可能全部搜集完毕，而且个人处理信息的能力也有限；方案的选择带有一定个人和组织的偏见和好恶；最重要的是，有不少方案讨论和选择有一定时间限制，并应同时考虑方案的费用和经济性。因此，理性决策仅仅是一种理想的状态。

②有限理性决策：有限理性决策的观点是，人的理性是介于完全理性和非理性之间的一种有限理性，决策也是如此；决策者在确定问题时，受偏见的影响，在选择方案时，注意信息的容易获取程度，而非其质量和重要性；决策的时间和其他可利用的资源是有限的，这也会影响到方案选择的合理性；最后决策的结果，可能不是最好的，却是一个各方满意的方案，这既来自信息、时间和其他资源的局限程度，也涉及决策各部门因各自利益而相互妥协的结果。

③直觉决策：理性决策和有限理性决策的本质在于用逻辑取代直觉，但理性决策和有限理性决策是有局限的。而且，在竞争中遇上非理性的决策，理性决策和有限理性决策有时不起任何作用。

在决策过程中，直觉和理性是可交替使用的、相辅相成的两种方法。直觉决策一般可使用在这样的几种情况下：方案具有很大的不确定性；无先例；很难预测变化的趋势；信息有限；数据分析后用处不大；时间紧迫；每个可行方案结果都是良好或都不好。

(3) 按照决策的风险程度可分为：确定型决策、风险型决策和不确定型决策。

①确定型决策：需要解决的问题非常明确，解决问题的过程以及环境也一目了然，几种不同的可行方案结果也是清楚的，这种过程、环境、结果等都是已知的决策为确定型决策。事实上，在组织中，确定型决策并不多，特别是对高层管理者来说，这是一种理想化的决策活动。

②风险型决策：面临问题是明确的，解决问题的方法是可行的，可供选择的若干个可行方案是已知的，但这些方案的执行结果不确定，且决策者只能判定各方案的可能结果及可能性大小的决策为风险决策。可见，这样的决策具有一定的风险。但既然知道可能结果和不同结果的可能性大小，就可利用概率进行分析计算并选择决策方案。

③不确定型决策：解决问题的方法大致可行，供选择的若干个可行方案的可靠程度不是很高，决策过程的环境是模糊的，方案实施的结果是未知的，或靠他人的经验推断，或靠主观判断。不确定型决策也可采用计算公式帮助决策。

乔布斯在任苹果 CEO 期间做出的错误决定

二、影响决策的因素

决策过程包括多个阶段的工作。决策的核心是在分析、评价、比较的基础上，对活动方案进行选择；选择活动方案的前提是必须拟定多种可行性方案，以备选择；要拟定备选方案，首先要分析判断组织的现有活动，分析改变原先决策的必要性，制定调整后应达到的目标。因此，决策过程包括了研究现状，明确问题和目标，制定、比较和选择方案等阶段的工作内容。在从事这些工作的过程中，决策者要受到组织文化、时间、环境、过去决策以及他们自己对待风险的态度等多重因素的影响。

选择是艰难的

三、决策过程

决策是解决问题的过程，管理人员每天要解决的问题很多，问题的难度和特点也会不一样，如果能够找到解决问题的共同思路，不仅有助于问题的解决，还有助于提高管理工作效率。决策过程的研究就是为了达到这种目的。典型的决策过程包括以下六个阶段。

1. 收集决策信息

一个组织的管理问题是指现实状态与期望状态之间的差异。在差异被明确之后，决策者应对问题进行系统的分析。分析问题的前提条件是收集解决问题所需要的实际资料。所需资料的数量和收集信息的范围主要取决于差异的性质和复杂程度。所需资料和信息来自：①经验；②对过去解决问题的方法进行客观的考察；③往日的销售、财务、生产、人事等方面的资料；④他人和其他组织的观点、建议和想法。

一旦收集到所需的信息，下一步工作就是理解或解释这些信息。管理者必须采取有序的方法来组织整理这些信息，将信息按成本、项目程序、时间、领导能力、质量、产出等进行归纳，以便清楚哪些信息更重要。在检查整理完数据之后，决策者就可以说明他要解决的真实问题是什么，抓住差异的关键实质，判断改变的必要性。导致必须决策的问题是各种各样的，可以是消极的，也可以是积极的。前者如生产设备突然发生了故障，管理者必须决定是进行修理还是更新。后者如管理者经过深思熟虑，为了提高本企业的管理效率而做出的调整组织结构的决策。

2. 确定决策目标

管理者希望通过决策活动取得所要的成果或所要达到的预期状态。发现了问题或察觉了机会之后，是否要采取行动及采取何种行动，就取决于决策目标的确定。决策目标既是评价和选择决策方案时的依据，又是衡量决策行动是否取得预期结果的尺度。决策目标只有含义明确、内容具体，才能对控制和实施决策起到指导和依据作用。

3. 拟定解决方案

在研究了现状，取得了相关信息资料和确定决策目标之后，接下来拟定解决问题的备选方案。决策者应该尽可能多地考察可供选择的方案，因为可供选择的方案越多，解决问题的办法就越完善。过去的经验、创造性和管理方面的最新实践都有助于拟定备选方案。

寻求解决问题的备选方案的过程是一个具有创造性的过程。在这一阶段，决策者必须开拓思维，充分发挥自由想象力来寻求更多的备选方案。拟定备选方案的方法之一是头脑风暴法。头脑风暴法就是由具有解决问题所需知识和专长的人聚集在一起进行探讨，通过讨论，提出尽可能多的解决问题的方案。由于这种方法容易激起讨论人的热情，所以常常能创造出新的和具有价值的备选方案。拟定的备选方案应具有整体详尽性，即所拟定的备选方案应包括所有可行方案，这样可为比较评价和选择方案提供充分的余地，以保证最终选定方案的相对最优性。同时，拟定的方案应具有相互排斥性，即各方案的总体设计、主要措施和预定效果应该有明显的区别，以利于比较选择，在坚持相互排斥性的同时，各备选方案之间又应当是可以比较的，如果没有可比性，同样会给选择带来不便。

4. 方案的比较与选择

备选方案拟定以后，决策者应对每一个方案的可行性和有效性进行检验。决策者必须分析如果这些方案正在实施的话，结果将会怎样。决策者必须对每一个备选方案所希望的结果和不希望的结果出现的可能性进行检验。比较方案时，可运用一些标准对方案进行比较，这些标准包括每个备选方案涉及的风险、可以利用的时间、需要的时间、可利用的设施和资源、费用和效益等。另外，经常用的具体标准还包括预期收益最大化或损失最小化等方法。如果所有的备选方案都不令人满意，决策者还必须进一步寻找新的备选方案。决策者必须根据决策的目标来评价每一个备选方案。

5. 执行方案

选择出最佳方案后，决策者还必须使方案付诸实施。决策者必须设计所选方案的实施方法。一些决策者擅长于发现、确定备选方案和选择最佳方案，却不善于将他们的想法付诸实施。一个优秀的决策者必须既能做出决策，又有能力化决策为有效的行动。

6. 检查与评价

决策者最后的职责是对决策执行过程进行必要和适时的检查、监督和促进。决策者应按照决策目标以及实施计划的要求和标准，对决策方案的执行进展情况进行检查，以便于及时发现新问题、新情况，发现执行情况与预计情况之间是否存在偏差，并找出原因，保证和促进决策方案的顺利实施。

决策是一种技术，而且和所有的技术一样，它也是可以提高的。决策者可以通过实践以及反复的决策实践来提高决策水平。为了保证决策质量，决策信息的反馈是必要的，如对以前决策的效果进行检查，就能提供一些所需要的反馈信息。通过检查，决策者可以从中知道决策的错误是什么、错误出在什么地方以及如何改进。

四、有效决策的方法

为了保证影响组织未来生存和发展的决策尽可能正确，必须运用科学的方法进行决策。

一般来说，任何决策者进行决策时都必须对各个备选方案进行权衡比较，这就要求决策者必须对未来（包括决策可能带来的影响）进行预测。根据问题或机会的性质、未来情况的可预测程度以及相应的解决方式，可以把决策面临的状态分成三种典型的状态，即具有高度预测性的确定性、具有一定预测性的风险性和具有高度不可预测性的不确定性。在各种状态下，都有相应的决策方法。

1. 定性决策法

（1）PrOACT方法[①]，如表4-4所示。

表4-4　PrOACT方法考虑八个选择要素

要素	Element
问题	Problem
目标	Objectives
备选方案	Alternatives
结果	Consequences
取舍	Tradeoffs
不确定	Uncertainty
风险承受力	Risk tolerance
相关联的决策	Linked decisions

---

① 约翰·S. 哈蒙德，拉尔夫·L. 基尼，霍华德·雷法著《决策的艺术》，机械工业出版社，2021年。

问题、目标、备选方案、结果、取舍是这一方法的核心，这几乎适合于任何决策，PrOACT是这五个要素的英文首字母。这个方法提醒我们：最佳的决策方法是主动作为，最糟糕的方法是消极等待。现在让我们浏览一下 PrOACT 方法的每一个要素，看它们怎样发挥自身的作用并且如何组成一个整体。PrOACT 的八个要素提供了一个框架，它能深刻地改变你的决策，增加你面临的可能性，并增大你找到满意解决方案的概率。

①重点解决正确的决策问题：什么是你必须做出的决策？参加健身俱乐部，还是在加入健身俱乐部、更多地徒步行走以及购买一些家用健身设备中做出决策？是决定聘请什么人来管理公司的信息系统部门，还是决定要么设立信息系统部门，要么将这一部门的职能外包？从一开始就确定决策的框架非常重要。为了正确选择，需仔细辨明应该决策的问题，认清它们的复杂程度，避免无根据的假设前提和有可能限制选择的偏见。

课堂拓展

决策问题

②详细说明你的目标：你的决策应该带你到达目的地。如果你需要招聘一名新员工，你需要的是一位训练有素的团队成员，还是一位思想活跃、视野开阔的人士？你要他/她给你带来新鲜的观点，还是丰富的经验？决策就是通向目的地的一条途径。问你自己，你最想得到的东西以及你的兴趣、价值观、担忧、恐惧和向往，哪些与实现目标最为相关。仔细考虑你的目标，会使你更加明确决策的方向。

③提出创造性的备选方案：你的备选方案代表了你能选择的不同行动。在一场家庭争论中，你是应该站在其中的某一方，还是保持中立？或者，你是不是应该寻求一种能被双方同时接受的解决办法？决策意味着有多种备选方案。你是否考虑过所有的备选方案，或至少广泛地考虑过那些有创意的和合你心意的方案？记住：你的决策，无非就是你的最佳备选方案。

④理解决策的结果：你的备选方案在多大程度上满足了你实现目标的需要？多种备选方案会令人迷惑，但它们背后是令人警醒或者兴奋的结果。放下枯燥乏味的公司日常工作，到阿鲁巴岛去远航的计划自然很有诱惑力，但对你妻子的职业生涯有何影响？对你正在上学的孩子有何影响？对你年迈的父母呢？对你易于癌变的皮肤又有何影响？坦率地评估每种备选方案的结果，有助于找到那些与我们的目标最相符的方案。

⑤权衡各方面利弊：由于目标往往相互矛盾，你得在它们之间求取平衡。有时不得不在"鱼与熊掌"之间做出取舍。比如，事业对你很重要，但家庭也同样重要，因此，你可能决定减少出差，甚至缩减办公时间。你会因此失去一些职业发展动力，也可能会少挣些钱，但能有更多时间与家人共处。在最困难的决定面前，不存在最优化的方案。不同的备选方案代表不同的目标组合。你的任务是在并不完美的各种可能性中做出聪明的选择。

⑥澄清不确定性：未来会发生什么，可能性有多大？当你决定为女儿存一笔大学学费时，你必须评估许多不确定性因素。她会申请常青藤大学还是州立大学？会被录取吗？她的学业、艺术或运动技能，能使她申请到奖学金吗？她愿意参加勤工俭学吗？她需要汽车吗？不确定性使选择变得困难，但有效的决策需要你正视不确定性，判断不同结果的可能性，并评估可能的影响。

⑦认真考虑你的风险承受力：当决策涉及不确定性时，结果可能会和预期的不一致。有针对性地做一次骨髓移植手术，可能会，也可能不会治愈痛症。一笔低风险的市政债券投资，也有可能导致重大财务损失。每个人对风险的承受能力不同，而且，由于每次决策涉及的得失不同，人们每次做决定时能接受的风险也会不同，清醒地考虑自己的风险承受力，能使你的决策过程更加顺利、更有效率，据此，你能够做出风险程度适合的选择。

⑧考虑相关联的决策：今天的决策会影响明天的选择，而明天的目标应该对今天的选择产生影响。许多重要的决定在时间上是相关联的。某位公路主管可能决定现在购买房产，以应付将来可能增大的车流量，由此避开地价上涨或者社区居民强烈的反对意见等可能限制将来的备选方案的因素。应对相关联的决策，关键在于分离出并解决那些眼前的问题，同时收集必要的信息来解决那些将要发生的问题。尽管这个世界充满种种不确定性，但不管怎样，通过对将要采取的行动排序，你可以竭尽所能做出更加精明的决策。

启发案例

PrOACT 结合思维导图进行的决策分析　　　**思维导图决策结果图**

（2）德尔菲法。德尔菲法是由美国兰德公司于 20 世纪 50 年代初发明的，最早用于预测，后来推广应用到决策中来。

德尔菲法是专家会议法的一种发展，是一种向专家进行调查研究的专家集体判断。它是以匿名方式通过几轮函询征求专家们的意见，组织决策小组对每一轮意见都进行汇总整理，作为参照资料再发给每一位专家，供他们分析判断，提出新的意见。如此反复，专家的意见渐趋一致，最后做出最终结论。

德尔菲法的实施过程：

①拟定决策提纲：先把决策的项目写成几个提问的问题，问题的含义必须十分明确，不论谁回答，对问题的理解都不应有歧义，而且最好只能以具体明确的形式回答。

②选定决策专家：所选择的专家一般是有名望的或从事该项工作多年的专家，最好包括多方面的有关专家，选定人数一般以 20~50 人为宜，一些重大问题的决策可选择 100 人以上。

③征询专家意见：向专家邮寄第一次征询表，要求每位专家提出自己决策的意见和依据，并说明是否需要补充资料。

④修改决策意见：决策的组织者将第一次决策的结果及资料进行综合整理归纳，使其条理化，发出第二次征询表，同时把汇总的情况一同寄去，让每一位专家看到全体专家的意见倾向，据此对所征询的问题提出修改意见或重新做一次评价。

⑤确定决策结果：征询、修改及汇总反复进行三四轮，专家的意见就逐步集中和收敛，从而确定出专家们趋于一致的决策结果。

（3）头脑风暴法。头脑风暴法是针对一个问题，把几个人集中在一起，自由奔放地思考问题，以产生解决问题的设想的创造性决策方法。

头脑风暴法的原理：运用头脑风暴法召集会议只是创造性地进行讨论，唯一目的在于提出一系列能够有助于我们寻求解决问题的办法的设想。然后确定这些设想的价值，并加以改善。头

脑风暴会议能使我们在较短的时间内，提出大量有实用价值的设想。从程序来说，组织头脑风暴法关键在于以下几个环节：确定议题、会前准备、确定人选、明确分工、规定纪律、掌握时间。

头脑风暴法的规则：

①不准批评别人的设想——对设想的评论要在以后进行，这也是最重要的规则。

②鼓励自由奔放地思考——设想看起来越离奇就越有价值。

③提出的设想越多越好——设想的数量越多，就越有可能获得更多的有价值的解决问题的办法。

④探索研究组合和改进设想——除了与会者本人提出的设想以外，要求与会者在别人设想的基础上进行改进或与之结合。

头脑风暴法成功要点：一次成功的头脑风暴除了程序上的要求之外，更为关键是探讨方式、心态上的转变，概言之，即充分的、非评价性的、无偏见的交流。

2. 确定型决策方法

确定型决策是指已知未来情况条件下的决策。这类决策的每一种备选方案，其结果只有一个数值，选择的任务就是从中找出结果最好的方案。构成确定型决策，应当满足三种条件：一是决策问题中的各种变量及相互关系均能用计量的形式表达；二是决策结果的单一性，每个备选方案只有一种确定的结果；三是决策方案能推导出最佳解方程。确定型决策具有重复出现的特点，处理这类问题，往往有固定的模式和标准方法，最常用的方法有直观判断法、盈亏平衡分析法、ABC分析法、线性规划法、经济批量法和投资效果分析法等。

盈亏平衡分析法又称量本利分析法，它利用收入、成本和利润之间的关系，来分析确定盈亏平衡点并以此指导决策方案。总成本是由固定成本和可变成本构成的。固定成本是指总量不随产销量变化而变化的成本，如机器设备、厂房、场所租金等成本；变动成本指总量随产量变动而变动的成本，如原材料成本、劳动力成本和能源成本等。固定成本和变动成本之和为总成本。可见，此处所谈的变动成本和固定成本都指的是总量。若从单位产品分析，单位产品固定成本则随着产销量的变化而变化，单位产品的变动成本不随产量的变化而变化。盈亏平衡分析法已成为决策的有力工具，越来越被企业经营管理者重视。

3. 风险型决策方法

风险决策需要具备以下的条件：

第一，组织具有明确的目标。

第二，存在着两个以上可供选择的行动方案。

第三，存在两种以上不以决策者意志为转移的自然状态。

第四，能够计算出各个行动方案在不同自然状态下的损益值。

第五，能够大致估算出各个自然状态出现的概率。

决策树法是风险决策常用的一种方法（图4-7）。其优点是可把可行方案、所冒风险及结果展示在图上，并将概率用于决策，使决策非常直观。在实际应用时，许多决策涉及一系列步骤，后一步的活动将依赖前一步的决策结果，且每一步骤都面临不确定性，决策树在处理这类问题时最为适用。下面介绍决策树的应用步骤。

（1）画决策树。决策树的画法应从左向右，即先在左边画出决策点，从决策点出发引出各方案枝，标明各方案所面临的自然状态及其概率，并计算各方案在不同自然状态下的损益值。

（2）推算各备选方案的期望值。

（3）选择最佳决策方案。从选择收益最大或损失最小的方案为最佳方案。排除的方案在方案枝上画"‖"符号，表示剪枝。

例题：某企业准备今后10年生产某种产品，需要确定产品批量。根据预测估计，这种产品的市场销售状况为畅销的概率是 0.4，销售状况为一般的概率是 0.5，滞销的概率是 0.1。对产品的生产有大、中、小批量三种生产方案，如何能够取得最大经济效益，请决策。有关数据如表 4-5 所示。

表 4-5 各方案损益值表   万元

收益值与概率	畅销	一般	滞销
大批量	30	25	-15
中批量	20	16	-12
小批量	18	10	-10

首先绘制决策树。

然后计算各方案的损益期望值，如下：

大批量生产的期望值 = 30×0.4+25×0.5+（-15）×0.1 = 23

中批量生产的期望值 = 20×0.4+16×0.5+（-12）×0.1 = 14.8

小批量生产的期望值 = 18×0.4+10×0.5+（-10）×0.1 = 11.2

最后选择最佳方案。把以上计算的结果标注在各个方案的节点上，然后比较各个方案的期望值。根据最优原则，选择大批量的生产方案，如图 4-8 所示。

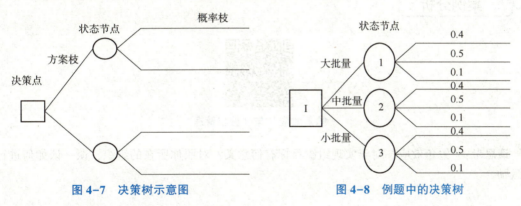

图 4-7 决策树示意图　　　　　　　图 4-8 例题中的决策树

4. 不确定型决策的方案选择法

在不确定型决策问题中，存在解决问题的若干方案，各种自然状态出现的概率为未知，不能以客观概率来求得各行动的预期收益，则可由决策者运用主观判断评定概率，并借助上述技术进行分析决策。但由于概率的评定受决策者经验、认识能力的影响较大，因而风险较大。因此，可选择其他一些决策准则来选择最佳方案。

学 习 小 结

计划是管理的首要职能，它是组织为了实现目标而预先制定的行动安排，具体包括决定要做什么、如何去做、何时何地去做和由谁来做。广义的计划不仅包含计划的制订过程，还强调计划的执行过程以及检查计划的完成程度，因而有利于计划的完成。制订计划的过程包括：分析组织内外环境，明确组织宗旨和使命；制定组织目标；目标分解与目标结构分析；综合平衡；编制并下达执行计划。

目标管理被广泛地应用于业绩评价和员工激励活动中，其实质是员工参与制定目标，实行自我管理和自我控制。实施目标管理应最大限度地发挥其优势，同时也要注意并克服目标管理的缺点。

计划评审技术是运用网络图（或表）的形式来组织生产和进行计划管理的一种科学方法。其基本原理是利用网络图（或表）表示计划任务的进度安排，并反映出组成计划任务的短期活动之间的相互关系。

决策就是针对问题和目标，分析和解决问题的一个管理过程。由此可见，决策活动具有目标性、可行性、选择性、过程性和动态性。制定决策的程序包括：发现问题或问题已出现；明确决策目标；拟定方案；方案的比较与选择；执行方案；检查处理。

复习思考题

1. 对一个组织管理来说，为什么必须进行计划工作？
2. 试评价目标管理。
3. 试比较群体决策与个人决策的优劣。
4. 简述科学决策的过程。
5. 简述计划评审技术的基本原理。

"鲶鱼效应"与"分权管理"

请思考："鲶鱼效应"对于实现组织目标有何意义？对照你所在的组织，谈一谈如何进行有效激励。

模块五

组织与环境

本模块学习目标

1. 掌握组织环境的概念；
2. 了解一般环境分析方法；
3. 掌握行业环境分析方法；
4. 掌握 SWOT 分析法；
5. 理解企业的社会责任。

能力目标

通过本模块的学习，能针对某个具体企业进行内外环境分析，理解企业作为一个经济组织应承担的社会责任。

关键概念

组织环境　外部环境　内部环境　社会责任

【导入案例】

温水煮青蛙实验

美国康奈尔大学的研究人员做过这样一个实验：在锅里加满冷水后，把一只青蛙放进去，然后慢慢加热。水开始是凉的，变温的速度很慢，青蛙觉得比较舒适。随着水温逐渐升高，感受到危险的青蛙决心努力跳出热锅，但为时已晚。最后，青蛙被煮死。相反，把青蛙扔进一口沸水锅里，受到强烈刺激的青蛙奋力一跳，成功地保住了性命。

管理启示

古人云："生于忧患，死于安乐。"当环境悄悄发生变化时，人们是很难察觉的，而当察觉到时，却为时晚矣。作为一个组织，尤其是处在风云变幻的市场环境中的经济组织，必须时刻保持一种警觉意识和危机意识，否则就会被环境淘汰。

任何一个组织都是在一定环境中从事活动的，都不可能脱离其所处的环境而封闭、孤立地存在。组织就如一粒种子，外部环境就是组织生存的土壤，既为组织活动提供条件，又对组织活动起制约作用。同时，外部环境时刻都在变化着，绝对不是一个静态过程。面对外部环境的变化，一个组织要善于利用机会，避开威胁。因此，分析和认识组织环境是非常必要的。

学习单元一 组织环境概述

一、组织环境的概念

组织环境是指一切存在于组织内外并对组织有现实和潜在影响力的因素。组织环境可分为外部环境和内部环境,而外部环境可分为一般环境和行业环境。一般环境是在一定时空内存在于社会中的各类组织均会面对的环境,有政治环境、社会文化环境、经济环境、科技环境等。行业环境是指对某一具体组织的目标实现有直接影响的那些外部因素,包括供应商、分销商、顾客、竞争者等其他利益相关者。内部环境是指组织内部的物质、文化环境的总和,主要包括资源、能力、文化等因素,也称组织内部条件。

二、组织环境的特点

组织环境具有以下特点:

1. 客观性

环境是客观存在的,它不随组织中人们的主观意志的改变而转移,而且它的存在客观地制约着组织的活动,是组织赖以存在的物质条件。

2. 系统性

组织环境是由与组织相关的各种事物和条件相互有机联系所组成的整体,它也是一个系统。组成这个系统的各种要素,如自然条件、社会条件等相互关联,形成一定的结构,表现出环境的整体性。

3. 动态性

环境的各种因素是不断变化的,各种环境因素又在不断地重新组合,不断形成新的环境。组织系统既要从环境中输入物质、能量和信息,也要向环境输出各种产品和服务,这种输入和输出的结果必然要使环境发生或多或少的变化,使得环境本身总是处于不断的运动和变化之中。这种环境自身的运动就是环境的动态性。

三、环境与组织管理的关系

任何组织系统都存在于一定的环境之中,环境的特点及其变化必然会影响组织管理活动的方向、内容以及管理方式的选择。环境因素对组织管理的影响具体表现为以下几个方面。

1. 环境决定、限制与制约组织管理

环境是组织管理生存和发展的宏观形态,是组织管理生存和发展的土壤和行动的空间。有什么样的环境就有什么样的组织管理。自然地理、政治制度、经济制度、意识形态和人文环境都对组织管理起着不可忽视的影响作用。实际上,组织管理系统的活动方向和内容是由环境决定的,其价值观、目标、规模、结构与行为方式等都要受到环境的限制与制约。

2. 组织管理必须适应环境的现状

组织管理本身没有严格的好与坏的区分,唯有适应其现状才是最理想的。所谓适应环境状况,是指组织管理必须符合现实特定的管理环境向它提出的要求和条件。如果组织管理不适应环境的状况,也就是组织没有适应环境的能力,那么就无法进行有效的管理活动。可想而知,如果与其环境格格不入,即使再先进的组织管理也不可能有管理成效,必定会导致失败。

3. 环境的发展变化必然导致组织管理的发展变化

环境不是一成不变的,而是始终处于不断变化的动态过程之中。环境发生了变化,组织管理

也必须适应这种变化。组织管理正是在对环境不断变化的认识、把握和调整中才做到平衡和适应。因此，环境的持续发展变化，迫使组织管理要有对环境科学预测的能力，要能在此基础上确立管理战略和规划。

当然，环境与组织管理之间是一种相互依存、相互影响的，动态的、互动的关系，并非是一种单项的传递或影响力的主从关系，或简单的决定与被决定、适应与不适应、选择与被选择的关系。两者之间可视为博弈双方，环境对组织管理具有决定和制约作用，那么组织管理与环境的关系显然还有另外一面，即组织管理对环境的适应和对环境的影响。

学习单元二　环境分析方法

一、外部环境分析

1. 一般环境

一般环境又称为宏观环境，是指影响一切行业和组织的各种宏观力量。它间接或潜在地对组织发生作用和影响，其影响因素包括政治法律因素、经济因素、社会文化因素和技术因素。

分析一般环境的一个常用工具是 PEST 分析模型。所谓 PEST 即 Political（政治）、Economic（经济）、Social（社会）和 Technological（科技），这些都是企业的外部环境。

（1）政治法律环境（P）。政治法律环境包括一个国家的社会制度，执政党的性质，政府的方针、政策和法令等。组织必须通过政治法律环境研究了解国家和政府目前禁止组织干什么、允许组织干什么、鼓励组织干什么，从而使组织活动符合社会利益，受到政府的保护和支持。

另外，国家制定的法律法规会对组织的行为起到监督和约束作用。企业只有依法进行各种营销活动，才能受到国家法律的有效保护。近年来，我国陆续制定和颁布了一系列法律法规，如《中华人民共和国产品质量法》《中华人民共和国合同法》《中华人民共和国商标法》《中华人民共和国专利法》《中华人民共和国广告法》《中华人民共和国食品安全法》《中华人民共和国环境保护法》《中华人民共和国反不正当竞争法》《中华人民共和国消费者权益保护法》《中华人民共和国进出口商品检验法实施条例》等。企业的营销管理者必须熟知有关的法律条文，才能保证企业经营的合法性，运用法律武器来保护企业与消费者的合法权益。

政治法律环境对企业的影响特点如下：

①直接性：即直接影响着企业的经营状况。

②难于预测性：对企业而言，很难预测国家政治环境的变化趋势。

③不可逆转性：政治环境因素一旦影响到企业，就会使企业发生十分迅速和明显的变化，而这一变化企业是驾驭不了的。

（2）经济环境（E）。

①宏观经济环境：指一个国家或地区的人口数量及其增长趋势，国民收入、国民生产总值及其变化情况。这些指标能够反映国民经济发展水平和发展速度。例如，一个国家人口数量多，一方面能够提供丰富的劳动力资源，另一方面人民生活需求难以满足，从而构成社会负担，影响经济发展。

②微观经济环境：指企业所在地区或所需服务地区的消费者的收入水平、消费偏好、储蓄情况、就业程度等因素。这些因素直接决定着企业目前及未来的市场大小。

（3）社会文化环境（S）。社会文化环境包括一个国家或地区的居民受教育程度和文化水平、宗教信仰和风俗习惯、审美观念、价值观念、消费习俗等。

①教育程度和文化水平：教育程度和文化水平影响居民的需求层次。两者越高，人们越理性

消费，而且对商品的设计、样式、品牌、包装和质量的要求也越高。

②宗教信仰和风俗习惯：各个国家和地区都有自己的风俗习惯，形成不同的文化偏好，使当地的人们在社会文化生活的各个方面都表现出独特的行为方式和消费习惯，影响着他们的购买决策和购买行为。风俗习惯还体现在饮食、服饰、婚丧、节日和人际交往方面。

一个国家和地区的宗教信仰和风俗习惯决定该地区居民特定的禁忌、习俗、避讳、信仰等，企业要对这些进行充分的了解。否则，企业活动则会受到抵制和围攻。

③审美观念：指人们对好坏、美丑、善恶的评价，不同的国家、民族、宗教、个人有不同的审美标准。审美观念影响着人们对组织活动内容、活动方式及活动成果的态度。消费实际上是审美活动，大部分人的审美观反映了社会和时代的审美趋势。

企业的营销活动要不断满足人们的身心健康和追求美好生活的愿望，要满足人们对美的追求，发展健康的美、形式的美和环境的美，使产品的质量和美好的形式结合起来，更好地满足消费者的审美要求。

④价值观念：指人们对社会生活中事物的态度和看法。消费者不同的价值观影响着他们对产品的需求和购买行为，也影响着居民对组织目标、组织活动及组织存在的认可。

⑤消费习俗：是指人们在长期经济与社会活动中所形成的一种消费方式与习惯。不同的消费习俗，具有不同的商品要求。研究消费习俗，不但有利于组织消费用品的生产与销售，而且有利于正确、主动地引导健康的消费。了解目标市场消费者的禁忌、习惯、避讳等是企业进行市场营销的重要前提。

（4）科技环境（T）。科技环境专指外部技术，不包括企业内部的专有技术。科学技术是生产力中最活跃的因素，影响着组织的劳动生产率、经营管理水平和经济效益。不同的产品代表着不同的技术水平，对劳动者也有不同的技术要求。技术进步了，可能会使组织中的产品被运用新技术的竞争产品替代。因此，组织应时刻与科技同步，实施科技创新。

科技的高速发展像一把双刃剑。企业要密切关注与本企业产品有关的技术和它们的现有水平、发展趋势及发展速度，不仅要关注新材料、新工艺、新设备等硬技术，而且也要关注管理思想、管理方法、管理技术等软技术。

2. 行业环境

对于一个特定的组织来说，它总是存在于某一行业环境之内，行业环境直接影响组织的生产经营活动，这一类外部环境是行业环境，它是微观的外部环境，主要是分析行业中组织的竞争格局及本行业和其他行业的关系。

波特五力模型是迈克尔·波特（Michael Porter）于20世纪80年代初提出的，他认为行业中存在着决定竞争规模和程度的五种力量，这五种力量综合起来影响着行业的吸引力以及现有企业的竞争战略决策。五种力量是：潜在竞争对手的进入、替代品的威胁、顾客讨价还价的能力、供应商讨价还价的能力以及现有竞争对手之间的竞争，如图5-1所示。

（1）潜在竞争对手的进入。新进入者在给行业带来新生产能力、新资源的同时，希望在已被现有企业瓜分完毕的市场中赢得一席之地，这就有可能会与现有企业发生原材料与市场份额的竞争，最终导致行业中现有企业盈利水平降低，严重的话还有可能危及这些企业的生存。潜在进入者将在两个方面减少现有厂商的利润：第一，进入者会瓜分原有的市场份额获得一些业务；第二，进入者减少了市场集中，从而激发现有企业间的竞争，减小价格—成本差。

潜在进入者进入威胁的严重程度取决于两方面的因素，即进入新领域的障碍大小与预期现有企业对于进入者的反应情况。进入障碍主要包括规模经济、产品差异、资本需要、转换成本、销售渠道开拓、政府行为与政策、不受规模支配的成本劣势、自然资源、地理环境等。预期现有企业对进入者的反应情况，主要是指采取报复行动的可能性大小，取决于有关厂商的财力情况、

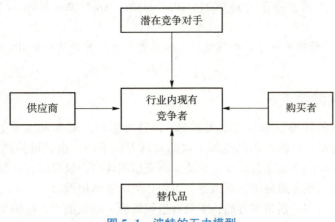

图 5-1 波特的五力模型

报复记录、固定资产规模、行业增长速度等。总之，新企业进入一个行业的可能性大小，取决于进入者主观估计进入所能带来的潜在利益、所需花费的代价与所要承担的风险三者的相对大小情况。

（2）替代品的威胁。两个处于同行业或不同行业的企业，可能会由于所生产的产品互为替代品，从而在它们之间产生相互竞争行为。具体分为直接产品替代和间接产品替代。替代品价格越低、质量越好、用户转换成本越低，其所能产生的竞争压力越强。这种来自替代品生产者的竞争压力的强度，可具体通过考察替代品销售增长率、替代品厂家的生产能力与盈利扩张情况来加以描述。

（3）购买者讨价还价的能力。购买者主要通过压价、要求提供较好的产品或服务质量的能力，来影响行业中现有企业的盈利能力。一般来说，满足如下条件的购买者可能具有较强的讨价还价力量：

①购买者的数量较少，而每个购买者的购买量较大，占卖方销售量的很大比例。
②卖方行业由大量相对来说规模较小的企业组成。
③购买者所购买的基本上是一种标准化产品，同时向多个卖主购买产品在资金方面具有可行性。
④购买者有能力实现后向一体化，而卖主不可能实现前向一体化。

（4）供应商讨价还价的能力。供应商主要通过提高投入要素价格与降低单位价值质量的能力，来影响行业中现有企业的盈利能力与产品竞争力。一般来说，供应商满足如下条件会具有比较强大的讨价还价力量：

供应商行业为一些具有比较稳固的市场地位、不受市场激烈竞争困扰的企业所控制，其产品的买主很多，以至于每一单个买主都不可能成为供应商的重要客户；供应商的产品具有一定特色，以至于买主难以转换或转换成本太高，或者很难找到可与供应商产品相竞争的替代品；供应商能够方便地实行前向联合或一体化，而买主难以进行后向联合或一体化。

（5）现有竞争对手之间的竞争。大部分行业中的企业相互之间的利益都是紧密相连的。对于每一个企业来讲，其目标都是使自己的企业获得相对于竞争对手的优势。由此产生一系列冲突、对抗现象，这些冲突、对抗就构成了现有企业之间的竞争，常常表现在价格、质量、广告、产品介绍、售后服务等方面。

北京时间 2021 年 9 月 15 日凌晨 1 点，苹果公司举行了秋季发布会，与 2020 年一样采用

的是线上直播方式，先后发布了 iPad 2021、iPad mini6、Apple Watch series 7 以及 iPhone 13 系列新品。

在 5G 时代，请你根据苹果手机的现状，从顾客和竞争者的角度分析 iPhone 13 手机上市后的走势。

二、内部环境分析

外部环境对组织的管理活动具有重大影响，但这种影响又必须和组织的内部环境相联系。即使面临的外部环境是一致的，不同组织采取的管理方式不同，也就可能产生完全不同的管理效果。这说明内部环境同样也非常重要。因此，研究组织环境，仅仅研究外部环境是不够的，必须把组织内部环境恰当地考虑进去，以做到对组织环境的整体把握。

内部环境分析的内容包括很多方面，主要有组织资源、组织能力、组织文化等。

1. 组织资源

组织的任何活动都需要借助一定的资源来进行，组织资源的拥有和利用情况决定其活动的效率和规模。组织资源包括人、财、物、技术、信息等。没有充分的优势资源，组织是很难发展的。如果组织不清楚自己的资源构成，也就做不到知己知彼，根本不可能在竞争中取胜。相反，如果对自己的资源构成、竞争者的资源构成都非常清楚的话，就能够准确地对各种形势做出判断，从而立于不败之地。

组织资源一般包括两大类：

一是有形资产，是指可以在公司资产负债表上体现的资产，如房地产、生产设备、原材料等。

二是无形资产，包括企业的声望、品牌、文化、技术知识、专利、商标以及各种日积月累的知识和经验。无形资产在使用中不会被消耗，相反，正确地运用还会使无形资产升值，往往是企业竞争优势的基础。如迪士尼最重要的无形资产便是迪士尼的品牌、米老鼠和唐老鸭等经典的卡通形象等。

2. 组织能力

组织能力是指企业在生产、技术、销售、管理和资金等方面力量的总和。企业的竞争力来源于企业的组织能力，而组织能力只能来源于企业在市场竞争中学习、积累的相关知识和能力并将其嵌入企业组织中，体现在企业的运作程序上。企业组织能力主要分为三种：技术能力、功能性能力（产品开发能力、生产能力、营销能力）和管理能力。

核心能力是使一个企业与其竞争者相区别的一整套知识、技能、习惯行为与业务过程。企业的核心能力是顾客价值的源泉，正是这些能力提供了对顾客而言非常重要的那些产品和服务的特性。核心能力为新产品与服务的开发提供了基础，是决定企业长期竞争力的主要因素。

那些成功的企业都有自己独特的核心能力。例如，索尼的核心能力被公认为在小型化方面的专长，这一能力使其在随身听、便携摄像机等领域取得巨大成功。波音的优势在于其整合大型复杂系统的能力，这些能力在商用喷气式客机、空间站、轰炸机以及导弹制造方面体现得淋漓尽致。本田擅长发动机及传动系统。联想集团擅长在硬件方面进行大规模制造和营销。

核心能力体现在企业为顾客提供的产品和服务的关键价值上。例如，索尼在小型化方面的专长直接转化成一些重要的产品特性，如可携带性及美学设计等。

核心能力常被用作进入多种市场的手段。例如，佳能利用其在光学、成像及电子控制方面的核心能力进入复印机、激光打印机、照相机以及扫描仪市场。类似地，本田在发动机和传动系统方面的核心能力构成其进军其他领域（如汽车、摩托车、割草机、发电机等）的基础。

核心能力具备以下几方面的特征：
① 优胜的。
② 不可迁移的。
③ 不可替代的。
④ 不可模仿的。
⑤ 持续的。
正是由于具备这些特征，核心能力才能为企业提供持久的竞争优势。

3. 组织文化

文化作为一种象征，在精神层面反映着组织的社会价值，是连接内部成员的心灵纽带，在很大程度上决定了组织成员对周围环境的反应和行为方式，并影响他们对问题如何进行概念化、定义、分析和解决。尽管不同的个体具有不同的成长背景，在组织中的地位不同，他们仍然倾向于用相似的术语来描述组织文化，体现了组织文化的共有方面和概括性。

对组织文化进行分析主要是分析组织文化的现状、特点以及它对组织活动的影响。组织文化是组织战略制定与成功实施的重要条件和手段，它与组织内部物质条件共同组成了组织的内部约束力量，是环境分析的重要内容。

启发案例

放虎不一定归山

管理启示

"知己知彼，百战不殆"，认清对手固然重要，有时候真正分析了解自己却更为要紧。为了能拟定合理的目标和方针，一个管理者必须对企业的内部情况以及外在市场环境相当了解才行。

三、内外部环境综合分析

SWOT 分析法是在 20 世纪 80 年代初由旧金山大学的管理学教授韦里克提出来的，又称态势分析法，是一种根据企业自身的既定内在条件进行分析，找出企业的优势、劣势及核心竞争力之所在的分析方法。其中，S 代表 Strength（优势），W 代表 Weakness（劣势），O 代表 Opportunity（机会），T 代表 Threat（威胁）。S、W 是内部因素，O、T 是外部因素，两两配对形成了四种不同类型的组合及发展战略，如表 5-1 所示。

表 5-1　SWOT 分析法的组合

外部	优势（S）	劣势（W）
机会（O）	增长型战略	扭转型战略
威胁（T）	多种经营战略	防御型战略

（1）优势—机会（SO）战略：是一种发挥企业内部优势同时注重把握企业外部机会的战略。例如，一个资源雄厚（内在优势）的企业发现某一国际市场尚未饱和（外在机会），就可以考虑采取 SO 战略开拓这个国际市场。

（2）劣势—机会（WO）战略：是通过利用外部机会弥补企业的不足或者通过改变自身劣势提高把握外部机会能力的一种战略。例如，一个面对计算机服务需求增长的企业（外在机会），十分缺乏技术专家（内在劣势），可以采用 WO 战略培养和招聘技术专家或者购入一个高技术的计算机公司。

（3）优势—威胁（ST）战略：是利用企业的优势回避或减少外部威胁的一种战略。例如，一个企业的销售渠道很多（内在优势），但由于各种限制不允许它经营其他商品（外在威胁），就可以选择相关多元化的发展道路。

（4）劣势—威胁（WT）战略：是努力弥补内部劣势并规避外部环境威胁的一种防御性战略。例如，一个商品质量差（内在劣势）、供应渠道不可靠（外在威胁）的企业应该采取 WT 战略，强化企业管理，提高产品质量，稳定供应渠道，或者通过联合、合并谋求生存和发展。

问题互动

针对华为公司，分析所具有的优势、劣势及面临的机会、威胁。

学习单元三　企业社会责任

社会责任是企业追求有利于社会长远目标实现的一种义务，它超越了法律与经济对企业所要求的义务。社会责任是企业管理道德的要求，完全是企业出于义务的自愿行为。

一、企业与现代社会

企业是现代社会的产物。现代社会基本上由四类组织组成，即政府、企业、非营利组织、家庭。企业以外的三类组织的社会责任十分清晰，而企业的社会责任却比较模糊而备受争议。

长期以来，传统经济学的观点认为，为股东实现组织利润最大化是企业的天职，否则就不是企业，增进和保护社会福利是政府和非营利组织的责任；而社会经济学的观点则认为，企业不只是对股东负责的独立实体，它们还要对社会负责，因此企业的责任不只是创造利润，还应包括保护和增进社会福利。

我们认为，在我国这一问题必须从企业与现代社会的全面关系来观察。社会通过各种法律法规认可了企业的建立，给予它利用所需各种生产资源的权利，政府给予许多优惠政策的支持，包括允许对生态环境的一定时期的某种损害，银行给予信贷和其他金融服务的优惠，企业才得以正常建立和运行。反过来企业也给予社会以回馈，提供就业机会，繁荣社会经济，创造和生产出大量社会需要的产品和服务，改善和提高社会的生活质量。消费者通过购买企业提供的产品和服务，使企业获得盈利。企业除了给员工支付工资外，还要按规定缴纳税款和各种费用，使政府年年有超额的财政收入去做应做的事及保护和增进社会福利的工作，如此循环不已。一切看起来似乎十分和谐、公平和合理。但如果从更深的层次去看，事实并非如此。

企业从社会得到的权利与依法应尽的义务之间并不平衡。企业付给员工的工资大大小于员工劳动创造的价值，一般员工的工资与企业高管工资差距非常大。企业每年缴纳的税款和付出的费用不少，但与大量消耗资源和排污所造成的环境破坏使社会蒙受的损失相比，只是九牛一毛。许多暴利和高利润企业对产品和服务的"垄断价格"与消费者额外支出相比形成鲜明对照……作为企业管理者应当明白，企业经营得好不乏时代与机遇的馈赠。对企业而言所得可能是完全合法的，但不一定完全是道德的。所以所有的企业都应当从道德的层面担负起更广泛的企业责任，以感恩的心情来回报社会为企业行为付出的代价和时代给予的机遇。

企业社会责任必须在管理哲学上澄清的重大问题是：企业是否只是一个经济实体？作为经济细胞，企业当然是一个经济实体。然而问题在于，企业不只是一个经济实体，而且同时是，也必须是、应当是一个伦理实体。企业不仅是"经济细胞"，而且是"社会公器"，因而具有伦理属性，并承担社会责任。我国现代企业起步较晚，在由计划经济向市场经济转轨的过程中，形成"企业是一个经济实体"的定位，因此取代计划经济时代"行政实体"的定位，这当然具有历史合理性。但如果将企业只定位于"经济实体"，忽视和消解其"伦理实体"和"社会公器"的本质，企业将会由经济细胞沦为"经济动物"，从而丧失其责任意识和责任能力，甚至会造成大量社会公害，环境污染、用假冒伪劣产品实行坑蒙拐骗等不道德行为就是突出表现。

二、企业社会责任的金字塔模型

美国学者阿奇·B. 卡罗尔（Archie B. Carroll）提出的企业社会责任金字塔模型（图5-2）阐述了企业社会责任的具体构成。根据这个模型，企业社会责任包括四个层次的内容：第一层次为经济责任，即企业要提供合乎社会需要的产品和服务，确保股东的利益，追求利益最大化；第二层次为法律责任，即企业的生产经营活动要在符合法律规定和市场游戏规则的框架内进行，要在遵纪守法的前提下追求利润最大化；第三层次为伦理道德责任，指企业要遵守商业道德，公平公正地展开竞争，避免违背道德准则的行为；第四层次为慈善责任，即企业要为社会、教育、文化活动等做贡献，要为慈善事业捐钱捐物，要为社会的繁荣、进步和人类生活水平的提高做出自己应有的贡献。

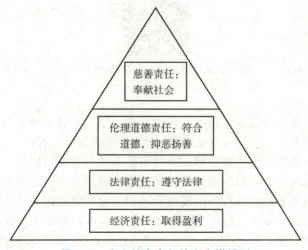

图5-2 企业社会责任的金字塔模型

在卡罗尔看来，企业社会责任包含了在特定时期内，社会对企业组织在经济、法律、伦理道德和慈善方面的期望。卡罗尔认为在这个金字塔结构中，经济责任是基础，占最大比例，法律、伦理道德以及慈善责任依次向上递减。

三、企业社会责任的体现

企业社会责任的内涵十分丰富和广泛,除法律规定的企业行为规范以外,所有可能影响社会福利的企业行为都应纳入企业社会责任之内,大体上可以体现在以下五个方面。

1. 办好企业,把企业做强、做大、做久

努力增强企业的竞争力,不断创新,向社会提供更好、更新、更多的产品和服务,使人民的物质和文化生活更美好。同时也为社会提供更多更好的就业机会,并使员工收入随着本企业的成长而得到提高。

2. 企业一切经营管理行为应符合道德规范

企业的一切经营管理行为,包括企业内部管理、产品设计、制造、质量保证、广告用语、营销手段、售后服务、公关工作等,都应符合道德规范。因为所有这一切都会对社会产生善或恶的影响,尤其是不合格的产品可能对社会造成巨大的伤害。

3. 社区福利投资

对企业所在社区或其他特定社区的建设进行福利投资,包括医院、学校、幼儿园、养老院、住宅、公共娱乐设施、商业中心、图书馆等有关社区人民福利的一切设施的投资,均不应以赚取商业利益为目的,因为社区为本企业的发展已经做出了牺牲和贡献。

4. 社会慈善事业

对社会教育、医疗公共卫生、疾病防治、福利设施以及在天灾人祸中一切需要帮助的人,企业应根据自身优势适当定位,及时伸出援助之手,尽到应尽的社会责任。尤其对那些突发性社会灾难事件,例如地震、海啸、飓风与恐怖袭击等造成的巨大灾难,企业应给予特别的关注,并争取在第一时间做出快速而适当的反应。但不必相互攀比作秀,应当实事求是,量力而行。

鸿星尔克的社会责任感

5. 自觉保护自然环境

企业应主动节约能源和降低不可再生资源的消耗,尽可能减少企业活动对生态的破坏。积极参与节能产品的研究开发,参与对地球荒漠化和地球变暖所引发的各种灾害的研究和治理。

社会对上述活动一般都不用法律的形式来规范企业的行为,因而是由企业的管理者根据企业的价值观、道德观以及企业内部治理的规章制度自愿做出选择。企业主管应十分敏感地关注消费者和社会舆论对本企业产品或行为的反映和法律可能变更的趋势,并迅速做出必要的合理的响应。任何过度的澄清、辩解、否认或抗拒都可能进一步扩大事态,使企业遭受不必要的损失,甚至引发一场危机。如果处理得当,企业所尽的社会责任,不仅赢得社会公众的尊敬,更重要的是由此激发起员工的道德力量,成为企业最宝贵的财富。

谈谈自己对企业社会责任的认识,企业是否应该承担相应的社会责任?

学习小结

组织环境是指一切存在于组织内外并对组织有现实和潜在影响力的因素。具有客观性、系统性和动态性等特点。

组织环境可分为外部环境和内部环境，而外部环境可分为一般环境和行业环境。

一般环境常用 PEST 模型来分析，行业环境常用波特五力模型来分析，内外部环境综合分析常用 SWOT 分析法。

社会责任是企业追求有利于社会长远目标实现的一种义务，它超越了法律与经济对企业所要求的义务，其内涵十分丰富和广泛。

复习思考题

1. 什么是组织环境？它由哪几部分构成？
2. 组织的外部环境有哪些？它是怎样影响组织效益的？
3. 组织的内部环境有哪些？它对一个组织有怎样的影响？
4. 选择一个你熟悉的企业，分析它具有的优势与劣势、面临的机会与威胁。
5. 企业的社会责任主要体现在哪些方面？

鞍钢汽车运输公司履行社会责任的实践

思考题：
1. 结合案例，分析企业在履行社会责任时应考虑哪些群体的利益。
2. 企业履行社会责任体现在哪些方面？

模块六
领导与控制

本模块学习目标

1. 理解领导的概念及特征；
2. 了解领导与管理的区别与联系；
3. 理解领导的相关理论；
4. 掌握提高领导权威与领导艺术的途径和方法；
5. 了解激励的概念及原理；
6. 理解激励的相关理论；
7. 掌握激励的方法；
8. 了解沟通的含义；
9. 理解正式沟通网络和非正式沟通网络；
10. 理解有效沟通的影响因素；
11. 掌握有效沟通的改善策略；
12. 了解控制的概念及过程；
13. 理解几种控制的方法。

能力目标

通过本模块的学习，学生能够理解领导、激励、沟通与控制的含义，理解领导和激励的相关理论，掌握激励和控制的方法，通过理解有效沟通的影响因素，掌握有效沟通的改善策略，提高沟通的技能。

关键概念

领导　领导理论　激励理论　有效沟通　控制

【导入案例】

魅力领导张瑞敏

在中国，海尔集团无疑是知名度最高的企业之一。它不仅是全国最大的家电企业，而且在国际上颇具盛名，产品出口到世界各地，在欧洲、亚洲和美洲建有自己的工厂，并曾被国际有关机构评为名列全球第三的白色家电企业。近年来，它又进入了多个新的行业和领域，并且都取得了不凡的成绩。2010年，海尔集团的全球销售收入达到1 357亿元，海尔品牌也被评为中国最有价值的品牌。而这一切又都是与一个杰出的人连在一起的，他就是海尔的领头人，董事长兼首席执行官——张瑞敏。可以说，没有张瑞敏就不会有今天的海尔。

1984年，当张瑞敏来到海尔集团的前身青岛电冰箱总厂时，该厂已濒临破产。厂房、设备陈旧，产品卖不出去，企业负债累累，工人、干部士气低落。在这样棘手的情况下，张瑞敏挑起了领导者的重任。30多年过去了，海尔发生了巨大的变化，获得了惊人的发展，取得了骄人的业绩。从过硬的产品质量到星级的售后服务，从严格的管理到极具特色的企业文化，从成功的多元化经营到迅速拓展的国际化道路，直到对客户需求快速响应和先进的物流管理，海尔几乎在各个方面都成了人们学习的榜样，张瑞敏也赢得了一个中国企业家所能得到的几乎所有荣誉。有人说，张瑞敏是个"福将"，他提出的目标基本上都实现了，他的决策也没出现重大失误。可张瑞敏说，这么多年来，他始终以"诚惶诚恐，如履薄冰"的心态对待企业经营，把握着海尔发展的方向。正是因为过去没有大的失误，群众才容易对领导产生迷信，如果自己再没有自知之明，离失败就不远了。

有人说，海尔的管理太严格，严格得近乎苛刻。张瑞敏说，我也知道这样管理太累，但没办法。许多企业搞不好，根子在于群众对管理者缺乏信任，不相信领导说的和做的会一样。因此从一开始，我就要求自己，如果做不到就不说，一旦说了就必须做到。所以，海尔才有"砸冰箱"事件，才有"日清日高，日事日毕"的工作要求，才有"真诚到永远"的企业信念。

还有人说，张瑞敏现在越来越像哲学家了，你看他提出那么多概念，如"相马不如赛马""斜坡球体定律""吃休克鱼"，还有"国际化就是与狼共舞，要在国际市场上与跨国公司竞争，首先要使自己成为一头狼"等。张瑞敏说，从某种意义上讲，企业创造市场的前提就是创造概念。如果一个概念都提不出，那用户怎么知道你在做什么，又怎么在企业内部形成一种新观念，激励大家的行为，推动事业发展呢？

张瑞敏为什么能带领海尔不断走向成功？他具备什么样的领导特质和领导方法，使他不同于我们看到的绝大多数领导？张瑞敏如此巨大的影响力来自他手中的权力还是他个人的魅力？从该案例可以看出，海尔取得成功跟张瑞敏卓有成效的领导密不可分。

管理启示

领导的实质就是影响力。成功领导者具有很强的分析、决策、创造等不同于一般领导者的能力，张瑞敏的这种影响力更多的是来自他的个人魅力。长期以来，学者和实践家们从人的特质、人的行为和变化的环境等方面对领导进行了探讨和总结，得出诸多有益的结论。

学习单元一　领导职能

领导是管理的一项职能，是贯穿于管理活动的一门管理艺术。领导能力、水平的高低直接决定着组织的生存和发展。在任何社会，无论是在正式组织还是非正式组织中，都离不开领导。

一、领导的概念及特征

1. 领导的概念
领导是一种影响力，是个体对他人施加影响，带领、鼓励并指导他人活动，从而使人们情愿地、热心地为实现组织或群体的目标而努力的过程。施加这种影响的个体就是领导者。

2. 领导的特征
领导的特征包括以下四个方面。

（1）领导的本质——影响力，即领导者所拥有的影响追随者的能力。这种影响能力来自领导者的职位（职务）和领导者自身的一些因素。

(2) 领导者必须有追随者。领导是一种追随关系，领导除了领导者，还必须有追随者，即被领导者。领导者和被领导者是互以对方的存在为前提的。没有被领导者也就无所谓领导。

有人说，没有了下属，领导者什么都不是，你怎么理解这句话？

(3) 领导是一个过程，是对人们施加影响的过程；同时，领导不仅是一个过程，也是一种艺术。

(4) 领导的目的性。领导的目的是通过影响力来影响人们心甘情愿地去努力达到组织或群体的目标，不是为了领导而领导。

在一个组织中，管理者通过履行领导职能，在特定环境下对组织成员和组织行为施加影响和进行引导，以有效达成组织目标。

二、领导与管理

领导是伴随管理的发展而产生的，因此领导与管理之间存在大量的交叉和重叠。一般人们把二者当作同义词来使用，好像管理者就是领导者，领导过程就是管理过程。实际上管理和领导是两个不同的概念，二者既有联系又有区别。

1. 二者的职能范围不同

管理包括计划、组织、领导、控制等职能，领导是管理的主要职能之一。管理的对象可以是人，也可以是物（如生产管理、物流管理、信息管理等）；而领导的对象通常是人，通过对他人施加影响从而实现组织的目标。

2. 二者在组织中的作用不同

领导的主要作用是做正确的事，即确定组织正确的行动方向，更关注企业的未来；管理强调正确地做事，方向一旦确定，如何用最好的途径和方法高效地达到组织目标是管理的重点，管理者更关注企业的现在。

3. 二者在组织工作中的侧重点不同

领导重在影响和引导，在组织变革的时候制定新目标，探索新领域；管理重在协调和控制，维持既定秩序，配置资源，提高现有效率，把已经决定的事办好。

4. 二者的权力来源不同

管理者是被任命的，他们拥有合法的权力进行奖励和处罚，其影响力来自他们所在的职位所赋予的正式权力。而领导者则可以是任命的，也可以是从一个群体中产生出来的，领导者可以不运用正式权力来影响他人的活动。

组织每一个层级都有管理者，那么管理者都是领导者吗？或相反，领导者都是管理者吗？

管理者可以是领导者，但领导者不一定是管理者。

并不是所有的领导者都必然具备完成其他管理职能的潜能，因此不应该所有的领导者都处于管理岗位上。一个人能够影响别人这一事实并不表明其同样也能够计划、组织和控制。

由于领导者能够有效地激发和调动群体积极性、增强群体的凝聚力，并使追随者自觉地听从指挥，因此，组织中的管理者应该成为领导者，以有效提高管理的效率和效益。虽然管理者通过周密的计划、严密的组织、严格的控制也能取得一定的成效，但若管理者在他们的工作中加上有效领导成分，则收效会更大。

三、领导理论

领导理论就是关于领导有效性的理论。人们对领导有效性主要是从三个方面进行研究的。相应地，领导理论也分为三大类，即领导特性理论、领导行为理论和领导权变理论。

领导特性理论主要研究领导的品行、素质、修养，目的是要说明好的领导者应具备怎样的素质；领导行为理论则着重分析领导者的领导行为和领导风格对其组织成员的影响，目的是找出所谓最佳的领导行为和风格；领导权变理论则着重研究影响领导行为和领导有效性的环境因素，目的是要说明在什么情况下，哪一种领导方式是最好的。领导理论分析如表6-1所示。

表6-1 领导理论分析

领导理论	基本观点	研究基本出发点	研究结果
领导特性理论	领导的有效性取决于领导者的个人特质	好的领导者应具备怎样的素质	各种优秀领导者的图像
领导行为理论	领导的有效性取决于领导行为和风格	怎样的领导行为和风格是最好的	各种最佳的领导行为和风格
领导权变理论	领导的有效性取决于领导者、被领导者和环境的影响	在怎样的情况下，哪一种领导方式是最好的	各种领导行为权变模型

1. 领导特性理论

领导特性理论按其对领导特性来源所做的不同解释，可以分为传统领导特性理论和现代领导特性理论。

传统领导特性理论认为，领导者所具有的特性是天生的，是由遗传决定的；现代领导特性理论则认为，领导者的特性是在实践中形成的，是可以通过后天的教育训练培养的。二者的主要内容和代表观点分别如表6-2和表6-3所示。

表6-2 传统领导特性理论的主要内容

吉布的观点： 天才领导者应具备的七项特性	斯托格迪尔的观点： 领导者应具备六个方面特性	吉塞利的观点： 领导者应具备八种个性特征和五种激励特征
1. 善言辞 2. 外貌英俊潇洒 3. 智力过人 4. 具有自信心 5. 心理健康 6. 较强的支配欲 7. 外向而敏感	1. 身体特征：精力、身高、外貌等 2. 社会特征：社会经济地位、学历 3. 智力特征：判断力、果断性、知识广博和口才等 4. 个性特征：有良心、可靠、勇敢、有胆略、自信、机灵、正直、情绪稳定、作风民主、优雅、愉快等 5. 与工作有关的特性：力求革新、高成就需要、愿承担责任、工作的主动性、重视任务的完成等 6. 社交特征：良好的人际关系、积极参加各种活动、有合作精神等	八种个性特征： 才能、智力高低 创造性（创造与开拓）强弱 果断性、决策能力强弱 自信心强弱 指挥能力大小 成熟程度高低 受下级爱戴和亲近程度 男性化或女性化程度 五种激励方面的特征： 对职业成就的需要 自我实现的需要 对权力的需要 对金钱报酬的需要 对安全（工作稳定性）的需要

表 6-3　现代领导特性理论的代表观点

序号	日本		美国	
	品德	能力	品德	能力
1	使命感	思维决定能力	合作精神	决策能力
2	责任感	规划能力	勇于负责	组织能力
3	依赖性	判断能力	勇担风险	授权能力
4	积极性	创造能力	尊重他人	应变能力
5	忠诚性	洞察能力	品德超群	创新能力
6	进取心	劝说能力		
7	忍耐性	对人理解能力		
8	公平性	解决问题能力		
9	热情	培养下级能力		
10	勇气	调动积极性能力		

问题互动

你心目中的好领导是什么样的？请画像并描述一下。

课堂拓展

儒家学派对领导者个人素质的要求

2. 领导行为理论

（1）勒温的领导风格理论。美国社会心理学家勒温（Lewin）通过研究，把领导者在领导过程中表现出来的领导风格分为以下三种。

①专制型：又称独裁专断型，领导者个人决定一切，所有的政策、工作分配、奖惩等均由领导者单独决定，并要求下属绝对服从和执行，下级没有参与决策的机会，领导者与下属保持相当的心理距离。

②民主型：民主型领导鼓励下属参与决策，对将要采取的行动和决策要同下属协商，员工间可相互交流，领导者积极参加团体活动，与下属无任何心理距离。

③放任型：放任型领导极少运用权力，而是给下属高度的独立性，领导者仅提供资料及信息，并不主动干涉，即老子所说的"无为而治"。

以上三种领导风格的效果存在明显差异：放任型领导风格的工作效率最低，只能达到组织成员的社交目标，但不能很好地完成工作目标；专制型领导风格虽然通过严格管理能够达到目标，但组织成员没有责任感，情绪消极，士气低落；民主型领导风格工作效率最高，不但能够完成工作目标，而且组织成员之间关系融洽，工作积极主动，有创造性。

（2）领导行为二维四分图理论。1945年，美国俄亥俄州立大学的研究人员提出了领导行为二维四分图理论，如图6-1所示。他们在归纳了1 000多种领导行为因素的基础上，最终概括为结构维度和关怀维度两大类。

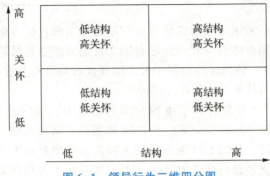

图6-1 领导行为二维四分图

结构维度指的是领导者更愿意界定和建构自己与下属的角色，以达成组织目标。领导者既规定了自己的任务，也规定了下级的任务，其中包括进行组织设计、确立工作目标、制订计划和工作程序、明确职责和关系、建立信息沟通渠道、制定规章制度。此外，高结构维度的领导者向小组成员分派具体工作，从不向下属征求意见和看法，并强调工作的最后期限。

关怀维度是指领导者尊重和关心下属的感情与看法，更愿意与之建立相互信任的工作关系。这种类型的领导表现出对下属的生活、健康、地位和满意程度十分关心，高关怀维度的领导者愿意帮助下属解决个人问题，和蔼可亲且平易近人，对待每一位下属都一视同仁。

调查研究表明，领导者的行为既具有关怀维度，又具有结构维度，只是强调的侧重点不同而已，于是产生了四种领导风格。

①高结构高关怀：注重严格执行规章制度，建立良好的工作秩序，同时重视人际关系，关心下属。

②低结构高关怀：注重人际关系，但组织内规章制度不严，工作秩序较差。

③高结构低关怀：注重严格执行规章制度，建立良好的工作秩序，但不注意关心下属，与下属关系不融洽。

④低结构低关怀：不注意执行规章制度，工作秩序差，而且也不关心下属，与下属关系不融洽。

研究者进一步指出，最好的领导方式是兼具高结构和高关怀两个方面，一个领导者只有把这两个方面很好地结合起来，才能进行有效的领导。

（3）利克特的四种领导方式。美国组织心理学家伦西斯·利克特（Rensis Likert）和他的同事经过长达30年的研究后，提出了如表6-4所示的四种领导方式。

表6-4 利克特的四种领导方式

领导方式	行为特点
专制—权威式	领导者非常专制，抓住决策权不放，对下属很少信任，激励主要以惩罚为主，沟通采取自上而下的方式
开明—权威式	领导者对下属有一定的信任，激励方法中奖赏和惩罚并用，有一定程度的自下而上的沟通，也向下属授予一定的决策权，但自己仍牢牢掌握着控制权

续表

领导方式	行为特点
协商式	领导者对下属相对比较信任，主要采用奖赏的方式来进行激励，沟通方式是上下双向的，部分具体问题的决策权会通过征求下属意见、协商讨论的方式下发到部门
群体参与式	领导者对下属在一切事务上都抱有充分的信心，积极采纳下属的意见，强调组织内部的沟通，鼓励各级组织做出决策

利克特通过调查发现，采用第四种领导方式在设置和实现目标方面是最有效率的，通常也是最富有成果的，因此采用群体参与式的领导者较之其他方式更容易取得成绩，其生产效率要比一般企业高出10%~40%。他把这些归因于员工的高度参与管理及在实践中高度的相互支持。因此，利克特大力提倡向群体参与式领导方式转变。

(4) 管理方格理论。在领导行为二维四分图的基础上，美国管理学者罗伯特·布莱克（Robert Blake）和简·穆顿（Jane Mouton）于1964年提出了管理方格理论。他们用一张九等分的方格图组成一个两维矩阵，如图6-2所示。横坐标表示管理者对生产的关心程度，纵坐标表示对人的关心程度。纵横交错总共组成81个小方格，每一个小方格代表一种领导方式，其中有五种典型的领导风格。

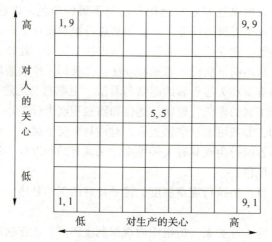

图6-2　管理方格

图6-2中，"对生产的关心"是指一名管理者对如生产的质量、程序与流程，服务质量，工作效率和产量等事项所持的态度。同样，"对人的关心"则包含了如对个人目标的关心、尊重、信任、充分授权、良好的工作条件和融洽的人际关系等内容。

(1, 1) 型管理：又称"贫乏型管理"。管理者对生产和人都不关心，希望以最低限度的努力来完成组织的目标，这是一种不称职的管理。

(9, 1) 型管理：又称"任务型管理"。管理者对生产高度关心，但对人则很少关心，领导作风非常专制。

(1, 9) 型管理：又称"乡村俱乐部型管理"。这种管理方式对人高度关心，但对生产很少关心。管理人员只关注搞好人际关系，创造一个舒适的、友好的组织气氛和工作环境，而不太注重工作效率，不关心如何实现企业的目标。

(5, 5) 型管理：又称"中庸型管理"。管理人员对人和生产都有适度的关心，保持完成任务和满足人们需要之间的平衡，既能按正常的效率完成工作任务又能保持一定的士气，都过得去但又不突出，实行中间式管理。

（9，9）型管理：又称"团队型管理"。管理人员无论是对人还是对生产都显示出极大的热情，总是尽最大努力把企业的生产需要同个人的目标紧密结合在一起。

布莱克和穆顿认为，（9，9）型的领导方式最有效，是领导者改进其领导行为的目标模式。领导者的领导方式，可根据该领导者对人的关心和对生产的关心的态度和行为来进行衡量，然后通过专门的管理方格法培训和学习，使之向理想的领导方式转变。

3. 领导权变理论

领导权变理论又称为领导情境理论。"权变"一词有随不同情景而变、依具体情况而定的意思。领导权变理论认为，管理者的领导行为不仅取决于他的品质、才能，还取决于他所处的具体环境，如被领导者的素质，工作的性质、特点。用公式表示如下：

$$S=f(L,F,E)$$

其中，S 表示领导方式，L 表示领导者的特性，F 表示被领导者的特性，E 表示领导环境，即领导者的领导方式是领导者的特性、被领导者的特性和领导环境的函数，有效的领导行为应当随着领导情境的变化而变化。

课堂拓展

中国传统文化中的权变思想

（1）领导行为连续统一体。美国学者罗伯特·坦南鲍姆（Robert Tannenbaum）和沃伦·施密特（Warren Schmidt）在1958年提出了领导行为连续（Leadership Continuum）统一体模型，如图6-3所示。他们认为，在七种较为典型的领导方式中，没有哪一种方式总是正确的，也没有哪一种方式总是错误的，当然也没有哪一种方式是最好的或最坏的。在不同的领导者、下属和情境之中，有不同的最适合的领导方式。一个优秀的成功的领导者，不一定是独裁专制的人，也不一定是民主开明的人，而是能够针对下属的特点和具体情境采取恰当措施的人。

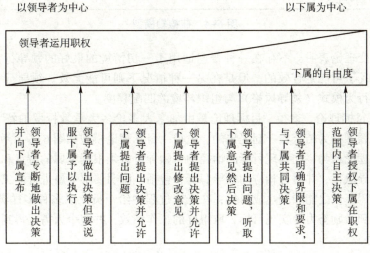

图6-3 领导行为连续统一体模型

(2) 菲德勒模型。美国管理学家弗莱德·菲德勒（Fred Fiedler）从 1951 年开始研究组织绩效与领导态度之间的关系，提出了"有效领导的权变模式"，简称菲德勒模型。

①领导风格的确定：菲德勒用一种"最难共事者"（Least Preferred Co-worker，LPC）问卷来测定领导者的领导风格。他把领导方式假设为两大类：以人为主（关系导向）和以工作为主（任务导向）。他认为，一个领导如果对其最难共处的同事都能够给予较好的评价，说明其宽容、体谅、注重人际关系，是以人际关系为主的领导者；否则是惯于命令和控制，只关心工作的领导者。

菲德勒的 LPC 问卷

②组织环境的确定：菲德勒提出从以下三个方面确定组织环境因素。

上下级关系，即领导者与下属之间相互信任、相互喜欢的程度。一般认为，下级对上级越拥护，上级对下级越信任，表明领导者所面临的领导环境越好。

任务结构，即下属所从事的工作或任务的明确性。如果任务清楚，职责分明，有章可循，则任务的结构性高，反之则低。任务结构越明晰，领导环境越有利。

职位权力，即组织赋予领导者的权力的大小。一个领导者对其下属的雇用、工作分配、报酬、提升等的直接影响越大，则职权越大。很显然，职位权力越大，领导环境越有利。

将上述三个环境因素根据各自的维度进行组合，就形成八种具体的领导情境，并对 1 200 个团体进行观察得出了在各种不同情境下的最有效的领导风格。

③组织环境与领导风格相匹配：当情境非常有利（Ⅰ、Ⅱ、Ⅲ）和非常不利（Ⅷ）时，采取任务型的领导方式是合适的。当为中间情况（Ⅳ、Ⅴ、Ⅵ、Ⅶ）时，最有效的领导方式是关系型的领导方式。菲德勒模型如图 6-4 所示。

上下级关系	好				差			
任务结构	高		低		高		低	
职位权力	大	小	大	小	大	小	大	小
情境类型	Ⅰ	Ⅱ	Ⅲ	Ⅳ	Ⅴ	Ⅵ	Ⅶ	Ⅷ
情境特征	有利				中间状态			不利
有效的领导方式	任务型				关系型			任务型
关系导向型领导风格								
任务导向型领导风格								

图 6-4　菲德勒模型

菲德勒的权变理论表明，不存在一种普遍适用于一切情境的最好的领导行为模式。一种领导方式在某种情况下可能是有效的，但是在另一种情况下则可能无效。领导行为的有效性取决于领导者的领导行为模式（领导风格）与组织环境的匹配程度。

(3) 途径—目标理论。途径—目标理论是由加拿大多伦多大学教授罗伯特·豪斯把激发动机的期望理论和领导行为结合在一起提出的。途径—目标理论模型如图 6-5 所示。

途径—目标理论认为，在实现目标的途径中，领导者必须根据下属的特点和环境的特点，选择与之相应的领导风格，并履行相应的领导职责，包括：阐明要求下属进行的工作；帮助下属排除实现目标的障碍，使之能顺利达成目标；在工作过程中给予员工以多种多样满足需要的机会。这样下属就会受到激励努力地实现目标，取得好的工作绩效，并使个人需要得到满足，从而达到组织与员工的双赢。

①领导者的四种行为风格。

a. 指令型：对下属要完成的工作任务给予具体指导，对做什么、怎么做、何时做等都给予

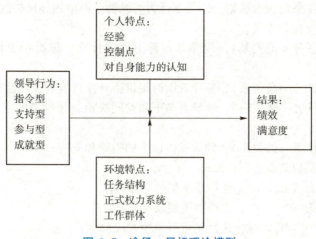

图 6-5 途径—目标理论模型

具体说明。

b. 支持型：领导者十分友善，平易近人，关心下属的需要。

c. 参与型：领导者在做决策时征求并采纳下属的建议。

d. 成就型：设置具有挑战性的目标，鼓励下属，并对下属的能力表现出充分的信心。

②情境因素。

a. 下属的个性特点包括控制点、经验、对自身能力的认知。

b. 环境特点包括任务结构、职权制度和工作群体的情况。

③领导风格与情境相适应。

由途径—目标理论引申出的一些假设范例如下：

a. 相对于高度结构化和安排好的任务来说，当任务不明或压力过大时，指导型领导产生更高的满意度。

b. 当下属执行结构化任务时，支持型领导使员工产生高绩效和高满意度。

c. 指导型领导不太适合自觉能力强或经验丰富的下属。

d. 组织中的正式权力关系越明确、越层级化，领导者越应表现出支持性行为，减少指导性行为。

e. 外控型下属比较满意指导型风格。

f. 当任务结构不明时，成就导向型领导将会提高下属的努力水平，从而达到高绩效。

(4) 领导生命周期理论。领导生命周期理论是由美国俄亥俄州立大学心理学家 A. K. 科曼 (A. K. Koman) 首先提出，经过保罗·赫西 (Paul Hersey) 和肯尼斯·布兰查德 (Kennth Blanchard) 发展的。这一理论认为，"高组织"和"高关心人"的领导不一定经常有效，而"低组织"和"低关心人"的领导也不一定经常无效，应该根据下属的成熟度水平选择正确的领导风格。

①下属成熟度：赫西和布兰查德把下属的成熟度分为四个阶段。

M_1（不成熟）：下属对执行某些任务既无能力又不情愿。他们没有足够的知识和技能，所以不能胜任工作，并且又没有工作热情。

M_2（初步成熟）：下属缺乏能力却愿意从事工作，他们有工作的热情或积极性，但缺乏足够的技能。

M_3（比较成熟）：下属有能力却不愿意干领导者分配给他们的工作。

M_4（成熟）：下属既有能力又有意愿干领导者分配给他们的工作。

②领导方式:以任务行为为横轴,以关系行为为纵轴,得出领导风格的二维四分图。两个维度的不同组合形成四种领导方式。

S_1:指示型(高任务—低关系),领导者告诉下属干什么,怎么干及何时干,强调指导性行为。

S_2:推销型(高任务—高关系),领导者同时提供指导性行为与关系性行为。

S_3:参与型(低任务—高关系),领导者与下属共同决策,领导者的主要角色是提供便利条件和沟通。

S_4:授权型(低任务—低关系),领导提供极少的指导和支持。

③领导方式和下属成熟度进行匹配。

当下属成熟程度为(M_1)时,选择指示型领导方式。

当下属成熟程度为(M_2)时,选择推销型领导方式。

当下属成熟程度为(M_3)时,选择参与型领导方式。

当下属成熟程度为(M_4)时,选择授权型领导方式。

领导生命周期理论模型如图6-6所示。

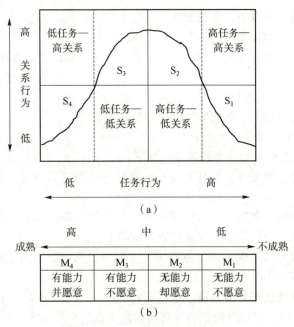

图6-6 领导生命周期理论模型
(a)领导者行为;(b)下属的成熟度

四、领导权威与领导艺术

1. 领导权力

(1)权力的概念。领导权力是领导者影响组织决策的能力。一方面,它是一种职位权限,是由组织以法律或条例形式固定下来的;另一方面,它是领导者通过个人所拥有的专门知识、特殊技能及下属对其信赖所获得的。

(2)权力的类型。在一个组织中,领导者权力来自两个方面:一是职位,二是个人因素。来自职位的权力被称为职位权力,也就是职权。个人因素包括领导者的知识、技术、能力、品质、魅力等。来自个人因素的权力被称为个人权力。根据法兰西(John French)和雷温(Bertram Raven)等人的研究,领导者的权力划分为五个方面。

①法定权：法定性权力是由个人在组织中的职位决定的。个人由于被任命担任某一职位，因而获得了相应的法定权力和权威地位。例如，在政府和企业等层级组织中，上级在自己的职责范围内有权给下级下达任务和命令，下级必须服从；教练有权决定谁上场和比赛的策略，队员必须服从；裁判有权判定是否犯规和是否得分，并有权用出示黄牌或红牌提出对某一队员的警告或处罚，队员必须服从；老师有权布置作业、出题和给分，学生必须服从等。

②奖赏权：奖赏性权力是指个人控制着对方所重视的资源而对其施加影响的能力。例如上级在其职权范围内可以决定或影响下级的薪水、晋升、提拔、奖金、表扬，或分配有利可图的任务、职位，或给予下属所希望得到的其他物质资源或精神上的安抚、亲近、信任、友谊等，从而有效地影响他人的态度和行为。

③惩罚权：惩罚性权力是指通过强制性的处罚或剥夺而影响他人的能力。例如批评、罚款、降职、降薪、撤职、除名、辞退、开除、起诉等，或者调到偏远、艰苦、无权的岗位上去。这实际上是利用人们对惩罚和失去既得利益的恐慌心理而影响和改变他们的态度和行为。应当注意，惩罚权虽然十分必要，见效也很快，但毕竟是一种消极性的权力，更不是万能的，因此务必慎用。

④统御权：又称感召权、模范权。它是由于领导者拥有吸引别人的个性、品德、作风，引起人们的认同、赞赏、钦佩、羡慕而自愿地追随和服从他。例如无私工作、刚正不阿、主持正义、清正廉洁、思路敏捷、开拓创新、不畏艰险、有魄力、关心群众疾苦、保护下属利益、倾听不同意见、结交下层朋友等模范行为，都会引来大批追随者，形成巨大的模范权力。

⑤专长权：专长性权力是人在某一领域通过特有的专长而影响他人的能力。一位医术精湛的医生在医院具有巨大的影响力；一位资深的大学教授、著名学者可能没有任何行政职位，但在老师和学生中具有巨大的影响力；企业中的财务专家、营销专家、工程师等都可能拥有某种专长权力，而在一定领域内发挥巨大的影响力。

2. 领导威信

（1）领导威信的概念。领导威信是指领导者所受到的被领导者对自己的赞扬、尊敬与信任感。领导者需要权力，但更需要威信。各级领导者应有一定的法定权力，没有这种权力，就无法行使他的领导职责，但这种权力与领导者的个人因素无关，对某个特定职位来说，不论由谁担任，其权力都是一样的。与个人因素紧密相关的是威信问题。所以，现代管理理论强调，领导者要尽可能运用领导威信，而绝不能光凭地位权力推动工作。

（2）领导威信的组成。

①政治威信：政治威信表现为群众对领导者政治上的信任。任何一个领导者如果滥用权力，以权谋私，搞贪污腐化，就会损害领导者的形象、破坏领导者的政治威信。更重要的是，这不仅影响某个领导者的威信，而且影响整个社会，使人们对整个社会的领导者产生不信任感。

②道德威信：道德威信表现为群众对领导者的道德纯洁性的信任。一旦群众对某领导者的道德纯洁性产生怀疑，也就丧失了对该领导者的道德威信。因此，领导者处事要公正，生活作风要严谨。

③职业威信：职业威信表现为群众对领导者的职业信任程度。一个企业的领导者，不可能对各项业务都精通，因此在做决策时，需要征求专业人员的意见。这样，群众才会对其产生职业上的信任感，领导者才会具有职业威信。反之，则会丧失职业威信。

（3）领导者树立威信的途径。

①提高对领导威信的正确认识：领导者的威信是领导者带领被领导者实现组织目标不可缺少的因素，领导者必须正确认识威信与权力及领导效果三者之间的关系。

②提高领导者自身的水平：领导者的道德水平、才能水平、知识水平是影响领导者威信的重要因素。

③明确规定职、权、责的范围程度：领导的有效性表现为领导者要有职、有权、有责。领导无权或权力过小，或职、权、责不明，都会影响领导作用的发挥，影响领导威信的树立。

④领导者要正确对待群众的期望，心中要有群众：领导威信通过群众对领导者的信赖、期望表现出来。群众信赖领导者才会对领导者寄予各种期望。领导者要正确对待和合理满足群众的期望、要求，这是提高威信的重要途径。

⑤提高领导者的自我认识能力：领导者要善于解剖自己，对自己的领导威信要进行正确的分析评估，克服假威信的产生，找出威信不高的根源，对症下药。领导者对自己的威信要心中有数，不可妄自尊大。

3. 领导艺术

（1）领导艺术的概念。所谓领导艺术，就是领导者在领导活动中为了有效地提高领导效能、达到领导目的而对客观规律、领导科学原理及方法的创造性运用，是领导者的智慧、学识、才能、胆略、经验在领导实践中的综合反映，也是领导者的素质、能力在方法上的体现。就其本质而言，领导艺术也属于领导方法的范畴，但不是普通的领导方法，而是一种在一定知识、经验、智慧和才能基础上产生的特殊的、巧妙的和较高层次的领导方法。与一般的领导方法相比，领导艺术具有创造性、非模式化、随机性和灵活性等特点。

（2）基本的领导艺术。

①统筹全局的艺术：领导者居于组织的核心地位，对全局要有运筹帷幄的能力。这就要求领导者掌握和运用"弹钢琴"的艺术。其中包括两层含义：一是要善于处理中心工作和其他工作的关系，既要抓住主要矛盾，又要兼顾其他各项工作；二是要注意管理中各个因素之间的有机配合，平衡协调。

②随机决断的艺术：决策是领导者的一项主要工作，既是一门科学，又是一门艺术。领导者所面临的是一个由人、事、物所构成的充满或然性的工作领域。在事物运动和实施领导的过程中，偶发事件和意外情况随时都可能发生。因此，决断应做到不拘常法，随机应变。这种高度的灵活性，可以有充分的余地让领导者随机应变，施展自己的才华。领导者的随机决断，绝不是主观臆断、草草行事，而是领导者决策能力的表现。这些能力包括想象力、洞察力、判断力、创造力和应变能力。

③用人的艺术：领导者在用人方面首先要重视人的能力。在选择人才的时候，应以"德才兼备"为首要的评定标准。其次要用人之长。身为领导者，不要怕用有缺点但有专长的下属；不要怕用不听话但有工作能力的下属；不要怕用比自己强或批评过自己的下属。一个高明的领导者不一定是最有智慧的人，但必须是善于吸收和利用他人智慧的人。最后，要做到用人不疑，疑人不用。唯有如此，才能充分发挥下属的积极性。

④授权的艺术：不能实行有效授权的领导者，实际上是一个不称职的管理者。因为这样会使其忙于日常业务而不能做更重要的事，从而会降低工作效率。授权要做到以下三点：一是因事择人、因能授权，授权时应明确授权的范围及任务目标；二是只给直接下属授权，不越级授权，否则就会导致双重领导；三是授权给下属后不放弃调控，必要时给予下属大力支持和帮助。

⑤运用时间的艺术：时间对于每一个人都是常数，但不同领导者的工作效率大不相同，这与运用时间的艺术密不可分。为了提高运用时间的效率，首先要把时间用在最重要的工作上；其次要杜绝无谓的时间浪费，推行工作标准化、程序化，限定自己主管工作的范围，将自己可以支配的时间利用起来，合理安排。

 **课堂拓展**

时间管理的艺术

学习单元二　激励与沟通

一、激励

要实现组织的目标，必须设法让组织成员提供有效的工作贡献。管理者不仅要根据组织活动的需要和个人素质与能力的差异，将不同的人安排在不同的工作岗位上，为他们规定不同的职责和任务，还要分析他们的行为特点和影响因素，创造并维持一种良好的工作环境，以调动他们的工作积极性，改变和引导他们的行为。

1. 激励的概念

从管理角度来看，激励是指管理者运用各种管理手段，刺激被管理者的需要，激发其动机，使其向着所期望的目标前进的心理过程。由于激励起源于人的需要，是被管理者追求个人需要满足的过程，因此，这种实现组织目标的过程，不带有强制性，而完全是靠被管理者内在动机驱使的、自觉自愿的过程。激励的最主要作用是通过动机的激发，调动被管理者工作的积极性和创造性。

 启发案例

渔夫与蛇

一天，渔夫看见一条蛇咬着一只青蛙，渔夫为青蛙感到难过，便决定救这只青蛙。他靠近了蛇，轻轻地将青蛙从蛇口中拽了出来，青蛙得救了。但渔夫又为蛇感到难过：蛇失去了食物。于是渔夫取出一瓶威士忌，向蛇口中倒了几滴。蛇愉快地游走了。青蛙也显得很快乐。渔夫满意地笑了。可几分钟以后，那条蛇又咬着两只青蛙回到了渔夫的面前……

 管理启示

激励是什么？激励就是让人们很乐意去做那些他们感兴趣的又能带来最大利益的事情。当然，关键是要用合适、正确的方法去引导，并让他们做好。

2. 激励原理

从管理角度看，激励的具体过程表现为：在各种管理手段与环境因素的刺激（诱因）下，被管理者产生了未被满足的需要（驱力），因而造成心理与生理紧张，寻找能满足需要的目标，并产生要实现这种目标的动机；由动机驱使，被管理者采取努力实现上述目标的行为；在其目标实现、需要满足后，紧张心理消除，激励过程完结。当一种需要得到满足后，人们会随之产生新的需要，作为未被满足的需要，又开始了新的激励过程。激励过程的基本原理如图6-7所示。

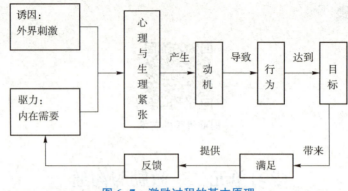

图6-7 激励过程的基本原理

有人认为，"激励就是用骨头让狗干活更努力"，你如何看待这句话？

3. 激励的作用

（1）开发员工的潜在能力。人的潜能是蕴藏于人体内的潜在能力，不仅在人的行为活动中尚未显露出来，甚至潜能的拥有者本人也未必能意识到。但这种潜能的确存在，而且一经发掘便释放出巨大的能量。平常所说的"超越自我""挑战极限"，也就是发掘人的潜能的问题。美国哈佛大学教授威廉·詹姆士（William James）研究发现一个人平常的工作能力水平与激励后的工作能力水平之间存在着约60%的差距。可见，人的潜能是一个储量巨大的"人力资源库"。挖掘人的潜力，在生产过程和管理过程中具有极为重要的作用，而激励则是发掘人的潜力的重要途径。

（2）吸引和留住优秀人才。在发达国家的许多企业中，特别是那些竞争力强、实力雄厚的企业，通过各种优惠政策、丰厚的福利待遇、快捷的晋升途径来吸引企业需要的优秀人才。彼得·德鲁克认为，每一个组织都需要三个方面的绩效：直接的成果、价值的实现和未来的人力发展。缺少任何一方面的绩效，组织就很可能会垮。因此，每一位管理者都必须从这三个方面做贡献。在这三个方面中，对"未来的人力发展"的贡献就是来自激励工作。

（3）提高工作效率。工作效率的高低和工作绩效的大小，通常取决于两个基本因素：一是能不能；二是为不为，即干不干。前者指是否胜任某项工作，是否具有承担某项工作的能力和资格；后者是指从事某项工作的意愿、干劲，即工作积极性的问题。"挟泰山以超北海"，这是"不能"，但"为长者折枝"也办不到，这是"不为"。管理不仅要培养和发掘"挟泰山以超北海"的胆识，更要解决"为长者折枝"的工作意愿和工作积极性问题。在当前条件下，较为突出的，往往不是不会做，而是不积极做、对工作不负责的问题。所以，强化激励手段，以充分调动人的积极性，这对管理具有非常重要的意义。

（4）提高人力资源的质量。提高人力资源质量的途径主要是教育和培训。而保证教育和培训取得积极效果的一个关键条件和重要前提，就是提高教育和培训对象的学习积极性和刻苦钻研精神。在这方面，激励水平的提高和激励手段的巧妙运用，就具有特别重要的意义。在教育和培训方面，自我激励主要是对才能优异、成绩卓越、刻苦顽强、勇攀科学高峰的优秀人才给予优厚的物质

华为的股权激励制度

待遇、崇高的荣誉及令人羡慕的社会地位，大力进行表彰和奖励。这样，不仅会激励受奖者以更大的积极性继续努力，使自身的才能得到提高，而且会产生巨大的激励效应，形成勤奋学习的社会风气。这样，其他社会成员受到榜样的鼓舞，也会提高参与教育和培训的积极性，努力学习和刻苦钻研科学文化知识和技能。经验证明，这种激励方式是提高人力资源质量的有效途径。

（5）造就良性的竞争环境。科学的激励制度包含一种竞争精神，它的运行能够创造出一种良性的竞争环境，进而形成良性的竞争机制。在具有竞争性的环境中，组织成员会受到环境的压力，这种压力将转变为员工努力工作的动力，正如麦格雷戈所说："个人与个人之间的竞争，才是激励的主要来源之一。"因此员工工作的动力和积极性成了激励工作的间接结果。

梅花鹿与狼

国外一家森林公园曾养殖几百只梅花鹿，尽管环境幽静，水草丰美，又没有天敌，但几年以后，鹿群非但没有发展，反而病的病、死的死，竟然出现了负增长。后来他们买回几只狼放在公园里，在狼的追赶捕食下，鹿群只得紧张地奔跑以逃命。这样一来，除了那些老弱病残者被狼捕食外，其他鹿的体质日益增强，数量也迅速增长。

人天生有种惰性，没有竞争就会故步自封。竞争对手就是追赶梅花鹿的狼，时刻让梅花鹿清楚狼的位置和同伴的位置。跑在前面的梅花鹿可以得到更好的食物，跑在最后的梅花鹿就成了狼的食物。按照市场规则，给予"头鹿"奖励，让"末鹿"被市场淘汰。

4. 激励理论

在实践中，很多管理学家、心理学家和社会学家从不同角度研究了激励问题，并提出许多激励理论。概括起来，形成了内容型激励理论、过程型激励理论和行为改造型激励理论等理论体系，如表 6-5 所示。

表 6-5　三大激励理论的特点及其代表理论

理论类型	特点	代表理论
内容型激励理论	从激励过程的起点——人的需要出发，研究用什么因素或内容引起、维持并引导某种行为，从而实现目标。这类理论从静态的角度探讨激励问题	需要层次理论、双因素理论、成就需要理论、ERG 理论
过程型激励理论	不仅涉及引起行为的事物，而且涉及行为的选择及增加所希望的行为反复进行的可能性的因素	期望理论、公平理论
行为改造型激励理论	试图避免涉及人的复杂心理过程而只是讨论人的行为，研究每一种行为及其结果对以后行为的影响	强化理论、归因理论

（1）内容型激励理论。前面已对马斯洛需要层次理论和双因素理论做了介绍，此处不再赘述。下面只介绍成就需要理论和 ERG 理论。

①成就需要理论：美国哈佛大学教授戴维·麦克利兰（David C. McClelland）是当代研究动机的权威心理学家。他从 20 世纪 40—50 年代就开始对人的需求和动机进行研究，提出了著名的成就需要理论，并得出了一系列重要的研究结论。麦克利兰认为个体在工作情境中有三种重要

的动机或需要，即权力需要、关系需要和成就需要。

权力需要：权力需要是指影响或控制他人且不受他人控制的需要。不同人对权力的渴望程度也有所不同。权力需要较高的人喜欢支配、影响他人，喜欢对别人"发号施令"，注重争取地位和影响力。他们喜欢具有竞争性和能体现较高地位的场合或情境，他们也会追求出色的成绩，但他们这样做并不像高成就需要的人那样是为了个人的成就感，而是为了获得地位和权力。权力需要是管理成功的基本要素之一。

关系需要：关系需要是指建立友好亲密的人际关系的需要，即寻求被他人喜爱和接纳的一种愿望。高关系需要的人更倾向于与他人进行交往，至少是为他人着想，这种交往会给他带来愉快。高关系需要者渴望友谊，喜欢合作而不是竞争的工作环境，希望彼此之间的沟通与理解，他们对环境中的人际关系更为敏感。有时，关系需要也表现为对失去某些亲密关系的恐惧和对人际冲突的回避。关系需要是保持社会交往和人际关系和谐的重要条件。

成就需要：成就需要指个人对成功的努力追求和对成就的强烈愿望的需要。高成就需要的人有极强的事业心，他们总是寻求能够独立处理问题的工作机会，并且希望及时地了解自己工作的成效。

麦克利兰的成就需要理论在企业管理中有很大的应用价值。首先，在人员的选拔和安排上，通过测量和评价一个人动机体系的特征对于如何分派工作和安排职位有重要的意义。其次，由于具有不同需要的人需要不同的激励方式，了解员工的需要与动机有利于合理建立激励机制。最后，麦克利兰认为动机是可以训练和激发的，因此可以训练和提高员工的成就动机，以提高生产率。

②ERG理论：ERG理论是由美国耶鲁大学的心理学家克雷顿·奥尔德弗（Clayton Alderfer）于1969年提出的。这一理论可以看作是对马斯洛的需要层次理论的一个修正。它比马斯洛的需要层次理论更为简化，且弥补了前者实证研究不足的缺点。奥尔德弗认为，人们存在三种核心的需要，即生存（Existence）、相互关系（Relatedness）和成长发展（Growth），因而这一理论称为ERG理论。

在ERG理论中，生存的需要与人们基本的物质生存需要有关，它包括马斯洛提出的生理和安全的需要。相互关系的需要指人们对保持重要的人际关系的要求，它对应着马斯洛的社交需要和尊重需要中的外在部分。成长发展的需要表示个人谋求发展的内在愿望，包括马斯洛的尊重需要中的内在部分和自我实现的需要。

马斯洛的需要层次是一种刚性的阶梯式上升结构，即较低层次的需要要在较高层次的需要之前得到满足，二者具有不可逆性。ERG理论并不强调需要层次的顺序，认为某种需要在得到满足后，人们可能去追求更高层次的需要，也可能不去追求这种更高层次的需要。ERG理论认为，即使一个人的生存和相互关系的需要尚未得到完全满足，其仍然可以追求成长发展的需要，而且这三种需要可以同时起作用。ERG理论还提出了一种"受挫—回归"的思想，即当一个人较高层次的需要受到挫折时，那么作为替代，其某一较低层次的需要可能会有所增加。

（2）过程型激励理论。

①期望理论：期望理论（Expectancy Theory）是北美著名心理学家和行为科学家维克托·弗鲁姆（Victor H. Vroom）于1964年在《工作与激励》中提出来的激励理论。该理论认为，人们之所以采取某种行为，是因为他们觉得这种行为可以有把握地达到某种结果，并且这种结果对他们有足够的价值。换言之，激励水平取决于人们认为在多大程度上可以期望达到预计的结果，以及人们判断自己的努力对于个人需要的满足是否有意义。这种需要与目标之间的关系用公式表示为：

$$激励力（工作动力）= 期望值（工作信心）\times 效价（工作态度）$$

用字母表示为：

$$M = E \times V$$

式中：激励力（M）——通过期望值和效价的相互作用，某一事物对个体所起激励作用的大小；

期望值（E）——个体对某个目标能否实现的概率的估计，也可以理解为被激励对象对目标能够实现的可能性大小的估计；

效价（V）——个人对于某一特定结果的评价的一种量度。效价可以是正值，也可以是负值，这取决于结果所造成的影响如何，以及个人对这一结果的感觉。

根据期望模型（图6-8），要有效地激发员工的工作动机，调动员工的积极性，需要处理好以下三种关系：

图6-8　期望模型

努力与绩效的关系：人总希望通过努力达到预想的结果。如果一个人认为通过努力自己有能力达到目标，就会有信心、有决心，就会激发出强大的力量，反之就会鼓不起干劲，失去内部的动力。

绩效与奖励的关系：员工期望在达到预期的绩效后能得到适当的合理的奖励。如果只要求人们对组织做出贡献，而组织却没有行之有效的物质或精神奖励制度进行强化，时间一长，人们被激发的内部力量会逐渐消退。

奖励与满足个人需要的关系：人们希望奖励能满足个人的需要，由于人与人之间在年龄、性别、资历、社会地位、经济条件等方面存在着差别，在需要上也有明显的个别差异，因此对同一种奖励，不同的人体验到的效价不同，它所具有的吸引力也不同。

弗鲁姆的期望理论对于有效地调动人的积极性，做好人的思想政治工作，具有一定的启发和借鉴意义。一个好的管理者，应当研究在什么情况下使期望大于现实，在什么情况下使期望等于现实，以更好地调动人的积极性。弗鲁姆的模型虽然看到和探讨了工作激励的复杂性，但把它具体地应用于管理实践还是比较抽象。尽管这样，不少人认为这一模型还是有它的实践价值。

②公平理论：公平理论又称为社会比较理论，由美国心理学家约翰·斯塔希·亚当斯（John Stacey Adams）于1965年提出。该理论指出，人的工作积极性不仅与个人实际报酬多少有关，而且与人们对报酬的分配是否感到公平更为密切。人们总会自觉或不自觉地将自己付出的劳动代价及其所得到的报酬与他人进行比较，并对公平与否做出判断。公平感直接影响员工的工作动机和行为，影响员工的工作积极性。

公平理论可以用公式来表示。设当事人p和被比较对象x，则当p感觉到公平时有下式成立：

$$Q_p/I_p = Q_x/I_x$$

式中：Q_p——自己对所获报酬的感觉；

Q_x——自己对别人所获报酬的感觉；

I_p——自己对所投入量的感觉；

I_x——自己对别人所投入量的感觉。

当上式为不等式时，可能出现以下两种情况：

a. $Q_p/I_p < Q_x/I_x$：在这种情况下，他可能要求增加自己的收入或减小自己今后的努力程度，以便使左边增大，趋于相等；第二种办法是他可能要求组织减少比较对象的收入或者让其今后增大努力程度以便使右边减小，趋于相等。此外，他还可能另外找人作为比较对象，以便达到心理上的平衡。

b. $Q_p/I_p > Q_x/I_x$：在这种情况下，他可能要求减少自己的报酬或在开始时自动多做些工作，但久而久之，他会重新估计自己的技术和工作情况，终于觉得他确实应当得到那么高的待遇，于是产量便又会回到过去的水平了。

除了横向比较之外，人们也经常做纵向比较，只有相等时才会认为公平，即：

$$Q_p/I_p = Q_H/I_H$$

式中：Q_H——对自己过去报酬的感觉；

I_H——对自己过去投入的感觉。

当上式为不等式时，也可能出现以下两种情况：

c. $Q_p/I_p < Q_H/I_H$：当出现这种情况时，人也会有不公平的感觉，可能导致工作积极性下降。

d. $Q_p/I_p > Q_H/I_H$：当出现这种情况时，人不会因此产生不公平的感觉，但也不会觉得自己多拿了报酬，从而主动多做些工作。调查和试验的结果表明，不公平感的产生，绝大多数是由于经过比较认为自己报酬过低而产生的。

从分蛋糕学习公平理论

甲和乙两个人在分一块蛋糕，甲拿起刀刚要动手切，乙着急地叮嘱甲："一定要慢慢地切，不能切偏了，否则不公平。"甲切不下去了，让乙来切，同时说道："不要切偏，不然不公平。"乙也切不下去了。最后他们去找智者。智者听明白来意之后说："这好办，你俩先做一个约定，约定好一个人切，一个人选，切蛋糕的人不能选，选蛋糕的人不切，这样你们就不会觉得不公平了。"此法果然灵验，甲乙各自拿着切好的蛋糕高兴地告别了。

你认为这对我们理解公平理论有什么启示呢？

（3）行为改造型激励理论。

①强化理论：强化理论由美国心理学家伯尔赫斯·弗雷德里克·斯金纳（Burrhus Frederic Skinner）提出。斯金纳认为，人的行为在很大程度上取决于行为产生的后果，也就是对一种行为肯定的或否定的后果，至少在一定程度上会决定此种行为在今后是否会重复发生。

海豚的训练

人们在动物园或电视里可能看到过海豚在池子里游泳的节目。训练人员高高举起一个横杆置于水面以上，海豚能够一跃而起跨过横杆。之后，训练人员抛给海豚食物，随即又提高了横杆的位置，到了3米处，只见海豚转身，游两下，竟轻松地又跃过了横杆，观众响起一阵阵欢呼。海豚的这种能力使人惊叹。海豚能够如此出色地表演，是因为训练人员刚开始训练海豚时，只是把横杆放在水下，一旦海豚从横杆上游过，就给予奖励。靠这种办法不断对海豚进行刺激和强化，并逐渐提高横杆的高度，最后海豚能够跃出水面高达几米，带来最精彩的表演。

所谓强化，是指对一种行为的肯定或否定的后果及其对该行为是否重复的影响程度。具体有以下四种类型：

- 正强化：在某种行为之后，给予积极的刺激，导致此种行为以后重复发生。
- 负强化：预先设置不符合要求行为的消极后果，为了避开这种结果，导致符合要求的行为重复发生。
- 惩罚：在某种行为之后，给予消极的刺激，导致此种行为以后不再发生或减弱。
- 消退：在某种行为之后，取消积极的刺激，导致此种行为以后不再发生或减弱。

那么，在管理实践中如何运用强化理论呢？一是要认识到正强化比惩罚更有效。在强化手段的运用上，应以正强化为主，过多地运用惩罚的方法，会带来许多消极作用；但必要时也要对坏的行为给予惩罚，做到奖惩结合。二是要依照强化对象的不同采用不同的强化措施。人们的年龄、性别、职业、学历、经历不同，需要就不同，强化方式也应不一样。例如，有的人重视物质奖励，有的人重视精神奖励，就应区分情况，采用不同的强化措施。应奖人所需，形式多样，不搞"一刀切"。三是要目标明确。对于人的激励，首先要设立一个明确的、鼓舞人心而又切实可行的目标，只有目标明确而具体时，才能进行衡量和采取适当的强化措施。同时，还要将目标进行分解，分成许多小目标，完成每个小目标都及时给予强化，这样不仅有利于目标的实现，而且通过不断激励可以增强信心。四是要及时反馈。一个人在实施了某种行为以后，即使是领导者表示"已注意到这种行为"这样简单的反馈，也能起到正强化的作用。如果领导者对这种行为不予注意，这种行为重复发生的可能性就会减小以至消失。

启发案例

南风法则

北风和南风比威力，看谁能把行人身上的大衣脱掉。北风首先刮起了一股凛冽刺骨的寒风，想把行人的大衣吹掉，结果行人反而把大衣裹得更紧。南风则徐徐吹动，顿时风和日丽，行人感到很暖和，于是解开纽扣，继而脱掉大衣，南风获得了胜利。

管理启示

温暖胜于严寒。管理者要尊重和关心下属，多点人情味，从而使下属丢掉包袱，激发他们的积极性。这样，效果往往比不断批评好。

②归因理论：美国心理学家 B. 韦纳（B. Weiner）提出的归因理论，主要研究人的行为是"因为什么"而受到激励。他认为，人们成功或失败主要归于四个方面的因素：努力、能力、任务难度和机遇。这四个因素可按内外源（内外因）、稳定性和可控制性三个维度来划分。

从内外源来看，努力、能力属于内因，任务难度和机遇属于外因。

从稳定性来看，能力和任务难度属于稳定因素，努力和机遇属于不稳定性因素。

从可控制性来看，努力、能力是可控制的因素，任务难度和机遇都是不以人的意志为转移的。

因此，人们把成败归于何种因素，对工作积极性有很大影响。如果把成功归结为内因（努力、能力），会使人感到满意和自豪；而归结为外因（任务容易或机遇），会使人产生感激的心情。如果把失败归于内因，会使人产生内疚和无助感；归于外因，会让人气愤和产生敌意。

如果把成功归于稳定因素（任务容易或能力强），会提高以后的工作积极性；而归于不稳定因素（碰巧或努力），以后的工作积极性可能提高，也可能降低。如果把失败归于稳定因素（任务难或能力弱），会降低以后工作的积极性；而归于不稳定因素（运气不好或努力不够）则可能提高以后的工作积极性。

掌握了人的行为归因规律，就可以根据已制定的归因理论，对理解和解释人的行为的归因倾向进行引导，从而更好地激发人的工作动机，调动人的工作积极性。

5. 激励方法

激励理论具有一般性和普遍性的特征，在实际应用时，管理者会采用一些切实可行的方法。在管理实践中常用的激励方法归纳起来大致有四类：物质激励、精神激励、过程激励和成果激励。

海底捞的世界

（1）物质激励。物质激励是指企业以金钱等物质奖励（包括工资、奖金、福利、晋级、股票赠与和各种实物等）作为诱因，驱使员工采取最有效、最合理的行为。物质激励主要包括报酬激励、福利激励和环境激励，如表6-6所示。

表6-6 物质激励的类型及主要措施

类型	主要措施
报酬激励	主要有基本工资、奖金、员工持股和股票期权等方式
福利激励	主要指健康、保险、员工帮助计划、储蓄、休假等
环境激励	企业的客观环境，如办公环境、办公设备和环境卫生等都会影响员工的工作情绪

（2）精神激励。精神激励是以精神鼓励为诱因对员工产生的激励。精神激励主要包括情感激励、目标激励、信任激励和赏识激励等，如表6-7所示。

表6-7 精神激励的类型及主要措施

类型	主要措施
情感激励	加强与组织成员的感情沟通，尊重组织成员，使组织成员始终保持良好的情绪以激发组织成员的工作热情
目标激励	以目标为诱因，通过设置适当的目标，激发动机，调动积极性的方式。可用以激励的目标主要有工作目标、个人成长目标和个人生活目标。管理者可通过对这类目标的恰当选择与合理设置有效调动员工的积极性
信任激励	信任是对人的价值的一种肯定。所谓信任激励，就是领导者对下属给予充分的信任，给他们提供显露才华、展示能力的机会，使下属在心理上产生认同感和欣慰感，从而激发下属的自信心和责任感的激励方法
赏识激励	"赏识"给人荣誉感、自信心、自尊心的三重心理触动，作为管理者，将其运用到实际工作中，会使团队的凝聚力大大增强。对员工施以有效赏识，会使员工的自我认同感加强，对企业的忠诚度加深，会使员工有主人翁的责任感，最终达到工作的高效率、高质量

启发案例

钱学森的奖金

（3）过程激励。过程激励是指管理者在工作中运用不同的工作行为来激发员工的工作热情和工作积极性的激励方法。其主要包括工作本身激励、参与激励和教育培训激励等，如表6-8所示。

表 6-8 过程激励的类型及主要措施

类 型	主要措施
工作本身激励	工作本身具有激励力量。为了更好地发挥员工的工作积极性，管理者要考虑如何才能使工作本身更有内在意义和挑战性，给员工一种自我实现感。管理者要进行"工作设计"，使工作内容丰富和扩大化，并创造良好的工作环境
参与激励	激励、鼓励员工参与企业的各项管理工作，培养员工的主人翁地位，使员工的个人利益和组织利益趋于一致
教育培训激励	通过思想、文化教育和技术知识培训，提高员工的素质，增强其进取精神，激发其工作热情，丰富他们的知识，培养他们的能力，给他们提供进一步发展的机会，满足他们自我实现的需要

（4）成果激励。成果激励是指对员工的工作成绩给予准确合理的评估，并且在正确评估的基础上对员工的成果给予合理奖赏，从而保证员工这种行为的良性循环。其包括绩效激励、荣誉激励和晋升激励等，如表6-9所示。

表 6-9 成果激励的类型及主要措施

类 型	主要措施
绩效激励	企业要充分重视薪酬制度的合理性，以充分发挥薪酬制度对员工的激励作用。薪酬制度要体现公开性和公平性，即首先要让员工知道，做出什么贡献应该得到什么报酬；其次要有一个衡量员工业绩的客观标准，即让员工心服口服的绩效考核方式，使员工的贡献与回报成正比
荣誉激励	从人的动机看，人人都具有自我肯定、争取荣誉的需要，对于一些工作表现比较突出、具有代表性的先进人物，应给予必要的荣誉奖励。在荣誉激励中还要注重对集体的鼓励，以培养大家的集体荣誉感和团队精神
晋升激励	对于一个德才兼备、会管理、善用人、能够开辟一个部门新局面的可造之才，就应该把握实际需要、扬长避短、及时地提拔重用，以免打击"千里马"的积极性

问题互动

金钱不具有激励作用吗？

连续数年名列世界首富的比尔·盖茨说："我不是为钱工作的，钱让我感到很累。"国外一项来自900余名员工的调查显示，员工在按照重要性对13项有关工作激励的因素排序时，将高薪和福利排在了末尾，而诸如尊重、工作有趣、被认可、提高技能等因素则被排在了前面。这是否说明"金钱不具有激励作用"？结合相关现实及理论谈谈你的认识。

二、沟通

对管理者来说，有效的沟通是不容忽视的。这是因为管理者从事的每一项活动都包含沟通。管理者没有信息就不能做出决策，而信息只能通过沟通得到。一旦做出决策，就要进行沟通，否则没有人知道决策已经做出。即使是最好的想法、最有创意的建议、最优秀的计划，不通过沟通都无法实施。

启发案例

两个 70%

企业中有两个数字可以很直观地反映沟通的重要性，这就是两个 70%。

第一个 70%，是说企业的管理者有 70% 的时间用在沟通上。开会、谈判、谈话、作报告是最常见的沟通，撰写报告则是一种书面沟通，对外拜访、约见也是沟通。所以说，管理者有 70% 的时间都花在沟通上。

第二个 70%，是说企业中 70% 的问题是由沟通障碍引起的。例如，企业常见的效率低下问题，实际上往往是大家没有沟通或不懂得沟通引起的。另外，执行力差、领导不力的问题，归根结底都与沟通能力欠缺有关。

1. 沟通的含义

从管理的角度讲，沟通是信息或思想在 2 人或 2 人以上的人群中传递并理解的过程。沟通有三层含义。

（1）沟通是意义的传递，缺乏信息接收者或发送者的沟通是不存在的。发送者和接收者既可以是个人，也可以是群体或组织。

（2）沟通是一个传递和理解的过程。如果信息没有被传递到对方，则意味着沟通没有发生。良好的沟通不等于沟通双方达成一致的意见，更重要的是应准确地理解沟通中信息的含义，最大限度地摒弃主观偏见。

（3）沟通要有信息内容。在沟通过程中，信息的传递是通过一些符号来实现的，例如语言、身体动作和表情等，这些符号经过传递往往都附加了发送者和接收者一定的态度、思想和情感。

 启发案例

风声鹤唳

 管理启示

在沟通进行中，信息接收者往往比信息传送者居于更重要的地位，他们决定沟通能否顺利进行。

2. 沟通网络

沟通网络是指人际沟通过程中信息流动的路线形态。在人们相互沟通信息的过程中，发信者直接将信息传给收信者，或经由其他人传递，这就构成多种沟通途径，即所谓的沟通网络。沟通网络主要有两种：一种是正式沟通网络，另一种是非正式沟通网络。

（1）正式沟通网络。按照正式沟通渠道构成的网络就是正式沟通网络，主要存在于正式组织系统中，它反映了一个组织的内部结构，通常与组织的职权系统和指挥系统相一致。美国社会心理学家莱维特（Leavitt）经过实验提出了五种网络模式，即链式网络模式、轮式网络模式、环式网络模式、Y式网络模式和全通道式网络模式，如图6-9所示。

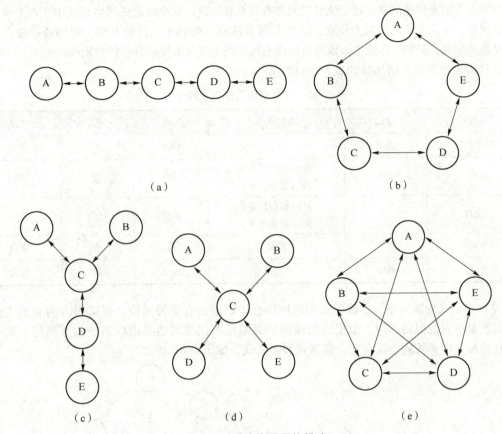

图 6-9　正式沟通网络模式

（a）链式网络模式；（b）环式网络模式；（c）Y式网络模式；（d）轮式网络模式；（e）全通道式网络模式

①链式网络模式：链式网络相当于一个纵向沟通网络，即一级一级地逐级沟通，沟通只在上下级之间进行而不能横向进行。在这种沟通网络中成员满意度与士气略强于轮式网络模式，但解决问题的速率、团体作业的组织化及稳定性均低于轮式网络模式。

②轮式网络模式：轮式网络属于控制型网络。在这种沟通网络中，人际沟通是通过中间人进行的。其中，只有一个成员可以与其他任何人进行交流，所有其他人也可以与中间人进行交流，中间人是各种信息的汇集点与中心，在组织中相当于一个主管领导直接管理几个部门。轮式沟通网络的优点在于集中化程度高，领导集权，解决问题快，但这种沟通只存在于领导者与所属人员的个别交流中，成员与成员之间几乎不互相交流沟通，因此会影响工作效率。当某一组织需紧急处理某项工作并要求严格控制时，可以采取这种沟通网络，一般的生产机构也多采用这种沟通网络形式。

③环式网络模式：环式网络可以看作一个封闭式控制结构，表示组织内各成员之间依次沟通，形成首尾相连的状态。在该结构中，每一个人都可以和两侧的人同时进行沟通，它表现了沟通网络中每个人之间的平等性。因此，环式沟通网络的优点在于组织内民主气氛浓厚，集中化程度较低，但沟通速度较慢，容易造成人心涣散，适用于士气较高的组织。

④Y式网络模式：Y式网络模式与轮式网络模式一样，信息传递需经过中心人物同时与其他人或部门联系。在组织中，它相当于从组织上层领导到中层机构，再到基层主管部门，最后到基层工作单位。Y式沟通网络的优点在于集中化程度高，组织严密，但易造成组织成员间的信息沟通不畅。它适用于规模较大但管理水平不高的大中型组织。

⑤全通道式网络模式：全通道式网络模式是一种开放式的网络系统。它与环式沟通网络一样，不通过中心人物来传递信息，每个成员之间都有联系和交流。在全通道式网络模式中，每个成员都能融洽相处，并且大家的归属意识强烈，合作气氛浓厚，有利于工作的开展，但沟通渠道一旦增多，易造成混乱，影响工作效率。该沟通网络适用于民主气氛浓厚或合作精神较强的组织。

五种沟通网络模式的比较如表6-10所示。

表 6-10 五种沟通网络模式的比较

沟通模式	链式	轮式	Y式	环式	全通道式
集中性	适中	高	较高	低	很低
速度	适中	快（简单任务） 慢（复杂任务）	快	慢	快
正确性	高	高（简单任务） 低（复杂任务）	较高	低	适中
领导能力	适中	很高	高	低	很低
成员满意	适中	低	较低	高	很高

（2）非正式沟通网络。尽管正式沟通网络在组织中占有重要地位，但组织内的非正式沟通网络也起着不容忽视的作用。非正式沟通网络是通过非正式沟通渠道联系的沟通网络。其主要形态有四种，即单线式、流言式、偶然式和集束式，如图6-10所示。

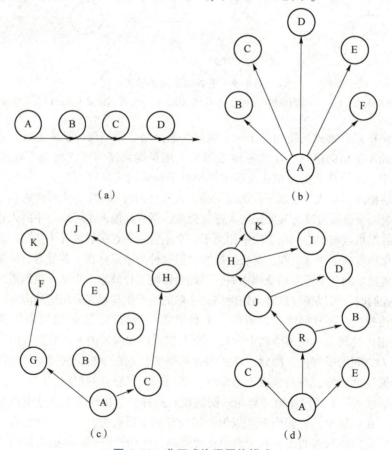

图 6-10 非正式沟通网络模式
（a）单线式；（b）流言式；（c）偶然式；（d）集束式

①单线式：一个人传递给另一个人，通过一长串的人际关系来传递信息，而这一长串的人之间并不一定存在着正规的组织关系。

②流言式：信息的发送者主动寻找机会，通过闲聊等方式向其他人散布信息。

③偶然式：每一个人都是随机地传递给其他人，信息通过一种随机的方式传播。道听途说就是其中的一种形式。

④集束式：信息发送者有选择地寻找一批对象传播信息，这些对象大多数是一些与其亲近的人，而这些对象在获得信息后又传递给自己的亲近者。

事实表明，集束式是最普遍的非正式沟通方式。如果某个人对这一信息内容感兴趣，就会忍不住要告诉其他人；如果一个人听到的是一个他不感兴趣的信息，那么他不会再进一步传播这一信息。从信息传递效果分析，集束式传播速度较快、面最广，而单线式和偶然式传递速度最慢，失真可能性也最大。

非正式沟通几乎在所有的组织中都非常活跃。一个组织越是依赖有限的或正规的沟通渠道，小道消息就越可能盛行，非正式沟通的存在有它的客观必然性，管理者不能阻止它发生，而只能引导它、利用它。例如，管理者可以通过非正式沟通途径有计划地传递某些信息给特定的个人，也可利用非正式沟通散布一些待决定的问题或计划出台的措施，通过观察员工的反应来做出进一步修改的决定，从而避免与员工正面冲突。

三人成虎

古时候，有一个人说街市上出现了一只老虎，国王表示不相信。过了一会儿，又有一个人说街市上出现了老虎，国王表示将信将疑。最后，第三个人对国王说街市上出现了一只老虎，国王深信不疑。其实国王再清楚不过，街市上不可能出现老虎，但由于三个人都说有老虎，国王就深信有老虎了。

管理者要注意不要相信谣传，而要注重事实。

3. 有效沟通

（1）有效沟通的含义。有效沟通，是指传递和交流信息的可靠性和准确性高，它表明沟通者对内外噪声有抵抗能力。有效沟通不仅要求信息发送者清晰地表达信息的内涵，以便信息接收者能确切理解，还要求信息发送者重视信息接收者的反应并根据其反应及时修正信息的传递，避免不必要的误解，二者缺一不可。

有效沟通的特征主要有四个方面。

①准确：信息的内容及情感的表达要准确。

②清晰：模棱两可、含混不清的信息会浪费资源，也易使人产生挫折感。因此，优秀的管理者都会坚持"KISS（Keep it Simple, Stupid）原则"——让其简单易懂。

③简洁：以极少的文字和语言传递尽可能多的信息。

④生动：生动而又充满活力的信息传递，不仅可以激发接收者的兴趣和注意，使接收者保持深刻的记忆，还能传递信任和决心。

（2）影响有效沟通的因素。

①个体因素：个体因素对沟通的影响主要表现在沟通者的沟通技能、情绪、选择性知觉和对

信息的过滤四个方面。

沟通技能。沟通者缺乏一定的沟通技能会造成沟通上的障碍，主要体现在他们在知识、经验方面的不足和沟通技巧的缺乏上。由于知识、能力、经验、语言等方面的不足，信息发送者可能无法对自己的想法、观点等信息进行准确的编码，从而造成接收者无法真正理解发送者的真实想法。而缺乏相关知识、经验和一定语言表达能力的接收者，则可能导致在信息解码、逻辑推理、理解等方面出现问题。另外，信息发送者和接收者缺乏一定的沟通技巧，也会导致信息沟通上的障碍。例如，信息发送者在参与某项正式会议时，着装随意、不拘礼节，沟通时措辞粗鲁等；信息接收者在听别人讲话时，常常走神，或被讲话者激怒而不能耐心听清全部讲话内容；或总是打断别人讲话，而自己滔滔不绝；等等。这些都会影响沟通的有效性。

 启发案例

不欢而散的生日聚会

有个人为了庆祝自己的40岁生日，特别邀请了四个朋友，在家中吃饭庆祝。三个人准时到了。只剩一人，不知何故，迟迟没有来。

这人有些着急，不禁脱口而出："急死人了！该来的怎么还没来呢？"其中有一人听了之后很不高兴，对主人说："你说该来的还没来，意思就是我们是不该来的，那我告辞了，再见！"说完，就气冲冲地走了。

一人没来，另一人又气走了，这人急得又冒出一句："真是的，不该走的却走了。"剩下的两人，其中有一个生气地说："照你这么讲，该走的是我们啦！好，我走。"说完，掉头就走了。

又把一个人气走了。主人急得如热锅上的蚂蚁，不知所措。最后剩下的这一个朋友交情较深，就劝这人说："朋友都被你气走了，你说话应该注意一点。"

这人很无奈地说："他们都误会我了，我根本不是说他们。"最后这朋友听了，再也按捺不住，脸色大变道："什么！你不是说他们，那就是说我啦！莫名其妙，有什么了不起。"说完，铁青着脸走了。

 管理启示

说话是一门艺术，不同的词语组合，不同的语气都会收到不同的效果。人际交往中，一定要讲究说话的艺术。

情绪。沟通者会因不同的情绪对输出或接收的同一信息做出不同的处理，从而影响沟通的效果。如果沟通者的情绪激动、紧张，思维将处于抑制或紊乱状态，编码、解码过程就会受到干扰。如果沟通双方彼此敌视或关系淡漠，沟通过程则常常由于偏见而出现偏差，双方都较难以准确理解对方的思想。

选择性知觉。选择性知觉是指人们根据自己的心理结构及需求、意向系统，有选择性地接收信息。换句话说，在沟通过程中，接收者会基于自己的需要、动机、经验、背景及其他个人特质来有选择地接收传递给他的信息。有人做过这样一个试验：请一家公司的23位主管回答"假如你是公司总裁，你认为哪个部门最重要"这一问题，结果每个主管都认为从全公司的角度看自己所负责的部门最重要。销售经理说营销是个大问题，生产经理认为产品是生命，人事经理则回答说在现代管理中人是中心。此外，接收者在解码的时候，还会把自己的兴趣和期望带到信息之中理解所接收的信息，从而阻碍了有效的沟通。

信息的过滤。过滤是指发送者出于某些主观动机，对发送的信息有意识地进行筛选的现象，以使信息显得对接收者更为有利或更容易接受。例如，有一种自然的倾向，当员工向上级汇报工作时，员工常常只汇报他们认为上级想要听的内容。这就是员工在过滤信息。

②人际因素：人际因素主要包括沟通双方的信任度、相似度和信息来源的可靠度。

沟通双方的信任度。沟通是发送者与接收者之间"给"与"收"的过程。信息沟通不是单方，而是双方或多方的事情，因此，沟通双方的诚意和相互信任至关重要。上下级间的猜疑只会增加抵触情绪，减少坦率交谈的机会，也就不可能进行有效的沟通。

课堂拓展

周恩来讲诚信

沟通双方的相似度。沟通的准确性与沟通双方间的相似性有着直接的关系。沟通双方特征的相似性影响了沟通的难易程度和坦率性。沟通一方如果认为对方与自己很接近，那么他将比较容易接受对方的意见，并且达成共识。相反，如果沟通一方视对方为异己，那么信息的传递将很难进行下去。

信息来源的可靠性。信息来源的可靠性由下列四个因素所决定：诚实、能力、热情、客观。有时，信息来源可能并不同时具有这四个因素，但只要信息接收者认为发送者具有即可。

③结构因素：结构因素主要包括地位差异、组织沟通渠道的有效性和空间约束。

地位差异。这种障碍是由于在组织结构中上下级所处的相对地位不同所引起的。例如，员工往往对上级领导存在某种惧怕心理，不敢主动与上级沟通或沟通时有所顾忌；而有些上级在潜意识里轻视员工的意见，倾向于减少与员工沟通接触的机会，或沟通时无所顾忌。由此，上级领导就会失去一些有价值的信息。特别是领导者不愿听取不同意见时，会导致堵塞言路，下级保持沉默。

组织沟通渠道的有效性。如果组织机构臃肿，机构设置不合理，各部门之间职责不清、分工不明，形成多头领导，或因人设事、人浮于事，导致沟通渠道过长或沟通渠道不通畅，都会影响沟通的效果。

空间约束。在管理中，组织规模庞大，地理位置分散所造成的信息传递失真或延误并不在少数。这种空间约束的影响往往在员工单独于某位置工作或在数台机器之间往返运动时尤为突出。一般而言，两人之间的距离越短，他们之间的沟通越频繁。

④技术因素：技术因素主要包括语言、非语言暗示，沟通方式的有效性和信息过量。

语言、非语言暗示。由于语言只是个符号系统，本身没有任何意义，它仅仅作为我们描述和表达个人观点的符号或标签。每个人表述的内容常常是由其独特经历、个人需要、社会背景所决定的。因此，相同的语言和文字极少对发送者和接收者双方都具有相同的含义。另外，当人们进行交谈时，除了语言本身还常常伴随着一系列有含义的非语言暗示。这些非语言暗示包括身体姿势、头的偏向、手势、面部表情、眼神、说话的音调、语速等。这些非语言的信号又使所传递的信息更为复杂，很容易影响沟通的有效性。

启发案例

云水僧和小沙弥

管理启示

人与人之间的沟通，并不像人们想象的那么简单，管理过程中很多矛盾和误会的产生都源于沟通不畅，从而给人带来痛苦、烦恼、难堪，造成人际关系紧张，产生对立情绪，导致人心涣散，极大地降低管理效率。因此，管理者一定要善于与员工、客户沟通。员工之间也必须加强沟通。

沟通方式的有效性。不同的沟通方式有着不同的优缺点。例如，书面沟通常常用于正式场合，传递篇幅长、内容详细的信息，但缺乏反馈。口头沟通则适合于传递感情和非语言暗示的信息，传递速度快，反馈也较快，但很难核实。如果对于重要信息的传递，采用口头沟通的方式可能会使接收者认为对方"口说无凭""随便说说"而不加重视，从而影响有效沟通。

信息过量。信息过量会导致一系列问题：第一，人们可以无视某些信息；第二，一旦人们被信息过载所困扰，在处理中就会出差错；第三，可能会降低人们的工作效率，无限期地拖延处理信息；第四，可能会对信息进行过滤，忽略关键信息；第五，人们会干脆从沟通中脱身以应对信息超负荷的情况。信息过量的情况使高层管理者没有时间精力去处理，也难以向同事和下级提供必要和有效的信息，沟通也随之变得困难重重。

（3）有效沟通的改善策略。

①正确对待沟通：在组织中，一些管理人员往往十分重视计划、组织、领导和控制等管理职能，而忽略了沟通在组织管理中的重要性。他们通常认为，信息在组织系统中能够上传下达就可以了，对非正式沟通中的"小道消息"常常采取压制或不闻不问的极端态度，这些都反映出沟通没有得到应有的重视。因此，促进组织的有效沟通，首先必须要求组织成员重视沟通、正确地对待沟通。

②提高沟通技能：重视语言沟通。在提高语言沟通技能方面，需要注意以下几个方面。

a. 倾听。不仅要用耳朵去听，而且要用眼睛观察信息发送者的表情和动作，运用大脑思考对方话语背后的动机，做到耳到、眼到、脑到。

第一，准备倾听。既包括行为上的准备，如给予发送者一个肯定的行为信号；也包括心理上的准备，准备倾听与自己不同的意见，从对方的角度想问题。

第二，发出准备倾听的信息。在听之前和发送者有一个眼神上的交流，是在告诉对方：我准备好了，你可以说了。要经常用眼神交流，不要东张西望，应该看着对方。

第三，采取积极行动。积极的行为包括点头、眼神的接触等肢体语言，鼓励对方去说。同时，在听的过程中，也可以身体略微地前倾而不是后仰，这是

"听"的艺术

一种积极的姿态。这种积极的姿态表示：我愿意听，努力在听。同时，对方也会有更多的信息传送给你。

问题互动

那是一个圣诞节，一个美国男人为了和家人团聚，兴冲冲地从异地乘飞机往家赶，一路上幻想着团聚的喜悦情景。恰恰老天变脸，这架飞机在空中遭遇猛烈的暴风雨，飞机脱离航线，上下颠簸，随时有坠毁的可能，空姐也脸色煞白，惊恐万状地吩咐乘客写好遗嘱放进一个特制的口袋。这时，飞机上所有人都在祈祷，也就在这万分危急的时刻，飞机在驾驶员的冷静操控下终于平安着陆，于是大家都松了口气。

这个美国男人回到家后异常兴奋，不停地向妻子描述在飞机上遇到的险情，并且满屋子转着、叫着、喊着……然而，他的妻子正和孩子兴致勃勃地分享节日的愉悦，对他经历的惊险没有丝毫兴趣，男人叫喊了一阵，却发现没有人听他倾诉，他死里逃生的巨大喜悦与被冷落的心情形成强烈反差，在他妻子去准备蛋糕的时候，这个美国男人却爬到阁楼上，用上吊这种古老的方式结束了从险情中捡回的宝贵生命。

一个在飞机上遭遇惊险却大难不死的人回家反而自杀了，原因何在？

第四，理解对方全部的信息。如没有听清楚、没有理解时，应该及时告诉对方，请对方重复或者是解释。

启发案例

美国著名主持人林克莱特有一天访问一名小朋友，问他："你长大了想当什么呀？"小朋友天真地回答："我要当飞机驾驶员！"林克莱特接着问："如果有一天，你的飞机飞到太平洋上空，所有引擎都熄火了，你会怎么办？"小朋友想了想说："我先告诉飞机上的人绑好安全带，然后我挂上我的降落伞，先跳下去。"当现场的观众笑得东倒西歪时，林克莱特继续注视着这个孩子，没想到，接着孩子的两行热泪夺眶而出，这才使林克莱特发觉这个孩子的悲悯之情远非笔墨所能形容。于是林克莱特问他："为什么要这么做？"他的回答透露出一个孩子的真挚想法："我要去拿燃料，我还要回来！我还要回来！"

b. 提问。通过提问可以获取更多信息，活跃气氛，促进双方的沟通。要做到以下几点：

第一，提前准备问题。提前准备问题，可以缩短沟通时间，增强沟通的效果。

第二，把握提问时机。一是在对方发言结束后提问。对方发言时不要急于提问，因为打断别人的发言是不礼貌的，容易引起对方的反感，影响沟通氛围。对方发言时要认真倾听，把想问的问题记下来，待对方发言结束后再问。二是在对方发言停顿间隙提问。利用对方点烟、喝水的时候或停顿间隙提问。三是保持提问的连续性。不要正在谈这个问题时，突然又提出一个与此无关的问题，既使对方无所适从，又会分散对方的精力与注意力。

第三，提问后保持沉默，等待回答。应该给对方足够的时间用来答复，不要在对方回答之前，就提出第二个问题，或者自问自答。

第四，提问态度要诚恳。用诚恳的态度向对方提问，能激发起对方对问题的兴趣，乐于回答问题。

c. 应答。在人际交往中，有问必有答，同样需要技巧，讲究艺术。在应答的时候，可以根据沟通情境选择不同的语言：一是使用肯定的语言。肯定的语言能使对方准确理解传递的信息，减少沟通障碍。二是使用模糊的语言。对一些不便向对方传递的信息或不愿回答的问题，可以用模糊语言避重就轻，如"恐怕、可能、对我来说、我们猜想、据我所知、有一点、几乎、基本上"等。三是使用委婉的语言。有些语句虽然正确，但对方却觉得难以接受。少用"无疑、肯定、必然"等词语，改用"我认为、也许、我估计"等词语。若拒绝别人的观点，则少用"不、不行"等直接否定，可以用"这件事，我没有意见，可我得请示一下领导"等托词，以达到特殊的语言效果。四是使用幽默含蓄的语言。幽默含蓄的表达方式不仅可以传递感情，而且能营造良好的沟通氛围。

启发案例

有一次，在一个小型联欢会上，观众席上有一位观众问赵本山："听说你在全国笑星中出场费比较高，一场要1万块钱，是吗？"

这个问题让人为难，如果做出肯定的回答，一定会给赵本山本人造成很多不便；要是否定，很难有人相信。

赵本山说："您的问题问得很突然。请问你在哪里工作？"

"我在大连一个电器经销公司工作。"那位观众说。

"你们经营什么产品？"赵本山问。

"录像机、电视机、录音机……"

"一台录像机要多少钱？"

"4 000元。"

"那有人给你400元你卖吗？"

"那当然不能卖，价格是根据产品的价值确定的。"

"那就对了，演员的价格是由观众决定的。"

经过这番诱导，赵本山既回避了正面回答问题，又没有答非所问，使得交际气氛非常和谐轻松。如果赵本山拒绝回答，或者一本正经地说"请您不要问收入等隐私问题"，那可能会把气氛弄僵，还会给观众留下不爽快的印象。

d. 说服。说服是沟通中最艰巨、最复杂，也最富有技巧性的工作。需要做到：一是取得他人的信任。信任是人际沟通的基石。只有对方信任你，才会理解你友好的动机。二是站在他人的角度设身处地谈问题，使对方对你产生一种"自己人"的感觉。三是创造出良好的"是"的氛围。切勿把对方置于不同意、不愿做的地位，然后再去批驳他、劝说他。只有从积极的、主动的角度去启发对方、鼓励对方，才能帮助对方提高自信心，并接受己方的意见。四是说服用语要推敲。在说服他人时要避免用"愤怒""怨恨""生气"或"恼怒"这类字眼，这样才会收到良好的效果。

重视非语言沟通。有关研究表明，一个人所用的词语远不及形体语言所传递的信息重要。在人们沟通过程中，信息接收者通过语言只能获得全部信息10%的内容，大约30%的内容来源于信息发送者声音中的高音和次中音，60%的内容来源于非语言交流。可见，非语言沟通在人际交往中具有重要的作用和意义。在运用非语言沟通技能方面，需要注意两个方面。

e. 肢体语言。不同的肢体语言所传递的信息不一样，接收者对信息的理解也不一样。

f. 无声语言。无声胜有声，沉默也可以传递不同的信息，表达自己的观点和意见。

启发案例

1945年7月，苏、美、英三国首脑在波茨坦举行会谈。会谈休息时，美国总统杜鲁门对斯大林说："美国研制出一种威力非常大的炸弹。"暗示美国已经拥有原子弹。此时，丘吉尔在一旁两眼死盯着斯大林的面孔，观察其反应。斯大林像没听见一样，以至于许多人回忆说："斯大林好像有点耳聋，没听清楚。"其实，斯大林不仅听清了这句话，而且听出了这句话的弦外之音。但在这个时候，任何方式的回答，都不如沉默应对的效果好。

不同肢体动作代表的含义

③改善沟通环境，创造和谐氛围：沟通的效果受到参与沟通各方情感和情绪的影响。因此，应当创造一个相互信任、真诚相待、平等对话的沟通环境，以充分调动参与者的积极情绪，提高沟通效果。

④选择恰当的沟通方法：选择恰当的沟通方法对增强组织沟通的有效性十分重要，因为组织沟通的内容千差万别，针对不同的沟通需要，应该采取不同的沟通方式。例如，如果向多人传递重要信息，可选择书面沟通中发放通知的方式；如要求及时了解对方的反馈信息，应选择口头交谈、双向沟通的方式。另外，组织还应该尽可能地给员工提供良好的办公设施，充分发挥现代化的信息技术给沟通带来的种种便利。

启发案例

维多利亚女王与丈夫

有一次，女王的丈夫独自回到卧室，闭门不出。女王回卧室时，只好敲门。丈夫问："谁？"维多利亚十分傲慢地回答："女王。"令维多利亚女王没有想到的是，丈夫在里边既不开门，也不说话，她继续敲门。里边问："谁？""维多利亚。"女王放低嗓音回答。然而，里边还是没有动静。女王耐着性子，又敲了敲门。里边传来的依然是那吝啬的一个字："谁？"这时，维多利亚彻底放下无比尊贵的女王的架子，柔声地回答道："我是你的妻子啊！"她的话音刚落，门就开了。

IBM公司内部沟通渠道

管理启示

沟通无所不在，沟通的方式与沟通氛围不当会造成一定程度的沟通障碍。

⑤优化组织沟通渠道：合理顺畅的沟通渠道是组织中维系人与人之间良好工作关系的关键因素，是组织沟通活动的血管。为实现有效的组织沟通，应结合正式沟通渠道和非正式沟通渠道的优缺点，通过对组织结构的调整，设计一个包含正式和非正式沟通渠道的信息传递网络，同时缩短信息传递的链条，以使组织的信息沟通更加迅速、及时、有效。组织沟通渠道的设置必须与组织的结构和管理模式相匹配、相适应，这样才能有利于组织整体目标的完成。

问题互动

举例说明你和你的老师、朋友、长辈是如何沟通的，有什么差别。

沟通"十戒"和"十益"

学习单元三　控制职能

一、控制的概念

管理中的控制职能是指管理主体为了达到一定的组织目标及为此拟定的计划能够得以实现,各级主管人员根据事先确定的标准对计划的进展情况进行测量和评价,并在偏差出现时及时进行纠正的过程。构成控制活动必须有三个条件:首先要有明确的目的或目标,没有目的或目标就无所谓控制。其次,受控客体必须具有多种发展可能性,如果发展的未来方向和结果是唯一的、确定的,就谈不上控制。最后,控制主体可以在被控客体的多种发展可能性中通过一定的手段进行选择,如果这种选择不成立,控制也就无法实现。

二、控制与其他管理职能的关系

2017年5月5日,我国第一架全自主知识产权的大飞机C919在上海浦东国际机场首飞圆满成功。首飞成功的背后是许多人在许多环节所付出的艰辛与努力。从2007年大型飞机研制正式立项,2015年首架机在总装制造中心下线,再到2017年5月5日试飞成功,历时10年的研制开发过程中,共规划了102项关键技术攻关,进行了118次首飞试验。

航空制造业的一个重要特点在于集成。C919的部件来自五湖四海,对飞机的总装能力要求极高。但集成结果优异的前提是集成基础必须符合要求。C919在设计数字样机时就提出了明确要求,对于生产线上的流程、每个工位的时间、前后零部件的衔接等都有详细规定。这些事先的细致考虑为C919的成功试飞奠定了重要基础。在执行过程中,计划往往不能完全按照事先的预定组织实施,必须根据实际情况现场纠正。以C919运行的关键环节——725处线缆的排线布管装配为例,这些线缆就像是人体中的"神经""血管",稍有不慎就会导致"器官"故障,如显示器不亮、油门杆失控等。事先设计的图纸不能预见并解决所有问题,布线团队在现场作业中要承担一部分"设计功能",提出修改意见,设计师据此修改,出具更符合实际的图纸。C919总装过程中,构型设计管理团队负责飞机内部"芯子"管控,即把整机技术状态调整到最佳。每一次检查,团队成员手里都要提着厚厚一摞工艺规范材料逐一核对,时常需要评估以下问题:为什么不能实现?对首飞有什么影响?是否一定必须实现?再做及时反馈。

C919大飞机研制从计划、执行到最后的试飞,经历了大量的细节检查、执行分析以及及时的结果反馈等工作。这一切都是以一个事先考虑周密的计划为基础的。但是也有人认为,"如果计划很完美,而且在一个全能的领导人的指导之下,由一个组织完美执行,那就没有控制的必要了"。

你如何看待这个问题？在计划已经考虑得很细致的情况下控制仍然是必要的吗？

1. 控制与计划

（1）计划为控制提供了标准。没有计划，控制就失去了方向，人们无从知道应该控制什么，也无从知道应该怎样进行控制。如果没有控制系统，没有实际与计划的比较，就不知道计划是否完成，计划也就毫无意义。

（2）控制是计划工作能够得以实现的重要一环。没有控制，计划就失去了实现的根基和可能；没有控制，计划就成了无源之水、无本之木；没有控制，人们就无法知道自己干得怎样，无法知道需要在哪些地方做出改进。

（3）计划与控制互相依存、互相依赖。管理者首先制订计划，计划就成为评定行动及其效果的标准。计划越是明确、可靠、完整，控制就越有依据，控制的效果就越好；控制越是科学有效，计划就越容易得到实施。

（4）控制是完成计划的保证。控制不仅仅意味着"纠正偏差"，还意味着要在某些特定的情况下制订新的计划，自觉打破原来的计划，从而使实际工作更加符合客观实际的变化。

2. 控制与组织

组织职能为组织计划的贯彻执行提供了合适的组织结构框架，还为控制职能的发挥提供了人员的配备和组织机构，同时，组织结构的确定也规定了组织中信息联系的渠道，所以也为组织的控制提供了信息系统。控制职能则通过对计划执行过程中产生的偏差的原因进行分析，对由于组织职能的原因造成的偏差采取措施进行纠正，如调整组织结构，重新确定组织中的权责关系和工作关系。控制并不意味着只在事情发生后做出反应，还意味着将组织保持在正常的运行轨道，并预测可能发生的事情。

3. 控制与领导

领导职能的发挥影响到组织控制系统的建立和控制工作的质量。相应地，控制职能的发挥又有利于改进领导者的领导工作，提高领导者的工作效率。控制职能使管理过程成为一个完整的过程，控制职能的发挥是其他各项职能的再运用过程。控制职能是与其他职能交错重叠的。

三、控制的类型

1. 事前控制、事中控制和事后控制

按照控制的时间不同，控制分为事前控制、事中控制和事后控制。

（1）事前控制。事前控制也称为预先控制或前馈控制，是在整个活动开始之前进行控制。就生产企业而言，是事前控制整个生产过程的初始端，即原材料投入过程。在这一点上进行控制，可以防止组织资源配置上出现错误，保证组织的投入在数量和质量上达到预定的目标。如购进的材料和设备检查、验收，招工考核，入学前的考试和体检等，都是事前控制的例子。

（2）事中控制。事中控制也称现场控制、过程控制或同步控制。即在企业生产或经营过程中，对活动中的人和事进行指导和监督，以便管理者在问题出现时及时采取措施纠正偏差。事中控制中的监督和控制应该遵循计划中所确定的组织方针、政策与标准，控制的内容应该和被控制对象的工作特点相适应。而控制的有效性取决于主管人员的个人素质、个人作风、指导的表达方式以及下属对指导的理解程度。因为在事中控制中，组织机构将权力授予主管人员使他们能够使用经济和非经济手段来影响下属。

 课堂拓展

麦当劳的日常控制

（3）事后控制。事后控制是最常见的控制类型。当系统最后阶段输出产品和服务时，来自系统内部对产生结果的总结和系统外部顾客与市场的反应，都是在计划完成时进行的总结和评定，具有滞后的特点，但是可为未来计划的制订和活动的安排，以及系统持续的运作提供借鉴。

事后控制把注意力主要集中在结果上，通过对工作结果进行测量、比较和分析，采取措施，进而矫正今后的行动。它的最大弊端是在采取纠正措施之前，活动中出现的偏差已在系统内造成无法弥补的损失。

 问题互动

有人说，张瑞敏领导海尔集团的成功是从"砸冰箱"开始的。

那是 1985 年 12 月，张瑞敏刚到这家创建于 1984 年、亏损达 147 万元的青岛电冰箱总厂任职不久，收到一封用户来信，反映工厂生产的电冰箱有质量问题。张瑞敏带领管理人员检查了仓库，发现仓库的 400 多台冰箱中有 76 台不合格。张瑞敏随即召集全体员工到仓库开现场会，问大家怎么办。

当时多数人提出，这些冰箱是外观划伤，并不影响使用，建议作为福利便宜点儿卖给内部职工。而张瑞敏却说："我要是允许把这 76 台冰箱卖了，就等于允许明天再生产 760 台、7 600 台这样的不合格冰箱。放行这些有缺陷的产品，就谈不上质量意识。"他宣布，把这些不合格的冰箱要全部砸掉，谁干的谁来砸，并抡起大锤亲手砸了第一锤。

砸冰箱砸醒了海尔人的质量意识，砸出了海尔"要么不干，要干就要争第一"的精神。在 1988 年的全国冰箱评比中，海尔冰箱以最高分获得中国电冰箱史上的第一枚金牌。在海尔的发展中，质量始终是海尔品牌的根本。如今，海尔冰箱已经成为世界冰箱行业中销量排名第一的品牌，海尔集团已经成长为世界第四大白色家电制造商。

张瑞敏带头砸毁 76 台不合格冰箱用的大锤已被中国国家博物馆收藏为国家文物，文物收藏编号为"国博收藏 092 号"。

从控制的角度来分析，砸掉不合格的冰箱是不是当时最好的方法？如果你是当时的企业负责人，你会怎么做？

2. 反馈控制和前馈控制

根据控制信息的性质不同，可以将控制工作划分为反馈控制、前馈控制。

（1）反馈控制。反馈控制就是把组织系统运行的结果返送到组织系统的输入端，与组织预定的计划标准进行比较，然后找出基于计划之间的差异，并采取措施纠正差异的一种控制方法。反馈控制的特点是根据当前状态决定下一步行动，由于从信息收集到调整实施有一定时间滞后，在某些情况下可能影响目标的达到。反馈控制的另一个特点是稳定性，其总趋势是保持系统的平衡状态。

反馈控制既可用来控制系统的最终成果，例如产量、销售收入、利润等，也可用来控制系统的中间结果，例如新产品样机、生产计划、生产过程、工程质量等。前者称为端部反馈，后者称为局部反馈。局部反馈可以及时发现问题，排除隐患，避免造成严重后果，对改善管理控制系统的功能起着重要的作用。

（2）前馈控制。前馈控制也称为指导未来的控制，是指在偏离标准的情况发生之前就对它进行预测和估计，并据此对系统的输入做出相应的调整，以实现有效的控制。前馈控制的关键是要求对系统的偏差及其产生的原因进行准确预测，即它的一个很重要的特点就是控制原因而不是控制行动结果。前馈控制克服了反馈控制中时间滞后带来的缺陷，对系统的未来状态进行预测，并事先采取措施应对，这种控制具有一定的主动性。

四、控制的过程

虽然控制有很多类型，但有效的控制活动都会按照以下几个步骤来进行。

1. 建立控制标准

控制标准是指衡量实际或预期工作成果的尺度，是从整个计划方案中选出的对工作绩效进行评价的关键指标，是控制工作的依据和基础。确定控制标准是控制过程的第一步，要控制就要有标准，离开标准就无法实施控制。

（1）控制标准的类型。

①定量控制标准：定量控制标准是指能够以一定形式的计量单位直接计量的标准。定量标准便于度量和比较，是控制标准的主要表现形式，主要有以下三种。

实物标准，是指以实物量为计量单位的标准，主要用于在投入和产出方面可用实物计量的场合，反映定量的工作成果，如企业中原材料、能源、劳动力的消耗标准，产品的产量、销售量等；也可用于产品质量的衡量场合，如精确度、强度、可靠度等。实物标准是计划工作的常用指标，也是控制的基本标准。

财务标准，也称价值标准，是指以货币量为计量单位的标准，主要反映组织在各项活动中的资金效益方面的成果，如企业的产品直接费用、间接费用，投资回收率，流动资产与短期负债的比率，债务与净资产的比率，销售利润等。

时间标准，是指以时间为计量单位的标准，反映组织在各项活动中的时间利用方面的成果，如工期、生产周期、生产投入期和出产期、工时定额等。

②定性控制标准：定性控制标准是指难以用计量单位直接计量的标准。这类标准主要用于有关服务质量、组织形象、组织成员的工作表现等方面，这些方面的标准一般能够做出定性的描述，但都难以量化。尽管如此，为了使定性标准便于掌握和控制，有时也应尽可能地采用一些可度量的方法。产品等级、合格率、顾客满意度等指标就是对产品质量的一种间接衡量。麦当劳公司在经营上奉行"质量、服务、清洁、价值"的宗旨，为体现其宗旨，公司制定的工作标准是，95%以上的顾客进餐馆后3分钟内，服务员必须迎上前去接待顾客；事先准备好的汉堡包必须在5分钟内热好供给顾客；服务员必须在就餐人员离开后5分钟内把餐桌打扫干净等。如此一来，对服务质量的控制也就有了明确的标准。

启发案例

和尚撞钟

有一个小和尚担任撞钟一职，半年下来，觉得无聊之极，"做一天和尚撞一天钟"而已。有一天，住持宣布调他到后院劈柴挑水，原因是他不能胜任撞钟一职。小和尚很不服气地问："我撞的钟难道不准时、不响亮？"老住持耐心地告诉他："你撞的钟虽然很准时，也很响亮，但钟声空泛、疲软，没有感召力。钟声是要唤醒沉迷的众生，因此，撞出的钟声不仅要洪亮，而且要圆润、浑厚、深沉、悠远。"

管理启示

制定标准是有效工作的前提，也是考核工作绩效、控制工作过程的重要依据。

（2）制定控制标准的方法。常用的制定控制标准的方法有三种。

①统计分析法：统计分析法是根据企业的历史数据资料及同类企业的水平，运用统计学方法来确定企业经营各方面工作的标准。统计分析法的优点是简便易行。其局限性是对历史统计数据的完整性和准确性要求高，否则制定的标准没有任何意义；统计数据分析方法选择不当会严重影响标准的科学性；统计资料只反映历史的情况而不反映现实条件的变化对标准的影响；利用本企业的历史性统计资料为某项工作确定标准，可能低于同行业的先进水平，甚至是平均水平。

②经验估计法：经验估计法是根据管理人员和工作人员的实际工作经验，并参考有关技术文件或实物，评估计划期内条件的变化等因素制定标准的方法。经验估计法适用于缺乏技术资料、统计资料的情况。其优点是简单易行、工作量小，但受主观因素影响大，准确性差。

③工程标准法：工程标准法是指在对工作情况进行客观分析，并以准确的技术参数和实测数据为基础，通过科学计算确定标准的方法。它以精确的技术参数和实测数据为基础，又称时间研究和动作研究。通过这两项研究制定生产定额，为基层管理人员更恰当地安排工作，更合理地评估员工绩效，以及预先估计所需的人工和费用，建立了客观的标准。

2. 衡量实际成效

确定标准是为了衡量实际业绩，即把实际工作情况与控制标准进行比较，找出实际业绩与控制标准之间的差异，并据此对实际工作做出评估。假如企业经营活动中的偏差能在生产之前就被发现，管理者就可以预先采取必要的措施防患于未然。然而这是一种理想的控制与纠偏的方法，在客观条件的限制下，最满意的控制方式就是必要的纠偏行为能在偏差产生之后迅速采取，为此，要求管理者及时掌握是否产生偏差的信息。管理者获得控制信息的方法有亲自观察、调查、分析报表和资料、抽样调查、听取汇报等。但值得注意的是，控制的目的不是衡量绩效，而是更好地达到预期的绩效，所以不能把某个阶段的绩效理解为最后的结果。

3. 鉴别并分析偏差

通过将实际业绩与控制标准进行比较，可确定二者之间有无差异。若无差异，工作按原计划继续进行。若有差异，首先要了解偏差是否在标准允许的范围之内，如出现在允许范围之内的偏差，工作可以继续进行，但是要分析偏差产生的原因，以便改进工作，把问题和危机消灭在萌芽中；如果偏差在允许的范围之外，就应该及时深入地分析偏差产生的原因。

4. 采取纠偏措施

控制的最后一步是根据差异分析的结果，深入分析产生差异的原因，并采取必要的措施来纠正或改善工作。通常，在纠偏过程中要注意以下几个问题。

（1）找出产生偏差的主要原因。并非所有的偏差都可能影响企业的最终成果，有些偏差可能反映了计划制订和执行工作中的严重问题，而另一些偏差则可能是由一些偶然的、暂时的、区域性因素引起的。因此在采取措施之前，必须首先对反映偏差的信息进行评估和分析。

（2）确定纠偏措施实施的主要对象。在管理控制中，纠偏措施的实施对象可能是组织所进行的活动，也可能是衡量的标准甚至是指导活动的计划。

（3）选择适当的纠偏措施。针对偏差产生的原因，制定出纠正偏差的方案，而选择纠偏方案时管理者要根据不同的偏差采取不同的措施。一般纠偏措施可从改进工作方法、改进组织和领导工作、调整原有计划和标准等几个方面来着手。

目标为什么没有实现？

王刚担任某厂厂长已经一年多了，他刚看了工厂今年实现目标情况的数据资料。厂里各方面工作的进展出乎他的意料之外。记得他任厂长后的第一件事就是亲自制定了工厂一系列的工作目标，例如，为了减少浪费、降低成本，他规定一年内要把原材料成本降低10%～15%，把运输费用降低3%。他把这些具体目标都告诉了有关方面的负责人。现在年终统计资料表明，原材料的浪费情况比去年更严重了，浪费率竟占总额的16%，运费则根本没有降低。

他找来有关部门的负责人询问原因。负责生产的副厂长说："我曾对下面的人强调要注意减少浪费，我原以为下面的人会按照我说的去做。"而运输方面的负责人则说："运输费用降不下来很正常，我已经想了很多办法，但油价还是在涨，所以我也没有办法，有可能明年的运输费还要上升3%～4%。"

王刚了解了原因，在进一步分析之后，把这两个负责人召集起来布置第二年的目标：生产部门一定要把原材料成本降低10%；运输部门即使油价还要提高，也绝不能超过今年的标准。

请问：王刚的控制有什么问题？怎样才能实现他所提出的目标？

五、控制的方法

1. 预算控制

（1）经营预算。经营预算是指企业日常发生的各项活动的预算。它主要包括销售预算、生产预算、直接材料采购预算、直接人工预算、制造费用预算、单位生产成本预算、推销及管理费用预算等。其中最基本和最关键的是销售预算，它是销售预测正式的、详细的说明。由于销售预算是计划的基础，加之企业主要是靠销售产品和劳务所提供的收入维持经营费用的支出和获利的，因而销售预算也就成为预算控制的基础。生产预算是根据销售预算中的预计销售量，按产品品种、数量分别编制的。生产预算编制后，还应根据分季度的预计销售量，经过对生产能力的平衡排出分季度的生产进度日程表，或称为生产计划大纲，在生产预算和生产进度日程表的基础上，可以编制直接材料采购预算、直接人工预算和制造费用预算。这三项预算构成对企业生产成本的统计。而推销及管理费用预算，包括制造业务范围以外预计发生的各种费用明细项目，如销售费用、广告费、运输费等。对于实行标准成本控制的企业，还需要编制单位生产成本预算。

（2）投资预算。投资预算是对企业的固定资产的购置、扩建、改造、更新等，在可行性研究的基础上编制的预算。它具体反映在何时进行投资、投资多少、资金从何处取得、何时可获得收益、每年的现金流量为多少、需要多少时间收回全部投资等。由于投资的资金来源往往是企业的限定因素之一，而对厂房和设备等固定资产的投资又需要很长时间才能收回，因此，投资预算应当力求和企业的战略以及长期计划紧密联系在一起。

（3）财务预算。财务预算是指企业在计划期内反映有预计现金收支、经营成果和财务状况的预算。它主要包括现金预算、预算收益表和预计资产负债表。需要指出的是，前述的各种经营投资预算中的资料，都可以折算成金额反映在财务预算内。这样，财务预算就成为各项经营业务和投资的整体计划，故亦称总预算。

(4) 弹性预算。弹性预算是在编制费用支出预算时，考虑到计划期内业务量可能发生的变动，编制一套能适应多种业务量的费用预算，有计划地建立必要的预算后备力量。由于这种预算随业务的变化做机动调整，本身具有弹性，故称弹性预算。

编制弹性费用预算时，按照与业务量关系的不同，可以把弹性费用分为固定费用和变动费用。固定费用在相关范围内不随业务量的变化而变化，在一个月、半年或一年的短期内更是如此；而变动费用是随着业务量的变化而变化的费用。变动费用包括原材料、燃料、动力、人工成本等。编制变动费用预算首先要选出能反映业务量的计量单位，确定各类费用随业务量变动的规律。然后在给定各部门以一定资金作为固定费用，再在预算执行过程中，定期根据其业务量的变动趋势来计算变动费用的金额。根据弹性预算编制方法，能够提前半年或一年编制一个基本预算，然后只需要按业务量的变动调整费用总额即可，不需重新编制整个预算。

(5) 零基预算。零基预算的基本思想是，在每个预算年度开始时，把所有还在继续开展的活动都看作从零开始，根据组织目标，重新审查各项活动对实现目标的意义和效果，重新排出优先次序，重新分配资金和其他资源，避免预算控制中只注意前段时间变化的倾向。按照零基预算方法，预算人员在编制一项活动的预算时主要考虑以下四个方面的问题：

a. 组织的目标是什么？预算要达到的目标又是什么？

b. 这项活动有没有必要？不开展行不行？如果必须开展，开展这项活动能取得什么样的效果？

c. 开展这项活动的可选方案有哪些？目前执行的方案是不是最好的？

d. 这项活动需要多少资金？资金获取途径有哪些？按目前方案使用是否合理？

零基预算与其说是一种预算编制办法，倒不如说是一种预算控制思想。与传统的预算管理相比，零基预算的优点是预算编制依据科学，按照具体情况考虑预算大小，有利于资金分配和节约支出；其缺点是预算编制的工作量大，费用较高。零基预算特别适用于公共组织和一些辅助性业务领域。

2. 非预算控制

(1) 传统的非预算控制方法。

①视察：视察的基本作用就在于获得第一手的信息。管理者通过视察，可以判断产量、质量的完成情况及设备运转情况和劳动纪律的执行情况，了解员工的情绪和工作态度，发现被埋没的人才，并从下属的建议中获得启发和灵感。同时，还有激励下级的作用。所以，坚持经常亲临现场视察，有利于创造一种良好的组织气氛。

当然，管理者也必须注意视察可能引起的消极作用。例如，下属可能误解上司的视察，将其看作对他们工作的一种干涉和不信任，或者是看作不能充分授权的一种表现。尽管如此，亲临视察的显著好处仍使得一些优秀的管理者始终坚持这种做法。

启发案例

肯德基的神秘顾客

某天，上海肯德基公司收到了三份总公司寄来的鉴定书，总公司对他们外滩快餐厅的工作质量分三次进行了鉴定评分，分数分别为83分、85分、88分。公司的外方经理瞠目结舌，对这几个分数是怎么评定的，他们竟全然不知。

原来，肯德基国际公司雇用、培训了一批人，让他们伴装顾客进入店内进行检查评分。每个客户都可能是公司的"探子"，这使得快餐厅的经理和雇员们时时感到某种压力，丝毫不敢疏忽。肯德基国际公司就是这样管理控制它在全球60多个国家多达9 900余个公司的。

管理启示

管理者通过实地查看或暗地查访，及时了解组织运行的实际情况，并进行评价，最后再反馈，以便改进工作。这种方法在很大程度上提高了控制的有效性，提高了组织的绩效。

②报告：报告是用来向负责实施计划的管理者全面系统地阐述计划的进展情况、存在的问题及原因，已经采取了哪些措施，收到了什么效果，预计可能出现的问题等情况的一种重要方式。其主要目的是提供一种用作纠正措施依据的信息。

对控制报告的基本要求必须做到：适时；突出重点；指出例外情况；简明扼要。随着组织规模及其经营活动规模的日益扩大，管理也日益复杂，而管理者的时间和精力有限，因此，定期的情况报告也就显得越发重要。

（2）全面质量控制。全面质量控制（Total Quality Control，TQC）是以组织全员参与为基础的质量管理形式，代表了质量管理发展的最新阶段。它起源于美国，后来在其他一些工业发达国家开始推行，并且在实践运用中各有所长。特别是日本，在20世纪60年代以后推行全面质量控制并取得了丰硕的成果，引起世界各国的瞩目。20世纪80年代后期以来，全面质量控制得到进一步的扩展和深化，逐渐由早期的TQC演化成为TQM（Total Quality Management，全面质量管理），其含义远远超出了一般意义上的质量管理，而成为一种综合的、全面的经营管理方式和理念。其具体实施后面会专门论述，此处不再重复。

学习小结

领导是一种影响力，是个体对他人施加影响，带领、鼓励并指导他人活动，从而使人们情愿、热心地为实现组织或群体的目标而努力的过程。领导理论分为领导特性理论、领导行为理论和领导权变理论三类。基本的领导艺术有统筹全局的艺术、随机决断的艺术、用人的艺术、授权的艺术和运用时间的艺术等。

激励是指管理者运用各种管理手段，刺激被管理者的需要，激发其动机，使其向着所期望的目标前进的心理过程。激励理论分为内容型、过程型和行为改造型三类，激励方法大致可归纳为物质激励、精神激励、过程激励和成果激励四类。

沟通是信息或思想在2人或2人以上的人群中传递并理解的过程。沟通网络主要有正式沟通网络和非正式沟通网络两种类型。影响有效沟通的因素有个体因素、人际因素、结构因素和技术因素等。有效沟通的改善策略主要有正确对待沟通，提高沟通技能，改善沟通环境，创造和谐氛围，选择恰当的沟通方法，优化组织沟通渠道等。

控制是指管理主体为了达到一定的组织目标及为此拟定的计划能够得以实现，各级主管人员根据事先确定的标准对于计划的进展情况进行测量和评价，并在偏差出现时及时进行纠正的过程。控制过程包括建立控制标准、衡量实际成效、鉴别并分析偏差、采取纠偏措施等四个步骤。控制方法主要有预算控制和非预算控制。其中预算控制包括经营预算、投资预算、财务预算、弹性预算和零基预算，非预算控制包括视察、报告、全面质量控制等。

复习思考题

1. 什么是领导？
2. 领导的特征有哪些？
3. 领导与管理的区别是什么？
4. 管理方格理论的主要观点是什么？
5. 菲德勒模型的基本观点是什么？
6. 如何提高领导权威？
7. 基本的领导艺术有哪几种？
8. 过程型激励理论有哪些？其主要观点是什么？
9. 激励方法有哪些？
10. 沟通网络包含哪些内容？
11. 有效沟通的影响因素有哪些？
12. 有效沟通的改善策略是什么？
13. 什么是控制？
14. 简述控制与计划的关系。
15. 控制的过程有哪些？
16. 简述控制的方法。

"霸道总裁"郭台铭

思考题：

如果你是富士康员工，你更愿意接受"民主的领导者"还是郭台铭这样的"霸道总裁"？

秀才买柴

思考题：

1. 为什么老农听不懂秀才的话？
2. 这桩生意没有做成，是谁的问题呢？

内控失灵 安然夭折

思考题：
1. 从安然公司的破产看，企业内控的重点是什么？
2. 企业控制的方法有哪些？安然公司的控制在哪些方面出了问题？

模块七

企业战略管理

本模块学习目标

1. 理解战略的基本概念和基本类型;
2. 掌握企业战略管理的过程;
3. 善于进行战略重点的选择;
4. 理解战略分析方法,善于用战略分析方法分析实际企业战略;
5. 善于根据环境选择恰当的总体战略;
6. 善于应用基本战略。

能力目标

通过本模块的学习,学生能够理解企业竞争的基本方式,理解战略及战略决策的基本特点、本质、模式和视觉,掌握企业战略管理的过程及思维模式。

关键概念

战略管理　战略管理过程　战略管理类型

【导入案例】

明茨伯格谈战略:蜜蜂和苍蝇的隐喻

亨利·明茨伯格(Henry Mintzberg)对战略规划的讲解是以一位英国学者的一个实验开篇的:如果你在一只瓶子里放几只蜜蜂和几只苍蝇,然后把瓶子放平,把瓶底对着窗户,你会发现蜜蜂会坚持不懈地想去找到办法穿过玻璃,直到它们精疲力竭地死去或者饿死;而苍蝇在不到2分钟内,会从相反方向的瓶口飞出去。蜜蜂热爱光亮,这是它们的智慧,但同时也是英国学者实验中导致它们死去的祸根。显然,它们想象着任何监狱的出口都一定是通往最光亮的地方;它们按照这个想法做了,坚持了这一太过合乎逻辑的行为。而愚蠢的苍蝇不在乎逻辑,到处乱飞,却在这里撞上了好运,最终发现了这扇让它们重返自由的友好的大门。

管理启示

战略管理在某种程度上有点类似于烹饪,"菜谱不是说一定要完全照搬——它是一个你可以在上面刺绣的画布。在上面加上一两滴的热情,一点别的什么,让你的口味和舌头、你的眼睛、你的心来引领你。换句话说,让你对食物的热爱引领你,然后你就会烹调了",一位厨师如是说。

学习单元一　企业战略概述

一、企业战略概述

企业如果没有战略，就好像没有舵的轮船，只会在原地打转。有人做过统计，有战略的企业和没有战略的企业在经营效益上是大不相同的。一些企业看上去没有明确的战略，经济效益也很不错，然而经济效益来自企业管理者很好的思考，并不等于企业管理者真的没有战略，就像很多著名的企业一样，企业的良好效益离不开高层管理人员对企业的形势所做的充分分析，所以说企业管理者是有战略的，只是没有明确地提出，或者说战略没有写在纸上。

1. 企业战略的定义

要理解企业战略管理，就必须深入理解企业战略的概念。由于战略应用的广泛性、战略过程的动态性和战略背景的复杂性，人们对战略的认识难以达成统一的共识，因而对于战略的定义也一直没有一个普遍接受的答案。本书采纳的观点是：广义的"企业战略"是公司为之奋斗的终点与公司为达到终点而寻求的途径的结合物（迈克尔·波特）；狭义的"企业战略"是企业目前的和计划的资源配置与环境相互作用的基本模式，该模式表明企业将如何实现自己的目标（霍弗和申德尔）。

另外，明茨伯格把企业战略定义为一系列行为方式的组合，即"5P"理论。

（1）计划（Plan）。战略是一种计划，是指企业用各种各样精心设计的行动或一套准则来处理各种情况。在这个定义下，战略具有两个特点：一是战略是在企业经营活动之前制定的，战略先于行动；二是战略是有意识地、有目的地开发和制订的计划。在企业的管理领域中，战略计划与其他计划不同，它是关于企业长远发展方向和范围的计划，其适用时限长，通常在一年以上。

（2）计谋（Ploy）。战略是一种计谋，是指企业要在竞争中赢得竞争对手，或令竞争对手处于不利地位和受到威胁的计谋。这种计谋是有准备和有意图的，能对竞争对手构成威胁。

（3）模式（Pattern）。战略是一种模式，是指企业一系列行动的模式或行为模式，或者是与企业的行为相一致的模式，即战略应包括由计划导致的行为。所谓"一系列行动"，是指企业为实现基本目的而进行竞争、分配资源、建立优势等决策与执行活动，并独立于计划。计划是有意图的战略，而模式则是已经实现的战略。从这个角度来看，战略可以分为经过深思熟虑的战略和应急战略。在经过深思熟虑的战略中，先前的意图得以实现；在应急战略中，模式的发展与意图无关。

（4）定位（Position）。战略是一种定位，是指企业采用何种措施适应所处环境。定位包括相对于其他企业的市场定位，例如给特定的部门生产或销售什么类型的产品或服务，或以什么样的方式满足客户和市场的需求，以及如何分配内部资源以保持企业的竞争优势。

（5）观念（Perspective）。战略是一种观念，是指通过战略形成企业共同的期望、认识和行为。从这个角度来看，战略不仅仅包含既定的定位，还包括感知世界的根深蒂固的认识方式。战略观念作为经营哲学的范畴，体现了其对客观世界的价值取向，体现了组织中人们对客观世界固有的认识方式，是人们思维的创造物，是一种精神产物。战略观念通过个人的期望和行为而形成共享，变成企业共同的期望和行为。

2. 企业战略的特点

一个好的企业战略主要具有以下几种基本特点。

（1）专注于企业长远发展方向。战略考虑的是组织发展的长期方向，立足高远及未雨绸缪是战略决策的本质。例如，联想集团与IBM公司达成的PC（个人计算机）业务转让协议，不仅使其可以继续致力于所擅长及志在必得的 PC 制造，进而向世界计算机第一品牌迈进，而且通过向 IBM 销售优质计算机，发挥 IBM 在 IT 服务、软件开发及向用户提供全面解决方案方面的战略优势，从而实现战略利益的真正双赢，使得双方的长期利益得到最大的体现。

（2）重点在于企业核心能力的培养。只要企业的资源和能力能够创造出稀有、难以模仿和不可替代的市场价值，它们就会成为企业构建竞争优势、获得超常收益的必要基础，即核心能力。核心能力隐藏在组织经验、知识及文化中，是组织取胜的关键。核心能力不仅很难打造，而且极易过时和退化。能够对核心能力进行有效管理的企业才真正具有竞争力，因此企业必须对其核心能力的有效性进行及时的判断、改进、提升与创新。而核心能力的隐形性，不仅使对手难以识别和模仿，就连企业自己也很难对其形成正确而及时的认知。这意味着在组织文化和战略的层面上认知、建立、完善及发展核心能力，已经成为超级竞争背景下的企业建立长期竞争优势的关键。

（3）关注于利益相关者的期望。利益相关者特指那些依靠企业的成功运营来实现自身目标和期望的个人、团体和组织，主要分为三类：一是资本市场利益相关者，即股东、资本提供者（银行、私人借贷者和风险投资家）；二是产品市场利益相关者，主要指顾客、供应商、当地社区及工会；三是组织内部利益相关者，即管理人员和非管理人员。由于不同的利益相关者对组织有着不同的期望，故而他们对组织制定及执行什么样的战略不仅有机会，而且也有能力通过某种渠道和方式施加一定的影响。鉴于利益相关者的概念比"顾客第一"的理念更加全面客观地反映了现代企业战略的决策，故而他们对企业战略的影响无处不在，并且日益得到人们的认同与重视。而今，利益相关者已经成为现代企业生存与发展的真正主宰，企业则是各利益相关者实现其某种利益和期望的基本工具。组织战略不仅受到环境因素和可用资源的影响，还会受到公司内外那些有权力的人的价值观和期望的影响。从某种角度来看，战略反映了那些对组织最具影响力的人的态度和信念。一个公司无论是倾向于扩张还是关注巩固自身地位，其活动界限的划分就体现了影响公司战略制定的利益相关方的态度和价值观。

企业社会责任

二、企业战略的内涵

1. 愿景

企业愿景是对未来的一种期望，是企业努力经营想要达到的长期目标。企业愿景需要回答一个问题，即我们要成为什么。从不同的角度，企业愿景有不同的描述方法。比如，从质和量的角度陈述，索尼在 20 世纪 50 年代的愿景是"成为在世界范围内改变人们认为日本产品质量差的看法的最知名的公司"；从战胜竞争者的角度看，耐克在 20 世纪 60 年代的愿景是"粉碎阿迪达斯"，本田在 20 世纪 70 年代的愿景是"摧毁雅马哈"；从相关角色的角度陈述，斯坦福大学在 20 世纪 40 年代的愿景是"成为西部的哈佛"；从内部改造的角度陈述，通用电器在 20 世纪 80 年代的愿景是"通过把大公司的优势与小公司的精干与灵敏结合起来，使公司成为所服务的市场中第一或第二位的公司"。

2. 使命

企业使命是企业存在的目的和理由。从长期看，企业使命说明了未来将要变成什么样的企业，以及企业对所要服务的对象与目前和将来从事的经营范围的界定等基本问题。企业使命需要回答一个问题，即企业的业务是什么。

如果把企业看作生物体，使命就是不可或缺的 DNA，与其他个体有区别，具有自己独特的个性。企业使命应该包括企业的顾客在哪里、顾客的需求是什么、用什么技术和手段满足顾客的需求。成功的企业对自己的企业使命都有完整的描述。比如，麦当劳的使命是"在全球范围内向一个广泛的快餐食品顾客群'在气氛友好卫生清洁的饭店里以很好的价值提供有限系列的、美味的快餐食品'"；微软公司的使命是"这样一个战略展望左右我们的一言一行：每个家庭、每台桌子上都有一台计算机，使用着伟大的软件作为一种强大的工具"；美国红十字会的使命是"改善人们的生活质量，提高自力更生的能力和对别人的关心程度，帮助人们避免意外事故，为意外事件做好充分的准备，处理好意外事故"。

3. 经营哲学

经营哲学是一个组织为其经营活动方式所确定的价值观、信念和行为准则。这是企业提倡的共同价值观念和对相关利益者的态度，这里的相关利益者包括企业所有者、员工、顾客、政府、供应商、销售商、一般公众等。经营哲学需要回答一个问题，即企业将如何开展业务、和相关利益者打交道。比如美国著名的冰激凌制造商本杰瑞公司的经营哲学是"生产和分销高质量、全天然、多品种、新风味，用佛蒙特奶场生产的各种新原料制成的冰激凌及相关产品。要不断增加盈利，在良好的财务基础上进行经营，要为我们的股东增加价值，为我们的雇员创造职业机会和经济回报。要充分发挥企业在社会结构中应起到的中心作用，要以创新的方式改进当地、国家及全球人民的生活质量"。

4. 企业目标

企业在确立了愿景、明确了使命、塑造了经营哲学之后，就需要在分析外部环境和内部条件的基础上确定企业的目标。建立目标体系，是公司的管理者做出承诺，在具体的时间框架下达到具体的业绩目标。

目标是企业宗旨的具体化，是企业在一定时期内执行其使命所预期达到的成果。正确的目标对企业行为具有重大指导作用，是企业制定战略的出发点。目标是具体的和可以衡量的，以便对目标是否最终实现进行客观的评价考核。可见，目标是企业进行战略控制的评判标准。

企业目标可以分为财务目标和战略地位目标。财务目标包括一般收益性、成长性和稳定性三项内容。比如 3M 公司某一段时间的目标是"每股收益平均年增长率为 10% 或 10% 以上，股东权益回报率 20%~25%，营运资金回报率为 27% 或 27% 以上，至少有 30% 的销售额来自最近 4 年推出的产品"。战略地位目标则一般是从行业竞争地位的确立出发的，比如通用电气某一段时间的目标是"在公司进入的每一项业务上，占有第一或第二的市场份额，成为全球最具竞争力的公司。在 1998 年之前，达到存货周转率 10 倍、营业利润率 16% 的目标"。

三、企业战略的类型

企业具有不同的结构和层次，而不同企业的不同部门和不同的层次对战略的理解及实施重点自然有所不同。因此，从不同的角度和层次来认识并理解战略，对于提高战略制定与决策的针对性和系统性，以及对于企业目标的实现，均具有十分重要的意义。

由于不同的层次肩负着不同的责任和使命，故而可将企业战略分为公司层战略、事业层战略和职能层战略三个层次。

1. 公司层战略

公司层战略（Corporate-level Strategy），也称总体战略，它关注公司的整体目标和活动范围，这是公司总部关注的重点，如同一个系统化的载体，主宰着公司各业务部门间的资源分配，同时又不是各业务部门战略的简单总合，因为如果是这样，公司各个部门将完全可以独立运营，甚至摆脱了总公司的束缚而运营得更好。公司层战略规定了企业使命和目标、企业宗旨和发展计划、整体的产品或市场决策以及其他重大决策。

公司总部应致力于旗下业务的组合、重组、协同和能力培育，以增加业务单位价值。也就是说，它必须从组织外部募集资金，以满足总公司自身及对各业务部门进行投资的需要。而且还应通过与业务组合内的业务单位进行互动并为之提供指导，以期达到加强公司控制的整体效果。

2. 事业层战略

在大型和分散化经营的企业中，首席执行官很难全面控制所有部门，因此企业通常会设立事业部，赋予事业部在公司总体战略的指导下做出相应战略决策的权力，包括对特定产品、市场、客户或地理区域做出战略决策。事业部由于其服务于特定的外部市场而与其他事业部相区别，是实行自我计划和管理的单位，可以拥有自身具体的经营战略。事业部战略的制定，是为了支持公司层战略的实现。

事业层战略（Business-level Strategy），也称业务单位战略，重点强调公司产品或服务在某个产业或战略业务单位所处的细分市场中竞争地位的提高。事业层战略关注的主要问题是管理部门应采取何种行动与策略来建立更加长期和强大的竞争地位以获得超常收益。

指导竞争战略的基本法则主要有三，即成本领先、差异化和目标集聚。企业合作战略的主要形式是战略联盟，它是两个或两个以上的公司为了达到双赢的战略目标而结成的伙伴关系。战略联盟已经成为现代企业的一种生活方式。有些联盟期限非常短，只能持续到足够一个伙伴在新市场上建立桥头堡；也有一些持续时间特别长，甚至是两个公司完全合并的序曲。组成战略联盟的理由有很多，例如获取技术或制造能力以进入某个市场、降低财务或政治风险，以及获得竞争优势等。

"竞合"用以描述企业间存在的一种平等互惠的竞争与合作关系，与完全合作有所区别。比如海尔集团与日本三洋电机的合作关系就是一种竞合关系，因为它们的产品和服务互有异同，这就为双方的竞合打下了基础，"坦克"冰箱的研制和在日本市场上获准进入，就是海尔集团与日本三洋电机株式会社竞合的产物。《日刊工业》认为这种合作是一种基于实力的竞合，即"三洋与海尔在面向日本市场的家电产品设计方针，不是追求低价格的倾销，而是极力开发适合用户需求的特色电冰箱"。

3. 职能层战略

职能战略（Functional Strategy）是指组织的各个组成部分如何有效地利用组织的资源、流程和人员来实现公司层战略和事业层战略。公司的各个事业部为了达成自身目标，通常都设有若干职能部门（研发、制造、营销、财务、人力资源等）。由于不同的职能部门都肩负着不同的职能目标，故而需要制定相应的职能层战略达成事业部目标。这些战略包括研发战略、生产战略、营销战略、财务战略和人力资源战略等。

职能战略在促进公司战略成功方面具有关键性作用。这种作用表现在两个方面：一方面是职能管理要开发或者调整企业的资源和能力，以适应不断变化的公司战略和业务单位战略，这是战略成功的基础；另一方面，各项职能在其各自的领域中开发独特的资源或核心能力，为企业制定战略提供条件。

由于各部门可能只关注自己的目标和行为，因此可能会导致各部门之间产生利益冲突，从而降低公司业绩。例如，市场部门偏好于产品创新和差异化，并以此来开拓细分市场；而生产和运营部门则更希望产品生产线能够长期稳定运行。公司战略的作用是确保各部门或职能之间协调运转、减少冲突，以整合各部门的工作，使它们能为公司战略成功做出最大贡献。

学习单元二 企业战略管理的过程

战略管理是一个过程的结果，它必须包含输入、转换、输出、反馈和环境五大要素。依照通行的做法，战略管理过程可以大致分为四个阶段，即战略分析、战略制定、战略实施和战略控制阶段。战略的实现不仅取决于战略制定与选择的正确性，而且取决于战略是否得到有效的贯彻和执行。战略管理过程框图如图7-1所示。

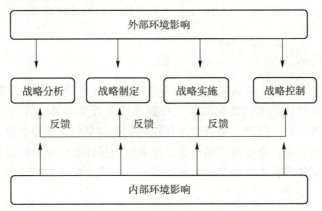

图7-1 战略管理过程框图

一、战略分析

战略分析主要指通过对企业外部环境和内部实力进行监测和评估，发现存在于环境中的机遇与威胁，了解组织能力的强项与弱项，为企业战略的正确制定与有效实施，建立有利于长期生存的竞争优势，奠定必要的信息基础。战略分析是整个战略管理流程的起点，对于企业制定何种战略具有至关重要的作用，战略分析的传统工具是SWOT分析法，它总结了企业的战略形势，体现了战略必须使内部能力与外部状况相适应这一原则，包括优势、劣势、机会与威胁四个方面的分析。

"菁菁校园"的未来

"菁菁校园"是一所新型的私立学校，专门为大学生、高中生提供暑期另类课程，如登山、探险、航海等集体项目的专业培训，以及为在职人员提供团队合作课程培训。该学校的创办人刘岩是个成功的企业家，他酷爱登山，并坚信这是一项锻炼个人品质，同时学习集体协作精神的完美运动（优势1：定位）。在刘岩看来，这个学校是个非营利性的企业，但是无论如何得自己维持自己的运转。因为如果没有充裕的资金，学校就不可能发展。学校开办以来，学生的数目逐年增多（优势2：有成长的市场，学生认可）。学校的课程主要分两类，一类是普通课程，一类是特殊课程。普通课程是学校的起家项目，针对大中学生的集体训练开设。每年暑假，总是有大批学生报名参加登山、探险等充满新鲜感的项目。虽然这部分的收入占了整个学校全部营业收入的70%，但是这种项目并不盈利（劣势1：无利润，反映经营管理问题）。特殊课程是应一些大公司的要求，专门为其开办的短期团队合作培训（与普通课程具有关联性）。这部分课程是最近才设立的，深受各大公司经理们的欢迎。在非正式的反馈中，他们都认为在这些课程里获益很多,他们所属的公司也愿意继续扩大与"菁菁校园"的合作。同时,这类课程为学校带来丰厚的利润(机会1:说明特殊课程市场有需求,并能获利)。但是,在实施特殊课程的时候,刘岩和他的好友们也有疑虑:这种课程的商业化倾向非常重,如在学校成立初期,刘岩并没有特别关注管理问题,他觉得很简单:每年暑假开始,学校就招生开课,到暑假结束就关门。但是随着知名度的提高和注册学生的不断增多,学校变得日益庞大复杂,管理问题和财政状况开始受到关注。最明显的是学校暑期过于繁忙,他们花销实在太大(劣势2:资源不足、管理问题)。与此同时,在社会上,出现了相似的竞争者(威胁1:出现替代品),学校面临内外两方面的评估和战略方向的重新确定。在这种情况下,你认为"菁菁校园"的未来在哪里?

管理启示

从这个案例中可以看出,企业战略是企业为适应竞争性环境,谋求长期生存与发展而制订的整体性计划。企业战略从宏观到微观都要充分洞悉瞬息万变的外部环境以及互联网时代,以了解企业面临的机会和威胁。同时,要清楚地认识到企业自身的优势和劣势。德鲁克认为,企业战略回答的两个基本问题是:企业现在是什么,企业应该是什么?战略的起点是企业的现状,重点是企业的未来。如何从现有的基础走向未来的目标,构成了企业战略的主线。

二、战略制定

企业战略的制定大致有两种情况:一是企业原来就没有明确的战略,随着企业规模的扩大,出现了许多问题,而这些问题有时并非通过一些局部的策略变化就能解决,需要经过较大的调整,这种情况就要使用企业的总体战略;二是企业虽然有总体战略,但是经过一段时间的发展,原有的战略已经不能适应企业发展的要求和外部环境的变化,如果企业不进行重大的调整,就可能面临生死存亡的问题,所以必须制定新的战略。

1. 提出问题

无论企业面临上述哪一种情况,在制定战略时首先必须明确一系列问题,即企业面临的主要的、关键的问题是什么?威胁企业生存的关键因素有哪些?企业能够有效利用的机会在哪里?企业在哪些领域具有优势?企业的主要竞争对手是谁?等等。

企业在制定战略时,如果对面临的问题并不十分清楚,就不可能制定出符合企业实际情况的战略,而且制定的战略也不可能真正得到贯彻执行,如果企业对自身面临的问题十分清楚并认真总结,那么企业战略的制定就会水到渠成,战略的实施就具有较强的可行性。

事实上,企业战略的制定过程就是一个不断提出问题、分析问题和解决问题的过程。战略研究的过程应该体现出一种以问题为导向的方法论。而且提出问题和发现问题不仅是战略制定的核心,同时也是战略制定的基础,只有准确地找到企业存在的问题,才能制定出符合企业生存和发展的战略方案。

2. 明确组织的使命

良好构思的使命陈述能够使企业明确一个最基本的、独特的目的,它把本企业与其他企业区别开来。企业的使命应该在组织成员中充分共享,并获得广泛认同,只有这样,企业才可能实现其使命。要想达到这一点,就必须保证企业存在的目的和未来发展的希望完全符合全体员工的愿望,而且这个愿望通过企业的实践是可以实现的。

3. 制定指导组织建立目标、选择和实施战略的方针

对于一个企业而言,企业使命仅仅为企业提出了一个努力追求的目标和方向,围绕着目标的实现还需要制定相应的战略指导方针。战略指导方针规定着企业在制定和执行企业战略时的

行动准则。例如，我们可以将企业的指导方针确定为"在发展中求稳定"，这就意味着在制定和执行战略时，发展是第一位的，而稳定是第二位的，企业在做决策时要敢于创新、甘冒风险；反之，我们也可以把企业的指导方针确定为"在稳定中求发展"，这就意味着在制定和执行企业战略时，稳定是第一位的，而发展是第二位的，企业在做决策时要相对保守、避免风险。因此，方针政策的制定是至关重要的。

4. 明确组织使命的长期目标和短期目标

长期目标和短期目标对企业都十分重要，正确地处理企业长期目标和短期目标的关系是每一个企业在制定战略时都必须慎重考虑的问题。从战略管理的角度来讲，一定要明确企业的短期目标必须服从和服务于长远的战略目标，这一根本指导方针是不能改变的。

5. 确定实现企业目标的战略

确定实现企业目标阶段的主要任务是建立和选择企业的战略方案。战略通常需要在公司层、事业层和职能层分别设立，制定这些战略应遵循一定的决策程序。特别是最高管理部门需要开发和评价不同的战略选择，然后选定一组符合三个层次要求的战略，达到最佳地利用企业资源和充分利用机会的目的。

通常，对于一个跨行业经营的企业来说，它的战略选择应解决以下两个基本的战略问题：一是企业的经营范围或经营领域，即规定企业从事生产经营活动的行业，明确企业的性质和所从事的事业，确定企业以什么样的产品或服务来满足哪一类顾客的需求。二是企业在某一特定经营领域的竞争优势，即确定企业提供的产品或服务，要在什么基础上取得超过竞争对手的优势。

最后，在事业部战略的指导下，每个职能部门按专业职能将其落实和具体化。它是将企业总体战略转化为职能部门具体行动计划的过程。根据这些行动计划，职能部门管理人员可以更清晰地认识各职能部门在实施总体战略中的责任和要求，从而丰富和完善企业的总体战略，也进一步发展了企业总体战略。

三、战略实施

在战略方案制定以后，如何贯彻执行所设计的战略是战略实施阶段的主要任务。战略实施一般包括以下几方面内容。

1. 组织调整

由于不同的战略要求企业具有不同的组织机构，因此企业的战略一旦确定，首先应该调整企业的组织机构，并根据战略的需要建立战略单元。企业组织应适应战略的要求，包括组织结构、业务流程、权责关系，以及它们之间的相互关系都应适应企业战略的要求。战略的变化要求企业组织进行相应调整，以创建支持企业成功运营的组织结构。这项工作的困难在于要改变业已习惯的工作方式，并使文化背景不同的人之间建立起良好的工作关系。

2. 调动资源

调动资源，是指调动企业不同领域的资源来适应新战略，包括人力、财务、技术和信息资源，促进企业总体战略和业务单位战略的成功实施。

3. 管理变革

企业调整战略时，需要改变企业日常惯例，转变文化特征，克服政治阻力。为此，企业需要做到以下几点。

（1）诊断变革环境，包括确定战略变革的性质（渐进与突变）、变革的范围（转型与调整）、变革需要的时间、变革程度的大小、员工对变革的思想准备程度、资源满足程度、企业文化与战略的冲突、变革的推动力量和阻碍力量等。

（2）根据对变革环境的分析，确定变革管理的风格，包括督导、合作、干预、指令等备选类别。

（3）根据对变革环境的分析，确定变革的职责，包括战略领导和中层管理人员应当发挥的作用。

四、战略控制

战略控制一般包括对企业业绩的评估与控制两项内容，即通过监测企业的活动和业绩，将实际业绩与期望业绩进行比较，以达到纠正行为、解决问题的目的。

最后需要强调的是，战略管理是一个循环过程，而不是一次性的工作。要不断监控和评价战略的实施过程，修正原来的分析、选择与实施工作，这是一个循环往复的过程。战略控制虽为战略管理的最后环节，但由此指出目前已实现战略的优缺点，从而自然成为战略管理下一轮循环的起点。

"新零售"的到来

1. 阿里巴巴为什么要实施"新零售"战略？
2. 运用SWOT矩阵，分析阿里巴巴的"新零售"战略。

小草与大树

学习单元三　企业经营战略

一、产品运作战略

产品运作战略是决定什么产品在什么市场销售的战略，又称产品—市场战略。

1. 市场渗透战略

市场渗透策略就是在现有产品和现有市场的基础上努力增加销售，以维持和提高市场占有率。如加大促销力度，改进服务，优价供应，以吸引现有顾客重复购买和多量购买，争取潜在顾客和竞争者的顾客加入购买。

市场渗透战略的主要策略有三个,即扩大用户、扩大顾客的使用频率和改进产品,吸引或留住顾客。

实施市场渗透战略也可能潜伏着较大的危机,主要表现在:过于注重局部完善而忽视技术的巨大进步;过于注重小产品而忽视大市场;可能使企业走进死胡同,如国外某钟表企业生产的机械手表,质量、性能堪称世界一流,但石英表的问世使这家企业几乎倒闭。

2. 产品开发战略

产品开发战略是指考虑在现有市场上通过改良现有产品或开发新产品来扩大销售量的战略。如原来只生产化妆品,现在增加生产洗涤用品。

3. 市场开拓战略

市场开拓战略是指商品生产者以什么样的手段和方法打开市场,提高本企业产品的市场占有率。

4. 多角化战略

多角化战略是指企业同时经营两种以上基本经济用途不同的产品或服务的一种发展战略。多角化战略是相对企业专业化经营而言的,其内容包括产品的多元化、市场的多元化、投资区域的多元化和资本的多元化。

多角化战略有多种类型,即技术相关产品战略、市场相关产品战略和非相关产品战略。

二、维持战略

维持战略又称为稳定战略,是指企业在一定时期内维持现状的战略。

1. 维持战略实施的前提条件

(1) 企业外部环境相对稳定。
(2) 企业高速发展之后。
(3) 企业在行业中遥遥领先时。
(4) 企业外部环境急剧变化,局势不明时。

在 20 世纪 80 年代的全国手表大战中,众多的手表生产企业面对上海老大哥的突然降价开始无所适从,进而纷纷效仿,唯有山东某企业不动声色,不久该企业做出决策,该企业不仅不降价,通过改变手表款式,反而大幅度涨价,并一举获得成功。

2. 维持策略

实施积极有效的维持战略,企业必须采用恰当的策略。
(1) 巩固目标市场。
(2) 改善组织结构。
(3) 加强队伍建设。一方面采用各种切实措施稳住企业现有人才,对企业员工进行培训,提高业务素质;另一方面,要广纳贤士,为企业扩张积蓄力量。
(4) 完善产品。降低产品成本,提高产品质量,增强产品性能,增加产品竞争力。

三、防御战略

防御战略是指经营环境的变化对企业产生了非常不利的影响而使企业处于被动地位,企业一时无法改变这种局面而主动撤退的战略。

1. 实施防御战略的背景

下列事件往往能使企业处于非常不利的地位,甚至给企业带来严重危机。

(1) 突发事件。
(2) 限制性政策和法规的出台。
(3) 宏观经济严重不景气。
(4) 强大的竞争对手进入目标市场。
(5) 管理不善导致决策失误。
(6) 产品已进入衰退期，市场需求急剧下降。

2. 防御战略的类型

根据企业陷入困境的不同程度可采用不同的防御战略，主要有以下几种。

(1) 紧缩战略。紧缩型战略又称为撤退型战略、退却型战略。紧缩型战略是指企业从目前的战略经营领域和基础水平收缩和撤退，且偏离战略起点较大的一种经营战略。它是企业在一定时期内缩小生产规模或取消某些产品生产的一种战略。紧缩型战略可能出于多种原因和目的，但基本的原因是企业现有的经营状况、资源条件以及发展前景不能应付外部环境的变化，难以为企业带来满意的收益，以至于威胁企业的生存，阻碍企业的发展。只有采取收缩和撤退的措施才能抵御对手的进攻，避开环境的威胁，保存企业的实力，以保证企业的生存，或者利用外部环境中有利的机会重新组合资源，进入新的经营领域，实现企业的长远发展。紧缩型战略是一种以退为进的战略。

(2) 剥离战略。企业出售分部、分公司或任一部分，以使企业摆脱那些不营利、需要太多资金或与企业其他活动不相适宜的业务。

(3) 清算战略。企业为实现其有形资产的价值而将企业资产全部或分块出售。

启发案例

撤退哲学

当日本松下通信工业公司突然宣布不再做大型电子计算机时，大家都感到震惊。松下已花5年的时间去研究开发，投下10亿多日元的巨额研究费用，眼看着就要进入最后阶段却突然全盘放弃。松下通信工业公司的经营也很顺利，不可能会发生财政困难，所以令人十分费解。

松下幸之助做出这样断然的决定是有其考虑的。他认为当时公司所处大型计算机的市场竞争相当激烈，万一不慎而有差错，将对松下通信工业公司产生不利影响，到那时再撤退就为时已晚了，趁着现在一切都尚有可为时撤退才是最好的时机。

事实上，像西门子、RCA这种世界性的公司都陆续退出大型计算机的生产，美国广大的市场几乎被IBM独占。像这样有一个强有力的公司独占市场就绰绰有余了，更何况在日本这样一个小市场呢？

富士通、日立、日立电器等七个公司都急着抢滩，它们也都投入了相当多的资金，等于赌下了整个公司的命运。在这场竞争中，松下也许会生存下来，也许就此消退。松下幸之助衡量得失后，终于决定撤退。

交战时，撤退是最难的，如果无法勇敢地喊撤退，或许就会受到致命的打击。松下幸之助勇敢地实行一般人都无法理解的撤退哲学，将"走为上计"运用自如，足见其眼光高人一等，不愧为日本商界首屈一指的大将。

如何把握急流勇退的最佳时机？

管理启示

"走"或"不走"有时的确要费一番心思。该走的时候不走，不该走的时候又走，都会产生困扰。所以，"走"也是一门艺术，既要掌握时机，也要靠点运气，这样才能走得正是时候，走得理直气壮。

四、基本竞争战略

企业一旦选准了竞争对手，就应采用恰当的手段——竞争战略。企业中常用的行之有效的基本竞争战略主要有以下三种。

1. 低成本战略

低成本战略是指在保证质量的前提下，企业采用各种手段使成本处于同行业的最低水平，在竞争中仍可在本行业中获得高于平均水平的利润，占据竞争中的有利地位。

(1) 实施低成本战略的条件。

①市场容量大而稳定。

②有较高的管理水平。

③所有企业生产的都是标准产品，即不同企业间的产品没有质的差别，价格竞争成为市场竞争的主要手段，如石油、煤炭、建材等。

④高效率的先进生产线进行大量生产。

⑤资源供应充足。

(2) 实施低成本战略的优点。

①可以与同行竞争者进行长期抗衡。

②可以巩固和扩大市场占有率。

③可以更灵活地应对供方抬高要素价格的压力。

④可以有效阻止潜在竞争者的进入。

⑤可以更有效地与替代品生产企业进行竞争。当出现替代品时，企业可以通过降价稳定顾客。

可见，低成本战略在同五种竞争力量的抗衡中具有全方位的优势，是一条行之有效的竞争战略。

(3) 实施低成本战略的风险。

①投资利润率低，投资回收期长。

②设备有过时的风险。若有更先进的生产线问世或有更好的替代品出现，都可能使企业蒙受设备未老先衰的风险。

③市场需求的变化。如 VCD 机的出现和光碟的使用使市场对录像带的需求急剧下降。

 启发案例

沃尔玛的成本领先战略

问题互动

你认为沃尔玛"天天最低价"与其执行的低成本战略有什么关系?对于一般企业来说,如何实现低成本?

2. 产品差异化战略

产品差异化战略是指企业提供在行业中具有独特性的产品或服务,以满足一部分消费者的特殊偏好,从而吸引和稳定这类消费者的战略。

(1) 产品差异化的形式。

①产品在功能、质量和造型方面的差异。
②食品在风味上的差异。
③产品在包装、色彩、规格方面的差异。
④销售地点、服务质量、售后服务等方面的差异。
⑤商标的差异。

(2) 实施产品差异化战略的优点。

①企业可以有限控制市场和价格。
②企业可以获得超额利润。

(3) 实施产品差异化战略的风险。

①开发费用较高。
②特色产品主要迎合部分消费者的偏好,不易扩大市场占有率,销量受到限制。
③只有能明显标记特色的产品才能实施产品差异化战略。

(4) 实施产品差异化战略的方法。

①定价差异化,如以高价显示产品身价。
②包装差异化,如以不同的包装配合不同的消费者。
③宣传差异化,如特色宣传。
④服务差异化,如独到的售后服务。
⑤品牌差异化,如树立名牌等。

启发案例

贝因美的差异化战略

问题互动

差异化战略能为企业带来什么独特的竞争优势?举出几个具有明显差异化优势的企业。

3. 集中战略

集中战略是指企业集中全部资源，满足特定消费者的特殊需要，以有限的资源取得某一狭小领域的竞争优势，使竞争者难以进入。这种战略一般适用于一些中小型企业。

（1）实施集中战略的条件。

①有保证企业生存和发展的市场容量。

②大企业不愿进入。

③该市场有明显特色，没有非常相似的替代品。

（2）实施集中战略的优点。

①可以采用专业化的生产经营方式，效率较高。

②可以以"小型巨人"的战略取得某一狭小领域的竞争优势。

③可以与强大的竞争者和平共处。

（4）实施集中战略的风险。

①强大的竞争者可能随时进入该领域。

②当市场需求发生变化时，企业因失去需求而无立足之地。

③当竞争者也采用差异化战略时，可能将该特殊市场纳入其目标市场，这也给企业带来威胁。

启发案例

美国阿里德拉公司致力于开发专供左撇子使用的产品，左开门冰箱，左手用剪刀、削皮器、锯子、量尺等。这些专门为左撇子设计的产品，惯用右手的人自然不会购买。据统计，左撇子约占总人口的10%。正是这个奇特的市场使阿里德拉公司成为闻名世界的企业。

问题互动

阿里德拉公司应用的是什么竞争战略？谈谈实施不同竞争战略的风险和条件。

表7-1列举了企业可选择的各种战略类型。

表7-1　企业可选择的各种战略类型

分类	战略	定义
基本战略 （Generic Strategy）	成本领先 （Overall Cost Leadership）	企业强调以低单位成本价格为用户提供标准化产品，其目标是要成为其产业中的低成本生产厂商
	特色优势 （Difierentiation）	企业力求就顾客广泛重视的一些方面在产业内独树一帜，它选择被产业内许多顾客视为重要的一种或多种特质，并为其选择一种独特的地位以满足顾客的要求
	目标集聚 （Cost-or-differentiation-focus）	企业选择产业内一种或一组细分市场，并量体裁衣使其战略为该市场服务而不是为其他细分市场服务

续表

分类	战略		定义
成长战略 I：核心能力企业内扩张	一体化战略	前向一体化 （Forward Integration）	企业获得分销商或零售商的所有权或加强对他们的控制
		后向一体化 （Backward Integration）	企业获得供应商的所有权或加强对他们的控制
		横向一体化 （Horizontal Integration）	企业获得与自身生产同类产品的竞争对手的所有权或加强对他们的控制
	多元化战略	同心多元化 （Concentric Diversification）	企业增加新的、与原有业务相关的产品或服务
		横向多元化 （Horizontal Diversification）	企业向现有顾客提供新的、与原有业务不相关的产品或服务
		混合多元化 （Conglomerate Diversification）	企业增加新的、与原有业务不相关的产品或服务
	加强型战略	市场渗透 （Market Penetration）	企业通过加强市场营销，提高现有产品或服务在现有市场上的市场份额
		市场开发 （Market Development）	企业将现有产品或服务打入新的区域市场
		产品开发 （Product Development）	企业通过改进或改变产品或服务而提高销售
成长战略 II：核心能力企业外扩张	战略联盟 （Strategic Alliance）		企业与其他企业在研究开发、生产运作、市场销售等价值活动中进行合作，相互利用对方资源
	虚拟运作 （Virtual Operation）		企业通过合同、参数股权、优先权、信贷帮助、技术支持等方式同其他企业建立较为稳定的关系，从而将企业价值活动集中于自己的优势方面，将其非专长方面外包出去
	出售核心产品 （Core Products Selling）		企业将价值活动集中于自己少数优势方面，产出产品或服务，并将产品或服务通过市场交易出售给其他生产者做进一步的生产加工
防御战略 （Defensive Strategy）	收缩战略 （Retrenchment Strategy）		通过减少成本和资产对企业进行重组，加强企业所具有的基本的和独特的竞争能力
	剥离战略 （Divestiture Strategy）		企业出售分部、分公司或任一部分，以使企业摆脱那些不营利、需要太多资金或与企业其他活动不适宜的业务
	清算战略 （Liquidation Strategy）		企业为实现其有形资产的价值而将企业资产全部或分块出售

学 习 小 结

广义的企业战略是公司为之奋斗的终点与公司为达到终点而寻求的途径的结合物（迈克尔·波特）；狭义的"企业战略"是企业目前的和计划的资源配置与环境相互作用的基本模式，该模式表明企业将如何实现自己的目标（霍弗和申德尔）。

另外，明茨伯格把企业战略定义为一系列行为方式的组合，即"5P"理论。

一个好的企业战略主要具有以下几种基本特点。

1. 专注于企业长远发展方向。
2. 重点在于企业核心能力的培养。
3. 关注于利益相关者的期望。

战略管理的过程必须包含输入、转换、输出、反馈和环境五大要素，依照通行的做法，战略管理过程可以大致分为四个阶段，即战略分析、战略制定、战略实施和战略控制阶段。

企业经营战略有产品运作战略、维持战略、防御战略、竞争战略。

复习思考题

1. 论述战略管理的四种构成要素。
2. 论述为什么我国企业要推行战略管理。
3. 目前中国企业战略管理主要存在什么问题？应该如何解决？
4. 有观点认为，企业重视经营使命，是为了使经理、员工、消费者等利益相关者都能够共享这一使命。请你谈谈对这一观点的看法。
5. 个人有战略吗？为什么？如何进行个人职业规划？谈谈自己的理解。

IBM CEO 罗睿兰的哲学

思考题：
1. 评价彭明盛的战略。
2. 你认为一个出色的 CEO 该具备什么样的素质？

分析企业战略

1. 实训目标
（1）使学生能够结合实际，加深对企业战略的感性认识与理解。
（2）初步培养学生认知与自觉养成企业战略管理的能力。

2. 实训内容与方法
（1）将学生分成 6~8 人的小组。要求学生进行组内分工。
（2）通过网络或其他渠道，收集一个真实企业的信息及其战略资料。
（3）在调查访问之前，每组学生需要根据课程所学知识，讨论、制定调查访问的提纲，包括调查的主要问题与具体安排。
（4）通过走访企业，对其战略进行分析。要求学生了解企业的经营环境对企业生存和发展的影响，进而分析企业战略是否合适。最后撰写书面的调查访问报告，报告中应使用驱动行业竞争的五种力量分析模型和 SWOT 分析方法。

3. 标准与评估

（1）标准：提交书面的调查访问报告及用于展示的 PPT 文档。

（2）评估：调查访问结束后，组织一次课堂交流与讨论活动，老师根据课堂交流的情况和调查访问报告评价学生成绩。

4. 练习题

练习题

模块八

人力资源管理及企业文化建设

本模块学习目标

1. 了解人力资源管理的概念、特征及作用；
2. 掌握人力资源管理的主要内容与原则；
3. 掌握人力资源管理的规划、培训与开发；
4. 了解企业文化的内容和功能；
5. 掌握企业建设的内涵和建设途径；
6. 了解企业文化与人力资源管理之间的互动关系。

能力目标

通过本模块的学习，学生能够理解和掌握人力资源管理的基本要求和企业文化建设途径，能进行人力资源的获取和使用，并从企业文化视角去丰富企业人力资源管理的内涵。

关键概念

人力资源　人力资源管理　企业文化

【导入案例】

某50人规模的公司老板参加了一次员工管理与发展的培训课，课间交流时该老板不无自豪地说："我们公司现在的规模刚刚好，我经过严密核算，规模再小一点的话，现有的业务支撑不了，但要继续扩大规模的话，利润率反而会降低，我也不想大家太累，所以从赚钱的性价比来讲，现在的规模是最好的。而且我对公司50名员工的情况都很熟悉，工资如何确定，奖励如何分配心知肚明，公正合理，大家也都毫无怨言。所以我就把现有团队维持住就行，员工管理发展根本不是个事儿。"

然后一个HR问了这样一个问题："是的，你对现状很满意。但你的骨干员工会满足于现有的规模吗？他们中没有人想过去带更大的团队吗？"老板听后，陷入了沉思。

管理启示

从这个例子中可以看出，人力资源规划直接影响企业未来发展，当企业能够为员工自身的职业发展提供条件时，就能调动员工的积极性和创造性，促进企业良性发展。老板自己虽乐于止步不前，但团队骨干却还有成长与发展的客观诉求，满足不了他们，公司就连维持现状都很难做到。

学习单元一　人力资源管理认知

启发案例

去过寺庙的人都知道，一进庙门，首先看到的是弥陀佛，他笑脸迎客。而在他的北面，则是黑口黑脸的韦陀。但相传在很久以前，他们并不在同一个寺里，而是分别掌管不同的寺。

弥勒佛热情快乐，所以来的人非常多，但他什么都不在乎，丢三落四，没有好好地管理账务，所以入不敷出。而韦陀虽然管账是一把好手，但成天阴着个脸，太过严肃，搞得人越来越少，最后香火断绝。

佛祖在查香火的时候发现了这个问题，就将他俩放在同一个寺里，由弥勒佛负责公关，笑迎八方客，于是香火大旺。而韦陀铁面无私，锱铢必较，则让他负责财务，严格把关。在两人的分工合作中，寺里一派欣欣向荣景象。

其实在用人大师的眼里，没有天才与庸才，正如武功高手不需要名贵宝剑，即使摘花飞叶也可伤人一样，关键是看如何用人。

管理启示

要成就一番事业，仅凭个人的力量是有限的。一个组织实际上就是一群人的集合体，如何将这些人力资源整合成能够攻无不克、战无不胜的团队，正是人力资源管理所要研究的问题。

课堂拓展

优秀领导者的基本素质

一、人力资源管理的概念与特点

人力资源管理，是指根据企业发展战略的要求，有计划地对人力资源进行合理配置，通过对企业员工的招聘、培训、使用、考核、激励、调整等一系列过程，调动员工的积极性，发挥员工的潜能，为企业创造价值，确保企业战略目标的实现。

二、人力资源管理的主要内容及目标

1. 人力资源管理的内容

（1）工作分析。工作分析是对企业各个工作职位的性质、结构、责任、流程，以及胜任该职位工作人员的素质、知识、技能等，在调查分析获取相关信息的基础上，编写职务说明书和岗位规范等人事管理文件。

（2）人力资源规划。人力资源规划是指在不断变化的环境系统中，合理地分析和预测企业对人力资源的需求和供给的情况，并据此制定或调整相应的政策和实施方案，以确保企业在恰当的时间、恰当的岗位上获得人选的动态过程。

(3) 员工招聘与选拔。根据人力资源规划和工作分析的要求，为企业招聘、选拔所需要的人力资源并录用安排到一定岗位上。

(4) 人力资源培训与开发。人力资源培训与开发是有组织、有计划提供的，为的是使企业成员的知识、能力、态度和行为获得提升或促进，从而达到提高企业工作效率的目的。

(5) 绩效考评。绩效考评也叫绩效评估，是组织依照预先确定的标准和一定的考核标准，运用科学的考核方法，按照考核的内容和标准，对考核对象（员工）的工作能力、工作成绩进行定期或不定期的考查或评价。绩效考评对企业、管理者和员工个人具有不同的作用。在提高工作效率、发现优秀人才、促进人才的合理开发等方面表现突出。

(6) 员工激励。员工激励是人力资源管理的重要功能，是人力资源管理与开发过程中不可或缺的组成元素。简单地讲，激励就是帮助人们寻找或为他们创造努力工作的理由的过程。在现实的管理过程中，激励的方式有很多种，如信仰激励、目标激励、参与激励、竞争激励、考评激励、业绩激励、奖惩激励、信任激励、关怀激励、反馈激励、情感激励等。

(7) 薪酬管理。在现代市场经济中，薪酬是人力资源管理的一个重要方面，也是人力资源管理的有效手段之一。在企业中，最直观体现人力资源价值量大小的指标就是薪酬。随着新经济时代的来临，人力资源成本在企业活动成本中所占份额的增加，使企业更加重视对人力资源的管理。所以，薪酬就成为企业管理者和企业员工共同关心的中心内容。

(8) 职业生涯管理。鼓励和关心员工的个人发展，帮助员工制定个人发展规划，以进一步激发员工的积极性、创造性。

2. 人力资源管理的目标

(1) 充分调动员工的积极性。调查研究发现，在自然状态下，员工只会发挥 20%～30% 的能力，如果充分调动员工的积极性，其潜力可发挥到 80%～90%，所以，为了充分、全面、有效地开发人力资源，调动员工的积极性就成了实现企业目标的有效手段。

(2) 扩展企业的人力资本。企业拥有三大资源，即人力资源、物质资源和财力资源，其中，物质资源和财力资源的利用归根结底是通过与人力资源的结合实现的，实现的程度受到企业人力资源中人力资本的数量、利用程度，以及人力资源管理的优劣影响。扩展企业人力资本，增加人力资本的存量，成为人力资源管理的一大目标。

(3) 实现企业利润的最大化。人力资源管理就是通过提高企业成员的使用率、发挥率和有效率来达到人尽其才、才尽其能的目的，从而实现企业利润最大化的目标。

如何看待"办公司就是办人。人才是利润最高的商品，能够经营好人才的企业才是最终的赢家"这种观点？

三、人力资源管理的基本职能及基本原理

1. 人力资源管理的基本职能

(1) 选才。企业通过何种方式来招募人才？选择的标准是什么？选一个适合的人比选一个优秀的人更为重要，适才是企业用人的最高原则。

(2) 用才。通过组织规划来合理组合现有的人力资源，使人力资源发挥出最大的经济效益。

(3) 育才。在企业里对人才的教育和培训是相当重要的。只有通过教育培训，使员工不断

更新知识，积累不同的经验，才能对千变万化的市场做出有效的应变。

（4）留才。对于企业来说，辛辛苦苦培育的员工不能留在企业里工作，将是一大损失。企业与员工之间只有长期相互了解，才能达成一种默契，使员工心甘情愿地留在公司，为实现公司的目标而努力工作。

选才、用才、育才、留才的四大基本职能，又都体现在人力资源管理的各个环节，互相影响，互为依存，形成一体，缺一不可。人才资源管理的基本职能如图 8-1 所示。

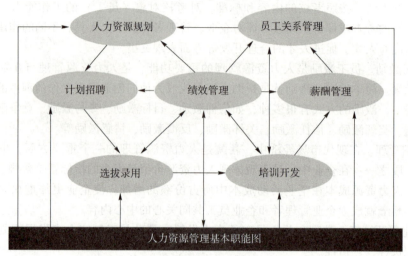

图 8-1　人力资源管理的基本职能

2. 人力资源管理的基本原理

（1）系统优化原理。系统优化原理是最重要的原理。系统优化原理是指在对人力资源系统进行组织、协调、运行、控制过程中，应遵循使群体的整体功效达到最优的原则。

（2）激励强化原理。激励强化原理是指应对遵守企业行为准则并对企业做出贡献的人给予相应的奖励和激励，鼓励他们继续遵守企业的行为准则并努力为企业做出更大的贡献。应根据不同层次、不同性格员工的不同需求，采用多样化、个性化的激励方式。

（3）反馈控制原理。反馈控制原理是指根据对人力资源的需求而确定相应的政策和措施，即通过正反馈环或负反馈环的运行，或者对某些人力资源的需求正向强化，或者对某些人力资源的需求负向转化，从而使人力资源的需求得到控制。

（4）弹性冗余原理。弹性冗余原理是指在人力资源聘任、使用、解雇、辞退、晋升等过程中要留有充分余地，应使人力资源整体运行过程具有一定的弹性，当某一决策发生偏差时，留有纠偏和重新决策的余地。"弹性"通常都有一个"弹性度"，超过了某个度，弹性就会丧失。人力资源也一样，人们的劳动强度、劳动时间、劳动定额等都有一定的"度"，超过这个"度"进行开发，只会使人身心疲惫、精神萎靡不振，造成人力资源的巨大损失。

（5）互补增值原理。互补增值原理是指团队成员之间通过气质、性格、知识、专业、能力、性别、年龄等各因素的互补，扬长避短，使整个团队的战斗力更强，达到增值效应，如知识互补、能力互补、性格互补、年龄互补、社会关系互补等。

（6）利益相容原理。利益相容原理是指当双方利益发生冲突时，寻求一种方案，该方案在原来的基础上，经过适当的修改、让步、补充或者提出另一个方案，使双方均能接受从而获得相容。

利益相容必须有一方或多方的让步、谅解和宽容。

利益相容必须是矛盾的各方都到场进行协商以求得解决。

利益相容原理要求原则性和灵活性的统一。

 **课堂拓展**

格拉丘纳斯的上下级关系理论

 问题互动

某企业为了更好地贯彻"公平、公正、公开"的原则,设计并运用了一套相当完整的人员绩效考核体系,按照新的考核体系,企业上下 500 多名干部员工采取统一的考核标准,该考核标准实行一段时间后,却有许多反面意见。你认为出现反面意见的原因是什么?

学习单元二 人力资源管理体系构建

一、人力资源的获取

 启发案例

保洁公司招聘会

1. 人力资源规划

(1) 人力资源规划的含义。人力资源规划是指在不断变化的环境系统中,合理地分析和预测企业对人力资源的需求和供给的情况,并据此制定或调整相应的政策和实施方案,以确保企业在恰当的时间、恰当的岗位上获得人选的动态过程。

(2) 人力资源规划的内容。

①总体规划:根据企业总体战略,确定在规划的时间内人力资源管理的总目标、配套政策、实施步骤及总预算支出的安排。

②业务规划:各项业务规划主要包括六个方面。

一是人员配备计划。企业依据内外部环境的变化,采取不同的人员管理措施以实现企业内部人员的最佳配置。例如,当企业要求某岗位的员工同时具备其他岗位的经验或知识时,就可以让此岗位上的员工定期、有计划地流动,以提高其知识技能,使之成为复合型人才。

二是人员补充规划。人员补充规划是企业根据组织运行的实际情况,对企业在中、长期内可能产生的空缺职位加以弥补的计划,旨在促进人力资源数量、质量和结构的完整与改善。

三是人员晋升规划。人员晋升规划就是根据企业管理结构的需求和人力资源的供给状况,相应地确定在特定发展阶段的晋升政策，及时地将有特殊才能的人才晋升到与其能力匹配的岗位上，这对于企业的整体实力和全体员工都会产生积极的影响和推动力。

四是人员培训开发规划。人员培训开发规划是为了企业的中长期发展所需补充的空缺职位，而事先制订的储备人才计划，也是为了更好地使员工与工作岗位相适应而进行的一系列策划工作。当职位确实出现了空缺时，相应的人才早已经储备待用了，培训开发规划不但对企业有重大作用，对于提高员工个人素质和创造力也都具有十分重要的意义。

五是薪酬福利规划。薪酬福利规划可以将企业的人力资源成本与经营状况维持在一个合理的水平上。企业未来薪酬总额取决于员工的分布状况，不同的分布状况往往对应着不同的人力资源成本。企业通过规划，适当地控制扩大的幅度，优化中高层次职位的数量，在一定条件下就可以显著降低总的工资水平。如果事先没有详细的工资规划，以有效地控制成本，企业的整体目标就会受到重大影响。

六是员工职业生涯规划。员工职业生涯规划既是员工个人的发展规划，又是企业人员规划的有机组成部分。企业通过员工职业生涯规划，把员工个人的职业发展与组织需要结合起来，从而有效地留住人才，稳定企业的员工队伍。特别是那些具有相当发展潜力的员工，企业可以通过个人职业生涯规划的制定，激发他们的主观能动性，使其在企业中发挥出最大的作用。

2. 人员招聘与选拔

招聘就是企业通过招募，选用具有企业所需能力的人员的过程，是人力资源开发与管理中非常重要的一个环节。招聘是企业各职位吸纳人力资源的手段，它是企业为了发展的需要，根据人力资源的规划和工作说明的需求，从企业内部或外部找到职位所需的人力资源的过程。

（1）人员招聘的原则。

①因事择人原则：以事业的需要、岗位的空缺为出发点，根据岗位对人员的资格要求来选用人员，这可以从所需人员的教育经历和任职类型两个方面进行考虑。

②先内后外的原则：企业在招聘时首先要从内部挖掘人才，内部人员不能满足要求时才从外部招募。现代人力资源管理要求企业能够使员工在企业中得到长期的发展，所以，不断给企业内部员工以发展的机会是人力资源管理部门的一项职责。

③公开透明原则：公开就是企业要把招聘的部门、职位类型、职位数量、要求的资格、要求的条件等公开，考试的内容、方法、时间要公开，考试的结果、录用结果也要公开。透明就是考试、甄选、录用的过程要透明，防止暗箱操作。

④公平竞选原则：公平竞争就是要求对待应聘者一视同仁，不能有任何歧视性的条件和不平等的限制，为应聘人员提供一个平等竞争的舞台。测试和选择人才的条件要科学、合理、公平、严格，根据测试结果择优录用。

⑤量才择优原则：择优就是要根据企业的人力资源需求类型，通过选拔录用最合适的人才，做到因事择人。量才则要求全面考查应聘者的品德、智力、能力、经验、经历、体力、心理等方面的因素。遵循量才择优原则最重要的是要处理好量才和择优的关系。

（2）人力资源招聘的途径。一般来讲，人力资源招聘分为企业外部招聘和内部提升两种。外部招聘就是企业根据制定的标准和程序，从企业外部选拔符合空缺职位要求的员工。所谓内部提升，是指企业内部成员的能力和素质得到充分确认之后，被委以比原来责任更大、职位更高的职务，以填补该企业中由于发展或其他原因而空缺的管理职务。

（3）人员招聘的程序。

①制订招聘计划：公布招聘信息、应聘者提出申请接待和甄别应聘人员。

②发布招聘信息：利用各种传播工具发布岗位信息，鼓励和吸引人员应聘。在发布招聘信息时应注意信息发布的范围、时间以及招聘对象的层次性。

③应聘者提出申请：应聘者在获取招聘信息后，向招聘单位提出应聘申请。应聘申请通常有两种方式：一是通过信函向招聘单位提出申请；二是直接填写招聘单位应聘申请表（网上填写提交或到单位填写提交）。

④接待和甄别应聘人员：在招聘当中对职务申请人的选拔过程，具体包括如下环节：审查申请表—初筛—与初筛者面谈、对其进行测验—第二次筛选—选中者与主管经理或高级行政管理人员面谈—确定最后合格人选—通知入选者体检。此阶段一定要客观、公正，尽量减少面谈中各种主观因素的干扰。

⑤发出录用通知书：这是招聘单位与入选者正式签订劳动合同，并向其发出上班试工通知的过程。通知中通常应写明入选者开始上班的时间、地点和向哪个部门报到。

⑥对招聘活动的评估：这是招聘的最后阶段。对本次招聘活动做总结和评价，并将有关资料整理归档。评价指标包括招聘成本的核算和对录用人员的评估。这两类指标分别从招聘的成本和质量来衡量，若在招聘费用支出低的情况下能招聘到高质量的人才，则表明本次招聘效果好。

3. 测试、选拔和录用

（1）招聘测试。招聘测试是评定应聘者素质与行为能力的重要手段，运用科学有效的测试方法能保证企业招聘录用到所需要的人选，并将其安排到企业最合适的岗位上。常用的员工招聘测试的方法有笔试、面试、心理测试、情景模拟测试等。

①笔试：也称知识测试，是指通过纸笔测试的形式，对应聘者的基本知识、专业知识、管理知识、综合分析能力和文字表达能力进行衡量的一种方法。笔试的类型有广度测试、结构测试和深度考试，依次分别是百科知识、相关知识和业务知识测试。通常笔试合格者才能取得面试和下一轮测试的资格。

②面试：是指通过主试与被试双方面对面的考查、交谈等双向沟通方式，了解应聘者的素质状况、能力特征及求职应聘动机的一种人员甄选技术。通过供需双方的正式交谈，组织能够客观地了解应聘者的业务知识水平、外貌风度、工作经验、求职动机、人际交往与沟通技巧、应变能力、分析判断能力、个人兴趣爱好、与职位匹配性等信息，应聘者也能更全面地了解组织的信息。

③心理测试：随着社会化大生产的发展，社会分工越来越精细，工作本身对人的素质和心理适应性的要求越来越高，这就要求在人员和工作之间选择最佳匹配。单凭个人经验的选拔方法无法对人的心理素质进行科学准确的评估，心理测试的运用使人事决策更为科学准确。心理测试主要包括职业能力倾向测试、个性测试、价值观测试、职业兴趣测试和情商测试等。

④情景模拟测试：情景模拟测试是根据被试可能担任的岗位，编制一套与该岗位实际情况相似的测试题目，将被试安排在模拟的逼真的工作环境中，要求被试处理可能出现的各种问题，用多种方法来测试其心理素质、实际工作能力、潜在能力等综合素质。情景模拟测试的主要形式有公文处理、与人谈话、角色扮演和即席发言等。

（2）人员选拔和录用。人员选拔就是从应聘者中遴选出企业需要的员工的过程。由于这一步将直接决定最后录用的人员，因而是招聘过程中最关键的一步，也是技术性最强的一步。在这一过程中需要用到上述提到的测试方法。

员工录用过程主要包括：录用决策、背景调查和健康体检、通知录用者、办理录用手续、签订试用合同、新员工培训、正式录用。

二、人力资源的开发

你是不能干，还是不愿干？

一天，孟子来到齐国，见到了齐宣王。

孟子对齐宣王说："有人说，我的力气能够举起3 000斤①的东西，却拿不动一根羽毛；我的眼睛能看清楚鸟羽末端新长出的绒毛，却看不到一大车木柴。大王相信吗？"

齐宣王说："我不信。"

孟子说："拿不动羽毛，是因为完全没有用力；看不到一大车木柴，是因为闭上眼睛不去看。不是不能做，而是不去做。"

齐宣王说："不去做和不能做有什么区别吗？"

孟子说："抱起泰山，跳跃北海，那是不能做；在坡上遇到老人走路不便，不愿折枝给他当拄杖，那就是不去做。"

面对一项工作或者任务，能不能干或许你决定不了，但愿不愿意干却是你首先要做出的选择。海尔集团总裁张瑞敏说："想干与不想干，是有没有责任感的问题，是德的问题。会干与不会干，是才的问题。"不会干没关系，只要想干，就可以通过学习研究，达到会干，但不想干，工作肯定是做不好的。

培训与开发是人力资源管理的一个重要职能。主要目的是为长期战略绩效和近期绩效提升做贡献，确保组织成员在组织战略需要和工作要求的环境下，有机会、有条件进行个人绩效提升和经验阐释。

1. 员工培训与开发

员工培训与开发是指为了满足企业不断发展的需要，提高员工的知识和技能，改善员工的工作态度，使员工能胜任本职工作并不断有所创新，在综合考虑组织的发展目标和员工的个人发展目标的基础上，对员工进行的一系列有计划、有组织的学习与训练活动。

(1) 员工培训的内容。

①知识培训：这是员工持续提高和发展的基础。员工只有具备相应的知识，才能为其在各个领域的进一步发展提供坚实的支撑。

②技能培训：知识只有转化为技能，才能真正产生价值。员工的工作技能是企业生产高质量的产品和提高优质服务的重要条件。因此，技能培训也是企业培训中的重点环节。

③态度培训：员工具备了扎实的理论知识和过硬的业务技能，但如果没有正确的价值观、积极的工作态度和良好的思维习惯，那么，他们给企业带来的很可能不是财富而是损失，企业必须持之以恒、不间断地对其进行态度培训。

(2) 员工培训的方式。

①岗前培训：这主要是针对新员工而言，一是向他们介绍企业文化、行为要求、生产与产品等；二是组织他们参观企业，使其进一步熟悉和了解企业情况；三是进行业务知识、操作规程的学习。

---

① 1斤=0.5千克。

②在职培训：这主要是指不离开岗位进行的培训。可以利用工余时间、晚上和双休日或利用少部分工作日进行培训。培训内容可以是文化知识的普及和提高等，也可以是有针对性地对某一专门技术的培训。

③脱产培训：这主要是指离开工作岗位专门进行的学习培训，分短期和长期两种。短期培训是指3个月以内的学习培训；长期培训是指3个月以上的学习培训，如进大学深造、出国进修等，这种形式对培养年轻有为的技术人员和高层管理人员较为有效。

（3）员工培训的工作流程。

①培训需求分析阶段：在培训活动中，培训的组织者应该考虑到受训者的培训需求，这一需求分析关系到培训的质量。

②培训计划阶段：培训计划一般集中在以下几个方面：培训目标、受训者的意愿和准备、学习原则。这里的关键是培训目标。培训需求确定了，就应据此确定培训目标，培训目标可以指导培训内容、培训方法和评价方法的开发。

③培训实施阶段：在确定培训内容后，应选择适当的培训方法。采用"请进来，走出去"的方法，不断加大培训力度，培养企业人才。企业一般采用的培训方法有授课、学徒制、讨论会、工作轮换、录像、模拟、案例分析、内部网培训、远程教育和自学等。

④培训评估阶段：从员工学习反映、学习效果、行为和结果等方面对培训进行评估。学习反映的具体做法是在培训结束时请受训者填写一份简短的问卷。在问卷中，可以要求受训者对培训科目、教员、自己收获的大小等方面做出评价。

⑤培训反馈阶段：培训结束后，应对培训工作进行总结，吸取经验和教训并反馈给有关部门，以利于指导下次培训工作的开展。

2. 职业生涯管理

职业生涯管理是现代企业人力资源管理的重要内容之一，是企业帮助员工制定职业生涯规划和帮助其职业生涯发展的一系列活动。

（1）职业生涯的发展阶段。

①成长阶段（14岁以前）：这一阶段大体上可以界定在一个人从出生到14岁这一年龄段上。在这一阶段，个人通过对家庭成员、朋友以及老师的认同以及与他们之间的相互作用，逐渐建立起自我的概念。

②探索阶段（15~24岁）：在这一阶段，每一个人将认真地探索各种可能的职业选择。他们试图将自己的职业选择与其对职业的了解以及通过学校教育、休闲活动和个人工作等途径所获得的个人兴趣和能力匹配起来。处于这一阶段的人，还必须根据来自各种职业选择的可靠信息来做出相应的教育决策。

③确立阶段（25~44岁）：这一阶段是大多数人工作生命周期中的核心部分。人们（尤其是在专业领域的人）通常愿意早早地就将自己锁定在某一选定的职业上，然而，在大多数情况下，这一阶段的人们仍然在不断地尝试与自己最初的职业选择所不同的各种能力和理想。人们第一次不得不面对一个艰难的抉择，即判定自己到底需要什么，什么目标是可以达到的，以及为了达到这一目标自己需要做出多大的牺牲和努力。

④维持阶段（45~60岁）：在这一职业生涯的后期，人们一般都已经在工作领域为自己创立了一席之地，因此，大多数精力主要就放在维持现状和拥有这一位置上了。

⑤下降阶段（60岁以上）：在这一阶段，人的健康状况和工作能力都在逐步衰退，职业生涯接近尾声。许多人都不得不面临这样一种前景：接受权利和责任减少的事实，学会接受一种新角色——成为年轻人的良师益友。再接下去，就是几乎每个人都不可能避免地要面对的退休，这时，人们所面临的选择就是如何去打发原来用在工作上的时间。

启发案例

三国"跳槽王"吕布

只看短期利益,没有长远规划;处理不好跟上任领导、上一家单位的关系;跳槽太频繁,没有企业忠诚度。犯了这三个错误,说明吕布对自己缺乏明确的职业生涯规划,他的职场生涯注定崩溃。

(2) 职业生涯管理的意义。

①企业实施职业生涯管理的意义。

职业生涯管理是企业资源合理配置的首要问题。人力资源是一种可以不断开发并不断增值的增量物质,因为通过人力资源的开发能不断更新人的知识、技能,提高人的创造力,从而使无生命的"物"的资源充分尽其所用。特别是随着知识经济时代的到来,知识已成为影响社会的主要因素,而掌握和创造知识的就是"人",所以企业更应注重人的智慧、技艺、能力的提高与全面发展。因此,加强职业生涯管理,使人尽其才、才尽其用,是企业资源合理配置的首要问题。

职业生涯管理能充分调动员工的内在积极性,更好地实现企业组织目标。职业生涯管理的一大目的就是帮助员工提高在各个需要层次的满足度,既使员工的低层次物质需要的满足度逐步提高,又使他们的自我实现等精神方面的高级需要的满足度逐步提高。因此,职业生涯管理不仅符合人生发展的需要,而且也立足于人的高级需要,即立足于友爱、尊重、自我实现的需要,真正了解员工在个人发展上想要什么,协调其制定规划,帮助其实现职业生涯目标。这样就必然会激起员工强烈的为企业服务的精神力量,进而形成企业发展的巨大推动力,更好地实现企业组织目标。

职业生涯管理是企业长盛不衰的组织保证。任何成功的企业,其成功的根本原因是拥有高质量的企业家和高质量的员工。人的才能和潜在能力得到充分发挥,人力资源不会虚耗、浪费,企业的生存成长就有了取之不尽、用之不竭的源泉。通过职业生涯等管理努力为员工提供施展才能的舞台,充分体现员工的自我价值,是留住人才、凝聚人才的根本保证,也是企业长盛不衰的组织保证。

②个人参与职业生涯管理的意义。

有利于增强对工作环境的把握能力和对工作困难的控制能力。职业生涯管理既可以使员工了解自身的长处和短处,养成对环境和工作目标进行分析的习惯,又可以使员工合理计划、分配时间和精力完成任务、提高技能。这都有利于强化对环境的把握能力和对困难的控制能力。

有利于个人的职业生涯,处理好职业生涯和生活其他部分的关系。良好的职业生涯管理可以帮助个人从更高的层面看待工作中的各种问题和选择,将各单独的事件结合起来,服务于职业目标,使职业生活更加充实和富有成效。员工能更好地考虑职业生活同个人追求、家庭目标等其他生活目标的平衡，避免顾此失彼、两面为难的困境。

有利于实现自我价值的不断提升和超越。一个人工作的最初目的可能仅仅是找一份养家糊口的差事，进而追求的可能是财富、地位和名望。职业生涯管理对职业目标的多次提炼可以使人的工作目的超越财富、地位和名望，进而追求更高层次自我价值实现的成功。

三、人力资源的使用

某 IT 企业的薪酬制度改革

1. 激励

激励就是激发人的内驱力，使之朝着所期望的目标努力的心理活动过程。激励是调动员工潜能的必要条件，激励水平是影响员工工作绩效的重要内因，也是吸引和留住人才的重要因素。

2. 绩效考核

绩效考核就是管理者用系统的方法、原理对员工的工作业绩、工作能力、工作态度以及个人品德等进行评价，并以此为标准，判断员工与工作岗位是否相称。

绩效考核是人力资源管理的重要组成部分，它不仅是要对员工的绩效做出科学的考核与评价，更重要的是，要对员工起到指导、教育、监督、激励、约束等作用，使员工个人和企业都能得到不断发展。

（1）绩效考核的步骤。

①制订计划：绩效考核应该按照计划进行，首先应该确定绩效考核的目的、作用和考核对象，再根据考核目的、对象选择考核的内容、标准、时间和方法以及由谁来进行考核。

②技术准备：在实施考核之前，应先做好技术准备，包括拟定、审核考核标准，设计考核所用表格，设计、选择考核方法及工具，对考核者进行培训等。

③收集信息资料：负责考核的人员需要通过多种途径、多种方法去收集真实有效的信息，为绩效分析提供有价值的依据。

④分析评价：对收集来的信息资料进行分析评价，对被考核者做出一个公正的、综合性的评价，给出一个与考核标准相对应的考核结果。

⑤反馈运用：考核结果出来以后，及时将结果反馈给员工，使其能更清楚地了解自己的工作情况。同时，将结果运用到人力资源管理活动中去，以使人力资源管理活动有据可依。

（2）绩效考核的方法。

①排序法：这是根据某一考核指标（如销售回款率），将全体考核对象的绩效从最好到最差依次进行排列的一种方法。这种考核方法花费时间短，成本低，简单易行，一般适合员工数量较少的考核。

②小组评价法：这是由 2 名以上熟悉被评价员工工作的经理，组成小组进行绩效考核的方法。小组评价法的优点是操作简单，省时省力；缺点是评价标准模糊，主观性强。

③等级评价法：根据工作分析，将被考核岗位的工作内容划分为相互独立的几个模块，在每个模块中用明确的语言描述完成该模块工作需要达到的工作标准。同时，将标准分成几个等级

选项，如优、良、合格、不合格等，考核者根据被考核者的实际工作表现对每个模块的完成情况进行评估，总成绩便为该员工的考核成绩。等级评价法的优点是考核内容全面、实用，并且开发成本低，缺点在于受考核者的主观因素影响较大。

④目标考核法：这是根据被考核者完成工作目标的情况进行考核的一种方法。在开始工作之前，考核者和被考核者应对需要完成的工作内容、期限和考核的标准达成一致。在时间期限结束时，考核者根据被考核者的工作状况及先前制定的考核标准来进行考核。目标考核法适合企业中实行目标管理的项目。

⑤360度考核法：又称为全方位考核法，最早被英特尔公司提出并加以实施运用。员工通过自己、上司、同事、下属、顾客等不同主体来了解自己的工作绩效，知晓各方面的意见，清楚自己的长处和短处，达到提高自己的目的。这种方法的优点是评估比较全面，易于做出比较公平的评价，同时通过反馈可以促进工作能力的提高，也有利于团队建设和沟通，其缺点是评估来自各方面，工作量较大，评估的公正性很难把握。

3. 薪酬管理

广义的薪酬是员工为企业付出劳动的回报，是对员工为企业所做的贡献给予的答谢，这实质上是一种公平的交易或交换，也是对员工某种程度的补偿。

（1）薪酬内容。

薪酬是把双刃剑，一方面是激励员工卓有成效地工作、达到企业目标的主要手段，另一方面又是企业运作的主要成本之一，一旦运用不当，后果极严重。因此，薪酬管理是企业人力资源管理中重要的一环。企业的薪酬主要表现在以下六个方面。

①工资：工资是指根据劳动者所提供的劳动数量和质量，按照事先规定的标准付给劳动者的劳动报酬，也就是劳动的价格。

基本工资。这是指员工只要在企业中工作，就能定期拿到的一个固定数额的劳动报酬。基本工资又分为基础工资、工龄工资、职位工资等。

激励工资。这是指工资中随着员工的工作努力程度和劳动成果的变化而变化的部分。激励工资有类似奖金的性质。

成就工资。这是指当员工工作卓有成效、为企业做出突出贡献后，企业以提高基本工资的形式付给员工的薪酬。成就工资是对员工过去较长一段时间内取得成绩的追认，是永久性增加的工资。

②奖金：奖金是指对员工超额劳动的报酬，企业中常见的奖金有全勤奖金、生产奖金、不休假奖金、年终奖金、效益奖金等。

③津贴与补贴：津贴与补贴是对员工在特殊条件和工作环境中的额外劳动消耗和生活费用的额外支出的补偿。通常把对工作的补偿称为津贴，把与生活联系的补偿称为补贴，如岗位津贴、加班津贴、降温补贴等。依据《中华人民共和国劳动法》的规定，一般每日加班不得超过1小时，特殊原因也不得超过3小时，并支付不低于150%工资标准的加班津贴；双休日加班支付200%工资标准的加班津贴；法定节假日支付不低于300%工资标准的加班津贴。

④股权：股票持有者所具有的与其拥有的股票比例相应的权益及承担一定责任的权利。

⑤福利：指间接薪酬，是企业为员工提供的除工资、奖金、津贴之外的一切物质待遇。例如，建立食堂、浴室、托儿所、图书馆、俱乐部、运动场、疗养院等集体福利设施，也包括员工个人生活困难补助、养老金、住房津贴、交通费、免费工作餐等个人福利。

⑥社会保险：社会保险是员工暂时或永久丧失劳动能力后给予的生活上的物质保障，如医疗保险、失业保险、养老保险、伤残保险等。目前，我国大部分保险基金是由国家、企业和员工共同筹集的。

（2）影响企业薪酬的因素。

①内部因素。

企业规模、实力与经营状况。这是薪酬体系设计和变动时的硬性约束，它决定了企业用于薪酬分配，特别是货币性薪酬的总体水平，决定了员工薪酬的构成及其水平的变动区间。

工作状况。这主要是通过工作要求、工作责任、工作条件和工作类别的差异体现薪酬差别。工作责任重大、工作活动对企业的生存和发展有重大影响的，一般薪酬水平较高。工作对技能和任职资格有特殊要求的，薪酬水平也较高。工作条件差、比较危险的工作薪酬水平也较高。

员工特征。它决定了不同员工的薪酬水平和薪酬体系的构成。这些个人因素主要有：教育程度、年龄构成、资历因素、发展潜力、特定人力资源的稀缺性等。例如，处于不同年龄层次的员工对薪酬的需求也是不同的，青年员工比较关注货币收入，以满足生活消费的需要。中年员工比较重视晋升发展的机会和内在的非货币薪酬，以满足地位和成就的需要。老年员工相对而言更多地考虑间接薪酬。

②外部因素。

国家法规。国家法规影响企业薪酬的合法性。企业薪酬的制定必须符合政策、法规的规定，如对员工最低工资的规定、对最长工作时间的规定、对特殊工种的从业人员的规定等。

区域经济发展水平。区域经济发展水平及其发展趋势会影响企业的薪酬水平。一般来说，经济发展水平较高的区域，员工薪酬水平也会相应较高。

行业薪酬水平。行业薪酬水平受历史原因和现实需要的影响，不同行业之间存在着薪酬差异。

市场人力资源供求状况。市场人力资源供求状况成为影响薪酬标准的重要因素。当人力资源丰富时，薪酬会相应减少；反之，则会提高。企业付给员工的薪酬数额应根据人才市场价格来确定，同一行业、同一地区或同等规模的不同企业中类似岗位的薪酬水平定在竞争对手之上，就能增强企业在吸引员工方面的竞争能力。一个企业，不论其财务状况如何，如果低于市场平均薪酬，必然会导致重要人才的流失，继而丧失继续发展的能力。

课堂拓展

"终身交往"让人才流而不失

问题互动

某部门经理如果完成设定的业绩指标，企业将给他付年薪10万元。那么，这10万元应怎么付？具体做法有以下两种。

（1）加法。5万元年薪（固定工资）+绩效奖金（奖金按照业绩好坏而定，若完成业绩指标，则给付5万元绩效奖金）。

（2）减法。10万元年薪（按100%完成业绩指标计算，薪酬各项总和为10万元）。付薪方式：若不能达到预期指标，则按比例扣除，即在10万元基础上做减法。

你认为公司给该部门经理的年薪是采用加法好还是采用减法好？

学习单元三 企业文化体系建设

现代企业既是生产物质产品、创造财富的经济实体,又是由人聚成的集体。大道无形,企业最高层次的竞争就是文化的竞争。现代企业文化是现代企业在长期经营实践中形成的全体员工共同的精神、观念、风格、心理、习惯的总和。企业文化集中体现了一个企业经营管理的核心思想。优秀的企业文化能够营造良好的企业环境,提高员工的文化素养和道德水准,对内能形成凝聚力、向心力和约束力,形成企业发展不可或缺的精神力量和道德规范,能对企业产生积极的作用,从而提高企业的竞争力。

一、企业文化的内容

企业文化是指企业在实践中,逐步形成的为全体员工所认同、遵守、带有本企业特色的价值观念、经营准则、经营作风、企业精神、道德规范、发展目标的总和。

企业文化包含的内容很多,归纳起来,主要有以下几点。

1. 企业的价值观

企业的价值观是指企业及其员工的价值取向,即对事物的判断标准。所有员工的价值取向,就是企业对事对人要有一个统一的判断标准,所有的员工对此应该达成共识。

问题互动

描述一下你所熟悉的企业的价值观。想一想:怎样才能使员工认同企业的价值观?

2. 企业的经营哲学

企业的经营哲学反映了企业经营的指导思想,体现企业的使命和社会责任。一般来说,企业的经营哲学有以下特征:它是长期形成的;是全体员工共同接受的;反映企业领导的信念及工作的重点;是对企业成功经验的高度总结;是企业一切活动追求的最高目标。几家企业的经营哲学如表8-1所示。

表8-1 几家企业的经营哲学

企业名称	经营哲学
IBM	彻底服务精神
麦当劳	顾客第一
安利	不满意退货
海信	技术是根,人才是本,创新是魂

3. 企业精神

企业精神是个性化非常强的文化特征,是企业拥有的一种积极向上的信念。每个成功的企业都有自己独特的企业精神。企业精神主要包括:爱国精神、创新精神、竞争精神、服务精神、团结精神、民主精神等。几家企业的企业精神如表8-2所示。

表 8-2　几家企业的企业精神

企业名称	企业精神
IBM	IBM 就是服务
索尼	不断开拓精神
惠普	尊重个人价值
松下	产业报国
海信	敬人，敬业，高效

4. 企业的道德规范

企业的道德规范是用来调节和评价企业和员工行为规范的总称。它以公正、正直、诚实等道德范畴来评价企业和员工的行为。

启发案例

海尔管理规范中有一条叫作"三工并存、动态转换"。也就是说，海尔所有的员工在工作岗位上都处在一个动态转换的过程。员工有试用员工、合格员工和优秀员工。班组长有试用班组长、合格班组长和优秀班组长。这个动态转换让任何一个工位或者岗位上的人，都有一种非常强烈的紧迫感和竞争意识。也就是你在一个试用岗位上，如果考核时间是 3 个月，业绩达到规定的评价指标，3 个月之后就会正常晋升到合格员工、合格班组长或合格主管。但如果合格员工在考核的时间段内没有达标，就变为见习员工；见习员工如果仍然没有达标，那就要被解聘。再如，海尔只有创业没有守业；高标准，精细化，零缺陷，优秀的产品是优秀的人干出来的等，都是海尔的道德规范。

问题互动

海尔是如何进行"三工并存、动态转换"的？这种用工制度有什么优点？

5. 企业制度

企业制度是企业行为的规则总和，是一种显性的企业文化。

6. 企业的产品

企业的产品是企业文化的凝固。通过产品的整体形象可以了解企业文化，产品的质量以及企业的质量意识反映了企业文化的内涵。产品的设计反映企业的品位。企业的产品、企业的服务以及这个产品的外包装，是企业对外展示的一种形象，是企业文化的一部分。

7. 企业的生产环境

企业的生产环境是一个企业精神的直接体现，是企业的"衣装"。整洁优美的环境是企业整体形象的组成部分，是现代化生产的必要条件。它在很大程度上影响员工的情绪。良好的环境可激发员工"爱厂如家"的自豪感、献身企业的责任感。它是建设企业文化的开始。

课堂拓展

海尔的看板管理

8. 传统的文化

企业文化是一个民族的文化传统在企业中的发扬，相应地通过企业文化又折射出一个民族的文化传统。民族文化传统有优良的一面，可以对企业产生正面的效应；同时又有糟糕的一面，会对企业产生负面效应。从海尔的成就中可以看出海尔的成功主要不在于有形的东西，而在于无形的东西——文化理念。海尔是全世界第一个设立首席文化官CCO的企业。

 课堂拓展

海尔文化的基础

二、企业文化的功能

企业文化作为一种理性的和自觉的文化，具有其特定的功能。实践证明，企业文化的好坏和企业经营的成败有着密切的关系，成功的企业往往具有独特的企业文化，企业文化的功能也得到了充分的发挥。

1. 导向功能

企业文化的导向功能包括价值导向与行为导向。企业价值观念与企业精神，能够为企业提供具有长远意义的更大范围的正确方向，为企业在市场竞争中基本竞争战略和政策的制定提供依据。企业文化创新尤其是观念创新对企业的持续发展而言是首要的。在构成企业文化的诸多要素中，价值观念是决定企业文化特征的核心和基础，企业必须对此给予足够的重视并使之不断创新，与时俱进。

 课堂拓展

中国三位爱国企业家代表

2. 凝聚功能

企业文化是黏合剂，可以把员工紧紧地黏合团结在一起，使他们目的明确、协调一致。企业员工队伍凝聚力的基础是企业的根本目标。企业的根本目标如果选择正确，就能够把企业的利益和绝大多数员工的利益统一起来，这是一个集体与个人双赢的目标，在此基础上企业就能形成强大的凝聚力。

企业文化的凝聚功能，还反映在企业文化的排外上。外部的排斥和压力的存在，使企业中的个体产生对企业群体的依赖，也促使个体凝聚在群体之中，形成"命运共同体"，这大大增强了企业内部的统一和团结，使企业在竞争中形成一股强大的力量。

3. 激励功能

企业文化的核心是形成共同的价值观念。优秀的企业文化都是以人为中心，形成一种人人受重视、受尊重的文化氛围。这样的文化氛围往往能形成一种激励机制，将职工的积极性、主动性和创造性调动与激发起来，把人们潜在的智慧诱发出来，使员工的能力得到充分发挥，提高各部门和员工的自主能力和经营能力，使企业成员在内心深处自觉产生为企业奋斗的献身精神。而企业群体对企业成员所做贡献的奖励，又能进一步激励员工为实现自我价值和企业发展而不断进取。

4. 约束功能

企业文化与企业精神为企业确立了正确的方向，企业文化的约束功能是通过制度文化和道德规范发生作用的。企业为进行正常的生产经营，必须制定必要的规章制度来规范员工在生产经营中的行为，进行"硬"约束。企业文化的约束功能除了这方面以外，还强调以一种无形的群体意识、社会舆论、共同的习俗及风尚等精神因素，形成文化上的约束力量，对职工行为起到约束作用，这就是"软"约束。企业文化以潜移默化的方式，形成一种群体道德规范和行为准则，某种违背企业文化的言行一经出现，就会受到群体舆论和感情压力的无形约束，使员工明确工作意义和方法，产生自控意识，达到内在的自我约束，提高员工的责任感和使命感。

5. 辐射功能

企业文化比较集中地体现了企业的基本宗旨、经营哲学和行为准则。企业文化一旦形成较为固定的模式，不仅会在企业内发挥作用，而且通过各种途径对社会产生影响。企业文化的辐射作用主要是通过企业形象的塑造和传播来实现的。企业向社会辐射的途径很多。优秀的企业文化通过企业与外界的每一次接触，包括业务洽谈、经济往来、新闻发布、参加各种社会活动和公共关系活动，甚至通过企业制造的每一件产品、企业员工在社会上的言行，向社会公众展示企业成功的管理风格、良好的经营状态和积极的精神风貌，从而为企业塑造良好的整体形象，树立信誉，扩大影响。企业文化是企业一项巨大的无形资产，为企业带来高美誉度和高生产力。

培养廉洁企业文化 涵养良好社会风气

三、企业文化建设的内容

1. 提炼或强化以企业精神为灵魂的价值观念体系

企业文化建设首先是要提炼或强化企业文化精神，企业精神是企业在实现自己价值体系和社会责任而从事生产经营中所形成的人格化的团队意识，是企业的精神支柱和动力，是企业的灵魂所在。其次要完善公司的共同核心价值观，企业价值观是对企业生产经营行为、生产的产品、提供的服务、社会信誉和资信的评价标准，是企业追求的最大目标和据此判断事物的标准，是企业文化的核心。

2. 导入CI系统，实施现代企业形象战略

CI是企业形象识别系统，它主要由企业理念识别（MI）、企业行为识别（BI）和企业视觉识别（VI）系统组成。企业形象设计是一种形象文化战略，是企业对自身的理念识别、行为识别、视觉识别进行的深化实践，使之更具有独特性、鲜明性的同时，借助各种宣传手段和载体传送企业文化，产生强大的品牌认知力和认同力。

3. 实施制度在建工程

企业文化与企业的体制机制相辅相成，只有通过充分体现先进企业文化的体制机制和各项管理制度及岗位行为规范，才能真正规范企业全体人员的意识和行为。

（1）规范培训制度和体系，丰富培训内容和层次。企业要把企业文化教育培训、岗位职业道德规范培训、岗位技能操作规范培训等内容纳入公司管理制度中。

（2）健全公司绩效考评管理制度，把企业文化建设成效纳入各部门个人绩效考评体系中。

（3）开展思维创新、管理创新、技术创新，建立健全公司激励和约束机制。

4. 实施典型示范工程

先进的典型人物和典型事迹是企业精神、优秀理念的生动形象的体现和象征，具有很强的示范、辐射、传承作用，没有个性鲜明的典型就没有独特的企业文化。公司在实施企业文化建设中应当把先进的企业文化典型化。大力发掘、发现、培养、总结公司先进典型，大力宣传和表彰先进典型。

5. 创新企业文化的形式和载体，积极营造企业文化建设的良好氛围

公司可以通过自身的网站、多媒体、广播、报纸、内刊、企业文化手册、板报和宣传栏等载体，广泛深入地开展企业文化建设，也可以通过摄影、绘画、书法、漫画、演讲、企业之歌等各种文艺和体育活动来实施企业文化建设。

民生银行发布企业文化手册

四、优化企业形象

1. 企业形象设计的内容

企业形象是指人们通过企业的各种标识，而建立起来的对企业的总体印象，是企业文化建设的核心。

企业形象识别（CI）是企业精神文化的一种外在表现形式，是社会公众在与企业接触交往过程中所感受到的总体印象，其定义是：将企业的经营理念与精神文化，运用整体传达系统（特别是视觉传达系统），传达给企业内部与大众，使其对企业产生一致的认同感或价值观，从而达到形成良好的企业形象和促销产品的设计系统。企业形象识别（CI）可以分为企业理念识别（MI）、企业行为识别（BI）和企业视觉识别（VI）三个层次。

（1）理念识别（MI）。理念识别是一个企业由于具有独特的经营哲学、宗旨、目标、精神、道德、作风等而区别于其他企业。MI是CI的灵魂和整体系统的原动力，它对BI和VI具有决定作用并通过BI、VI表现出来，就好比一个人具有的内在独特气质只能通过其行为和外表才能表现出来。在理念识别的要素中，企业的群体价值观是核心要素。

MI的主要内容有哪些？

（2）行为识别（BI）。行为识别指在企业理念统率下企业组织及全体员工的言行和各项活动所表现出的一个企业与其他企业的区别。BI是企业形象策划的动态识别形式，有别于企业名称、标识等静态识别形式。从BI实施的对象来看，它包括内部活动识别和外部活动识别。由于员工及其群体的行为（包括语言）本身就是一种传播媒介，受众可以不借助其他传播媒介而直接产生对企业的认知，从而形成对企业形象的认识；而员工的言行无不是在企业价值观等理念要素的作用下表现出来的，因而行为识别实际上是理念识别的最主要载体。

BI的主要内容有哪些？

（3）视觉识别（VI）。视觉识别指一个企业由于独特的名称、标识、标准字、标准色等视觉要素而区别于其他企业。VI的表达必须借助某种物质载体，如厂房、店铺、广告牌、产品外观及其包装等。根据人体工程学的研究，人们获取信息的最主要途径是视觉，约占80%，因此VI是整个企业形象识别系统中最形象直观、最具有冲击力的部分。VI虽然比MI、BI容易实施、效果显示度高，但它对企业形象的影响并不持久和深入，而且有时也难以完全反映MI，也就难以完全反映CI的内容，因此脱离了理念识别和行为识别的视觉识别本身是缺乏生命力的。

VI设计的主要内容

2. 企业形象优化的方法

通过企业文化建设达到优化企业形象的目的，是企业的一项重要任务，也是现代企业经营管理的重要组成部分。优化企业的形象有以下方法。

（1）以美为企业形象的境界。企业形象优化应当追求的境界是美。对于企业形象而言，美是建立在真、善基础上的一种境界。

企业形象在追求美的过程中应注意的误区

（2）以厚为企业形象的内涵。从构造方面分析，企业形象是企业的人、事、物在社会公众心目中的印象总和，是一个完整的、立体的概念，而不仅是一个空壳、一张皮。一般而言，企业形象是由如下三大要素构成的综合体。一是人员形象：人员形象是企业形象的首要构成要素，主要表现为企业领导人形象、专业人才形象和员工形象。二是产品形象。企业是社会上的经济组织，产品是连接企业与社会的纽带和桥梁，企业优秀的形象建树在相当程度上依托其产品形象。三是实力形象。企业实力形象是企业在文化建设、内部管理、技术、经济、环境条件等方面实力的综合体现。企业内部管理水平表现为各项综合管理、专业管理和管理基础工作规范有序，其中很重要的一个方面是企业销售服务的质量水平。总而言之，塑造优秀的企业形象，是一项复杂的系统工程，要特别注意确立整体观念，以利于塑造的企业形象具有厚感。

（3）以信为企业形象的精髓。从现实意义上讲，企业形象的关键是一个"信"字，即在生产经营中讲求信誉至高无上，取信于民，这是一个企业能够在社会公众心目中拥有立足之地并能保持优美形象长盛不衰的法宝。坚持"信誉至上取信于民"，是企业优秀形象的安身立命之本。

这家企业 10 年无人离职的背后……

学习单元四　企业文化对人力资源管理的影响

这家互联网公司离职率为什么这么低？

企业文化是企业活力的内在源泉，而人力资源管理则是企业管理的根本。因此，企业文化对人力资源管理的影响不言而喻是至关重要的。如果单纯地讲，人力资源管理是一套比较稳定的企业管理体制，那么企业文化将会赋予人力资源管理真正的生命力，以其最大的力量来全面调整和控制人力资源管理的发展与运行。卓越的经济理念和有效的人力资源管理固然是企业文化建设的重要支柱，但是有效的企业文化必然促进企业人力资源管理水平的提高，企业文化在人力资源管理中有着举足轻重的影响。企业文化对人力资源管理的影响是多方面的，主要表现为以下几个方面。

一、企业文化与企业人力资源管理的互动关系与发展趋势

1. 企业文化与人力资源管理是相互影响、相互作用的

企业文化与人力资源管理都是基于对人的管理，强调以人为本，基于对人的崭新认识：人是企业的核心，是企业真正的资源，企业的管理工作必须以人为中心，把管理的视角放在激发人的潜能与创造精神等上面，以此促进人与企业的发展。只不过人力资源管理采取的具体制度、措施与方法，是一种有形的硬管理，而企业文化则是实施无形的软管理。

2. 企业文化是人力资源管理的向导

任何管理都有其特定的文化背景，人力资源管理基于以人为核心的管理，强调方法与制度措施，因而人力资源管理的文化背景尤为重要。管理上的差异更主要的细分表现在不同的企业文化之中。从传统上看，任何企业都有自己的企业文化，而且它是个较为复杂的价值观念体系，行业特征、发展历史、领导风格、人员素质和观念都是影响这一价值体系的变量。这就意味着，一种管理理念或管理方法比如人力资源管理，在这一企业可以获得极大的管理成效，而在另一企业可能是完全行不通的。因而，不去研究适应人力资源管理的条件和环境，就会导致人力资源管理以人为本的措施与方法不符合处于该种企业文化中的员工的价值观念与思维方式。这势必行不通，受到员工的抵抗，人力资源管理结果也就不会达到预期的效果。

3. 人力资源管理是企业文化的完善手段

企业文化的贯彻执行是企业文化的中心环节，尽管任何企业都有自己的文化，然而这些文化却并不一定能得到落实、完善，不一定能有效地激励员工，不一定有利于企业经营业绩的不断提高。人力资源管理是基于以人为核心的管理，它的措施、方法都是有目的地针对员工的，亦即与员工密切相关，带有一定强制性。那么，如果抽象的企业文化的核心内容价值观融入人力资源管理活动、实践，如企业文化融入员工的绩效考核，员工就会日复一日地受到企业文化的熏陶并对其做出反应。

4. 二者是一种互相促进的管理活动关系

企业文化主要通过价值观的塑造激发员工，使企业员工具有共同的价值标准和思维方式；人力资源管理则主要通过具体的措施与方法作用于员工。当这些措施方法符合员工基于企业文化所形成的价值观与思维方式时，就会行之有效，易于执行，从而有效地促进企业的人力资源管理与企业发展；反之，便会受到员工对抗，效果就会大打折扣。

二、企业文化提升人力资源管理效果的基本途径

1. 树立共同的团队目标

团队目标是团队奋斗的方向，也是员工共同的行为导向。只有确定了共同的愿望和目标，员工才能同心同德、同甘共苦。团队目标的制定要符合团队本身和员工的实际情况，切实可行，并且根据实际情况的变化不断做出调整。

2. 建立有效的领导机制

团队领导者要有人格魅力、吸引力和感召力，这对于团队的成功至关重要。领导通过人格魅

力来激励团队其他成员去追随自己的理想，把理想发挥得淋漓尽致，通过施展自己的感召力来达到提高团队竞争力的目的。另外，领导的方式直接影响团队的凝聚力。一个成功的领导要有凝聚力和协调能力，善于倾听和决策，只有这样才能将员工凝聚到一起，形成优势互补的高效团队。

3. 组织有意义的团队活动

适时组织一些有意义的团队活动，能够促进团队的和谐与合作意识。现在很多企业都在使用"拓展训练"，这是一种组织团队员工参加的挑战性活动。通过这样的活动，将平时在一起工作的员工带入某些设计的突发事件或具有一定挑战难度的活动，可以锻炼员工的个人能力和团队合作意识。采取讨论、联欢等形式开展沟通交流活动，进行平等和双向的交流，使团队成员感受到无限制的沟通，增进员工之间的感情，有利于团队形成共同的价值观，推动团队工作的顺利开展和团队绩效的提高。

三、企业文化建设的实用方法

1. 领导示范

在企业文化建设过程当中，领导的榜样作用，包括总经理与中层干部的榜样作用，对企业文化建设影响巨大，领导层首先要以身作则，使自己的言行符合管理当局所希望建设的价值观念。

2. 树立典型

树立典型对于企业文化建设的意义有两方面：首先，给员工树立了一种形象化的行为标准和观念标志，通过典型员工可形象具体地明白"何为工作积极""何为工作主动""何为敬业精神""何为成本观念""何为效率高"，从而提升员工的行为意识。

3. 权威宣讲

引入外部的权威进行宣讲是一种建设企业文化的好方法。因为外部权威的言论似乎更有客观性。这种外部权威有学术权威、知名企业家、政府高官等。选择的权威个人形象一定要好，否则效果不好。

4. 外出参观学习

外出参观学习也是建设企业文化的好方法，这无疑向广大员工暗示：企业管理人员对员工所提出的要求是有道理的，因为别人已经做到这一点，而我们没有做到这些是因为我们努力不够，我们应该改进工作向别人学习。

5. 公共传播

企业文化建设必须用各种文化传播载体，借助多种文化宣传网络，不断推进内部和外部传播，致力于建设企业共同价值认知平台。

6. 选用适当载体

企业文化建设可以通过企业文化手册、企业报刊、企业网络、企业内部电视台、电台、广播站、企业宣传栏和墙报、企业标语和挂图、企业画册、企业专题片和企业之歌等载体来进行传播；同时，也可以采用各种活动，如文化娱乐、体育竞赛、纪念庆典、参观旅游、为员工庆祝生日、员工公益、社区联谊等活动来进行企业文化建设。

学习小结

本模块讨论人力资源及人力资源管理的概念及特点、人力资源规划内容、工作分析的内容、员工招聘培训的基本方法，以及激励、绩效考核、薪酬管理等内容。通过学习，认识企业人力资源的基本内容和方法，引导企业做出适合自身的人力资源管理模式。本模块分析了企业文化的内容，探讨企业文化建设的思路，建立识别企业文化建设的能力。

复习思考题

1. 什么是人力资源规划，其含义是什么？
2. 人力资源规划的作用表现在哪几个方面？
3. 人员选聘的原则是什么？方式有哪些？
4. 如何对员工进行绩效考评？
5. 什么是企业文化？企业文化有哪些内容？
6. 如何有效发挥企业文化功能？
7. 举例说明如何进行企业文化建设。
8. 什么是企业形象？如何优化企业形象？
9. 简述人力资源管理与企业文化的关系。
10. 企业文化为什么能提升人力资源管理效果？

海尔的企业文化

思考题：
如何理解海尔企业文化的核心价值观？

模块九

营销管理

本模块学习目标
1. 了解市场营销的概念与内容；
2. 熟悉营销战略和营销策略的方法和实现途径；
3. 了解现代市场营销观念与方式。

能力目标
通过本模块关键概念的学习，学生能够建立正确的营销管理理念，根据学习内容分析各类营销策略和营销战略的合理性，具备制定目标企业销售业务管理改进措施的能力。

关键概念
市场营销　营销战略　营销策略　业务管理

【导入案例】

耐克自己不生产鞋，而是在全世界寻找条件最好的生产商为耐克生产。并且，它与生产商的签约期限不长，这有利于耐克掌握主动权。选择生产商的标准是：成本低，交货及时，品质有保证。这样，耐克规避了制造业公司的风险，致力于产品的研究与开发，大大缩短了产品的生命周期，快速推出新款式。

耐克的另一创新在于其多元化的营销传播。在"粉丝"经济时代，明星代言已属常态，耐克擅长将明星IP与产品相结合，以这种方式与"粉丝"产生共情。耐克一方面与科比、詹姆斯、C罗等超级巨星相继签约，另一方面又邀请了一些流量明星代言，如周冬雨、李宇春等，全面撒网，有效拓展了年轻的消费市场。为了保持品牌的活跃度和曝光度，耐克常常利用明星制造话题。在新品发售前，耐克会把新鞋免费送给曝光度高的明星，利用明星背后强大的"粉丝"团体，引起市场消费者的关注，为新品发售造势。

在耐克的营销手册里，饥饿营销也是其惯用的方式，限量就是最大的"撒手锏"。一双限量版鞋，耐克的"限量"规则很多，购买规则也十分复杂，不少"耐克粉"会寻找代购或者二手鞋，价格也因此水涨船高。

耐克还深谙联名营销之道，频频推出与各时尚品牌的联名款鞋，堪称跨界联名"专业户"。耐克的跨界联名营销往往能为联名双方带来不错的曝光度，同时还提升了品牌形象与知名度，保持了品牌的新鲜度和创新度，吸引不同时代的人。

管理启示

耐克的成功在于，它集中精力做自己最擅长的事情，将其他的事情外包。耐克众多的追随者，有的始于颜值，有的则是因为代言人是其喜欢的明星，或者被产品故事包含的情绪打动……这些高明的营销方法，帮助耐克进一步打动了消费者，提升了他们购买产品的热情。加上耐克本身就拥有足够的实力，自然而然就成了运动品牌界的现象级存在。

学习单元一　市场营销管理理念

进入21世纪，企业所处的环境发生了巨大变化，使得市场营销在现代企业中的作用日益重要。这种变化表现在以下五个方面。

（1）经济全球化进程加快，全球市场逐渐形成，竞争加剧。
（2）全球范围内收入水平提高，收入分配不平衡，收入差距扩大。
（3）信息技术飞速发展，知识经济已见端倪，人类正由工业社会向信息社会、服务社会转变。
（4）买方市场逐渐形成，消费者的选择在交易中的作用提高。
（5）顾客需求多样化、个性化，需求水平提升，需求层次丰富。

以上这些变化，都对现代企业的生存和发展提出了新的要求。企业需要加强市场营销的职能，改变传统观念，重新组织和调配企业的各种资源，只有这样才能适应环境的变化，实现企业的目标。

一、市场营销的产生与发展

市场营销学于20世纪初期产生于美国。几十年来，随着社会经济及市场经济的发展，市场营销学发生了根本性的变化，成为同经济学、行为科学、人类学、数学等学科相结合的应用边缘管理学科。市场营销学自20世纪初诞生以来，其发展经历了六个阶段。

1. 萌芽阶段（1900—1920年）

这一时期，各主要资本主义国家经过工业革命，生产力迅速提高，城市经济迅猛发展，与此相适应的市场营销学开始创立，其依据是传统的经济学，是以供给为中心的。

2. 功能研究阶段（1921—1945年）

这一阶段以营销功能研究为特点。1942年，克拉克出版的《市场营销学原理》一书，在功能研究上有创新，把功能归结为交换功能、实体分配功能、辅助功能等，并提出了推销是创造需求的观点，实际上是市场营销的雏形。

3. 形成和巩固时期（1946—1955年）

1952年，《美国经济中的市场营销》一书全面阐述了市场营销如何分配资源、指导资源的使用，市场营销如何影响个人分配，而个人收入又如何制约营销等理念。

4. 市场营销管理导向时期（1956—1965年）

麦卡锡在1960年出版的《基础市场营销学》一书中，对市场营销管理提出了新的见解。他把消费者视为一个特定的群体，即目标市场，企业制定市场营销组合策略，适应外部环境，满足目标顾客的需求，实现企业经营目标。

5. 协同和发展时期（1966—1980年）

这一时期，市场营销学逐渐从经济学中独立出来，美国著名市场营销学教授菲利普·科特勒根据国际市场及国内市场贸易保护主义抬头，出现封闭市场的状况，提出了市场营销"6P"战略：原来的"4P"（产品、价格、分销及促销）加上两个"P"——政治权力及公共关系。认为企业不应只被动地适应外部环境，也应该影响企业的外部环境。

6. 分化和扩展时期（1981—）

进入 20 世纪 90 年代以来，关于市场营销、市场营销网络、政治市场营销、市场营销决策支持系统、市场营销专家系统等新的理论与实践问题开始引起学术界和企业界的关注。进入 21 世纪，互联网的发展，推动着基于互联网的网络营销得到迅猛发展。

二、市场营销的概念及其观念的演变

1. 什么是市场营销

西方市场营销学者从不同角度及发展的观点对市场营销下了不同的定义。有些学者从宏观角度对市场营销下定义。例如，麦卡锡把市场营销定义为一种社会经济活动过程，其目的在于满足社会或人类需要，实现社会目标。还有些定义是从微观角度来表述的。例如，美国市场营销协会（AMA）于 1960 年对市场营销下的定义是：市场营销是"引导产品或劳务从生产者流向消费者的企业营销活动"。

美国市场营销学家菲利普·科特勒教授早期对市场营销的解释得到了广泛的认同：市场营销是个人或组织通过创造并同他人交换产品和价值以满足需求和欲望的一种社会和管理过程。

根据这一定义，可以将市场营销具体归纳为以下几点。

（1）市场营销的最终目标是"满足需求和欲望"。

（2）交换是市场营销的核心，交换过程是一个主动积极地寻找机会，满足双方需求和欲望的社会过程和管理过程。

（3）交换过程能否顺利进行，取决于营销者创造的产品和价值满足顾客需求的程度和交换过程管理的水平。

2. 市场营销观念的演变

市场营销观念是企业在开展市场营销活动的过程中，处理企业、顾客和社会三者利益时所持的态度和指导思想。随着社会经济的发展和市场形势的不断变化，支配企业市场营销活动的观念也经历了不断演变的过程，主要有：生产观念、产品观念、推销观念、市场营销观念和社会营销观念等。

（1）生产观念。生产观念是一种最古老的营销管理观念。这种观念认为，消费者喜欢那些可以随处买得到而且价格低廉的产品。以生产观念指导营销管理活动的企业称为生产导向型企业，其典型表现是："我们生产什么，就销售什么。"

（2）产品观念。产品观念认为，消费者喜欢高质量、多功能和有特色的产品，因此企业要致力于生产高价值产品，并不断改进产品，使之日臻完善。

（3）推销观念。推销观念认为，消费者通常表现出一种购买惰性或抗衡心理，因此企业必须大力推销和积极促销，以刺激消费者大量购买本企业的产品。推销观念的典型表现是："我们卖什么，就让消费者买什么。"

（4）市场营销观念。市场营销观念认为，企业目标的实现有赖于对目标市场的需要和欲望的正确判断，并能以比竞争对手更有效的方式去满足消费者的需求。因此，企业的一切经营活动都以消费者为中心，具体表现为"消费者需要什么，企业就生产或经营什么""哪里有消费者需求，哪里就有市场营销"。

（5）社会营销观念。社会营销观念认为，企业应该确定目标市场的需要、欲望和利益，然后再以一种能够维持消费者长远和根本利益以及改善社会福利的方式向顾客提供更多的价值，因此企业在生产经营时，不仅要考虑消费者的短期需要，还要考虑消费者和社会的长远利益。

文化能被营销吗？

三、市场营销的核心概念

市场营销涉及其出发点，即满足顾客需求，还涉及以何种产品来满足顾客需求，如何才能满足顾客需求。市场营销的核心概念应当包含需求及相关的欲求、需要，产品及相关的效用、价值的满足，交换及相关的交易和关系，市场、营销、市场营销及市场营销者。

1. 需求及相关的欲求和需要

（1）需要（Needs）。指消费者生理及心理的需求，如人们为了生存，需要食物、衣服、房屋等生理需求及安全、归属感、尊重和自我实现等心理需求。市场营销者不能创造这种需求，而只能适应它。

（2）欲求（Wants）。指消费者深层次的需求。不同背景下的消费者欲求不同，比如中国人需求食物则欲求大米饭，美国人需求食物则欲求汉堡包。人的欲求会随着社会条件的变化而变化，市场营销者能够影响消费者的欲求，如建议消费者购买某种产品。

（3）需求（Demand）。指有支付能力和愿意购买某种物品的欲求。许多人想购买奥迪牌轿车，但只有具有支付能力的人才能购买。因此，市场营销者不仅要了解有多少消费者欲求其产品，还要了解他们是否有能力购买。

2. 产品及相关的效用和价值的满足

（1）产品（Product）。是指用来满足顾客需求和欲求的物体。产品包括有形与无形的、可触摸与不可触摸的。有形产品是为顾客提供服务的载体。

（2）效用、价值和满足（Utility，Value，Satisfaction）。消费者如何选择所需的产品，主要是根据对满足其需要的每种产品的效用进行估价而决定的，效用是消费者对满足其需要的产品的全部效能的估价。

顾客选择所需的产品除效用因素外，产品价格高低亦是因素之一。如果顾客追求效用最大化，就不会简单地只看产品表面价格的高低，而会看每一元能产生的最大效用，如一部好汽车价格比自行车昂贵，但由于速度快、出行方便，其效用可能大，从而更能满足顾客需求。

3. 交换、交易和关系

（1）交换（Exchange）。人们有了需求和欲求，企业亦将产品生产出来，还不能解释为市场营销，产品只有通过交换才使市场营销产生。只有通过等价交换，买卖双方彼此获得所需的产品，才产生市场营销。可见，交换是市场营销的核心概念。

（2）交易（Transactions）。交易是指买卖双方价值的交换，它是以货币为媒介的，而交换不一定以货币为媒介，它可以是物物交换。

交易涉及几个方面，即两件有价值的物品，双方同意的条件、时间、地点，还有来维护和迫使交易双方执行承诺的法律制度。

（3）关系（Relationships）。交易营销是关系营销大观念中的一部分。精明能干的市场营销者都会重视同顾客、分销商等建立长期信任和互利的关系。

4. 市场、营销、市场营销及市场营销者

（1）市场（Markets）。市场由一切有特定需求或欲求并且愿意和可能从事交换来使需求和欲求得到满足的潜在顾客所组成。市场是买卖双方进行交换的场所，从市场营销学角度看，卖方组成行业，买方组成市场。

（2）营销（Marketing）。营销的任务是辨别和满足人类和社会的需要。对营销所做的最简明的定义是："满足需求的同时而获利。"

营销的对象有十大项：有形的商品、无形的服务、事件、体验、人物、地点、财产权、组织、信息和理念。

（3）市场营销（Marketing）及市场营销者（Marketers）。上述市场概念使我们更全面地了解了市场营销概念。它是指与市场有关的人类活动，亦即为满足消费者需求和欲望而利用市场来实现潜在交换的活动，它是一种社会的和管理的过程。

市场营销者则是从事市场营销活动的人。市场营销者既可以是卖方，也可以是买方，当买卖双方都在积极寻求交换时，他们都可称为市场营销者，并称这种营销为互惠的市场营销。

四、市场营销管理

市场营销管理是指为创造达到个人和机构目标的交换，而规划和实施理念、产品和服务的构思、定价、分销和促销的过程。

市场营销管理的主要任务是刺激消费者对产品的需求，但不能局限于此。它还帮助企业在实现其营销目标的过程中，影响需求水平、需求时间和需求构成。因此，市场营销管理的任务是刺激、创造、适应及影响消费者的需求。从此意义上说，市场营销管理的本质是需求管理。

任何市场均可能存在不同的需求状况，市场营销管理的任务是通过不同的市场营销策略来解决不同的需求状况。

五、市场营销理论应用的发展

第二次世界大战之后，市场营销学从传统市场营销学演变为现代市场营销学，市场营销学日益广泛应用于社会各领域，同时，从美国拓展到其他国家。20世纪50年代市场营销学开始传播到其他西方国家。日本于20世纪50年代初开始引进市场营销学，从20世纪70年代后期起，随着日本经济的迅猛发展及国际市场的迅速扩大，日本企业开始从以国外各个市场为着眼点的经营战略向全球营销战略转变。20世纪50年代，市场营销学亦传播到法国。20世纪60年代后，市场营销学被引入苏联及东欧国家。

由于资本主义国家一切成为商品，连其社会领域及政治领域也商品化，因而市场营销原理与方法亦应用于这些领域，如西方国家政党及政治候选人应用市场营销方法对选民进行市场细分，对选民进行广告宣传，争取选民投票支持。

1984年1月，中国高校市场学会成立，继而各省先后成立了市场营销学会。这些营销学术团体对于推动市场营销学理论研究及在企业中的应用起了巨大的作用。

如今，市场营销学原理与方法已广泛地应用于各类企业。由于各地区、各部门生产力发展不平衡，产品市场趋势有别，加之各部门经济体制改革进度不一，各企业经营机制改革深度不同等，使市场营销学在各地区、各部门、各类企业的应用程度不尽相同。

问题互动

市场营销和销售一样吗？它们之间有什么区别？

启发案例

特斯拉卖车——这是销售。
马斯克说"我要去火星"——这是营销。
开一家奶茶店卖奶茶——这是销售。
"你爱我，我爱你，蜜雪冰城甜蜜蜜~"——这是营销。

管理启示

销售，是为了卖东西收钱。
营销，是为了卖给更多人、卖得更容易、卖得更快速、收更多人钱、收钱更简单、收钱更大额。

学习单元二　营销战略

启发案例

法国队夺冠，华帝退全款

营销战略是企业市场营销部门根据战略规划，在综合考虑外部市场机会及内部资源状况等因素的基础上分析市场机会，确定目标市场，选择相应的市场营销策略组合，并予以有效实施和控制的过程。

一、市场分析

1. 市场的概念和要素

（1）市场的概念。市场是社会分工和商品生产的产物，哪里有社会分工和商品交换，哪里就有市场。市场营销学的一般看法认为，市场是指某种产品的现实购买者与潜在购买者需求的总和。亦即市场是对某企业某产品有特定需要和欲望，并愿意且能够通过交换来满足该种需要的所有现实和潜在消费者的集合。

启发案例

市场是如何形成的

 **问题互动**

你觉得市场是在什么情况下产生的？为什么会产生？

（2）市场的构成要素。市场包含三个主要因素，即有某种需要的人、为满足这种需要的购买能力和购买欲望。用公式来表示就是：

$$市场 = 人口 + 购买力 + 购买欲望$$

市场的这三个因素是相互制约、缺一不可的，只有三者结合起来才能构成现实的市场，才能决定市场的规模和容量。

（3）市场的分类。

①按购买者的购买目的和身份划分。

消费者市场——为满足个人消费而购买产品和服务的个人和家庭所构成的市场；

生产商市场——工业使用者市场或工业市场；

转卖者市场——中间商市场；

政府市场——各级政府为了开展日常政务活动或为公众提供服务，在财政的监督下，以法定的方式、方法和程序，通过公开招标、公平竞争，由财政部门直接向供应商付款的方式，从国内市场为政府各部门购买货物、工程、劳务的行为。

②按照企业的角色划分。

购买市场——企业在市场上是购买者，购买需要的产品；

销售市场——企业在市场上是销售者，出售自己的产品。

③按市场活动特点（即市场上的竞争状况）划分。

完全竞争市场——一个行业中有非常多的生产销售企业，它们都以同样的方式向市场提供同类的、标准化的产品的市场；

完全垄断市场——在市场上只存在一个供给者和众多需求者的市场结构，该厂商生产的商品没有任何接近的替代品，其他厂商进入该行业都极为困难或不可能，所以垄断厂商可以控制和操纵市场价格；

垄断竞争市场——许多厂商生产相近但不同质量的商品市场，是介于完全竞争和完全垄断的两个极端市场结构的中间状态；

寡头垄断市场——某种产品的绝大部分由少数几家大企业控制的市场，在这种市场条件下，商品市场价格不是通过市场供求决定的，而是由几家大企业通过协议或默契形成的。

 课堂拓展

大疆公司被美国制裁

2. 市场调查

市场调查是指运用科学的方法，有目的、有系统地搜集、记录、整理有关市场营销的信息和资料，分析市场情况，了解市场现状及其发展趋势，为市场预测和营销决策提供客观的、正确的资料。

市场调查的内容主要有市场环境调查、市场状况调查、销售可能性调查，还可对消费者及消费需求、企业产品、产品价格、影响销售的社会和自然因素、销售渠道等展开调查。

市场调查的方法很多，选择是否得当，对调查的结果影响很大，常用的方法有四种，即观察法、实验法、访问法、问卷法。

（1）观察法（Observation）。观察法是社会调查和市场调查研究最基本的方法，由调查人员根据调查研究的对象，利用眼睛、耳朵等感官以直接观察的方式对其进行考察并搜集资料。

（2）实验法（Experimental）。实验法是由调查人员根据调查的要求，用实验的方式，将调查的对象控制在特定的环境条件下，对其进行观察以获得相应的信息。

（3）访问法（Interview）。访问法可以分为结构式访问、无结构式访问和集体访问。

（4）问卷法（Survey）。问卷法是通过设计调查问卷，让被调查者填写调查表的方式获得所调查对象的信息。

3. 市场预测

市场预测就是在市场调查的基础上运用科学的方法，对影响市场供求变化的诸多因素进行调查研究，分析和预见其发展趋势，掌握市场供求变化的规律，为经营决策提供可靠的依据。

现代市场预测方法种类繁多，有据可查的已达15种，按预测的方式不同，可分为定性预测方法和定量预测方法两大类。

（1）定性预测方法，也称经验判断预测。这种方法的特点是简单、方便、容易掌握，而且使用的费用少，特别适于那些难以获取全面的资料进行统计分析的问题。

（2）定量预测方法，又称统计预测法。是指预测人员在掌握数据、资料的基础上，通过统计方法和建立一定的数学模型，对未来市场进行预测的方法。

二、营销环境分析

企业要想在市场营销中获得成功，必须认真分析其所处市场的环境因素，并在对企业营销的宏观和微观环境做出分析的基础上，提出相应的营销策略，这是企业获得市场成功的重要因素。

市场营销环境是指影响企业市场营销活动及其目标实现的各种因素和动向，可分为宏观市场营销环境和微观市场营销环境两大类。

宏观环境因素是指与企业市场营销间接联系的企业外部因素的总和，主要包括人口、自然、经济、政治法律、科学技术及社会文化等对整个市场具有全局性影响的因素。微观环境因素是指与企业市场营销联系较为密切、直接的企业外部因素的总和，主要包括企业、供应商、营销中介、顾客、竞争者和社会公众等因素。市场营销环境的主要行为者及影响力如图9-1所示。

三、消费者行为分析

消费者行为分析是市场营销管理的核心内容之一，也是一切营销活动得以开展的逻辑起点，只有对目标顾客进行充分关注，才有可能通过产品和服务使顾客的需要和欲望得到满足。企业需要从认识购买者的需要入手，分析影响消费者购买行为的因素，研究消费者的购买决策过程。

1. 影响消费者购买行为的主要因素

消费者购买行为取决于其自身的需要和欲望，而人们的需要和欲望以至消费习惯和行为，是在许多因素的影响下形成的。这些因素主要可归纳为四大类,如表 9-1 所示。

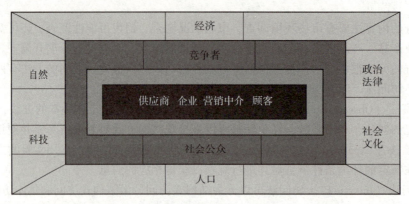

图 9-1　市场营销环境的主要行为者及影响力

表 9-1　影响消费者购买行为的因素

文化因素	社会因素	个人因素	心理因素
文化	参照群体	年龄与生命周期	动机
亚文化	家庭	阶段	知觉
社会阶层	角色与地位	职业 经济环境 生活方式 个性与自我观念	学习 信念与态度

2. 消费者购买行为类型

不同消费者购买决策过程的复杂程度不同,原因是受诸多因素的影响,其中最主要的是参与程度和品牌差异。根据购买者的参与程度和品牌差异区分为四种购买类型。包括复杂型购买行为、减少失落感型购买行为、习惯型购买行为和多变型购买行为。

对于不同类型的购买行为,市场领导者和挑战者的营销策略是不同的。市场领导者试图通过占有货架、避免脱销和提醒购买的广告来鼓励消费者形成习惯型购买行为。而挑战者则以较低的价格、折扣、赠券、免费赠送样品来鼓励消费者改变原习惯型购买行为。

3. 消费者购买决策过程

不同购买类型反映了消费者购买决策过程的差异性或特殊性,消费者的购买决策过程一般分为五个阶段,如图 9-2 所示。

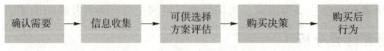

图 9-2　购买过程的五个阶段

这个购买决策过程模式适于分析复杂的购买行为,其他几种购买类型是省略其中某些阶段后形成的,是复杂购买行为的简化形式。该模式表明,消费者的购买决策过程早在实际购买前就已经开始了,并延伸到实际购买以后,这就要求营销人员注意购买决策过程的各个阶段,而不是仅仅注意销售。

问题互动

你的日常消费主要由哪些部分组成？各自所占比例有多少？这些消费产生的原因是什么？

 启发案例

校园贷的陷阱

 课堂拓展

信贷消费的弊端

四、市场细分与定位

对大多数消费品而言，企业面对的是一个由人数众多的消费者组成的大市场，这是复杂多变、购买者众多、分布广泛、需求多样的市场。对任何企业而言，它们都受到自身实力和资源的限制，很难去满足所有的市场需求。

市场细分的目的在于从一系列细分市场中选择对企业最有利的市场组成部分，这将有利于企业分析、发掘新的市场机会，形成新的富有吸引力的目标市场，增强企业市场竞争能力。

1. 市场细分

市场细分是依据消费者需求和购买行为等方面的明显差异，把某种产品的整体市场划分为不同类型顾客群，即若干同质细分市场或子市场的过程。一个企业只有识别一部分顾客的详细需求，并集中为这一部分顾客提供优质产品和服务，才能获得顾客满意，保持企业的竞争优势。

2. 市场细分的标准

市场细分是建立在市场需求差异性基础上的，因而形成需求差异性的因素就可以作为市场细分的标准或依据。由于市场类型不同，市场细分的标准也有所不同。

（1）消费者市场的细分标准。包括地理细分，人口细分，心理细分，行为细分。

（2）组织市场的细分标准。由于组织市场的购买者及其购买目的与消费者市场不同，所以组织市场细分的依据有所区别。

①用户的行业类别：包括农业、轻工、食品、纺织、机械、电子、冶金、汽车、建筑等。不同行业的用户，其需求有很大差异，企业应在市场细分的基础上采取不同的营销策略。

②用户规模：不同规模的用户，其购买力、购买批量、购买频率、购买行为和方式各不相同。一般来说，大用户的数量小，但购买量大，对企业的销售有着举足轻重的影响，应予以特殊

重视，可保持直接的、经常的业务联系；小用户则相反，数量大但单位购买量较小，企业可以更多地利用中间商进行产品推销工作。

③用户所处的地理位置：按用户的地理位置细分市场，有助于企业将目标市场选择在用户集中的地区，有利于提高销售量，节省推销费用，节约运输成本。

3. 目标市场选择

目标市场的选择就是根据细分市场来确定企业的服务对象。

（1）评价细分市场。企业对细分市场进行评价时，要考虑的因素有以下几个方面。

①存在尚未满足的需求；

②有足够的销售量；

③未被竞争者完全控制，有进入的余地；

④企业具备进入目标市场的能力。

（2）选择目标市场。在对细分市场进行评价的基础上，企业可以有不同的选择目标市场的模式，以决定进入哪些目标市场以及如何进入等。一般有五种基本模式可以选择。

①单一市场集中化：这是最简单的模式，即企业选择一个细分市场。企业对目标市场采用集中化营销策略，可以更清楚地了解目标市场的需求，树立良好的声誉，巩固在目标市场的地位，可以充分利用生产、销售的专业化优势，取得较好的投资收益。但是，高度集中化又会带来较高的市场风险。

②选择性专业化：企业有选择地进入几个细分市场。这些细分市场都符合企业的目标和资源条件，都具有吸引力，可以为企业带来盈利，且市场之间相互影响较少。这种选择多个分散目标市场、分别专业化的策略可以减少企业的市场和经营风险。

③产品专业化：企业同时向几个细分市场提供一种产品。这种模式可以充分发挥产品生产的专业化优势，可以提高质量、降低成本，从而提高企业的盈利能力。但是，这种策略会受到竞争者对目标市场的挑战，影响企业市场的稳固性。

④市场专业化：企业针对目标市场，提供多种产品，满足顾客的各种需求。其优点是能满足顾客不同层次的需要，提高顾客的满意水平。但是，由于市场比较集中，企业的经营和盈利受市场规模的限制较多。

⑤全面进入：企业为所有顾客群提供他们所需要的所有产品。只有实力雄厚的大企业才能做到这一点，才适合采取这种策略。

（3）目标市场营销策略。目标市场一旦确定，就需要根据目标市场的需求特点制定相应的市场营销策略。概括起来，目标市场营销策略可分为三种类型。

①无差异市场营销策略：企业不考虑细分市场的差异性，把整体市场作为目标市场，对所有的消费者只提供一种产品，采用单一市场营销组合的目标市场营销策略。这种策略的优点是产品的品种、规格、款式简单，有利于标准化与大规模生产，有利于降低生产、存货、运输、研究、促销等成本费用。缺点是单一产品要以同样的方式广泛销售并受到所有购买者的欢迎几乎是不可能的，企业一般不宜长期采用该策略。

②差异性市场营销策略：在市场细分的基础上，企业以两个以上乃至全部细分市场为目标市场，分别为之设计不同的产品，采取不同的市场营销组合，满足不同消费者需求的目标市场营销策略。实行差异性市场营销策略，会使企业的生产成本、管理费用、销售费用等大幅度增加。因此，实施差异性市场营销策略要求所带来的收益超过所增加的成本、费用，并且要求企业具有较为雄厚的财力、物力和人力条件。

③集中性市场营销策略：在市场细分的基础上，选择其中一个细分市场作为企业的目标市场，集中力量为该市场开发一种理想的产品，实行高度专业化的生产和销售。这种市场营销策略

主要适用于资源有限的中小企业。中小企业无力与大企业抗衡，在一些大企业尚未或不愿顾及的小细分市场上全力以赴，往往易于取得成功。这一策略的不足之处是风险较大，一旦目标市场发生变化，会对企业产生很大的甚至是致命的打击。

4. 市场定位

（1）市场定位的概念。市场定位是指企业根据消费者对产品或品牌的心理知觉来确定产品或品牌在其心目中的地位并塑造良好形象的活动。企业根据竞争者现在的产品在市场上所处的位置，针对消费者对该种产品某一属性或特征的重视程度，为产品创造、培养一定的特色，并通过一系列营销努力把这种个性或形象强有力地传递给购买者，从而使该产品在消费者心目中确定适当的位置。

（2）市场定位策略。市场定位策略实际上是一种竞争策略，即根据产品的特点及消费者对产品的知觉，确定本企业产品与竞争者之间的竞争关系。企业常用的市场定位策略主要有以下三种。

①对抗定位：这是与在市场上居支配地位的，即最强的竞争对手对着干的定位方式。这种方式风险较大，但一旦成功就会取得巨大的市场优势，因此对某些实力较强的企业有较大的吸引力。实行对抗定位，一方面要知己知彼，尤其要清醒地估计自己的实力，另一方面还要求市场有较大的容量，例如，百事可乐与可口可乐持续百年的针锋相对的可乐大战。

②避强定位：这是避开强有力的竞争对手的市场定位方式。其优点是能避开与强大竞争对手的直接冲突，并在消费者心目中迅速树立起自己的形象。这种定位方式风险相对较小，成功率较高，常常为很多企业所采用，例如，元气森林采用推出非可乐的汽水的市场定位。

③重新定位：这是企业变动产品特色，改变目标顾客对其原有的印象，使目标顾客对其产品的新形象有一个重新认识的过程。企业产品在市场上的定位即使很恰当，但在出现下列情况时也需考虑重新定位：一是竞争者推出的产品市场定位于本企业产品附近，侵占了本企业品牌的部分市场，使本企业品牌的市场占有率有所下降；二是消费者的偏好发生了变化，从喜爱本企业某品牌转移到喜爱竞争对手的某品牌。

启发案例

农夫山泉的崛起密钥

问题互动

农夫山泉为什么能异军突起，占据饮用水品牌主导地位？

管理启示

著名战略管理专家迈克尔·波特是这样描述市场营销差异战略的："当一个公司能向客户提供一些独特的、对客户来说价值不仅仅是一种廉价商品时，这个公司就把自己与竞争厂商区分开来了。"

金山银山不如绿水青山

学习单元三　营销策略

小米的新营销理念

目标市场一旦确定，就需要根据目标市场的需求特点制定相应的市场营销策略。企业需要根据某一类产品的不同需求，将顾客细分为若干群体；然后结合特定的市场环境和自身的资源条件，选择某些特定群体作为目标市场；并根据企业现有产品的市场地位和顾客对产品属性的重视程度，对产品进行市场定位；同时，制定有针对性的市场营销战略和策略。

一、产品策略

产品是市场营销组合中最重要也最基本的因素。企业制定营销组合策略，首先必须决定开发什么样的产品满足目标市场需求。

1. 产品整体概念

产品是人们通过购买或租赁所获得需要的一种满足。凡是提供给市场用于满足人们某种需要的任何产品或服务，都是市场营销学所讲的产品。在营销学中，产品是一个整体概念，包括三个层次的内容，即核心产品、形式产品和附加产品，三者关系如图9-3所示。

（1）核心产品。核心产品是指向购买者提供的基本效用或利益。核心产品是消费者追求的最基本内容，也是他们所真正要购买的东西。因此，企业在设计开发产品时，必须首先界定产品能够提供给消费者的核心利益，以此作为立足点。

（2）形式产品。形式产品是核心产品所展示的全部外部特征，即呈现在市场上的产品的具体形态或产品核心功能、效用借以实现的外在形式，主要包括品牌商标、包装、款式、颜色、特色、质量等。

（3）附加产品。附加产品是消费者在购买形式产品时获得的全部附加服务和利益，给消费者带来最大的满足。其内容主要有承诺，如保修期限、退货等，还有送货、安装、维修、培训等服务活动。

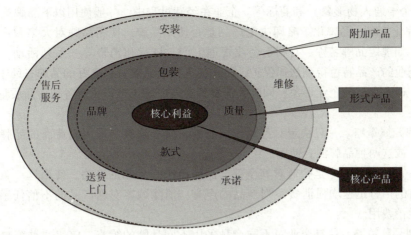

图 9-3　核心产品、形式产品和附加产品关系

2. 产品组合决策

（1）产品组合及相关概念。产品组合包含四个因素：宽度、长度、深度和关联度。产品组合的宽度是指一个企业所拥有的产品线的总数。产品线越多，企业产品组合的广度就越宽。产品组合的长度是指一个企业的产品项目总数。产品组合的深度是指一个企业每条产品线上平均具有的项目数。

（2）对产品组合的分析和管理。企业在安排它的产品的各条产品线和各条产品线中的产品项目时，总希望挑选一个最佳的产品组合，即优化产品组合。优化产品组合的过程，通常是分析、评价和调整现行产品组合的过程。由于产品组合状况直接影响到企业的销售额和利润水平，所以企业必须经常对现行产品组合做系统的分析、评价和管理，通过增设、加强和剔除某些产品线和产品项目，优化产品组合宽度和深度的关系，以达到提高销售额和利润的目标。在此以波士顿矩阵法为例讲述产品组合分析法。这种方法建议企业对其经营的所有产品用"市场增长率—市场占有率矩阵"进行分类。波士顿矩阵如图 9-4 所示。

按照图 9-4 所示分类方法，可将产品分为四类。

①明星产品。这类产品线市场占有率和市场增长率都很高，具有一定的竞争优势。但是由于市场增长率很高，市场竞争激烈，需要大量资金以支持快速成长，所以并不能为企业带来丰厚的利润。随着市场占有率增长速度逐步减慢，将变为金牛产品，可为企业创造丰厚的利润。

②金牛产品。这类产品线有较低的市场增长率和较高的市场占有率，能为企业赚取大量的利润，并可以支持企业的明星类、问题类和瘦狗类产品。

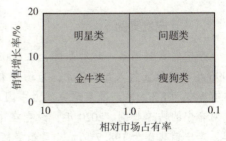

图 9-4　波士顿矩阵

③问题产品。这类产品线具有高的市场增长率和低的市场占有率，将需要巨额资金，有较大的风险。所以，经营者对此类产品必须慎重考虑花费更多的资金去提高市场占有率是否有利。

④瘦狗产品。这类产品的市场增长率和市场占有率都很低，既没有竞争优势，又没有发展前途，应该逐步淘汰。

3. 品牌策略

品牌是产品整体的一部分，在进行产品整体决策时，必然要做出品牌策略。品牌是一个名称、术语、符号或图案设计，或者是它们的不同组合，用以识别某种产品或劳务，使之与竞争对手的产品和劳务相区别。品牌是一个笼统的名词，它包括品牌名称（如"安踏"）、品牌标识

（如海尔的两个卡通人物形象）和商标等。企业在经营过程中，一般使用以下品牌策略。

（1）品牌化策略。品牌化策略即决定产品是否使用品牌。使用品牌对大多数产品来说有着积极的作用，如规定品牌名称，有利于企业管理生产、订货和销售等一系列活动；通过商标注册，可以使企业的产品特色得到法律保护，防止他人抄袭、假冒；良好的品牌有助于吸引更多的品牌忠诚者，树立良好的企业形象；同时，消费者通过品牌也可以了解各种商品质量的好坏，购物更有目的性。

（2）品牌归属策略。一旦决定对产品使用品牌，就必须决定采用制造商的品牌还是采用中间商的品牌，或这两种品牌混合使用。

（3）统一品牌策略。这是企业对其全部产品使用统一品牌的策略。使用这一策略，有利于企业利用已有的声誉迅速增强消费系列产品的声誉，消除顾客对新产品的不信任感，并能减少广告宣传等促销费用。

（4）个别品牌策略。这是企业对不同产品采用不同品牌的策略。使用这种策略能严格区分高、中、低档产品，使顾客易于识别并选购自己满意的产品，而且不会因为个别产品的声誉不好而影响其他产品，甚至影响整个企业的声誉。

（5）品牌扩展策略。企业利用其成功品牌名称的声誉来推出改良产品或新产品，也可以推出不同功能特点、不同质量水平、不同规格，甚至不同包装和造型的产品。企业采用这一策略，可以节省宣传新品牌的促销费用，使新产品能迅速顺利地进入市场。

（6）多品牌策略。这是企业对同一种类产品使用两个或两个以上品牌的策略。采用多品牌策略的优点是：多种不同的品牌只要被零售商接受，就会占用较多的货架面积，而使竞争产品的陈列空间相对减少；采用多品牌可以吸引更多的品牌转换者，提高市场占有率。

（7）品牌再定位策略。这是企业因某些市场因素发生变化，而对品牌进行重新定位的策略。在下列情况下需要重新定位：有些消费者的偏好发生了变化，形成某一特定偏好的消费群，而本企业的品牌已不能满足这部分消费群的偏好时；竞争者将品牌定位在靠近本企业品牌的附近，并夺取部分市场，使本企业的市场占有率减小时。

启发案例

李宁曾是我国第一运动品牌，在2003年之前，李宁连续9年占据国内运动品牌第一的宝座，1996年李宁营业收入6.5亿元，市场占有率超13%，耐克在国内的年销售额约为4亿元，市场占有率仅为8%左右。随着耐克发力中国市场，凭借全球品牌在消费者心智中的极高势能，实现了对李宁的快速收割。2020年，耐克在中国的销售额达570.2亿元，为中国市场的第一运动品牌，李宁销售额为198.7亿元，虽销售额同样实现了巨大增长，但已远远落后于竞争对手。相似的情况还发生在各行各业：奶粉行业，国内消费者更愿意选择外国品牌；汽车行业，德国品牌的产品溢价能力远高于国产品牌……

是产品力的差距吗？不见得，国产品牌的产品质量早已经不输于甚至领先外国品牌。核心的原因在于"认知"在作祟，当今的商业战场早已不在"市场"上，而在"心智"中，心智中的地位决定了市场上的地位，而"全球品牌"就是心智中的制高点。

全球品牌也为企业经营带来了巨大竞争优势。全球品牌意味着拥有全球的供应链体系，成本更低；拥有全球的市场，抗风险能力更强。以汽车行业为例，2021年，全球销量最高的汽车品牌丰田销量达1040万辆，仅在美国与中国市场，丰田的销量就分别达到了233万辆与194万辆。巨大的销量基础给丰田带来了极大成本优势，在保证销量的情况下，利润率远超同级别其他品牌。同时，战场的分散也降低了其经营风险，虽受到全球疫情与芯片短缺的影响，但核心市场的贡献仍然保证了丰田的整体增长。

问题互动

为什么在很多行业，中国人往往更相信外国品牌，是中国品牌真的不如外国品牌吗？造成这种现状的内在因素和外在因素是什么？

课堂拓展

"卡脖子"的芯片

4. 包装策略

从市场营销学的角度来看，包装是指设计并生产容器或包装物，并将产品盛装或包扎起来的一系列活动。包装的作用主要有：保护商品；便于运输、携带和储存，也便于消费者使用商品；促进销售；提高产品的价值。

企业在设计产品包装时，应遵循以下原则：遵守国家的法律、法规，美观大方，突出特色，保护生态环境，心理、文化适应，与产品本身相适宜。可供企业选择的包装策略有以下几种：

（1）类似包装策略。类似包装策略是指企业所生产经营的各种产品在包装上采用相同的图案、色彩或其他共有特征，使消费者通过类似的包装联想起这些商品是同一企业的产品，具有同样的质量水平。

（2）分类包装策略。分类包装策略是指企业依据产品的不同档次、用途、营销对象等采用不同的包装。

（3）配套包装策略。配套包装策略是指企业把相互关联的多种商品，置入同一个包装容器之内一起出售。

（4）再利用包装策略。再利用包装又称为多用途包装，是指在包装容器内的商品使用完毕后，其包装并未作废，还可继续利用。

（5）附赠包装策略。附赠品包装策略是目前国际市场上比较流行的包装策略，现在在我国市场上运用也很广泛。是指企业在某商品的包装容器中附加一些赠品，以引起购买的兴趣，诱发重复购买。

（6）更新包装策略。更新包装策略是指企业为克服现有包装的缺点，适应市场需求，而采用新的包装材料、包装技术、包装形式的策略。

二、定价策略

为了有效地开展市场营销、增加销售收入和提高利润，企业不仅要给产品制定基本价格，而且需对制定的基本价格适时地进行修改。

1. 定价策略

定价不仅是一门科学，而且是一门艺术。定价方法侧重于从量的方面对产品的基础价格做出科学的计算，而定价策略则是运用定价艺术和技巧，根据市场的具体情况制定出灵活的价格。

（1）价格折扣策略。企业为了鼓励顾客及早付清货款、大量购买、淡季购买，可酌情降低基本价格,这种价格调整叫作价格折扣。价格折扣策略主要有以下几种:现金折扣,数量折扣,功能折扣,季节折扣,价格折让。

(2) 心理定价策略。心理定价策略是一种运用心理学原理,根据不同类型顾客购买商品时的心理动机来确定价格,引导消费者购买的价格策略。心理定价策略主要有以下几种。

①尾数定价策略。尾数定价策略亦称非整数定价策略,是指保留价格尾数,以零头数标价的价格策略,例如,某种商品的价格定在9.95元,而不是10元。

②整数定价策略。整数定价策略即企业采用合零凑整的方式,为产品制定整数价格。采用整数价格会抬高商品的"身价"进而提高消费者的"身份"。此外,整数定价策略还有便于结算、增加企业盈利等优点。

③声望定价策略。声望定价策略是针对消费者"优质高价"的心理,对享有盛誉的产品制定较高的价格。

④招徕定价策略。商品价格若低于其市场的通行价格,总会引起消费者的兴趣,这是一种"求廉"的消费心理。有些零售商业企业就是利用消费者的这种心理,有意把店中的几种商品价格降低,以此招徕顾客上门,借机带动店中其他商品的销售,提高销售总收入。

⑤习惯定价策略。习惯定价策略即按照消费者的习惯价格心理制定价格。如日常消费品的价格应力求稳定,避免价格波动带来不必要的损失。

(3) 差价策略。差价策略是根据销售地区、销售季节和产品质量的差别,将同样的产品以不同价格出售的定价策略。差价策略有以下几种。

①地区差价策略。地区差价策略即企业以不同的价格策略在不同地区营销同一种产品,以形成同一产品在不同空间的横向价格策略组合。

②季节差价策略。季节差价策略即对相同产品,按销售时间上的差别而制定不同的价格。

③质量差价策略。一般来讲,高质量的产品包含着更多的劳动消耗,理应实行较高的价格。但是在市场上,产品质量的高低则由消费者来评判。一件优质产品必须经过消费者的认同,成为名牌产品,才能产生质量差价。

(4) 阶段定价策略。在不同的阶段,定价策略也有所不同。

①试销阶段的定价策略。试销期是新产品刚刚投放市场的时期,所以这个阶段的定价策略也叫新产品定价策略。

②畅销阶段的定价策略。产品的畅销期是企业销售量和利润"两高"的黄金时期。这一阶段如果市场上竞争者不多,消费者也已接受了新产品进入市场时的价格,企业就应采取稳定价格策略,维持原价格水平,争取获得较大的利润。

③饱和阶段的定价策略。这个阶段,企业处于激烈竞争的市场环境中,面临销量和利润开始下降的状况,一般愿采用竞争价格策略,以便抵制竞争者,保持原有的销售量。

④滞销阶段的定价策略。处于滞销阶段的产品行将淘汰,步入衰退期,此时企业可采取"削价处理"的价格策略。

2. 价格调整策略

企业制定价格后,还得经常监测环境的变化,并适当调整价格,以求更好地在市场上生存和发展。

(1) 降价策略。企业降价可能有以下一些原因。

①企业生产能力过剩,急需扩大销量来缓解库存压力。

②企业希望通过降价来夺取竞争者的市场份额。

③企业的成本降低使产品有降价的空间,或者是企业希望通过降价来扩大市场份额,进而

达到成本降低的目的。

④消费者的购买力下降。

（2）提价策略。提价往往容易给企业带来不利影响，如竞争力的下降、消费者的不满、经销商的抱怨等，甚至还会受到政府的干预和同行的指责。然而，一次成功的提价却能大幅度地提高企业利润。

企业提价的原因，一是为了缓解成本攀升的压力，二是企业的产品供不应求。对某些产品来说，在需求旺盛而生产规模又不能及时扩大而出现供不应求的情况下，可以通过提价来遏制需求，同时又可以取得高额利润，缓解市场的供需矛盾，如我国在黄金周、春节期间的飞机票价格上涨。

企业提价可采取以下几种方式。

①直接提高商品目录的价格。在企业提价原因不明的情况下，这种方式很容易招致消费者的反感。

②在通货膨胀时期，延缓报价。

③采用价格自动调整条款。企业要求顾客按当前价格付款，但在交货时可按某种价格指数调整价格，如在交货时支付由于通货膨胀引起增长的全部或部分费用。

④对原免费项目收费。如免费送货、免费的零配件都可被重新定价。

⑤减少或取消价格折扣。如数量折扣、现金折扣等。

在方式选择上，企业应尽可能多地采用间接提价，把提价的不利影响降到最低限度，使提价不影响销量和利润，而且能被潜在消费者普遍接受。同时，企业提价时应采取各种渠道向顾客说明提价的原因。另外，在确定价格调整幅度时，企业应考虑到消费者的反应。

当然，企业也可采取其他方法来避免提价：在价格不变、包装不变的情况下，减少产品的分量；降低产品的质量；减少产品的功能；使用廉价的材料等。但是如果这些方法运用不当，容易引起顾客的不满，损害企业形象，给企业的长远发展带来不利影响。

问题互动

调查市场常见奶茶品牌的价格区间，分析不同品牌定价区间的依据。

三、分销策略

1. 分销渠道的概念

分销渠道，也称作分配渠道或配销通路，是指某种产品从生产者向消费者或用户转移过程中所经过的一切取得所有权（或协助所有权转移）的商业组织和个人。即产品所有权转移过程中所经过的各个环节连接起来形成的通道。

2. 分销渠道的结构

（1）长度结构。分销渠道的长度结构是指渠道中包括的中间商的层次数量，按渠道长度的不同，可分为四种结构，即直接渠道、一层渠道、二层渠道和三层渠道。

（2）渠道宽度结构。渠道宽度结构是指渠道中同类中间商的数量。同一层次或环节的中间商多，渠道就较宽；反之，渠道就较窄。

渠道宽度的选择策略：根据同一层次中间商数目的多少，可以分为三种形式的渠道宽度的选择策略，即密集型分销、选择型分销和独家型分销。

四、促销策略

现代市场营销不仅要求企业开发适销对路的产品,定出有吸引力的价格,还要求企业通过合适的渠道使目标顾客易于得到他们所需要的产品,即进行促销活动。

1. 促销的概念

促销是促进产品销售的简称,是指企业以各种有效的方式向目标市场传递有关信息,以启发、推动或创造消费者对企业产品和劳务的需求,并引起消费者的购买欲望和购买行为的一列综合性活动。

2. 促销的基本方式及其组合

促销的基本方式有人员推销、广告、公共关系及销售促进四种。企业根据促销的需要,对各种促销方式进行适当的选择和综合编配,称为促销组合。

(1) 人员推销。人员推销是企业运用推销人员直接向顾客推销商品和劳务的一种促销活动。一般来说,人员推销有三种基本形式:上门推销、柜台推销和会议推销。

(2) 广告。广告是广告主以促进销售为目的,付出一定的费用,通过特定的媒体传播商品或劳务等有关经济信息的大众传播活动。进行广告投放决策主要涉及五个方面:广告的目标、广告的费用、广告的信息决策、广告的媒体决策以及广告的效果评价。

(3) 公共关系。社会公众对企业实现自己的市场营销目标有现实或潜在的影响,这些影响可能是积极的,也可能是消极的。因此,企业需要处理好与社会公众的关系,树立企业在社会公众中的良好形象。现代企业一般都有专门的公共关系部门,负责处理公关事务。

(4) 销售促进。销售促进也叫营业推广,是运用多种激励工具,刺激消费者更多更快地购买某种产品或服务,如有奖销售、赠优惠券、减价、免费试用等。

3. 影响促销组合的因素

(1) 产品类型。顾客对不同类型的产品具有不同的购买动机和购买行为,因此就必须采用不同的促销组合策略。一般来说,由于消费品的顾客多、分布广、购买频率高,因此,消费品的促销主要依靠广告;工业产品每次的订货量相对较大,买主注重的是产品的技术、性能、售后服务、购买手续的复杂程度等,所以对这类产品的促销应以人员促销为主。

(2) 市场特点。企业目标市场的不同特征也影响着不同促销方式的效果。在地域广阔、分散的市场,广告有着重要的作用。如果目标市场窄而集中,则可使用更有效的人员推销方式。

(3) 促销预算。促销预算的多少直接影响促销手段的选择,预算少就不能使用费用高的促销手段。预算开支的多少要视企业的实际资金能力和市场营销目标而定。不同的行业和企业,促销费用的支出也不相同。

(4) 产品生命周期。在不同的生命周期阶段,企业的营销目标及重点不一样,因此促销方式也不尽相同。在投入期,要让消费者认识、了解新产品,可利用广告与公共关系进行宣传,鼓励消费者试用新产品;在成长期,要继续利用广告和公共关系来扩大产品的知名度,同时使用人员推销来降低促销成本;在成熟期,竞争激烈,要用广告及时介绍产品的改进,同时使用营业推广来增加产品的销量;在衰退期,营业推广的作用更为重要,同时配合少量的广告来保持顾客的记忆。

在几种营销策略中,企业应根据自身的财力、物力、产品的不同特点、产品的寿命周期、目标市场自身的需求特点以及竞争对手所采取的市场策略进行综合考虑,采取无差异性市场策略,或差异性市场策略,或集中性市场策略,使自己生产或经营的产品更符合各消费群体的需要,更好地发挥自身的竞争优势,以取得市场竞争的有利地位,在竞争中发展壮大。

学习单元四　现代市场营销理念与方式

王老吉创意营销理念

如果你是消费者，在王老吉本次的营销手段中，你觉得哪一点最能吸引你产生购买欲望？你还有什么好点子吗？

一场脱颖而出的营销除了解决消费者的核心诉求之外，更重要的是把消费者带入品牌锁定的营销场景中来，促成消费者消费特定的产品。顺应新时代消费者不断变化的需求，顺应年轻人的消费理念，这样才能吸引新的消费者和保持品牌的生命力。

随着经济市场竞争的日益激烈，产品的同化现象越来越严重，如何在市场中占有一席之地成为所有企业的痛点和诉求。营销理念开始从传统的以企业利益为导向向以顾客利益和社会利益为导向演进，旨在建立一个长远的合作，最终达到的是双方共赢。营销理念的演进如图9-5所示。

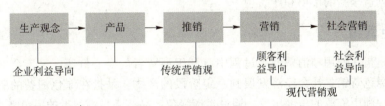

图9-5　营销理念的演进

一、现代市场营销理念

现代营销理念的核心思想

（1）市场导向：一是强调目标市场以顾客需求、顾客价值、顾客利益为营销管理的出发点和最终目的，在实现目标市场顾客价值最大化的基础上，实现企业持续健康的发展。二是强调市场竞争导向，为目标市场顾客提供比竞争对手更大的价值和更好的服务。

（2）顾客满意：强调将顾客价值最大化实现和赢得顾客满意作为评价企业营销管理绩效的唯一标准和追求目标。

(3) 整合营销：强调整合企业内外部各种优势资源，整合产品、定价、促销、分销、公关等各种营销策略和营销手段，在合适的时间、合适的地点，以合适的方式向目标顾客提供令其满意的价值和利益。

(4) 多赢发展：强调企业要赢得顾客满意和具有持续的竞争优势，必须实现其他利益相关者的价值和利益，包括员工、股东、供应商、经销商、银行、新闻媒体、社区和政府等，通过建立长期互惠互利、共存共荣的关系，赢得良好的公众形象和社会口碑，为企业持续健康发展奠定坚实的社会根基。

二、水平营销

在纵向营销思维之外，一些企业已经在运用另一种思维，探索开发出了新的产品和市场，并在获取高额利润回报的同时，成为新的市场领导者。科特勒将这种思维方式称为水平营销。水平营销首先是创造性的思考，它不同于纵向营销的逻辑思维，本质上是一种基于直觉的创造。这种思维的基本步骤是，首先选择一个焦点，然后进行横向置换以产生刺激，最后建立一种联结。例如，聚焦于生活中总是会凋谢的花，将凋谢置换成不凋谢，这时候就产生了"不凋谢的花"这一刺激。这个刺激对于市场是有价值的，但在实现过程中产生了逻辑思维的中断，此时通过引入塑料、纺织物等材质，创造出永不凋谢的仿真花，这就成功地建立了联结。

科特勒认为水平营销是一个过程，虽然它属于一种跳跃性的思维，但也是有法可依的。应用创造性研究的结果，他指出了水平营销的六种横向置换的创新技巧，并分别应用到市场层面、产品层面和营销组合层面上。

第一种技巧是替代，就是找一样东西，将原有的产品或者服务替换掉，比如用巧克力来替代玫瑰花，作为情人节的礼物。第二种技巧是倒置，也就是倒置消费的场景，比如情人节当天不送玫瑰，反其道而行之，在其他日子里送玫瑰。第三种技巧是组合，比如将玫瑰花和铅笔进行组合，作为与众不同的情人节礼物。第四种技巧是夸张，就是在数量、体积、次数上做文章，像是送一整车的玫瑰花，或者只送一朵玫瑰花。第五种是去除，顾名思义，就是情人节干脆不送玫瑰花。最后一种技巧叫作换序，就是变换一下逻辑，比如由女孩向男孩送玫瑰花。

传统营销的核心是市场细分，其核心理念是"逻辑思维，垂直细分"，最终导致高度细分的碎片化市场和无利可图的企业。而水平营销是"创意思维，跨界整合"，是寻找非关联性中的关联要素，从而创造全新的市场和产品。

三、绿色营销

绿色消费是指在使用和消费商品过程中有利于消费者的身心健康，又不会对环境造成负面影响的消费。绿色营销是社会经济发展到一定阶段的产物，是指在绿色消费的驱动下企业应从保护环境、合理利用资源的角度出发，通过生产绿色产品，满足消费者的绿色需求，实现企业营销目标的一种市场营销观念。

企业应树立生态营销观念。这就要求企业在以优质的产品、合理的价格进行促销的同时，还应注意环境保护，维护生态平衡，确保人们使用产品的安全、卫生、方便。这样才能进一步满足消费者的需求与欲望，达到扩大销售、增加利润的目的。企业要生存和发展下去，就要向消费者提供安全卫生的产品，企业所选择的生产技术，要尽量减少生产过程对环境的不利影响，保护环境。

绿色市场营销观念是以消费者的绿色需求为基础，是环保意识与市场营销观念的融合，企业在注意经济效益的同时，应比以往更注意生态效益和社会效益，它是对市场营销观念的进一步补充和发展。

四、服务营销

服务营销也称为有形商品的无形性营销,在当今科学技术相当普及以及信息快速传播的条件下,不同企业生产的同类或近似产品,其设计、制造水准已不相上下,使得一些有形产品其有形部分的属性,如品质、功能、特性等方面的差异较小。顾客对商品的判断和选择,主要不再单纯依据商品的有形属性,而在相当大的程度上取决于其无形属性的一面。顾客之所以购买某企业的产品,一定程度上取决于企业能否提供更优质的服务,即企业"如何提供商品""如何服务顾客"。

服务相对于商品、资金及经营设施等硬件要素来讲,可塑性、可控性更强。企业不仅可以通过加强质量保证服务,改善售前、售中、售后服务的方式和质量,恪守交货信用等,努力提高企业服务顾客的水平,更重要的是,各企业完全可以结合自己的情况,采取不同的方法、形式和手段,更好地服务顾客。

服务营销理论作用,一是揭示了员工参与对于整个营销活动的重要意义;二是认为企业应关注为顾客提供服务的全过程,了解顾客在整个过程中的感受,使顾客能够成为服务营销过程的参与者,从而及时改进企业的服务,来满足顾客的需求。

服务营销观念与市场营销观念有着根本的不同。市场营销观念是以目标市场为导向,因而企业的营销活动主要是围绕市场需求展开的。虽然这种观念也重视产品的售后服务,但认为售后服务主要解决产品的售后维修。售后服务部门是成本中心而不是利润中心,其职能在于做好售后服务并推销出更多的产品。服务营销观念则是以服务为导向,它所营销的产品就是服务本身,企业的各个部门都围绕服务开展工作。售后服务部门不是成本中心,产品在经过每个部门时,在价值上都会有新的增值。在服务营销观念下,企业不仅关心产品能否售出,更关心顾客在产品使用中的感受。顾客购买了企业的产品,只是企业营销工作的开始而不是结束,对于顾客而言,产品的价值体现在服务期内能否满足自己的需求。

启发案例

胖东来,全称为胖东来商贸集团,总部位于河南省许昌市。外地消费者可能不熟悉胖东来,因此,在网上介绍其案例时很多人需要加上"零售界的海底捞"来证明其地位和服务水准。也许对于其他零售品牌,许昌市和新乡市的消费者有点"娇气",很难"讨好",而这份曾逼走丹尼斯、"逼疯"世纪联华和沃尔玛的"娇气",来自胖东来对消费者的宠爱。

对于许昌市和新乡市的消费者来说,吊牌上标注成本价与零售价、超市里满足七个年龄段需求的不同规格购物车、方便视力不好的人士查看价格的放大镜、宠物寄存处等是许昌人逛超市的基本配置。已售过期的商品可无条件退货,雨天会主动为顾客的电瓶车、自行车套防水布,超市内有免费充电宝、直饮水、一次性杯子、便利整洁的母婴室,配备无性别卫生间,提供免费冰块给顾客帮卤味、生鲜等容易变质的食品保鲜,不仅有配锁的宠物寄存箱,还会每天消毒。极致的舒适体验,曾让许昌人感慨"胖东来,是许昌的骄傲"。当地人笑称,整个许昌只有周二不堵车,因为那天胖东来不营业,同时也会有很多外地企业前往胖东来考察学习,人多的时候需要"一大巴一大巴地接送",前来学习的老板中不乏中国知名的企业家,小米的董事长雷军也专门去考察过,称胖东来是中国零售业当中"神一般的存在"。

胖东来的成功,与自采为主导的采购模式有关,与内部员工考评机制有关,但核心是做到极致的服务体验和极佳的客户关系。有人曾采访胖东来创始人于东来先生:"你的经营秘诀是什么?"于东来说:"很简单,你对老百姓好一点,就啥都有了。"许昌人亲切地称呼于东来为东来哥,曾有记者追问许昌市民为何不在更便捷且有优惠的电商平台下单,反而要排长队到胖东来购物,许昌老乡说:"俺就想让俺东来哥多挣点钱。"据了解,胖东来的商品售价并不是一味地低于市场平均价,部分商品价格也会略高于其他超市,但许昌人依然乐此不疲地前往胖东来购物。当消费者的第一选择决策不是考虑价格,而是选择品牌时,品牌才算功成。

课堂拓展

中国零售业之神胖东来

五、关系营销

关系营销是20世纪80年代末在西方企业界兴起的,它以管理企业的市场关系为出发点,核心思想是建立发展良好的关系,使顾客保持忠诚。该观念认为,建立有利的商业关系需要企业与顾客及其他利益相关人(包括供应商、分销商及其他合作者)之间,建立相互信任的关系,强调不仅要争取顾客和创造市场,更重要的是维护和巩固已有的关系。

关系营销与传统营销观念相比,最根本的区别在于,传统营销观念的核心是商品交换,这是一种短期行为。而关系营销的核心是关系,是指在双方之间建立一种联系,是一个长期的概念。关系包含的意义远远超过交换,因为如果在两个或多个商业合作伙伴间存在相互信任的关系,交换肯定会经常发生。从本质上讲,关系营销不过是对人类商业与贸易活动本源关系的回归,同时顺应了新时期商业和营销环境的挑战。因此,争取稳定的顾客群,建立良好的顾客关系尤为重要。

关系营销特别适合于生产者市场及第三产业部门的营销。其主要内容是对消费者进行科学的管理,而方法则灵活多样。比如可以建立消费者大数据库,以使企业准确了解用户的有关信息,使产品能准确定位,同时使企业促销工作更具有针对性,从而提高营销效率。运用数据库与消费者保持紧密联系,无须借助大众传媒,比较隐秘,不易引起竞争对手的注意。此外还可建立顾客俱乐部、顾客信用卡、会员卡制度,对关键顾客专门设立关系经理等方式,对消费者进行管理。

六、网络营销

随着互联网技术的飞速发展,许多有形的以实物产品为要素的市场正在逐步转化为无形的以信息为主导的市场,企业的营销观念得到进一步更新。

作为目前市场营销的趋势,个性消费的发展将促使企业重新考虑其营销战略以消费者的个性需求作为提供产品及服务的出发点。但是,要真正实现个性营销还必须解决庞大的促销费用问题。网络营销的出现则为解决这一难题提供了可行的途径。企业的各种销售信息在网络上将以数字化的形式存在,可以以极低的成本发送并能随时根据需要修改,庞大的促销费用因而得以节省。企业也可以根据消费者反馈的信息和要求通过自动服务系统提供特别服务。

1. 网络营销相对于传统营销的优势

(1)网络营销具有极强的互动性,是实现全程营销的理想工具。传统的营销管理强调"4P"战略或者"6P"战略,现代营销管理则追求"4C"(顾客、成本、方便和沟通)。然而无论哪一种观念都必须基于这样一个前提：企业必须实行全程营销，即必须从产品的设计阶段开始就充分考虑消费者的需求和意愿。遗憾的是，在实际操作中这一点往往难以做到。原因在于消费者与企业之间缺乏合适的沟通渠道，沟通成本太高。消费者一般只能针对现有产品提出建议或评论，对尚处于概念阶段的产品难以接触。此外大多数中小企业也缺乏足够的资本用于了解消费者的各种潜在需求，它们只能凭自身能力或参照市场领导者的策略进行产品开发。

在网络环境下，这一状况将有所改观。即使是中小企业也可以通过微博、抖音公众号和微信公众号等方式，以极低成本在营销的全过程中对消费者进行即时的信息搜索，消费者则有机会对产品从设计到定价和服务等系列问题发表意见。这种双向互动的沟通方式提高了消费者的参与性与积极性，更重要的是它能使企业的决策有的放矢，从根本上提高消费者的满意度。

(2) 网络营销能满足消费者对购物方便性的需求，提高购物效率。现代化的生活节奏已使消费者在商店购物的时间越来越短。在传统的购物方式中，从商品买卖过程来看，一般需要经过看样、选择商品、确定所需购买的商品、付款结算、包装商品取货（或送货）等一系列过程。这个买卖过程大多数是在售货地点完成的，短则几分钟，长则数小时，再加上为购买商品来回的路途时间、在购买地的逗留时间，无疑是大大延长了商品的买卖过程，使消费者为购买商品付出很多时间。同时，拥挤的交通和日益扩大的店面更延长了消费者购物所耗费的时间。现代社会人们越来越珍惜闲暇时间，越来越希望在闲暇时间从事一些有益于身心的活动，充分地享受生活。在这种情况下，人们用于外出购物的时间越来越少。网络营销给我们描绘了一个诱人的场景，使购物过程不再是一种沉重的负担，甚至有时还是一种休闲娱乐。

(3) 网络营销能满足价格重视型消费者的需求。网络营销能为企业节省巨额促销和流通费用，使产品成本和价格的降低成为可能，而消费者则可以在全球范围内寻找最优惠的价格，甚至可绕过中间商直接向生产者订货，以更低的价格实现购买。

消费者迫切需要用新的快速方便的购物方式和服务，最大限度地满足自身需求。消费者价值观的这种变革，呼唤着网络营销的产生，而网络营销也在一定程度上满足了消费者的这种需求。

2. 开展网络营销应注意的问题

(1) 产品或服务是否适合在网上营销。如何判断企业的产品或服务是否适合在网上营销？一般来说，标准化、数字化、品质容易识别的产品或服务适合在网上营销。所谓标准化的商品或服务，是指很少发生变化、消费者很容易识别其性能的商品或服务。

(2) 分析网上竞争对手。网上的竞争对手往往与现实中的竞争对手一致，网络只是市场营销的一个新的战场。分析网上竞争对手不可拘泥于网上，必须确定其在各个领域的策略、营销手法等，在网上，要访问竞争对手的网页，而且要注意本企业网站的建设，以吸引更多的消费者浏览。

(3) 目标市场顾客上网的比例。网上营销并非万能，它的本质是一种新的高效的营销方式。目标市场顾客上网的比例无疑是一个非常重要的参数，假若目标市场的客户基本不使用网络，那在网络上的营销显然是不值得的，面对这样的情形，可以通过网络完成原传统营销方式的一部分功能，如广告宣传等。

(4) 网络营销目标具体化。与传统营销一样，网络营销也应有相应营销目标，以避免盲目。有了目标，还需要进行相应的控制。网络营销的目标总体上应与线下营销目标一致，但由于网络面对的顾客有独特之处，且网络的应用不同于一般营销所采用的手段，因此具体的网络营销市场目标确定应稍有不同。

(5) 准确的市场定位决定营销方式。定位是整个网络营销的基础，由此决定网页的内容和营销形式以及营销的产品和服务。网页建设的质量则直接影响营销方式的成功与否。

启发案例

疫情让人们隔离,而工作不能停止。事情还要做,工作更要做,企业要发展,社会要进步……但是疫情却让现实发生了变化:实体店铺萎缩,人们日常生活中减少外出、减少聚集,导致很多线下业务急剧缩减,对企业的生产、销售和营销产生了巨大影响。

在这样的背景下,线上零售上扬、迅速成长。受疫情影响,不少企业积极向线上转型,寻求商机。针对新冠疫情许多企业开始线上网络营销,"因势而谋、因势而动、因势而进",在"新零售"背景下积极探索网络零售实现新突破的最新方式。

一些零售企业的群非常活跃,在疫情期间很主动地进行群营销。

一些品牌商、经销商的群也很活跃,业务人员出不去了,但是可以在群里开展业务活动,包括客情维护、客户服务、组织促销等。

一些拼团企业的群更是活跃,据报道,疫情发生以来拼团的群订单量暴增。

一些品牌商包括阿迪达斯、纪梵希、卡姿兰等在疫情前已经在推动社群渠道、社群营销的企业,针对疫情带来的影响进一步加大社群营销的力度;京东在2019年发起成立了社区团购联盟,发力于社群零售渠道,最近的社群渠道做得也非常活跃。

疫情虽然给所有企业都带来了较大的影响,但是一些企业已经提前布局社群渠道、社群模式、社群营销,在一定程度上减轻了疫情给企业经营带来的影响。可谓是"手里有群,心里不慌"。

 问题互动

有什么让你印象深刻的网络营销案例,正面的或者反面的?

 课堂拓展

滥用亲情营销,网络绝对不是"法外之地"

学 习 小 结

市场营销是个人或组织通过创造并同他人交换产品和价值以满足需求和欲望的一种社会经济和管理过程。市场营销的核心概念包含需求及相关的欲求、需要,产品及相关的效用、价值和满足,交换及相关的交易和关系,市场、市场营销及市场营销者。

市场营销战略和策略的制定要以市场调查和市场预测为基础,做好营销环境和消费者行为的分析,准确找到自身企业的细分市场,确定目标市场,根据目标市场和自身的财力、物力、产品的不同特点,从产品、定价、分销、促销等多方面采取策略,以取得市场竞争的有利地位,在竞争中发展壮大。

现代市场营销是以市场导向、顾客满意、整合营销、多赢发展为核心的营销理念,主要有水平营销、绿色营销、服务营销、网络营销等方式，随着数字经济的蓬勃发展，网络营销在营销手段中的比重越来越大。

复习思考题

1. 什么是市场营销？市场营销的主要目的是什么？
2. 宏观营销环境的构成因素有哪些？微观营销环境的构成因素有哪些？
3. "只要产品好，就一定能卖出去。"对这一说法进行判断和论证。
4. 阐述如何定位自己的目标市场。
5. 如何创造知名品牌？
6. 主要的定价方法有哪些？
7. 营业推广方式有哪些？

三只松鼠成功的秘诀

思考题：
从理论角度分析，三只松鼠成功的秘诀是什么？

1. 如果你服务于一家房地产企业，应该从哪些角度进行市场分析，确定自身目标市场？如果你要对项目进行提价，该考虑哪些因素？应如何操作？
2. 调查身边同学在购买外卖的时候主要通过什么渠道或平台，分析其选择的原因并提出应对策略。

模块十

生产运作管理

本模块学习目标

1. 掌握生产运作的概念，理解生产运作系统的构成；
2. 了解生产运作的类型，理解生产运作管理的内容和目标；
3. 掌握生产组织的基本内容，了解生产组织的相关形式及创新模式；
4. 了解生产计划的体系和分类，理解生产作业控制和生产调度。

能力目标

通过本模块学习，学生能够理解企业生产运作的系统构成，了解生产组织形式，并对生产计划及生产控制有一定的认识。

关键概念

生产运作　生产运作管理　生产计划　生产控制

【导入案例】

爱华电子公司的烦恼

爱华电子公司主管生产的副总经理李先生正被瓦房店分厂的问题所困扰。爱华电子公司的总部设在大连市的经济技术开发区，生产的主要产品是与数据处理设备配套的专用电子部件。它有三个分厂：一分厂在金州；二分厂在松树镇；三分厂在瓦房店。三分厂生产前两个分厂的产品所需要的电器部件和印刷电路板。

瓦房店分厂生产的产品已成为一、二两个分厂激烈争夺的对象：每个分厂都想优先从瓦房店分厂得到自己所需的电器部件和印刷电路板。这些电子部件都是产品的关键组成部分，一旦供应不上，就会使分厂的生产线中断，生产计划被打乱。因此，为保证自己的需要，一、二分厂都会多报生产需要量，而且都想尽快得到上报的产品。而每年最大的争端是在费用的分摊上。金州分厂和松树镇分厂都独立生产产品，因此都实行了经济承包责任制，员工的提成和奖金是与利润挂钩的。瓦房店分厂不生产最终产品，只计算成本，没有利润任务，故没有实行与利润挂钩的经济承包责任制。由于产品中的材料成本占的比重很大，所以每个分厂都想压低零部件的转移成本。一到分摊瓦房店分厂的间接费用时，两厂就互相推，都想尽量分给对方。每次开成本会时，与会者的讨论几乎达到白热化。

这些年，瓦房店分厂的老厂长和一些老技术人员把工厂管理得平稳而有秩序，但大部分人都快退休了，而一些能干的年轻干部不愿意到瓦房店分厂去。李先生也想过关闭瓦房店分厂，将零部件生产工作划给两个产品分厂，但是这样做会损失规模经济效益，而且会削弱公司在这方面的技术力量。公司需要加强哪些方面的管理工作，如何才能更好地组织生产，困扰着李先生。

管理启示

生产是人类社会赖以生存和发展的基本活动，是创造人类社会财富的源泉和社会经济发展的原动力。任何社会经济组织都面临着"为谁生产、生产什么和如何生产"三个基本问题。生产运作则是企业的一项最基本的活动，企业通过生产运作来实现为社会创造和提供所需产品与服务的基本职能。因此，生产运作是企业生存与发展的重要基础。

学习单元一　生产与生产运作管理

一、生产运作

1. 生产运作的概念

生产与运作的实质是生产活动，经济学家将社会的发展分为前工业社会、工业社会和后工业社会三个阶段。在前工业社会，人们主要从事农业和采掘业，以家庭为基本单位进行生产。在工业社会，人们主要利用机器和动力，以工厂为单位进行生产，劳动生产率大幅提高，人们将有形产品的制造称为"生产"（Production）。在后工业社会，服务业成为比重最大的产业，人们将无形服务的提供称为"运作"（Operation）。由于社会的不断进步，服务业开始借鉴制造业的生产管理方式，制造业也开始融入服务意识。因此，人们一般将有形产品的"生产"和无形服务的"运作"统称为"生产运作"，都将其看作为社会创造财富的过程。

随着生产运作概念的演变与发展，生产运作可以定义为一切社会组织将其输入转化为输出的过程，即一个投入一定资源，经过转化使其价值增加，最后以某种形式的产出供给社会的过程。这个定义有四层含义：其一，生产运作是一切社会组织都要从事的基本活动；其二，生产运作是一种转换过程，将有形或无形的输入转化为有形或无形的输出；其三，输出对人们是有价值的，是人们所需要的；其四，整个过程应该是一个增值的过程。

2. 生产运作系统的构成

生产运作系统（Production and Operation Management System，POMS）是一个投入—转换—产出系统，其职能就是将一系列投入转换为社会和顾客所需要的产出，是生产过程与管理过程有机结合的体现。

对于制造型企业而言，生产运作主要包括原料的采购（运输与储存）、生产前的准备（产品设计与工艺设计）、毛坯的制造、零配件的加工与热处理、产品的装配、检验调试、包装等环节。因此，生产运作过程可以被看作投入生产要素，经过转换后产出产品的过程，这个转换过程构成了生产运作系统，如图10-1所示。

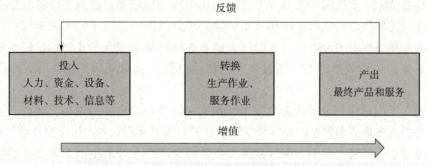

图10-1　生产运作系统

由图 10-1 可知，生产运作系统由投入、转换、产出和反馈四个基本环节构成。

（1）投入——资源要素。投入的资源要素一般包括人、财、物、技术、信息等几个方面。其中，人指人力，即具有一定智力和体力的劳动者，这是生产运作的第一要素，是生产运作的主体。人力以其数量多少、素质高低以及比例是否协调等影响生产运作管理的效率。财指财力，即资金，它主要从数量、构成、周转速度等方面影响生产运作活动。物指物力，即劳动手段和劳动对象。劳动手段是劳动者在转换过程中用于直接或间接地改变或影响劳动对象的物质技术基础。劳动对象既制约输出的规模，又制约产品的品种、质量和成本。技术指技术文件、图纸等，而信息包括市场需求、制度、计划、规程等。技术和信息被认为是生产运作系统的"神经中枢"，它们既是管理的依据，又是管理的手段。

（2）转换——变换过程。变换过程，也称为劳动过程。它包括两个过程：物质转化过程和管理过程。前者使物质资源转化为产品，而后者使上述物质转化过程得以实现。

转换包括以下几种形式。

①形态变化。有形的原料和无形的信息在形状和性质上发生改变。例如，手机制造厂主要采用物理转换，化工厂主要采用化学转换。

②时间转化。对物品进行一定时间的储存以谋求其价值上的变化，也称为时间效用。

③空间转换。通过输送、流通使物品的地点发生改变以谋求其价值上的改变，也称为地点效用。例如，物流公司运送货物，航空公司运载乘客，都主要涉及空间转换。

人们通常将有形产品的变换过程称为生产过程，而将无形产品的变换过程称为服务过程，也称为运作过程。由于变换过程既是产品的形成过程，也是人力、物力、财力等资源的消耗过程，因此，企业必须采用更经济合理的方式，对所生产的产品的品种、数量、质量、交货期、成本等各项因素做出尽可能周密的计划。

（3）产出——产品或服务。产出包括有形产品的产出和无形服务的产出。前者指各种物质产品，如化工产品、电视机、汽车、食品、药品等；后者指各种形式的服务，如银行的金融服务、邮局的邮递服务、医院的医疗服务、仓储业的存储服务、旅游公司的旅游服务等。需要强调的是，在现代社会中，随着社会的进步和顾客心理及行为的日益成熟，产品的内涵进一步扩大，它应该包括所有能使顾客感到满意的功能，是产品功能、质量、价格、交货期、售后服务及信誉等的总和。从这个意义上讲，企业必须从上述各方面出发，努力使顾客满意，这样才能真正实现预期的生产运作价值。

（4）反馈。生产运作系统的反馈环节执行的是控制职能，即收集生产运作系统的产出信息，并与投入的计划、标准等信息进行比较，发现差异并分析差异出现的原因，从而采取针对性的措施来消除差异。

生产运作系统除了上述四个基本环节之外，还体现为价值增值过程，即将低价值体的生产要素集成转换为高价值体的产出。转换过程中发生的价值增值反映了投入成本与产出价值或价格之间存在的差异。产出的价值由顾客愿意为该企业的产品或服务所支付的价格来衡量，增值越多，说明其生产运作效率越高。通过"价值增值过程"获取利润，是生产运作系统的根本目的。

综上所述，生产运作系统本质上是一个"投入—转换—产出"的过程，即投入一定的生产要素，经过一系列多形式的转换，使其价值增值，最后以某种形式的产出供给社会的过程。制造型企业与服务型企业尽管在很多方面区别很大，但将这两类企业的生产运作方式的特征加以归纳，我们可以发现二者的转换过程相似。

问题互动

生产运作系统是一个"投入—转换—产出"的过程，以自己熟悉的某一个产品或某一项服务为例，思考其"投入—转换—产出"的具体过程是怎样的。

课堂拓展

生产是一种社会责任

二、生产运作的类型

生产运作一般分为制造型生产和服务型运作两大类，而每一个大类又可以按照不同的标准进一步细分。

1. 制造型生产

制造型生产是通过物理和（或）化学过程，将输入的生产要素转化为输出的有形产品过程。例如，计算机、汽车、食品、药物、塑料等的生产，就是通过锯、切削加工、装配、焊接、弯曲、裂解、合成等物理或化学过程，将有形原材料转化为有形产品的过程，属于制造型生产。

（1）按生产的稳定性和重复性，制造型生产可分为单件生产、成批生产和大量生产。

①单件生产。单件生产的产品品种繁多，每种产品生产的数量甚少，基本上是一次性需求的专用产品，生产重复程度和生产专业化程度低；产品较为复杂，生产周期一般很长，都是按项目进行跟踪管理的，如重型机械、飞机的加工制造。采用单件小批生产时，由于作业现场不断变换生产对象，生产设备和工艺装备必须采用通用性强的并按机群式布置，工作地的专业化程度很低，因此生产能力利用率低（人和设备闲置等待），生产稳定性差，生产成本高，生产计划和生产过程的控制比较复杂。因此，采用此类生产运作类型的企业应该做好作业准备、作业分配、作业进度计划和进度调整等工作。

②成批生产。成批生产的产品品种较多，每种产品都有一定的生产重复性，但每种产品的产量较少，各种产品在计划期内成批轮番生产。由生产一批产品转换为生产另一批产品时，工作地的设备和相应的辅助工具均要调整，这需要花费一定的时间。每批产品的数量越少，调整的次数就越多，反之调整的次数则越少，大多数工作地要负担较多工序。因此，在生产过程中，生产管理的重点是合理地确定批量，组织好多品种的轮番生产。

③大量生产。大量生产的产品品种单一，且每种产品的产量大，企业会在较长时间内生产一种或少数几种类似的产品，这类产品的生产专业化程度和生产重复程度较高。大量生产的产品是标准的，其需求主要靠预测、订单，直接面向顾客的产品大都属于这种类型，一般这种产品在一定时期内具有相对稳定且较高的需求量。大量生产类型需要采用高效的专用设备和专用工艺装备，采用生产线和流水线的生产组织形式，具有较高的自动化水平，生产节奏是稳定的、均衡的，工人也易于掌握操作技术，能迅速提高熟练程度。但它也存在着投资大（专用工具和专用机械设备的配备）、适应性和灵活性差等缺点，这会给产品更新换代带来巨大的阻力。

(2) 按生产计划的来源不同，制造型生产可分为订货生产方式和存货生产方式。

①订货生产方式。订货生产方式是企业根据用户提出的具体订货要求后，开始组织生产，进行设计、供应、制造、出厂等工作。生产出来的成品在品种规格、数量、质量和交货期等方面是各不相同的，企业按合同规定按时向用户交货，成品库存甚少。因此，生产管理的重点是抓"交货期"，按"期"组织生产过程，处理好各环节的衔接，保证如期交货。

②存货生产方式。存货生产方式是企业在对市场需要量进行预测的基础上，有计划地进行生产，因此产品有一定的库存。为防止库存积压和脱销，生产管理的重点是紧抓供、产、销之间的衔接，按"量"组织生产过程，平衡各生产环节，保证计划任务全面完成。

(3) 按生产工艺的特性不同，制造性生产可分为流程型生产和加工装配型生产。

①流程型生产。流程型生产是指物料均匀、连续地按一定的工艺顺序运动，在运动中不断改变形态和性能，最后完成产品的生产。流程型生产又称为连续型生产，生产的产品、工艺和设备均是固定化的、标准化的，工序之间一般没有在制品库存，如食品、药物、造纸、钢铁、化工、冶金等行业都属于流程型生产。

流程型生产的特点是工艺流程是连续进行的，不能中断，因此自动化程度较高，工序之间一般没有在制品库存；工艺流程的加工顺序是固定不变的，生产设施按照工艺流程布置，劳动对象按照固定的工艺流程连续不断地通过一系列设备和装置被加工处理成为成品，因此设备布置的柔性较低。

②加工装配型生产。加工装配型生产是指运用物理机械，对离散的物料按一定的工艺顺序加工，在加工过程中不断改变物料的形态和性能，最后完成产品的生产。加工装配型生产又称为离散型生产，产品由零散的零部件装配而成，工序之间会存在一定的在制品库存，如机械制造、电子产品制造、汽车制造等都属于加工装配型生产。

加工装配型生产的特点是它的产品由零散的零部件装配而成，各零部件的加工过程相对独立，所以整个产品的生产工艺是离散的；制成的零部件通过部件装配和总装形成成品，因此自动化程度较低；这类生产工艺较为复杂，生产设备与运输装置需要满足各类产品的加工需要，因此设备布置的柔性较高；生产运作管理工作因为涉及多个生产部门、多种设备和工艺的相互协调和配合而变得更加复杂。

2. 服务型运作

服务型运作又称非制造型生产运作，它的基本特征是提供劳务，而不是制造有形产品。但是，不制造有形产品不等于不提供有形产品。从不同角度，可将服务型运作分为以下三类。

(1) 按照是否提供有形产品，可将服务型运作分成纯劳务型运作和一般劳务型运作。前者如咨询、法律辩护、指导和讲课等。后者如批发、零售、运输、图书馆书刊借阅等。

(2) 按顾客是否参与，可将服务型运作分成顾客参与的服务型运作和顾客不参与的服务型运作。前者如理发、旅游、客运等。后者如修理、洗衣、邮政、货运等。

(3) 按服务业的性质不同，服务型运作可分为以下五类。

①业务服务：咨询、财务金融、银行、房地产等。

②贸易服务：零售、维修等。

③基础设施服务：交通运输、通信等。

④公共服务：教育、公共事业、政府等。

⑤社会服务：餐馆、旅店、保健等。

问题互动

生产运作一般分为制造型生产和服务型运作两大类，制造型生产与服务型运作有何区别？

三、生产运作管理

1. 生产运作管理的概念

生产运作管理是对企业生产运作系统的计划、组织、控制、创新等一系列管理工作的总称。它也是企业为了实现经营目标,提高经济效益,将各类生产要素有效结合起来,运用最经济的生产方式生产出满足社会需要、市场需求的产品或服务的过程。

良好的生产运作管理是一个企业成功运营的基本条件,可以提高生产率,提高企业响应市场变化的速度。顾客往往根据产品的款式、质量、数量、价格、服务和交货期等来衡量企业生产运作的好坏,所以企业要重视生产运作管理。

2. 生产运作管理的内容

结合企业实际情况,生产运作管理的内容主要包括以下几个方面。

（1）生产运作战略。生产运作战略是从企业提升竞争优势的要求出发,对生产运作系统进行战略定位,明确生产运作系统的结构形式和运行机制的指导思想。从生产运作系统的产出如何更好地满足社会和顾客的需求出发,根据企业营销系统对市场需求情况的分析,以及企业发展的资源状况和限制性因素,从总的方向上解决企业"生产什么""生产多少""如何生产"的问题。其重点是确定企业生产运作系统的可持续发展战略、目标、方针与步骤,对产品与工艺技术、竞争、组织方式等进行战略部署,分析影响战略的基本要素,以科学制定战略。

（2）生产运作系统的设计。生产运作系统的设计主要是指根据生产运作战略的要求对企业的生产运作系统进行设计与分析,其主要内容包括产品设计与研发、工艺准备、工作研究与工作设计、劳动定额的编制等。

（3）生产过程的组织。生产过程的组织既是实施生产运作计划的基础和依据,也是达成生产运作计划的手段和保证。生产过程的组织主要是企业合理分配生产运作资源,科学安排生产运作系统和生产运作过程中的各阶段、各环节,使之在时间、空间上协调衔接,合理组织生产要素,使企业生产运作系统中的物质流、信息流、资金流畅通,使有限的资源得到充分合理的利用。

（4）生产运作系统的运行与控制。生产运作系统的运行与控制主要是指企业根据生产运作战略和生产运作系统的设计方案,对生产运作系统的日常运行进行计划、调度与控制、优化、更新等,属于生产运行管理的日常工作。

①计划：包括预测对本企业产品和服务的需求,确定产品品种与产量,设置产品交货期,编制综合计划、主生产计划、物料需求计划、生产作业计划,统计生产运作进展情况等。

②调度与控制：在计划执行的过程中,需要检查实际执行情况,企业一旦发现偏离计划或标准,立即采取措施进行调整。为保证经济准时完成生产运作计划,并不断挖掘生产运作系统的潜力,以改进生产运作系统,企业必须对生产运作过程实行全方位、全过程控制,重点是选择合适的生产调度工具并对生产进度和生产成本进行合理的控制。

③优化：基于生产运作战略的制定,企业在生产运作管理中,需要对生产运作系统进行进一步的优化,重点包括与生产紧密相关的现场管理、库存管理、质量管理等环节。企业应通过优化管理方式,采用合理的管理方法与工具,促进生产运作系统的高效运转。

④更新：生产运作系统的更新主要是指企业根据生产运作系统的运行情况和内外环境的动态变化,抓住时代机遇,积极主动地学习先进的生产模式,尤其是互联网经济下各类创新的制造模式。

3. 生产运作管理的目标

日趋激烈的市场竞争对企业的生产运作提出了更高的要求,企业生产的产品和提供的服务需要使顾客满意，包括满足对交货期的要求、对质量的要求、对价格的要求、对配套服务的要求等。这就要求企业构造一个高效的、适应性强的生产运作系统，帮助企业制造有竞争力的产品和提供优质的服务。事实上，在满足顾客要求的同时，企业还要实现经济效益，这两个方面是相辅相成的，顾客满意是前提，经济效益是目的。因此，生产运作管理的目标可以用一句话来概括：高效、低耗、灵活、准时地生产合格的产品和提供令顾客满意的服务。

（1）高效（P：Productivity）。高效是对时间而言的，是指同样的时间生产更多的优质产品或提供更多的优质服务，在给定的资源下实现最大的产出。效率提高了，单位时间内的人均产量就会提高，生产成本也就会降低。

（2）低耗（C：Cost）。低耗是指企业利用最少的人力、物力和财力消耗，生产出同样数量和质量的产品。低耗才能形成低成本，低成本才能有低价格，才能在价格方面形成竞争优势，争取到更多的顾客。企业效益的好坏在很大程度上取决于相对成本的高低，若成本挤占的利润空间很大，则会直接导致净利润降低，影响企业的经营效益。

（3）灵活（F：Flexibility）。灵活是指企业能很快地适应市场的变化，生产不同的产品或提供不同的服务并开发新产品或提供新服务。灵活性主要体现在生产运作系统的柔性上，企业通过系统结构、人员组织、运作方式和市场营销等方面的改革，使生产运作系统能对市场需求的变化做出快速的反应。制造型企业往往需要借助自动化的柔性设备来提高灵活性。

（4）准时（T：Time）。准时是指企业在顾客要求的时间和地点，按照顾客需求的数量，及时提供产品或服务，杜绝过量生产，消除无效劳动和浪费，达到投入产出比最小化的目的。衡量准时性最主要的指标是交货期。交货期是很多制造型企业的关键绩效指标，交货期指标的好坏直接影响企业与顾客之间的信任关系，影响企业的生存。

（5）质量（Q：Quality）。质量是指产品合格与否和服务的满意度，有形产品通常以性能、可靠性、维修性、安全性、适应性、经济性、时效性等作为衡量质量的指标；服务通常以功能性、经济性、安全性、时效性、舒适性和文明性等作为衡量质量的指标。

清洁生产，保护环境

学习单元二　生产过程组织

一、生产过程组织的基本要求

1. 生产过程

生产过程是生产系统的基本要素之一。生产系统的运行是在生产过程组织的基础上进行的，因此生产过程组织是生产运作管理的基础。

广义的生产过程是指从生产技术准备到产出产品的全过程。狭义的生产过程是指从原材料投入生产到产出产品的全过程。

根据对产品生产所起的不同作用，企业的生产过程可分为以下四个方面。

(1) 生产技术准备过程。生产技术准备过程是指产品在投入生产前所进行的各种生产、技术、组织的准备工作,如产品设计、工艺设计、工艺装备的设计与制造、工艺操作规程的编制、标准化工作、定额工作等。

(2) 基本生产过程。基本生产过程是指直接对劳动对象进行加工,使其成为企业基本产品的过程,也就是企业产品生产的工艺加工过程。企业的基本生产过程代表了企业的基本特征、专业方向和专业技术水平,是企业生产过程的核心部分。

(3) 辅助生产过程。辅助生产过程是指为保证基本生产过程正常进行所必需的各种辅助性生产活动过程,如制造企业的动力生产和供应,刀具、模具制造,专业设备制造,设备修理与维护等。

(4) 生产服务过程。生产服务过程是指为保证基本生产过程和辅助生产过程的正常运行所必需从事的各种非物质生产活动的过程,如原材料及半成品供应、运输、保管、产品检验及产品的发运等。

启发案例

丰田公司的生产线

丰田公司作为一家推崇持续改进的企业,一直致力于进行各类精益改进项目。丰田公司曾经实施了一项投资金额为数十亿美元的项目,把其在世界各地的组装厂整合成单一的巨大有机体,从而降低了生产每辆车所需的时间和成本。

丰田公司此次想要建立的"全球中型生产平台",增加了同一条组装线上制造不同车型的数量。如果全球车身生产线能与此平台相配套,丰田公司将具有很强的应变能力,能紧贴变化频繁的汽车市场。这条生产线的投资金额要比它所取代的生产线的投资金额少50%,而且在这条生产线上再生产一辆不同车型的轿车,成本也降低了70%。

具体的方式是丰田公司在其全球化车身生产线的新系统中撤掉了以前从侧面固定车身的两个托架,只保留了顶部的托架,并在同一个场地空间内建造了两个新的车间。在生产时,托架从敞开的顶部伸下,在要焊接的地方固定住车身的侧面。随后,托架从车身中抽出,而车身则在生产线上向后一道工序移动,以便进行下一步的焊接操作,本次焊接不需要特殊工具设备支撑,并可同时安装上车顶盖。通过除去从侧面固定车身的托架,该车身生产线可以让大约600个焊接机器人在较小的空间里工作,其所需场地空间只有旧生产线所需场地空间的一半。这样丰田公司就可以在原来只能容纳一个车间的场地空间内设置两个车间。

管理启示

企业的生产过程是社会物质财富生产过程的重要组成部分,是企业投入产出转化的最基本的活动过程,也是企业维持生存和发展的基础。生产过程是否合理,对企业生产经营的效率、效益都有巨大的影响。因此,企业必须对生产过程进行合理的组织。

2. 合理组织生产过程的要求

为了保证生产过程顺利进行,企业必须对生产过程进行科学合理的组织。所谓科学合理地组织生产过程,就是通过生产组织工作,使整个生产过程中的各个工艺阶段、各个生产环节和各个工序之间都能互相衔接、密切配合,有效地协调工作。组织生产过程的目的就是要使产品在生产过程中,行程短、时间省、耗能小、效益高。要达到此目的,企业在组织生产过程中需要遵循以下几个原则。

（1）生产过程的连续性。连续性是指产品在生产过程的各个阶段、各个工序，在时间上紧密衔接、连续进行，不发生或很少发生中断现象。连续性原则可以减少库存和在制品数量，缩短产品的提前期，加速资金周转，减少生产成本和其他费用。要保证连续性原则，企业首先应有一定的技术条件和管理基础作为保障。

（2）生产过程的比例性。比例性（也叫协调性）是指生产过程的各个工艺阶段、各个工序之间，在生产能力和劳动力配备上保持必要的比例关系，以达到产能平衡。

（3）生产过程的均衡性。均衡性（也叫节奏性）是指整个生产过程从投入、加工到产出、入库，应被统筹安排，有节奏、有计划地进行。要做到均衡性，必须明确两点：一是生产现场的能力不是以平均值来维持的，而是结合生产高峰来维持的；二是数量和品种都要均衡。

（4）生产过程的柔性化。柔性化是指生产线能生产多种产品并能够在短时间内完成产品类型的转换，以适应市场和顾客需求的变化。柔性化要求生产系统的组织应有足够的灵活性、可变性和可调整性。它反映了企业对市场的快速反应能力，这在当今激烈的市场竞争中显得越发重要。

二、流水线生产形式

在大量生产类型的企业中，流水线生产占据着十分重要的地位。流水线生产方式起源于福特制，福特在1913—1920年创立了汽车工业的流水生产线，适应了大规模生产的需求。流水线生产的组织大大提高了工作的专业化水平，使各工序采用高效率的专门的设备和工艺设备成为可能，并且与计算机、自动控制技术、机械化运输装置及电气控制装置相结合，极大地促进了生产过程的自动化。

1. 流水线生产的特征

流水线是指加工对象按照一定的工艺路线顺序通过各个工作地，劳动者按照统一的生产速度完成工艺作业的连续性生产过程。流水线生产一般具有以下五个特征。

①专业性。工作地专业化程度高，在流水线上固定生产一种或有限几种制品，在每个工作地固定完成一道或几道工序。

②连续性。劳动对象流水般地在工序之间移动，生产过程具有高度的连续性，能最大限度地减少停工等待时间。

③节奏性。生产具有明显的节奏性，按照统一的节拍进行生产，即流水线上连续出产的两件制品的时间间隔是相同的。

④封闭性。工艺过程是封闭的，并且工作地按工序顺序排列成链状，劳动对象在工序间做单向移动。

⑤比例性。流水线上各道工序之间的生产能力相对平衡，尽量保证生产过程的比例性。

2. 流水线生产的形式

流水线的具体形式多种多样，可以根据不同的标准对其进行分类。

（1）单一品种流水线与多品种流水线。按流水线上加工对象品种的数目，流水线可分为单一品种流水线与多品种流水线两种。单一品种流水线是指流水线上只固定生产一种制品，要求制品的数量足够大，以保证流水线上的设备有足够的负荷。

多品种流水线是将结构、工艺相似的两种及以上制品，统一组织到一条流水线上生产。多品种流水线根据加工产品的轮换方式，又可分为可变流水线与混合流水线两种。可变流水线是集中轮番地生产固定在流水线上的几个制品，当某一制品的制造任务完成后，相应地调整设备和工艺装备，然后再开始另一种制品的生产。可变流水线如图10-2所示。混合流水线是将生产作业方法大致相同的特定的几个制品放在流水线上进行均匀混合流送，一般多用于装配阶段的生产。混合流水线如图10-3所示。

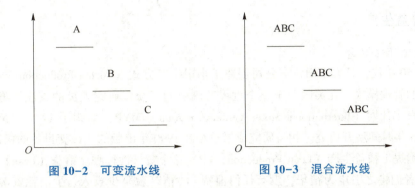

图 10-2　可变流水线　　　　　　图 10-3　混合流水线

（2）固定流水线与移动流水线。按加工对象的移动方式，流水线可分为固定流水线和移动流水线两种。固定流水线是指生产对象位置固定，生产工人携带工具沿着顺序排列的生产对象移动，主要用于不便运输的大型制品的生产，如船舶、飞机、重型机械等的装配。移动流水线是指生产对象需要移动，工人、设备及工具的位置固定的流水线，这是常用的流水线的组织方式。

（3）连续流水线与间断流水线。按生产的连续程度，流水线可分为连续流水线和间断流水线两种。连续流水线是指制品在一道工序上加工完成后，立即转到下一道工序继续加工，中间没有停放等待时间；间断流水线是指制品在完成一道或几道工序后，在下一道工序开始前，存在停放等待时间，使得生产过程有一定程度的中断。

当然，除了上述分类之外，流水线一般具有机械化运输设备，通常采用传送带、循环悬吊运送器等。其中，传送带按照工作方式，可分为分配式传送带与工作式传送带两种。采用分配式传送带时，各工作地排列在传送带的一边或两边，传送带传送制品经过各工作地时，工人就从传送带上取下制品，在工作地加工，加工完成后，再放回传送带上。分配式传送带如图 10-4 所示。

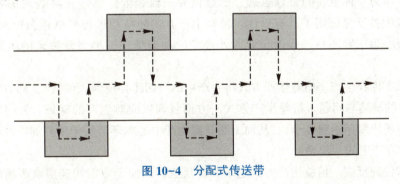

图 10-4　分配式传送带

采用工作式传送带时，工人不必在传送带上取下制品，直接在传送带两旁或一旁对传送带上的制品进行加工。工作式传送带如图 10-5 所示。

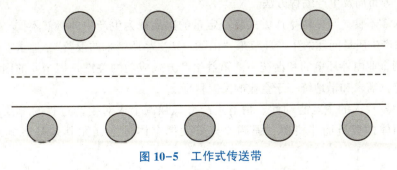

图 10-5　工作式传送带

三、精益生产

1. 精益生产的概念

20世纪50年代，日本丰田汽车公司创造了丰田生产方式（Toyota Production System，TPS），其卓有成效的管理模式，在美国乃至整个世界范围引起了众多研究人员的关注。美国麻省理工学院的国际汽车计划（International Motor Vehicle Program，IMVP）组织了17个国家的专家、学者，花费了5年时间展开研究。相关研究成果总结在1990年出版的《改变世界的机器》一书中。该书首次明确提出精益生产（Lean Production，LP）这个赞誉性称呼。精益（Lean）一词原意为"瘦肉"，学者们将之引申为精华，没有任何浪费。"精"就是少投入、少消耗资源、少花费时间，"益"就是多产出、多创造价值。

作为衍生自TPS的新型生产管理方式，精益生产是以客户需求为拉动，极力消除生产过程中的一切浪费，力求使企业以最少的投入获取最佳的运作效益的先进生产管理方式。

精益生产的核心是精简，即通过减少甚至消除产品在开发设计、生产、管理和服务中一切不产生价值的活动（即浪费），缩短对客户的反应周期，创造出无限接近客户需求的产品，快速实现客户价值增值和企业内部增值，以提高企业资金回报率和企业利润率。精益生产方式的优越性不仅体现在生产制造系统，而且体现在产品开发、协作配套、营销网络以及经营管理等各个方面。精益生产方式要求企业在系统结构、人员组织、运行方式和市场供求等各个方面都进行变革，以使生产系统能快速响应不断变化的客户需求，并能使生产过程中一切无用多余的东西被精简，力求在大量生产中实现多品种和高质量产品的低成本生产。精益生产是当前工业界公认最佳的一种生产组织体系和方式。

2. 精益生产的核心思想

精益生产作为一种全新的管理思想，已被世界一流企业广泛应用在各地的各种制造系统中，并在实践中被反复证明了其有效性。精益生产方式的核心思想可概括为追求零库存生产、追求快速反应、追求零不良、强调企业内外环境的和谐统一、尽力发挥人的主观能动性五个方面。

（1）追求零库存生产。精益生产方式将生产中的一切库存视为"浪费"，同时认为库存掩盖了生产系统中的缺陷与问题。精益生产方式一方面强调供应对生产的保证，另一方面竭力追求零库存生产（或使库存达到极小），从而不断暴露生产中基本环节的矛盾并加以改进，不断降低库存以消灭库存产生的"浪费"。

（2）追求快速反应。精益生产方式追求快速反应，以使企业能快速应对市场的变化，适应当前市场需求的多样化和不确定性。产品寿命的缩短、价格竞争的加剧等都对企业现存的生产方式提出新的更高的要求。为了使企业能快速应对市场的变化，精益生产者开发出了细胞生产、固定变动生产等布局及生产编程方法。

（3）追求零不良。与传统生产方式将一定量的次品视为生产中的必然不同，精益生产方式主张通过消除产生质量问题的生产环节来"消除一切次品所带来的浪费"，追求零不良。

（4）强调企业内外环境的和谐统一。精益生产方式成功的关键是把企业的内部活动和外部的市场（客户）需求和谐地统一于企业的发展目标。

（5）尽力发挥人的主观能动性。精益生产方式强调个人对生产过程的干预，更多地将员工视为企业团体的成员而非机器，强调要充分发挥全体员工（尤其是基层员工）的主观能动性。

启发案例

丰田精益屋

丰田的精益屋如图 10-6 所示，其用于向员工和供应商解释不断演进的丰田系统。丰田的精益屋的理论框架包含"一个屋顶""两大支柱""一大地基"。

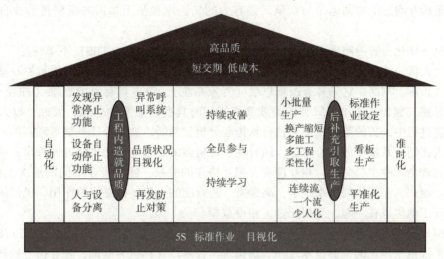

图 10-6 丰田的精益屋

"一个屋顶"是指整个生产体系的总目标，即追求低成本、短交期、高品质生产，以最大限度地使客户满意。

"两大支柱"是准时化与自动化。准时化要求企业生产系统的各个环节、工序只在需要的时候，按需要的量生产出所需要的产品。自动化是指发生异常时，机器能判断是否自动停止作业。

"一大地基"是指 5S，即整理、整顿、清扫、清洁和素养，标准作业和目视化。

丰田的精益屋代表了丰田生产方式的结构体系。房子的屋顶、梁柱和地基若不稳固，这间房子也不会稳固，若其中任何一个环节出现问题，整体就会出现问题。

四、生产运作模式创新

互联网经济是信息网络化时代产生的一种崭新的经济现象。当前，互联网作为创新最活跃、赋能最显著、渗透最广阔的产业，正在通过"互联网+制造"延续已有的融合，加速向制造活动的各个环节渗透，驱动新产品、新应用、新市场与新业态的不断涌现，为制造业发展赋予网络化、服务化、个性化与智能化的新特征，推动制造业发生深刻变革，全面进入"互联网+制造"的新时代。

面对个性化、多样化且瞬息万变的市场需求，在互联网经济的大背景下，我国的制造业同互联网不断深入融合，催生制造业新模式、不断涌现新业态。大部分制造业企业正加紧将新一代信息技术集成应用在生产执行过程中，逐步改变原有相对固化的生产线和生产体系，并着力打通企业间壁垒，探索智能制造、网络化制造、云制造等全新的生产制造模式。

1. 智能制造

（1）智能制造的概念。智能制造（Intelligent Manufacturing，IM）是制造业的重要发展方向，是一种由智能机器和人共同组成的人机一体化智能系统，它在制造过程中能进行智能活动，如分析、推理、判断、构思和决策等。智能制造通过人与智能机器的合作，可以扩大、延伸和部分取代人在制造过程中的脑力劳动。它把制造自动化的概念更新、扩展到了柔性化、智能化和高度集成化等方面。

(2) 智能制造的特征。智能制造和传统的制造相比，具有以下特征。

①自律能力：即搜集与理解环境信息和自身的信息，并对其进行分析判断和规划自身行为的能力。具有自律能力的设备称为"智能机器"，"智能机器"在一定程度上表现出独立性、自主性，甚至相互间还能协调运作与竞争。强有力的知识库和基于知识的模型是形成自律能力的基础。

②人机一体化：智能制造系统（Intelligent ManufacturingSystem，IMS）不单纯是"人工智能"系统，而是人机一体化智能系统，是一种混合智能系统。基于人工智能的智能机器只能进行机械式的推理、预测、判断，它只具有逻辑思维（专家系统），最多具有形象思维（神经网络），而不能具有灵感（顿悟）思维，只有人类才能真正同时具备以上三种思维。因此，以人工智能全面取代制造过程中人类的智能，使其独自承担起分析、判断、决策等任务是不现实的。人机一体化突出了人在制造系统中的核心地位，同时在智能机器的配合下，能更好地发挥出人的潜能，使人机之间表现出一种平等共事、相互理解、相互协作的关系，使二者在不同的层次上各显其能，相辅相成。因此，在智能制造系统中，高素质、高智能的人将发挥更好的作用，机器的智能和人的智能将真正地集成在一起，互相配合，相得益彰。

③虚拟现实技术：虚拟现实（Virtual Reality，VR）技术是实现虚拟制造的支持技术，也是实现高水平人机一体化的关键技术之一。虚拟现实技术以计算机为基础，融合信号处理、动画技术、智能推理、预测、仿真和多媒体技术为一体，借助各种音像和传感装置，虚拟展示现实生活中的各种过程、物品等，因而虚拟现实技术也能模拟制造过程和未来的产品，从感官和视觉上使人获得接近真实的感受。其特点是可以按照人们的意愿任意变化，这种人机结合的新一代智能界面，是智能制造的一个显著特征。

④自组织超柔性：智能制造系统中的各组成单元能够依据工作任务的需要，自行组成一种最佳结构，其柔性不仅突出在运行方式上，而且突出在结构形式上，所以称这种柔性为超柔性，这使得智能制造系统如同一群人类组成的群体，具有生物特征。

⑤学习与维护：智能制造系统能够在实践中不断地充实知识库，具有自学习功能。同时，在运行过程中，智能制造系统可以自行诊断故障，并具备对故障自行排除、自行维护的能力。这种特征使智能制造系统能够自我优化并适应各种复杂的环境。

2. 网络化制造

(1) 网络化制造的含义。网络化制造是指企业通过采用先进的网络技术、制造技术及其他相关技术，构建面向企业特定需求的基于网络的制造系统，并在该系统的支持下，突破空间对企业生产经营范围和方式的约束，开展覆盖产品整个生命周期的全部或部分环节的业务活动，包括产品设计、制造、销售、采购、管理等，实现企业间的协同和各种社会资源的共享与集成，高速度、高质量、低成本地为市场提供所需的产品和服务。

(2) 网络化制造系统。网络化制造系统是指企业在网络化制造思想、相关理论和方法的指导下，在网络化制造集成平台和软件工具的支持下，结合企业具体的业务需求，设计实施的基于网络的制造系统。网络化制造系统的体系结构是描述网络化制造系统的一组模型的集合，这些模型描述了网络化制造系统的功能结构、特性和运行方式。

网络化制造系统结构的优化有利于企业更加深入地分析和描述网络化制造系统的本质特征，并基于所建立的系统模型进行网络化制造系统的设计实施、系统改进和优化运行。通过对当前制造业发展现状的分析，现代制造业企业的组织状态包括以下几种：独立企业、企业集团、制行业、制造区域和动态联盟等。针对不同组织状态，常见的网络化制造系统模式包括面向独立企业、面向企业集团、面向制造行业、面向制造区域和面向动态联盟的网络化制造系统五种模式。

目前，随着我国5G技术的发展，云计算、大数据、物联网等信息通信技术也日渐成熟与强大，利用互联网平台构建跨地区的动态企业联合体成为现实，这不仅能帮助企业有效实现设计、制造资源的共享协同和优化配置，还有助于提升企业的快速反应能力和竞争能力。对于大型企业来说，网络化制造能使其组织结构更加扁平化，使企业得以通过更灵活、更有效率的方式集聚资源，提升竞争力；中小企业则可以在网络协同过程中找到与龙头企业合作的机会，充分发挥自身的优势。

3. 云制造

云制造是在"制造即服务"理念的基础上，借鉴云计算思想发展起来的一个新概念。云制造是先进的信息技术、制造技术和新兴物联网技术等交叉融合的产物，是对"制造即服务"理念的体现。采取包括云计算在内的当代信息技术的前沿理念，制造业可以在广泛的网络资源环境下，为顾客提供高附加值、低成本和全球化制造的服务。

云制造的外延比智能制造更宽泛。智能制造的概念主要适用于制造领域，而云制造是大制造的概念，它突破了制造领域，从制造、销售领域延伸拓展到使用、服务等领域，形成了工业云。

云制造包括企业内部"私有云"应用和企业外部"公有云"协同两种模式。在一个大型企业内部，各种与企业运作有关的资源，如设计、仿真、设备等，均可以利用云制造实现共享，避免或减少重复投资。云制造模式也正在推动中小企业间的制造资源共享，目前我国已涌现出一批云制造服务平台，例如在天智网云制造平台上，遍布全国31个省、自治区、直辖市的超过2万家企业可以在线上实现企业的实时对接，快速共享生产资源；宝信软件打造的"上海工业云公共服务平台"，汇集了汽车、民用航空、钢铁等领域上百类制造资源，为企业提供云设计、云仿真、云制造等服务；数码大方的"工业软件云服务平台"为3万多家制造业企业提供软件租用、设计、制造等服务。

云制造系统中的顾客角色主要有三种，即资源提供者、制造云运营者、资源使用者。资源提供者通过对产品全生命周期过程中的制造资源和制造能力进行感知、虚拟化接入，以服务的形式将其提供给第三方运营平台（制造云运营者）；制造云运营者主要实现对云服务的高效管理、运营等，可根据资源使用者的应用请求，动态、灵活地为资源使用者提供服务；资源使用者能够在第三方运营平台的支持下，动态按需使用各类应用服务，并能实现多主体的协同交互。在制造云的运行过程中，知识起着核心支撑作用，知识不仅能够为制造资源和制造能力的虚拟化接入和服务化封装提供支持，还能为实现基于云服务的高效管理和智能查找等功能提供支持。

学习单元三　生产计划与控制

生产计划是指在生产战略指导下，企业在计划期（年、季、月）内应完成的产品生产任务和进度的计划，即规定企业在计划期内应当完成的产品品种、质量、产量、产值、出产期等一系列生产指标的计划。生产计划也是编制物资供应计划、劳动人事计划、销售计划和技术组织措施计划等的重要依据，并同成本指标和利润指标密切相关。

生产计划的主要任务是充分挖掘企业内部资源，合理利用企业资源，不断产出国内外市场适销的商品，以提高企业经济效益。因此，生产计划必须具有全局性、科学性、应变性，既要保证企业生产的产品在品种、数量、质量和交货期上满足市场的需求，又能充分利用企业的人、财、物，在提高劳动生产率、降低产品成本的基础上，增加企业的利润。

启发案例

空调的生产

凌志空调是一家典型的加工装配型企业，企业由总厂与几个分厂构成。企业的生产流程是首先由几个分厂生产空调的配件（注塑成型、控制电板生产、钣金加工等），部分零部件（压缩机、电机）外购，最后再运输到总厂进行装配，形成成品。

另外，产品的需求包括市场预测和外部订单。市场预测以月为单位，外部订单则精确到日。每个分厂负责自己的生产排程，配件厂的生产计划以总装厂的计划为订单，而总装厂的生产排程以分厂的生产排程为基础。

当然不容忽视的是，空调销售有淡旺季，淡旺季空调的产量会相差数倍。空调销售处于旺季时，企业全部生产线开动，员工日夜加班也不能满足需求；而空调销售处于淡季时，企业需要停掉部分生产线、部分员工会休假。不管是超负荷加班，还是过多的休假，对企业与员工都非常不利，会影响企业的稳定发展。

凌志空调的负责人深知如此下去，会极大地影响企业的未来，于是想请企业咨询专家改善企业现状。

管理启示

生产计划是企业进行生产运作管理的依据，也是企业生产运作管理的核心内容。在现代企业中，企业内部分工精细、相互协作，任何一个活动环节都不可能离开其他环节而单独进行。尤其是生产运作活动的开展需要企业调配多种资源，在需要的时候，企业要按需要的数量提供所需要的产品或服务，这样就更离不开周密的生产计划。所以，生产计划是生产运作管理中的一个重要组成部分。

一、生产计划的工作步骤

由生产计划的任务可以看出，企业在具体确定生产计划时，要认真进行调查研究，摸清企业内外部情况，了解和掌握市场需要与生产可能，力求做到以销定产，按需生产。因此，生产计划必须做好以下工作。

1. 进行生产计划准备

充分而准确的信息资料是编制生产计划的基础。因此，生产计划准备工作主要是指各方面资料的收集。这些资料大致分为两部分：一部分是反映企业外部环境和需要的，包括经济形势、国家政策、市场需求、竞争者状况、原材料及其他物资供应状况等；另一部分是反映企业内部条件和能力的，包括劳动力及技术水平、生产能力水平、各种物资库存水平、流动资金和成本水平及上期计划完成情况等。其中市场需求量和生产能力两方面的资料尤为重要。

2. 确定生产计划指标

经过生产计划准备工作，基本掌握了计划期内社会对企业产品的需求及计划期内企业可能提供的生产资源状况，在此基础上就可以确定生产计划指标，这是生产计划的核心。生产计划工作的成果，其实就表现在为各项生产计划指标确定一个合理的水平，即企业在计划期内应当完成哪些产品，其质量档次如何，生产多少，何时投入、产出，实现多少利润等。

生产计划指标的确定必须坚持充分满足社会需求、充分利用企业各种资源和提高企业经济效益的原则，选用恰当的方法，通过综合平衡、优化而取得。一般来讲，通过市场预测这一工作，企业应当清楚市场对企业在产品品种、质量和产量方面的需求，进而企业可通过盈亏平衡分析法优化总产量指标，通过线性规划法优化品种、产量指标，也可通过计算机构造模拟模型寻优。

3. 编制主生产计划

主生产计划是指把企业全年的生产任务，按产品品种、规格、数量具体地按季度、月度进行分配，也称作产品出产进度计划。由此可以看出，企业主生产计划的编制，既要从时间上保证生产指标的实现，保证产销衔接，又要能保证企业生产秩序和工作秩序的稳定。所以，合理地编制主生产计划是生产计划的核心内容，它对合理地组织生产、有效利用各种资源、均衡生产、提高企业效益有重要作用。为此，编制主生产计划必须与企业已签的合同交货计划、技术准备计划、生产能力计划、物资供应计划、财务收支计划等进行反复综合平衡。

二、主生产计划编制方法

在编制主生产计划时，不仅要确定好年度总量指标，还要确定好各季或各月的需求指标。前者是要达到总量平衡，后者则是要达到结构和产出进度平衡，而要同时做到这两点往往要付出代价。因为从现代生产的特点看，各月需求量往往是变动的，而且有时变化幅度很大。

若紧随需求量安排生产，则会出现劳动力、设备等不足或过剩，还会带来其他一些不利的后果，如产品质量不稳定、工人情绪不稳定、生产费用增加。当劳动力、设备等不足时，要多付加班、聘用、外包费用，当劳动力、设备等过剩时，要多付解聘或闲置费用等。

若均衡安排生产，最简单的办法就是制订恒定生产率计划。但恒定生产率计划也有缺点，它使得在计划期的某些时间段，可能出现库存增加（多付库存费用）、延迟交货（多付延迟交货费用）或脱销（蒙受利润损失）等现象。

因此，理想的生产计划能够综合市场需要和生产系统的优势，使企业在尽量满足市场需要的前提下，降低成本，提高生产效率。实际生产计划的制订既不能紧随市场需求，也不能完全按照恒定生产率来制订，只能是两方面的综合。

一般来说，在制订生产计划时，通常有四个基本考虑：尽可能满足顾客需求；尽可能保持恒定的企业产出率；尽可能维持一定水平的企业总人数；尽可能使总成本最低。其中使总成本最低、利润最大是企业最终的追求。为此，需要对各可行计划方案的成本费用进行计算比较，从中选择总成本最低的计划方案。编制主生产计划的工作步骤一般为：

（1）确定各期需求。
（2）确定各期生产能力（包括正常生产能力、加班生产能力和转包生产能力）。
（3）明确相关的政策（库存水平、劳动力水平）。
（4）确定各种相关单位成本（正常生产能力、加班生产能力、转包生产能力、存货、延迟交货、解聘或培训等情况下的相关单位成本）。
（5）规划可供选择的各种方案，并计算出各方案的期间成本。
（6）如果出现满意的计划，选择其中最能满足目标的计划。

问题互动

以一个企业生产的某个产品为例来分析，编制该产品的生产计划，要调查研究收集哪些资料？

三、生产能力需求计划

生产能力需求计划是通过对企业生产能力的核算，来建立与生产需求相适应的平衡。企业的生产能力是指在一定的时期内直接参与生产过程的固定资产,在一定的生产技术条件下,经过综合平衡,所能生产一定种类的产品或加工处理一定数量原材料的能力。

1. 企业生产能力的核算

企业生产能力一般分为设计能力、查定能力和计划能力三种。设计能力是指企业设计任务书和技术文件中所规定的生产能力,它是确定企业生产规模、编制战略规划、安排基本建设计划的依据。查定能力是指老企业没有设计能力,或原有设计能力被突破,经过重新调查核定的生产能力,它是企业进行技术改造时核定生产能力的依据。计划能力是指企业在计划年度内实际能够达到的生产能力,它是企业编制年度计划、确定生产指标时的依据。

影响企业生产能力的主要因素有三个:一是生产中固定资产的数量,即机器设备的数量;二是固定资产的有效工作时间;三是固定资产的生产效率,即设备和生产面积的生产效益。

2. 生产能力与生产计划的平衡

在编制生产计划时,一般要进行设备负荷计算,其目的是发现生产任务与生产能力之间的不平衡状况,以便有计划地采取各种有效措施,保证计划任务落实和生产能力的充分利用。

在平衡时,应当注意把当前同长期结合起来。这就是说,不仅要考虑到本年、本季、本月的生产能力不足或有余,还要注意到今后较长时期内社会需求量同企业生产能力的平衡情况。只有将这两方面结合起来考虑,采取相应的不同措施,才能使企业的生产经营活动取得较好的经济效益。

课堂拓展

精准计划追求效率

四、车间作业计划

车间作业计划是生产计划的具体执行计划,即把企业的年度、季度生产计划中规定的月度生产任务以及临时的生产任务,具体分配到各车间、工段、班组以至每个工作地和个人,规定它们在月、旬、周、日轮班以至小时的任务,并按日历顺序安排生产进度。车间作业计划是生产计划的延续和补充,是组织当前企业日常生产活动的依据。编制车间作业计划就是要解决生产的期和量的问题,即期量标准。

由于企业的生产类型、产量大小和生产组织形式不同,采用的期量标准也不同。大量生产一般采用节拍、节奏、流水线工作的指示图表、在制品定额等;成批生产一般采用批量、生产间隔期、生产周期、生产提前期、在制品定额等;单件小批生产采用生产周期、生产提前期等。

企业的车间作业计划编制包括厂级生产作业计划的编制和车间内部生产作业计划的编制。编制厂级作业计划,就是厂部(公司)根据全年产品生产进度计划的分月任务、供货合同要求,规定各车间的生产任务,包括月度投入量、产出量以及投入和出厂期限。其核心是要组织各个车间之间的衔接平衡。编制车间内部作业计划,就是各车间将厂部(公司)下达的生产作业计划任务,进一步分解为工段或班组月度作业计划、工段或班组还要把任务分配到各个工作地和个人。

五、生产作业控制

生产作业控制是指在生产计划执行的过程中，为保证生产作业计划目标的实现而进行的监督、检查、调度和调节，其主要目的是保证完成生产作业计划所规定的产品产量和交货期限指标。生产作业控制是生产控制的重要组成部分，其主要内容包括生产进度控制、在制品控制及库存半成品控制。

1. 生产进度控制

生产进度控制是按照已经制订的作业计划，检查各种零部件的投入和产出时间、数量以及产品和生产过程配套性，保证生产过程平衡进行并准时产出。生产进度控制的核心是进度管理，生产进度控制的基本内容主要包括以下四个方面。

（1）产前控制。产前控制是指企业在投产前的各项准备工作的控制，包括对技术、物资、设备、动力、劳动力等的控制，以保证投产后整个生产过程能均衡、协调、连续地进行。

（2）投入进度控制。投入进度控制是进度控制的第一环节，是指在产品生产中对产成品的投入日期、数量，以及对原材料、零部件投入提前期的控制。

（3）工序进度控制。工序进度控制是指在生产中对每道工序的加工进度进行控制。

（4）出产进度控制。出产进度控制是指对产成品的出产日期、出产数量、出产品种、出产提前期等的控制。

2. 在制品控制

在制品是指从原材料、外购件等投入生产起，到经检验合格入库之前，存在于生产过程中各个环节的零部件和产品，通常分为毛坯、半成品、入库前成品和车间在制品。

在制品控制是企业生产控制的基础工作，是对生产运作过程中各工序原材料、半成品等在制品所处位置、数量、车间之间的物料转运等进行的控制。其工作内容有以下四个方面。

（1）合理确定在制品管理任务和组织分工。

（2）认真确定在制品定额，加强在制品控制，做好统计与核查工作。

（3）建立、健全在制品的收、发与领用制度。

（4）合理存放和妥善保管在制品。

3. 库存半成品控制

半成品库就是为在制品在车间之间周转所设置的，其功能是调整生产过程的平衡性，保证生产过程的连续性。为了向生产控制系统提供有效的信息，对于中间半成品库存必须建立严格的库存台账制度，对有关的库存半成品进行严格管理。必须对库存毛坯、库存半成品建立账卡，根据半成品的类别进行分类，按照不同的零部件分别进行统计。库存半成品台账的主要原始凭证包括领料单、入库单、在制品收发单、废品通知单等。

对于库存半成品的管理，其工作内容有以下四个方面。

（1）合理确定半成品管理的任务及分工。

（2）建立、健全半成品的收发领用制度。

（3）必须合理存放和妥善保管半成品。

（4）正确及时地对半成品进行记账核对。

问题互动

以一个企业生产的某个产品为例来分析，生产进度控制和在制品控制的内容包括哪些？

六、生产调度

1. 生产调度的含义

生产调度是组织执行生产作业计划的工作,是通过对生产计划的监督、检查和控制,发现偏差并及时调整的过程。生产调度以生产作业计划为依据,生产作业计划要通过生产调度来实现。

2. 生产调度工作的主要内容

(1) 检查、督促和协助有关部门及时做好各项生产作业的准备工作。

(2) 根据生产需要合理调配劳动力,督促检查原材料、工具、动力等供应情况和厂内运输工作。

(3) 检查各生产环节的零件、部件、毛坯、半成品的投入和出产进度,及时发现生产进度计划执行过程中的问题,并积极采取措施加以解决。

(4) 对轮班、昼夜、周、旬或月计划完成情况的统计资料和其他生产信息进行分析研究。

3. 生产调度工作的基本要求

生产调度工作的基本要求是快速和准确。快速,是指对各种偏差发现快,采取措施处理快,向上级管理部门和有关单位反映情况快。准确,是指对情况的判断准确,查找原因准确,采取对策准确。为此,企业就必须建立健全生产调度机构,明确各级调度工作的分工,建立切合实际和行之有效的调度工作制度,迅速查明并掌握偏差产生的原因,从而采取有效对策的调度工作方法。

学 习 小 结

生产运作是一个投入一定资源,经过转化使其价值增加,最后以某种形式的产出供给社会的过程。生产运作管理是对企业生产运作系统的计划、组织、控制、创新等一系列管理工作的总称。生产运作管理的内容包括:生产运作战略、生产运作系统的设计、生产过程的组织、生产运作系统的运行与控制。生产运作管理的目标是高效、低耗、灵活、准时地生产合格的产品和提供令顾客满意的服务。

产品的生产过程是指从原材料投入到成品生产的全过程。流水线生产是现代生产方式比较普遍的一种形式,是先进、高效的一种组织生产形式。精益生产方式的核心思想可概括为追求零库存生产、追求快速反应、追求零不良、强调企业内外环境的和谐统一、尽力发挥人的主观能动性五个方面。在互联网经济的大背景下,我国的制造业同互联网不断深入融合,探索智能制造、网络化制造、云制造等全新的生产制造模式。

生产计划的主要任务是充分挖掘企业内部资源,合理利用企业资源,不断产出国内外市场适销的商品,以提高企业经济效益。

复习思考题

1. 生产运作管理的内容和目标是什么?
2. 合理组织生产过程的要求有哪些?
3. 流水线生产的主要形式有哪些?
4. 精益生产的核心思想和六要素分别是什么?
5. 生产运作的创新模式有哪些?说明其基本思想。
6. 生产计划有哪些内容?主生产计划和其他计划有什么关系?

 **案例分析**

某重型汽车公司生产管理现状

思考题：
1. 该企业生产管理面临的具体问题有哪些？
2. 如何建立企业的生产计划与控制体系？
3. 有哪些技术手段可以用于解决以上问题？

 实训任务

认识企业生产计划

1. 实训目标

（1）学生结合实际，加深对企业生产计划的感性认识与理解。
（2）初步培养学生制订企业生产计划的能力。

2. 实训内容与方法

（1）将学生分成6~8人的几个小组，要求学生进行组内分工。
（2）学生通过网络或其他渠道，收集一个真实企业的信息及其相关资料。
（3）调研走访之前，每组需根据课程所学知识，讨论制订调研提纲，包括调研的主要问题与具体安排。
（4）走访企业，对其生产计划进行分析，要求学生了解企业生产计划对企业生产的影响，分析企业生产计划如何保证企业生产，最后写出书面的调研报告。

3. 标准与评估

（1）标准。提交书面调研报告及用于展示的PPT文档。
（2）评估。调研走访结束后，老师组织一次课堂交流与讨论，根据课堂交流情况和调研报告评价学生的成绩。

模块十一

质量管理

本模块学习目标

1. 理解质量和质量管理的内涵，了解质量管理的发展阶段；
2. 掌握全面质量管理及其基本方法；
3. 了解 ISO 9000 族标准及其主要内容，掌握质量管理体系建设的定义和建立步骤；
4. 掌握质量控制的相关方法；
5. 了解数字化质量管理的内涵。

能力目标

通过本模块的学习，学生能够理解质量和质量管理的内涵，掌握全面质量管理及其基本方法，对 ISO 9000 族标准和质量管理体系有一定认识，能够运用质量控制的相关方法分析企业质量问题。

关键概念

质量管理　数字化质量管理　质量管理体系　质量控制

【导入案例】

雅格布斯定理

有过硬的质量，才能在竞争中立于不败之地。市场经济的本质特征是"优胜劣汰"，而质量是用户选择商品的第一要素。"质量是企业的生命"已成为不争的事实。抓好质量管理，是企业立足市场、保持长盛不衰的根本保证。

随着人们生活水平的不断提高，人们对产品质量的要求越来越高。消费者之所以选择名牌产品，就是确信名牌产品一贯的质量保证，广告的宣传只是起到了诱导的作用，顾客最终购买与否往往取决于产品的内在质量。

日本的丰田、美国的可口可乐、中国的海尔等一些企业之所以成功，在一定程度上可以说都是因为有过硬质量的保证。

雅各布斯定理：质量是竞争最基本的东西。

提出者：美国凯洛格管理研究院前院长 T. 雅格布斯。

管理启示

提高产品质量不仅对企业发展有至关重要的意义，还将对社会产生深远的影响。产品或服务质量是决定企业素质、企业发展、企业经济实力和竞争优势的主要因素。质量还是争夺市场最关键的因素，谁能够用灵活快捷的方式提供用户满意的产品或服务，谁就能在市场上赢得竞争优势。

学习单元一　质量与质量管理

人类社会自从有了生产活动，特别是以交换为目的的商品生产活动，便产生了质量活动。一种产品或服务能否得到顾客的认可和赞美，产品和服务的质量起着决定性作用。市场竞争越激烈，产品质量及决定产品质量的工作质量对企业获得竞争优势的基础作用就越明显。因此，管理者必须高度重视质量问题，建立健全质量控制机制，确保质量的持续改善与提升。

一、质量的概念

1. 质量的概念

在生产发展的不同历史时期，人们对质量的理解随着科学技术的发展和社会经济的变化而有所变化。近年来，人们对质量的认识逐渐统一到国际标准化组织的定义上。ISO 9000（2000版）标准对质量的定义是："一组（实体）固有特性满足要求的程度。"其中，事关质量的"实体"包括产品、服务、过程等。正确理解这个定义，应把握以下三个方面：其一，固有特性；其二，要求；其三，程度。

（1）固有特性。"固有"是指某事某物本来就有的，如轴的直径、机床的转速等。"特性"是指可区分的特征。"固有特性"是指通过产品、过程或体系设计和开发及其后的实现过程形成的属性。固有特性包括物质特性（机械、电气、化学、生物特性）、感官特性（嗅觉、触觉、味觉、视觉等感觉控制的特性）、行为特性（礼貌、诚实、正直）、时间特性（准时性、可靠性、可用性）、人体工效特性（语言、生理特性、人身安全特性）、功能特性（飞机的航程、手表显示时间的准确性）等。这些固有特性的要求大多是可测量的。赋予的特性（如某一产品的价格），并非是产品、体系或过程的固有特性。

（2）要求。"要求"是指明示的、通常隐含的或必须履行的需求或期望。其中，"明示的要求"是指标准、规范、合同等文件中规定的要求；通常"隐含的要求"是指组织、顾客、利益相关者的惯例或一般做法，所考虑的需求或期望是不言而喻的；"必须履行的需求或期望"是指法律法规要求的或有强制性标准要求的，如《中华人民共和国食品安全法》等。

（3）程度。程度用好或差等形容词来表述，满足要求的程度好代表质量好。

质量不仅包括产品质量还包括工作质量。产品质量代表着企业经营的结果，工作质量意味着企业对经营成果产出过程的控制。一个组织只有做好过程控制，不断提高工作质量，才能从根本上做好质量管理，确保产品的质量。

2. 产品质量

产品质量即产品的适用性，即产品适合于一定用途，满足社会和人们需要所具备的特性，具体包括以下六个方面。

（1）性能，是指产品满足使用目的所具备的技术特性，如产品的物理性能和化学成分，性能是最基本的质量特性，如电视机的清晰度等。

（2）耐久性，是指产品的使用寿命，如彩色电视机显像管的使用时间。

（3）可靠性，是指产品在规定的时间和条件下完成规定任务的能力，即产品实现满足用户要求的能力。常用的衡量指标有工作时间、工作次数、平均故障率等。

（4）安全性，是指产品在操作或使用过程中对使用者和周围环境安全、卫生的保证程度。

(5) 经济性，是指产品寿命周期总费用的大小。一般用使用成本、寿命周期总成本等表示。

(6) 外观，是指产品的造型、色泽、包装等外观质量特性，如汽车车身大小、车座设计是否舒适、颜色等。

3. 工作质量

工作质量是指企业产品设计、制造、供应及管理、服务等全过程组织工作对产品质量的保证程度，是企业各方面工作的质量水平。工作质量涉及企业各个部门、各个层次、各个岗位工作的有效性，它取决于企业员工的素质，包括员工的质量意识、责任心、业务水平等。高层管理者的工作质量起主导作用，中层和基层管理者的工作质量起保证和落实作用。对于工作质量，企业可以通过建立健全工作程序和作业标准，使其有章可循，易于考核。与产品质量不同，工作质量一般难以定量，通常通过产品质量的高低、不合格品率的多少来间接反映和定量。

4. 产品质量与工作质量的关系

产品质量与工作质量是既不相同又密切联系的两个概念。产品质量取决于工作质量，产品质量是企业各部门、各环节工作质量的综合反映，工作质量是保证产品质量的前提条件。因此，实施质量管理，既要不断提高产品质量，又要不断提高工作质量，通过保证和提高工作质量来保证产品质量。

中国质量提振中国制造

你对哪些产品的质量要求比较高，试着列出这些产品质量所包括的特征都有哪些，工作质量是如何对这些产品的质量产生影响的。

二、质量管理

质量管理是指为了保证和提高产品质量而对各种影响因素进行计划、组织、协调与控制等各项工作的总称。

1. 质量管理活动

质量管理活动通常包括制定质量方针和质量目标、质量策划、质量控制、质量保证和进行质量改进等工作。

(1) 质量方针和质量目标。质量方针，又称质量政策，是企业开展质量工作的指南。质量方针是指由企业最高层领导正式颁布的总的质量宗旨和质量方向。如产品质量要达到的水平、对企业质量管理活动的要求、售后服务的总原则等，都属于质量方针范畴。

质量目标是企业按照质量方针所提出的在一定时期内质量上要达到的预期成果，如废品率下降水平。质量目标是企业质量方针的具体体现，制定目标时应注意，目标既要先进又要可行，便于实施和检查。

(2) 质量策划。质量策划是质量管理的一部分，致力于制定质量目标并规定必要的运行过程和相关资源以实现质量目标。质量策划关键是制定质量目标并设法使其实现。

（3）质量控制。质量控制致力于达到质量要求，是指在生产产品的各个环节采用质量测量、数据统计等方法监控质量形成过程，消除质量环上所有阶段引起不合格或不满意效果的因素，从而达到控制产品质量，使之符合质量要求的活动。质量控制是一个设定标准（根据质量要求）、测量结果，判定是否达到了预期要求，对质量问题采取措施进行补救并防止再发生的过程。

（4）质量保证。质量保证是指为使人们确信某一产品或服务能满足质量要求，在质量体系内开展的并按需要进行证实的有计划、有组织的活动。因此"证实"是质量保证的关键，证实的方法可包括：供方的合格声明；提供形成文件的基本证据（如质量手册、质量体系认证证书或名录、第三方的检验报告）；提供由其他顾客认定的证据；顾客亲自审核。

（5）质量改进。质量改进的目的在于增强组织满足质量要求的能力，由于要求可以是任何方面的，因此，质量改进的对象也可能会涉及企业的质量管理体系、过程和产品，可能会涉及企业的方方面面。企业应注意识别需要改进的项目和关键质量要求，消除系统性的问题，对现有的质量水平在控制的基础上加以提高，使质量达到一个新水平、新高度。

2. 质量管理的发展

质量管理产生于 20 世纪初，随着企业管理与实践的发展而不断发展完善。在过去 100 年的时间里，质量管理的发展大致经历了四个阶段。

第一，质量检验管理阶段（20 世纪 20—30 年代）。许多美国企业根据泰勒的科学管理原理，设立独立于生产的质量检验部门，标志着质量管理步入了第一个成熟的阶段，即"质量检验管理阶段"。这一阶段的重点是，通过事后把关确保不合格品不流入下道工序或送到用户手中。

第二，统计质量控制阶段（20 世纪 40—50 年代）。在这一阶段，专业质量控制工程师和技术人员利用数理统计原理，预防产生废品并检验产品的质量。这标志着事后检验的观念转变为预防质量事故发生并事先加以预防的观念，质量管理工作前进了一大步。

第三，全面质量管理阶段（20 世纪 60—70 年代）。由于科学技术的迅速发展，市场上出现了许多大型产品和复杂的系统工程，人们对产品的安全性、可靠性和经济性的要求越来越高，单纯依靠统计质量控制，已无法满足要求，这就要求企业把质量问题作为一个有机整体加以综合研究，实施全员、全过程、全企业的质量管理。

第四，质量管理国际化阶段（20 世纪 80 年代至今）。随着国际贸易的发展，产品的生产和销售已经打破了国界，但是不同民族、不同国家对质量的观点不同往往会形成国际贸易的障碍，因而需要在质量上达成共同的语言和标准。国际标准化组织于 1979 年设立质量管理和质量保证技术委员会，负责制定质量管理的国际标准。

质量管理在中国

三、全面质量管理

根据国际标准化组织的界定，全面质量管理（Total Quality Management，TQM）是指"一个组织以质量为中心,以全员参与为基础,目的在于通过让顾客满意和本组织所有者、员工、供方、合作伙伴或社会等相关者受益而达到长期成功的一种管理途径"。全面质量管理强调组织中各层次的员工积极参与质量管理,长期致力于质量的全面持续改善,质量控制活动包括从市场调研、产品规划、产品开发及制造、检测、销售到售后服务等全过程。

1. 全面质量管理的基本要求

全面质量管理的基本要求是"三全一多",即全过程的质量管理、全员的质量管理、全组织的质量管理和多方法的质量管理。

(1) 全过程的质量管理强调,最终用户对产品质量的评价是以产品适用程度、使用时间的持久性以及使用的稳定性为依据的,因此,企业要以用户满意为基准规划质量目标、制定质量标准,不断提高产品的适用度。而任何产品或服务的质量,都有一个产生、形成和实现的过程,这个过程由多个相互联系、相互影响的环节所组成。为保证和提高质量,必须把影响质量的所有环节和因素都控制起来,形成一个综合性的质量管理体系,以实现质量的持续改善。

(2) 全员的质量管理意味着,质量控制要扩展到组织的所有人员。产品或服务质量是企业各层次、各部门、各环节工作质量的综合反映,因此,质量管理要全员参与,人人有责。为此,组织就要做好全员的质量教育和培训工作,树立"质量第一,人人有责"的意识。同时,要制定各层级、各部门和各员工的质量责任制,形成一个高效、协调、严密的质量管理工作系统。

(3) 全组织的质量管理要求从组织的纵、横两方面来保证质量的不断提升。纵向的质量管理意味着,质量目标的实现需要组织上层、中层、基层的通力协作,尤其是高层管理者的全力以赴,将起到决定性作用;横向的质量管理要求,企业必须将研制、维持和改进质量的所有活动构成一个有效整体,以保证和提高产品或服务的质量。

(4) 多方法的质量管理,是指应用一切可以运用的方法,而不仅仅是数理统计方法。随着现代科技的发展,质量管理工作已形成了多样化的方法体系,如 PDCA 循环、分层法、因果分析法等;数理统计方法包括直方图、控制图等;新工具有系统图法、关联图法、KJ 法、矩阵图法、PDPC 法等。在质量管理过程中,要综合运用各种方法和技术手段,真正做到程序科学、方法灵活、成效显著。

2. 全面质量管理的实施原则

基于多年来质量管理的理论研究与实践经验,国际标准化组织在 ISO 9000 标准中提出了质量管理的八项原则。这八项原则高度概括了全面质量管理的基本思想,也是质量管理体系建设的理论依据。

(1) 以顾客为关注焦点。顾客是决定组织生存与发展的重要因素,服务顾客并满足其需要应该成为组织存在的前提和决策的基础。为了赢得顾客,组织必须深入了解和掌握顾客当前的和未来的需求,进而满足顾客要求并争取超越顾客期望。

(2) 领导作用。领导者的决策和领导是企业质量管理成功的关键,所以领导者要明晰组织的使命、愿景和核心价值观,创造全面参与的氛围,带领员工实现组织目标。

(3) 全员参与。员工是组织的根本,只有激发全体员工充分参与的积极性和责任感,才能使其发挥才干给组织带来收益。在全员参与的过程中,团队合作是一种重要的方式,尤其是跨部门的团队合作。

(4) 过程方法。在质量管理中,任何使用资源、实施管理,将输入转化为输出的活动都称为过程。因此,在开展质量管理活动时,必须着眼于过程,将活动和相关的资源作为过程进行管理。通过识别、分析、控制和改进过程,将能够影响质量的所有活动和环节都控制住,这样才可以更有效地得到期望结果。

（5）管理的系统方法。管理的系统方法即将整个质量管理工程作为一个系统，通过建立质量管理体系，利用体系管理的方法系统地实施各个过程的控制，以提高质量管理的有效性和效率。

（6）持续改进。全面质量管理要"始于识别顾客的需要，终于满足顾客的需要"，而顾客的需要在不断提高，因此，企业必须持续地对产品、过程和体系进行改进，以赢得顾客的满意和竞争的优势。

（7）基于事实的决策方法。正确、有效的决策是成功的基础，而有效决策是建立在数据和信息分析基础上的。因此，企业必须广泛收集信息，用科学的方法处理和分析数据与信息，以确保数据和信息的充分、精确、可靠，做到以事实为依据，用数据说话。

（8）与供方互利的关系。在目前的市场竞争中，企业与供方或合作伙伴之间已形成了共生共荣的生态系统，互利的长期合作可增强彼此创造价值的能力。

割草的男孩

一位替人割草打工的男孩打电话给一位陈太太说："您需不需要割草？"

陈太太回答说："不需要了，我已有了割草工。"

男孩又说："我会帮您拔掉花丛中的杂草。"

陈太太回答："我的割草工也做了。"

男孩又说："我会帮您把草与走道的四周割齐。"

陈太太说："我请的那人也已做了，谢谢你，我不需要新的割草工人。"男孩便挂了电话，此时男孩的室友问他说："你不是就在陈太太那割草打工吗？为什么还要打这电话？"

男孩说："我只是想知道我做得有多好！"

这个故事反映了要以顾客为关注焦点，不断地探问顾客的评价，这样才有可能知道自己的长处与不足，然后扬长避短，改进自己的工作质量，牢牢地抓住顾客，得到忠诚度极高的顾客。

3. 全面质量管理的基本方法

全面质量管理的基本方法是 PDCA 循环，是美国质量管理专家威廉·戴明博士提出的，所以又称"戴明环"。PDCA 分别代表计划（Plan）、实施（Do）、检查（Check）和改进（Action）四个基本阶段，本书模块四学习单元二亦有论述。

在全面质量管理中，通常把 PDCA 循环四阶段进一步细化为八个步骤：分析和评价现状，以识别改进的区域；确定改进的目标；寻找可能的解决办法，以实现这些目标；评价这些解决办法并做出选择；实施选定的解决办法；测量、验证、分析和评价实施的效果，以确定这些目标已经实现；正式采纳更改；必要时对结果进行评审，以确定进一步改进的机会。

PDCA 循环可以反复使用，大环套小环，小环保大环，相互衔接，相互促进，不断推进质量改进过程。可见，熟练掌握和灵活运用 PDCA 循环方法，对于提高质量管理体系运行的效果和效率十分重要。

学习单元二 质量管理体系

一、ISO 9000 族标准

1. ISO 9000 族标准的解释

ISO 9000 族标准是由国际标准化组织（International Organization for Standardization，ISO）制定，后经不断修改完善而成的系列标准。现已有 90 多个国家和地区将此标准等同转化为国家标准。

随着科学技术的进步和社会生产力水平的不断提高，企业活动的空间超越了国家、地区的界限而进入全球范围。为加强质量保证，许多国家纷纷制定和发布了质量管理和质量保证标准。但是，各国质量管理和质量保证标准在基本观念、要求和方法上都存在差异，所以形成了国际贸易中的技术壁垒。为了消除这种技术壁垒，客观上要求建立国际统一的准则，ISO 在 1980 年设立了质量管理和质量保证委员会（ISO/TC176）。ISO/TC176 经过几年的艰苦努力，在 1987 年发布了第一套国际化的质量管理标准——ISO 9000 系列标准。

需要注意的是，"ISO 9000" 不是一个标准，而是一族标准的统称。根据 ISO 9000—1—1994 的定义："'ISO 9000 族' 是由 ISO/TC176 制定的所有国际标准。"

2. ISO 9000 族标准的基本内容

ISO 9000 族标准最初被称为 ISO 9000《质量管理和质量保证系列标准》，简称 "ISO 9000 系列标准"。1994 年后，ISO 对该系列标准进行了修订，由原来的 6 项发展为 16 项，称为 1994 版 ISO 9000 族标准。2000 年，ISO/TC176 在 1994 版标准修订的基础上，发布了 2000 版 ISO 9000 族标准。2000 版 ISO 9000 族标准由 4 项核心标准和一系列支持性文件组成。2008 年、2015 年和 2019 年，在分别总结之前版本 ISO 9000 实施的基础上，ISO 多次对标准进行修改。

ISO 9000 族标准由一系列的标准构成，下面简要介绍其中的 4 项核心标准。

（1）ISO 9000—2019《质量管理体系——基础和术语》。它阐明了质量管理体系的基础知识，规定了质量管理体系的术语和基本概念。

（2）ISO 9001—2019《质量管理体系——要求》。它规定了质量管理体系的要求，供企业证实其提供满足顾客和适用法规要求产品的能力时使用。企业通过有效的实施体系，包括过程的持续改进和预防不合格，提高顾客满意程度。它是质量管理体系认证的基础。

（3）ISO 9004—2018《质量管理体系——业绩改进指南》。它提供了提高质量管理体系的有效性和效率两方面的指南，其目的是促进企业实现、保持和改进整体业绩，使顾客和其他相关方满意，为提升企业实现持续成功的能力提供了指南。该标准也可用于评价质量管理体系的完善程度。

（4）ISO 9011—2019《质量和（或）环境管理体系审核指南》。它为运用质量管理体系或环境管理体系的企业进行内审和外审提供了指南。

3. 实施 ISO 9000 族标准的意义

ISO 9000 族标准是工业发达国家在长期的市场竞争中，为谋求质量与效益，开展质量管理和质量保证基本经验的科学总结，具有通用性和指导性。概括起来，主要有以下四个方面的作用和意义。

（1）有利于企业保证产品、服务质量，保护顾客的利益。顾客在购买或使用现代高科技、多功能、精细化和复杂化的产品时，一般很难在技术上对产品加以鉴别。企业按 ISO 9000 族标准建立质量管理体系，通过体系的有效运用，促进组织持续地改进产品和过程，实现产品质量的稳定和提高，无疑是对顾客利益的一种最有效的保护。

（2）有利于企业持续改进，不断提高顾客和利益相关方的满意度。顾客的需求和期望是不断变化的，这就要求企业持续地改进产品和过程。而质量管理体系的要求恰好为企业改进其产品和过程提供了一条有效途径。因此，ISO 9000 族标准将质量管理体系要求和产品要求区分开来，它不是取代产品要求而是把质量管理体系要求作为对产品要求的补充，这样有利于企业持续改进与满足顾客和利益相关方的需求和期望。

（3）有利于提高企业管理的有效性和效率，提升企业竞争力，追求卓越。ISO 9000 族标准鼓励企业在制定、实施质量管理体系时采用过程方法，通过识别和管理众多相互关联的活动，以及对这些活动进行系统的管理和连续的监视与控制，以提供顾客能接受的产品。此外，质量管理体系提供了持续改进的框架，为企业提高顾客和其他相关方的满意度提供了渠道。因此，ISO 9000 族标准为有效提高组织的运作能力和增强市场竞争能力提供了有效的方法。

（4）有利于消除技术壁垒，增进国际贸易。世界贸易组织技术性贸易壁垒协定（WTO-TBT）是世界贸易组织达成的一系列协定之一，它涉及技术法规、标准和合格评定程序。企业贯彻 ISO 9000 族标准为国际经济、技术合作提供了国际通用的共同语言和准则，已取得质量管理体系认证，已成为参与国内和国际贸易、增强竞争能力的有力武器。

 启发案例

审核员与仓库保管员

某建筑公司设备部仓库审核员看到在露天场地整齐地摆放着许多从建筑工地撤回来的工具，如模板、脚手架等。场地东南角还摆放着 10 台斗车。审核员走过去查看这些斗车，看到有些车的零件已经不全了，传动部位有的地方已经生锈，有的地方污垢很厚。审核员问仓库保管员："对于这些设备你们有什么保养规定吗？"仓库保管员说："没什么规定，因为是从工地撤回来的设备，肯定很脏。一般我们是再发放使用时，检查修理一下，不会耽误使用的。"

 管理启示

企业对各项工作都应建立一定的标准，以规范的操作提高工作的准确性和有效性，确保各项工作的质量。

二、质量管理体系建设

1. 质量管理体系的定义

质量管理体系是指企业在质量方面指挥和控制的管理体系。它致力于建立质量方针和质量目标，并为实现质量方针和质量目标确定相关的过程、活动和资源。企业通过质量管理体系来实施质量管理。

2. 质量管理体系的特点

（1）质量管理体系代表现代企业思考应如何真正发挥质量管理的作用和如何最优地做出质量决策的一种观点。

（2）质量管理体系是编制深入细致的质量管理体系文件的基础。

（3）质量管理体系是使企业内更为广泛的质量活动能够得以切实实施的基础。

（4）质量管理体系是有计划、有步骤地把整个企业的主要质量管理活动按重要程度进行改善的基础。

3. 质量管理体系建立的基本要求

(1) 结合企业实际情况建立和完善质量管理体系。
(2) 围绕产品实物质量的提高，让顾客满意。
(3) 既要重视质量管理体系文件的完善——软件建设，又要重视人员的培训和工作环境的改善与提高——资源配置。
(4) 用管理的系统方法，突出过程控制的思想。
(5) 具有良好的操作性。

4. 质量管理体系建立的步骤

建立、完善质量管理体系一般要经历质量管理体系的策划与设计、质量管理体系文件的编制、质量管理体系的试运行、质量管理体系的评审四个阶段，每个阶段又可分为若干具体步骤。

(1) 质量管理体系的策划与设计。该阶段主要是做好各种准备工作，具体包括以下五个方面的内容。

①教育培训，统一认识。质量管理体系建立和完善的过程，是始于教育、终于教育的过程，也是提高认识和统一认识的过程，教育培训要分层次、循序渐进地进行。

第一层次为决策层，包括党、政、技（术）领导。其主要的培训内容：一是通过介绍质量管理与质量保证的发展和本单位的经验教训，说明建立、完善质量管理体系的迫切性和重要性；二是通过 ISO 9000 族标准的总体介绍，提高按国家（国际）标准建立质量管理体系的认识；三是通过质量管理体系要素的讲解（重点应讲解"管理职责"等总体要素），明确决策层领导在质量管理体系建设中的关键地位和主导作用。

第二层次为管理层，其重点是管理、技术和生产部门的负责人，以及与建立质量管理体系有关的工作人员。这一层次的人员是建设完善质量体系的骨干力量，起着承上启下的作用，要使他们全面接受 ISO 9000 族标准有关内容的培训，可采取讲解与研讨结合、理论与实际结合的方法。

第三层次为执行层，即与产品质量形成全过程有关的作业人员。对这一层次人员主要培训与本岗位质量活动有关的内容，包括在质量活动中应承担的任务，完成任务应赋予的权限，以及造成质量过失应承担的责任等。

②组织落实，拟定计划。质量管理体系建设尽管涉及一个企业的所有部门和全体职工，但对多数企业来说，成立一个精干的工作班子是必要的，这个班子可以分为以下三个层次。

第一层次：成立以最高管理者（厂长、总经理等）为组长、质量主管领导为副组长的质量管理体系建设领导小组（或委员会）。其主要任务包括制定体系建设的总体规划、制定质量方针和目标以及按职能部门进行质量职能的分解。

第二层次：成立由各职能部门领导（或代表）参加的工作班子。这个工作班子一般由质量部门和计划部门的领导共同牵头，其主要任务是按照体系建设的总体规划组织、实施具体工作。

第三层次：成立要素工作小组。根据各职能部门的分工，明确质量管理体系要素的责任单位。例如，"设计控制"一般应由设计部门负责，"采购"由物资采购部门负责。责任落实后，按不同层次分别制订工作计划，在制订工作计划时应注意目标明确、突出重点。

③确定质量方针，制定质量目标。质量方针体现了一个企业对质量的追求、对顾客的承诺，是职工质量行为的准则和质量工作的方向。确定质量方针的要求：一是与总方针相协调，二是应包含质量目标，三是结合企业的特点，四是确保各级人员都能理解和坚持执行。

④现状调查和分析。现状调查和分析的目的是合理地选择质量管理体系要素，其内容包括以下六个方面。

一是体系情况分析，即分析本企业的质量管理体系情况，以便根据企业所处的质量管理体系情况选择质量管理体系要素。

二是产品特点分析,即分析产品的技术密集程度、使用对象、产品安全特性等,以确定质量管理体系要素的采用程度。

三是组织结构分析,即分析企业的管理机构设置是否适应质量管理体系的需要,应建立与质量管理体系相适应的组织结构并确立各机构间的隶属关系和联系方法。

四是分析生产设备和检测设备能否适应质量管理体系的有关要求。

五是对技术、管理和操作人员的组成、结构及水平状况进行分析。

六是管理基础工作情况分析,即对标准化、计量、质量责任制、质量教育和质量信息等工作进行分析。

⑤调整组织结构,配备资源。在一个企业中,除质量管理外,还有其他各种管理。组织机构的设置由于历史沿革,多数并不是按质量形成的客观规律来设置相应的职能部门的,所以在落实质量管理体系并展开对应的质量活动以后,企业必须将活动中相应的工作职责和权限分配到各职能部门。一方面是客观展开的质量活动,另一方面是现有的职能部门,要注意二者之间的关系处理。一般来说,一个职能部门可以负责或参与多个质量活动,但不要让一个质量活动由多个职能部门来负责。在活动开展的过程中,需要涉及的硬件、软件和人员,企业应根据需要及时进行调配和充实。

(2)质量管理体系文件的编制。质量管理体系文件的编制内容和要求,从质量管理体系的建设角度讲,应主要注意以下六个方面。

①质量管理体系文件一般应在第一阶段工作完成后才正式编制,必要时也可交叉进行。如果前期工作不做,直接编制质量管理体系文件就容易产生系统性、整体性不强及脱离实际等弊病。

②除质量手册需统一组织制定外,其他体系文件应按分工由归口职能部门分别制定,先提出草案,再组织审核,这样做有利于今后文件的执行。

③质量管理体系文件的编制应结合本单位的质量职能分配进行。按所选择的质量管理体系要求,逐个展开为各项质量活动(包括直接质量活动和间接质量活动),将质量职能分配落实到各职能部门。质量活动项目和分配可采用矩阵图的形式表述,质量职能矩阵图也可作为附件附于质量手册之后。

④为了使编制的质量管理体系文件做到协调统一,在编制前应制订质量管理体系文件明细表,梳理现行的质量手册(如果已编制)、企业标准、规章制度、管理办法以及记录表,与质量管理体系要素进行比较,从而确定新编、增编或修订质量管理体系文件项目。

⑤为了提高质量管理体系文件的编制效率,减少返工,在文件编制过程中要提高文件的层次间、文件与文件间的协调性。尽管如此,一套质量好的质量管理体系文件也要经过自上而下和自下而上的多次修改。

⑥编制质量管理体系文件的关键是讲求实效、不走形式。既要从总体上和原则上满足ISO 9000族标准,又要在方法上和具体做法上符合本单位的实际情况。

(3)质量管理体系的试运行。质量管理体系文件编制完成后,质量管理体系将进入试运行阶段。其目的是通过试运行,检验质量管理体系文件的有效性和协调性,并对暴露出的问题采取改进措施和纠正措施,以达到进一步完善质量管理体系文件的目的。在质量管理体系试运行过程中,要重点抓好以下工作。

①有针对性地宣贯质量管理体系文件,使全体职工认识到新建立或完善的质量管理体系是对过去质量管理体系的变革,是为了与国际标准接轨,要适应这种变革就必须认真学习、贯彻质量管理体系文件。

②质量管理体系文件通过试运行必然会出现一些问题,全体职工应在实践中将出现的问题

和改进意见如实反映给有关部门，以便企业采取纠正措施。

③对质量管理体系试运行中暴露出的问题，如体系设计不周、项目不全等进行协调、改进。

④加强信息管理。这不仅是质量管理体系试运行本身的需要，也是保证试运行成功的关键。所有与质量活动有关的人员都应按质量管理体系文件要求，做好质量信息的收集、分析、传递、反馈、处理和归档等工作。

（4）质量管理体系的评审。质量管理体系的评审是指依据质量管理体系标准及审核准则，对企业所实施的质量管理活动进行客观、公正、系统的审查和评价，以确保质量管理体系各过程符合规定。

质量管理体系的评审通常分为内部质量管理体系评审和外部质量管理体系评审两大类。内部质量管理体系评审，是企业对其自身进行的评审，也称第一方评审，主要是确认企业自身的质量管理体系是否能有效运行。外部质量管理体系评审，是由企业外部的机构对企业的质量管理体系进行审核和评价，一般分为第二方评审和第三方评审两种形式。第二方评审是一个企业对另一个企业进行的评审，如需方对供方的质量管理体系进行评审。第三方评审是由外部独立的组织，如认证机构对企业质量管理体系的审核，它与第一方、第二方没有直接的经济关系，由这类组织提供符合 ISO 9000 族标准要求的认证或注册。

任正非：华为眼中的大质量管理体系

5. 质量认证

质量认证又称为合格认证，是由可以充分信任的第三方证实某一经鉴定的产品或服务符合特定标准或规范性文件的活动。质量认证可分为产品质量认证和质量管理体系认证两类。

（1）产品质量认证。产品质量认证的对象是特定的产品，包括服务。认证的依据是产品（服务）质量要符合指定标准的要求，质量体系要满足指定质量保证标准的要求，证明获准认证的方式是通过颁发产品认证证书和认证标志。产品质量认证包括合格认证和安全认证两种。其认证标志可用于获准认证的产品上。

目前，世界各国的产品质量认证一般都依据国际标准进行认证，这些标准中有 60% 是由 ISO 制定的，20% 是由 IEC 制定的，其余的 20% 是由其他国际标准化组织制定的。

（2）质量管理体系认证。质量管理体系认证是由认证机构依据公开发布的质量体系标准和补充文件，遵照相应的认证制度的要求，对企业的质量管理体系进行评审，评审合格的由认证机构颁发质量认证证书，并予以注册和实施监督。

实施质量管理体系认证的好处有很多，大致可以从内部和外部两个方面来说。从内部说，一是可强化品质管理，提高企业效益；二是利于提高员工素质和塑造企业文化，减少因员工辞工造成的技术或质量波动；三是增强客户信心。从外部说，一是可以提升企业形象；二是可以帮助企业在产品竞争中获得优势，扩大市场份额；三是能够消除国际贸易壁垒；四是有利于国际的经济合作和技术交流。

问题互动

选一家自己熟悉的企业，试着分析这家企业应该如何开展质量管理体系建设。

学习单元三 质量控制方法及数字化质量管理

在产品生产过程中，总会出现各种质量问题，企业要提高产品质量，就必须弄清出现这些问题的原因，其中主要原因是什么，以及各种因素对质量的影响程度等，以便对症下药解决问题。

一、传统的质量控制方法

传统的分析和控制产品质量的常用方法有：排列图法、鱼骨图分析法、统计分析表法、分层法、直方图法、相关图法和控制图法等。

1. 排列图法

排列图，又称为主次因素分析法，意大利经济学家帕累托发现了"关键的少数和次要的多数"的规律并绘制成图，因此也称帕累托图。

排列图是将影响产品质量的各种因素按其对质量影响程度的大小顺序排列，从而找出影响质量的主要因素，是分析影响产品质量主要因素的有效工具。

其结构是由两个纵坐标和一个横坐标，若干个直方形和一条折线构成。左侧纵坐标表示频数，如不良品件数、金额等，右侧纵坐标表示累计频率，横坐标表示影响质量的各种因素，并按频数高低从左到右排列。直方形分别表示影响质量因素的项目，其高度表示影响因素的程度（即出现频率为多少），折线表示各个因素影响的累计频率。

影响产品质量的主要因素的判断标准为：累计频率在 0~80% 的因素为 A 类因素，为影响质量的主要因素，要作为质量管理的重点研究对象；累计频率在 80%~90% 的因素为 B 类因素，是次要因素；累计频率在 90%~100% 的因素为 C 类因素，这一区间的因素是一般的质量影响因素。从概念上说，帕累托图与帕累托法则一脉相承，该法则认为相对来说数量较少的原因往往造成绝大多数的问题或缺陷。

例如，某玩具企业生产某种玩具，在一批产品中发现了 3 810 个不合格品，如表 11-1 所示。根据表 11-1 绘制的排列图如图 11-1 所示。

表 11-1 某玩具企业不合格品统计

序号	不合格原因	频数/个	频率/%	累计频率/%
1	掉色	2 605	68.4	68.4
2	缝边脱线	450	11.8	80.2
3	附件拉力小	298	7.8	88.0
4	盐水湿度大	188	4.9	92.9
5	硬胶件断裂	145	3.8	96.7
6	其他	124	3.3	100.0

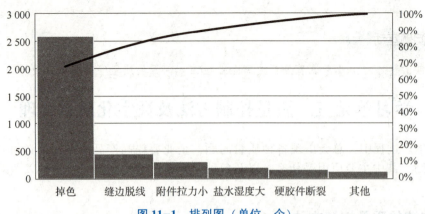

图11-1 排列图（单位：个）

从图11-1可看出，"掉色"和"缝边脱线"是影响玩具质量的主要因素，质量管理要着重从这两个方面入手。

2. 鱼骨图分析法

（1）鱼骨图分析法的定义。鱼骨图分析法是质量管理专家石川馨最早在日本川崎制铁公司使用的，因用来分析问题的图形形状颇像鱼骨而得名，也称为因果分析图法、特性要因图法或石川图分析法。鱼骨图分析法是从事物变化的因果关系出发的，通过揭示产生某一问题或结果所涉及的各种因素之间的关系，达到明确问题及问题重要性和产生问题原因的图形分析方法。

使用该法首先要分清因果地位；其次要注意因果对应，任何结果都是由一定的原因引起的，一定的原因产生一定的结果，因果是一一对应的，是不能混淆的；最后要循因导果，执果索因，从不同的方向用不同的思维方式进行因果分析，这也有利于发展多向性思维。

（2）鱼骨图的三种类型。

①整理问题型鱼骨图。各要素与特性值之间不存在因果关系，而是结构构成关系，对问题进行结构化整理。

②原因型鱼骨图。鱼头在右，特性值通常以"为什么……"书写。

③对策型鱼骨图。鱼头在左，特性值通常以"如何提高/改善……"书写。

（3）鱼骨图分析法的步骤。其主要包括两个步骤：分析问题原因或结构、绘制鱼骨图。

①分析问题原因或结构。首先，针对需要解决的质量问题，将影响质量的因素进行系统分析，选择层别的方法（如操作者、机器设备、材料、工艺方法、环境等）。其次，使用头脑风暴法分别对各层别类别找出所有可能的原因（因素）。再次，将找出的各因素进行归类、整理，明确其从属关系。最后，分析、选取重要因素。在对各因素进行描述时，应确保语法简明、意思明确。

②绘制鱼骨图。首先，把鱼头填写上（要解决的问题）。其次，画出大骨，在大骨上填写大原因。再次，画出中骨、小骨，在其上填写中小原因。最后，用特殊符号标识重要因素。在绘制鱼骨图时，应保证大骨与主骨形成60度夹角、中骨与主骨平行。鱼骨分析图的基本形式如图11-2所示。

例如，某纺织产品质量问题鱼骨图，如图11-3所示。

3. 统计分析表法

统计分析表又称为调查表，就是利用统计分析表对数据进行整理和初步分析原因的一种常用图表，其格式可根据产品和工序的具体要求来灵活确定。

常见的统计分析表包括不良项目调查表、不良品原因统计表、缺陷位置调查表和工序分布调查表等。例如对于制造型企业，各区域安全负责人可以通过使用安全检查表收集数据，再对各

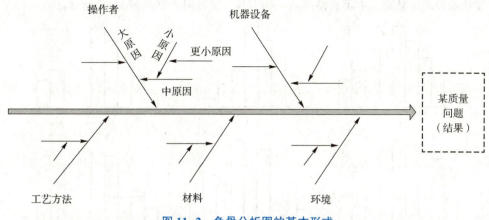

图 11-2　鱼骨分析图的基本形式

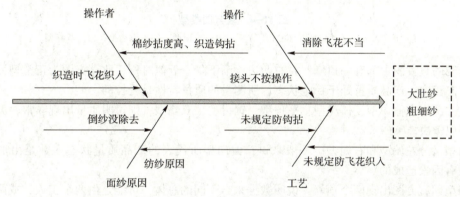

图 11-3　某纺织产品质量问题鱼骨图

区域的安全检查表中的数据进行整理和分析，可以了解到企业哪个区域安全方面问题多，从而马上采取纠正预防措施，避免安全事故或工伤的发生。对废品率高的产品，使用检查表进行缺陷收集，统计这些缺陷来自哪个班次、设备、人员、生产线等，然后按周或月统计出产品的哪一方面不良最严重，这样就可以使用其他质量工具进一步分析并采取改进措施。

4. 分层法

分层法是指将收集到的质量数据按不同的目的加以分类，将性质相同、在同一生产条件下收集的数据归集在一起，进行加工整理，分析影响质量问题原因的方法。分层法可使杂乱的数据和错综复杂的因素系统化、条理化，从而找出主要问题和解决办法。

企业中处理数据常按以下原则分类。

（1）按不同时间：如按不同的班次、不同的日期进行分类。

（2）按操作人员：如按新、老工人，男工、女工和不同工龄分类。

（3）按使用设备：如按不同的机床型号，不同的工夹具等进行分类。

（4）按操作方法：如按不同的切削用量、温度、压力等工作条件进行分类。

（5）按原材料：如按不同供料单位不同的进料时间，不同的材料成分等进行分类。

（6）按不同的检测手段分类。

（7）其他分类：如按不同的工厂、使用单位、使用条件、气候条件等进行分类。

5. 直方图法

直方图是用来分析数据信息的常用工具，它能够直观地显示出数据的分布情况。直方图法是从总体中随机抽取样本，将从样本中获得的数据进行整理，根据这些数据找出质量波动规律，预测工序质量好坏,估算工序不合格率的一种工具。直方图类型如图11-4所示。

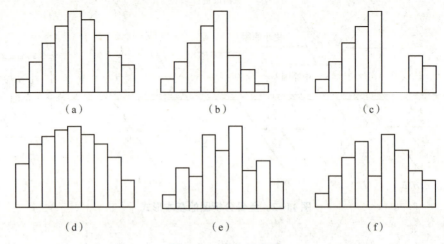

图11-4 直方图类型

(a)正常型;(b)偏向型;(c)孤岛型;(d)平顶型;(e)锯齿型;(f)双峰型

若绘制的直方图中部有一顶峰,左右两边逐渐下降,近似对称,此直方图为正常型,说明工序运行状态正常,产品质量处于稳定状态,所测量的质量特性是受控的。

若直方图出现偏向型、孤岛型、平顶型、锯齿型、双峰型,则说明质量出现异常,需要找出原因,予以解决。

偏向型又分左偏型和右偏型。一般来讲,偏向型所代表的产品质量状态多数是由加工习惯等一些固有因素造成的。

双峰型即直方图出现两个顶峰,说明数据来自不同的总体,可能是由两个工人,或两批原材料,或两台设备生产的产品混在了一起。

孤岛型属于数据的异常波动,多为异常因素所引起,如测量工具有误差、原材料的变化、设备老化等。

平顶型,虽从产品质量角度看还可以,但也属非正常运行状态,可能是因为生产过程有缓慢因素作用所引起的,如操作者疲劳等。

锯齿型,从数据角度看可能是直方图分组过多或是测量数据不准等原因造成的;从生产角度看可能是由一些弱的异常因素引起的异常波动。

6. 相关图法

相关图又称为散点图,也叫散布图,它将所有的数据以点的形式展现在直角坐标系上,以显示变量之间的相互影响程度,点的位置由变量的数值决定。

在产品质量改进活动中,常常要分析研究两个变量之间是否存在相关关系,如钢的淬火温度和硬度、螺丝的扭矩和抗张强度、油的温度与黏度、玻璃中含铅量与抗辐射等。把实验或测试得到的统计资料用点在平面图上表示出来,就得到了相关图,常见的相关图如图11-5所示。

(1)正强相关。x增大,y迅速增大。
(2)正弱相关。x增大,y缓慢增大。
(3)负强相关。x增大,y迅速减少。
(4)负弱相关。x增大,y缓慢减少。
(5)非线性相关。x、y之间为非线性关系。
(6)不相关。x、y之间没有相关关系。

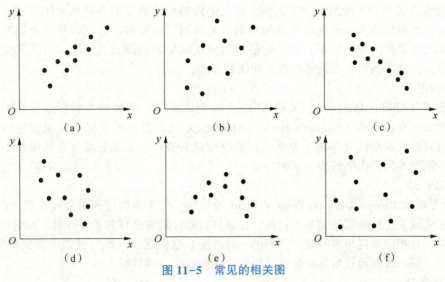

图 11-5 常见的相关图

(a) 正强相关；(b) 正弱相关；(c) 负强相关；(d) 负弱相关；(e) 非线性相关；(f) 不相关

7. 控制图法

控制图是用于分析和判断工序是否处于稳定状态所使用的带有控制界限的一种工序管理图。由纵坐标（表示质量特征）、横坐标（表示试样号、取样时间）、中心线、控制上限和控制下限组成，如图 11-6 所示。

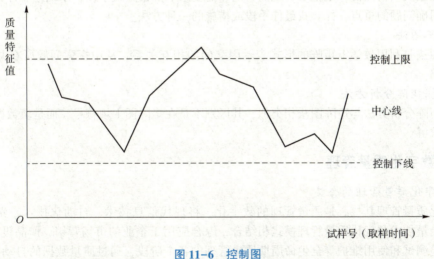

图 11-6 控制图

当工序状态正常时，控制图上的点大多数落在控制线之内且整个排列是随机的，无特定规律。如果落在控制线外的点超过一定比率，或点的排列出现一定的规律性，说明有系统因素影响到产品质量，这就需要考虑采取包括停产检查在内的各种措施，查明原因并将其排除，再恢复正常生产。

二、质量管理的新七种工具

质量管理的新七种工具是 20 世纪 70 年代在日本形成和发展起来的，是从系统工程、运筹学、价值工程等管理科学中选取、提炼而用于质量管理的，这些方法于 1979 年传入我国并逐渐在国内得到推广运用。

1. 关系图法

关系图法又称为关联图法，是用来整理、分析、解决事物之间"原因和结果""目的和手段"等方面复杂关系的一种图示分析工具。首先把影响质量问题的各种因素用简明、确切的文字加以表达，然后用箭头表示各种因素相互制约关系而形成图形。它能够帮助人们厘清事物的原因和结果之间复杂的逻辑关系，把关系复杂而相互纠缠的问题及其因素，以箭头连接成图的形式展示出来，从而找出主要因素和解决问题的办法。

2. 亲和图法

亲和图法（Affinity Diagram），又称 KJ 法或 A 型图解法，其创始人是日本东京工业大学教授、人文学家川喜田二郎（Kawakita Jiro）。具体做法是把所收集的质量资料用卡片形式记录下来，然后按其内在亲和性（即相互关系）归纳整理这些资料，汇总后从复杂的现象中整理出思路，探索问题的本质，提出解决问题的方案。

3. PDPC 法

PDPC 是英文 Process Decision Program Chart 的缩写，中文称为过程决策程序图。所谓 PDPC 法，是为了完成某个任务或达到某个目标，在制订行动计划或进行方案设计时，预测可能出现的障碍和结果，并相应地提出多种应变计划的一种方法。这样在计划执行过程中遇到不利情况时，仍能按第二、第三或其他计划方案进行，以便达到预定的计划目标。

4. 矢线图法

矢线图法又称为箭线图法，是计划评审技术（Program Evaluation and Review Technique，PERT）在质量管理中的具体应用。此种方法是以任务所需工时为时间因素，用任务间相互联系的网络和一些简单算法来反映整个任务的全貌，全面筹划，统一安排，寻求最优实施方案。

5. 系统图法

系统图法又叫树图法，是把要实现的目的、需要采取的措施或手段，系统地展开分析并绘制成图，以明确问题的重点，并寻找最佳手段或措施的一种方法。

6. 矩阵图法

矩阵图法是利用数学上矩阵的形式表示因素间的相互关系，从中探索问题所在并得出解决问题的思路。

7. 数据矩阵分析方法

数据矩阵分析方法与矩阵图法相类似，其区别不是在矩阵图上填符号，而是填数据，并用电子计算机求解。

三、数字化质量管理

1. 数字化质量管理的含义

数字化质量管理其核心是质量管理的数字化，将现代信息技术、自动化技术、先进制造技术、现代测量技术与现代质量管理模式相结合，综合应用于企业的市场营销、产品设计、制造、管理、试验测试和使用维护等全生命周期质量管理的各个阶段，通过质量数据的自动实时采集、分析与反馈控制，以及质量信息资源的共享和质量管理的协同，建立一套以数字化、集成化、网络化和协同化为特征，预警和报警相结合的企业质量管理新体系。

数字化质量管理重塑新质量思维

2. 数字化质量管理的实施路径

数字化质量管理主要通过质量管理系统的实施，推动我国企业质量管理与控制技术的创新和质量管理模式的改革，为现代企业质量管理提供新方案和新思路，最终提高企业的综合素质、质量管理水平和产品质量，增强我国企业的核心竞争力和可持续发展能力。

质量管理系统（Quality Management System，QMS）是基于ISO/TS体系管理要求展开设计和开发的质量管理系统，在现有科技高速发展背景下实现质量管理模式的跨越发展，旨在提升企业产品质量保证能力的一套管理系统。

3. 质量管理系统的构成

质量管理系统包含了全供应链/全产品生命周期的质量管理功能，主要包含来料管控、过程管控、出货管控、客诉管理、纠正预防、质量评审、质量追溯、巡检管理、量具管理、供应商协同、项目管理、周期性试验等模块。各子模块可独立使用，也可实现模块间联动，与第三方系统（ERP/MES/OA等）集成。通过配置化方式满足企业个性化需求，同时满足多工厂/多基地的集团化管理需求。

（1）来料管控。改善来料质量，降低停产风险和提高产品质量的稳定性，优化采购成本，帮助供应商进行质量管控，降低供应链风险。

（2）过程管控。首检、生产巡检以及末件检验等生产过程质量控制，及时掌握产品生产过程质量全景，通过质量趋势的变化实现预防性维护，减少不良产品。

（3）出货管控。对出货产品质量做到心中有数，便于展示企业的质量管理水平，提升客户对质量的信心。

（4）客诉管理。及时处理跟进客户投诉，掌握客户关注点，改进管理和产品，不断提高客户满意度。

（5）纠正预防。记录和跟踪纠正预防措施的进展以及实时呈现每一个组员的任务进展状态，提升企业持续改进的能力，促进质量管理体系不断完善。

（6）质量评审。评审管理系统可以减少准备和执行评审所需的时间和精力，定期进行审核，以遵守法规并确保产品安全和质量。

（7）质量追溯。实时查看在制品库存，出入库记录明细，追溯生产履历和用料批次，锁定问题源头，改进制造过程。

（8）巡检管理。有效监控巡检计划和进度，提高员工工作效率，给企业质量管理体系的完善提供有力支持。

（9）量具管理。测量仪器管理是控制所有测量过程的一组业务过程，及时校验，统一管理，并确保测量仪器符合规定的要求。

（10）供应商协同。各供应商按要求在发货前录入检验数据，实现上下游协同，不合格品及整改要求实时互通。

（11）项目管理。实现项目阶段管理、任务分配及跟踪等，管理检验、评审、纠正预防等各模块。如非标产品、新产品导入等。

（12）周期性试验。按时间维度和数量维度进行型式试验等质量检验，防止逾期和出错。

课堂拓展

伊利质量创新驱动供给侧结构改革

问题互动

你认为企业在选用质量管理系统时应考虑哪些方面的问题？

学 习 小 结

质量不仅包括产品质量还包括工作质量。产品质量代表着企业经营的结果，工作质量意味着企业对经营成果产出过程的控制。一个组织只有做好过程控制，不断提高工作质量，才能从根本上做好质量管理，确保产品的质量。

全面质量管理以质量为中心，以全员参与为基础，目的在于通过让顾客满意和本组织所有者、员工、供方、合作伙伴或社会等相关者受益而达到长期成功的一种管理途径。全面质量管理的基本要求是"三全一多"。

ISO 9000 族标准是由国际标准化组织制定，后经不断修改完善而成的系列标准。ISO 9000 族标准的建立有利于企业保证产品、服务质量，保护顾客的利益；有利于企业持续改进，不断提高顾客和利益相关方的满意度；有利于提高企业管理的有效性和效率，提升企业竞争力，追求卓越；有利于消除技术壁垒，增进国际贸易。

分析和控制产品质量的常用方法有：排列图法、鱼骨图法、统计分析表法、分层法、直方图法、相关图法和控制图法等。质量管理的新七种工具包括：关系图法、亲和图法、PDPC 法、矢线图法、系统图法、矩阵图法、数据矩阵分析方法。

数字化质量管理主要通过质量管理系统的实施来实现，质量管理系统主要包括：来料管控、过程管控、出货管控、客诉管理、纠正预防、质量评审、质量追溯、巡检管理、量具管理、供应商协同、项目管理、周期性试验等模块，各子模块可独立使用，也可实现模块间联动，与第三方系统集成。

复习思考题

1. 什么是质量？什么是全面质量管理？企业应如何进行全面质量管理？
2. 企业应如何使用 PDCA 循环对质量进行管理？
3. 实施 ISO 9000 族标准的意义是什么？
4. 企业应如何建立质量管理体系？
5. 质量控制的方法包括哪些？
6. 质量管理信息系统包括哪些模块？

YKK—小拉链，大不同

思考题：

1. 是什么原因使这个不起眼且技术含量不是很高的服装辅料品牌 YKK 能代表行业标准，使其比同类产品价格高 10 倍依然得到市场的青睐？

2. YKK 的质量战略带给我国制造业什么启示？

实训任务

认识质量管理方法

1. 实训目标

（1）结合实际，加深学生对质量管理方法的感性认识与理解。

（2）培养学生认知与掌握企业质量管理基本方法。

2. 实训内容与方法

（1）将学生分成多个 5~7 人的小组。

（2）老师可以事先根据学生的情况准备一些问题，如"如何提高课堂学习效率""面对就业压力如何就业""如何提高自身专业竞争力"等，每个小组或每两个小组一个题目。

（3）学生以小组为单位对分配的问题进行讨论，确定要解决的问题，通过讨论尽可能找出问题出现的可能原因，并给出解决方法。

（4）根据讨论情况，绘制鱼骨图。

3. 标准与评估

（1）标准。提交书面的鱼骨图、用于展示的 PPT 文档及小组自评报告。

（2）评估。组织一次课堂交流与讨论，老师根据课堂交流情况（30%）、鱼骨图（50%）和小组自评报告（20%）评定学生的成绩。

模块十二

成本管理

本模块学习目标

1. 理解成本的含义；
2. 理解成本管理的重要意义；
3. 掌握成本管理的基本要求和方法；
4. 理解成本管理的主导环节；
5. 认识成本管理的发展趋势。

能力目标

通过本模块的学习，学生能够认识成本管理的重要意义，掌握企业成本管理的分析工具和一般控制方法，能够在一线工作中分析和处理一般的成本优化问题。

关键概念

管理　管理职能　管理理论　管理者技能

【导入案例】

2013年以来，S股份有限公司（以下简称S公司）发布公告指出，去年S公司大幅度亏损。据透露，S公司很可能再度巨亏百亿元。S公司前年已经亏损245.5亿元。目前公司资产负债率已超过80%，并且银行借款中有75%是短期借款，公司已"无钱可还"，支付员工工资都有困难。S公司股价已经处于历史低位，跌破了当初的发行价。

S公司业绩不断下滑，股价持续下跌，固然有整个行业大环境的影响，但最主要的原因是管理层在财务战略上的选择失误。近年来，全球光伏行业持续低迷，寒冬仍未过去，美股市场中的光伏股如尚德电力、英利新能源等纷纷预亏，说明亏损的并非S公司一家。但为什么S公司亏损最严重并且面临巨大的财务风险呢？这与S公司过于激进的扩张战略有关。

在2008年下半年次贷危机爆发之际，S公司的管理者却被一度繁荣的光伏市场及高度的盈利水平迷惑，在本应该开始采取防御收缩型财务战略的时候，却盲目乐观，再加上对形势出现误判，结果在多晶硅料、多晶硅片及太阳能电池组三块业务上均大举做多，最终导致其一蹶不振。

而为了支撑巨额投资和光伏市场的运营，S公司不断从银行借入资金，并且将公司的大型设备进行售后租回以取得资金。更令人惊讶的是，即便在持续巨亏和无力归还借款的情况下，S公司仍然在筹谋业务扩张计划。据S公司相关人士介绍，2012年，公司提出了在新疆投资100亿元建立硅片厂的计划，目前仍在商谈中。

可见，S公司之所以成为"巨亏王"并且使资金极度紧缺，完全跟其在经济衰退阶段未正确选择财务战略密切相关。S 公司案例也再次证明，唯有财务管理人员持续跟踪时局的变化、正确判断经济发展形势、合理选择财务战略类型才是一个企业实现持续创造价值的关键。

管理启示

企业成本管理是企业生产经营管理的重要内容，涉及企业各部门及环节，是一项综合性的管理工作。企业的生产效率、能源消耗、机器设备、产品质量、库存等，都会直接或间接地通过成本指标得到反映。随着市场经济发展和竞争程度的不断加剧，企业降低成本对提高盈利水平、增强产品的竞争力、扩大市场占有率、提升企业竞争优势起着至关重要的作用。成本控制是一门花钱的艺术，而不是节约的艺术。如何将每一分钱花得恰到好处，将企业的每一种资源用到最需要它的地方，是中国企业在新的商业竞争时代共同面临的难题。目前产品利润趋于零，强调成本管理的时代已经到来。

学习单元一　成本管理概述

一、成本的内涵与成本管理的意义

1. 成本的内涵

企业的经营活动，既是产品的生产过程，又是价值的形成过程，有狭义和广义之分。狭义的成本是企业生产产品的直接耗费，如可口可乐的直接生产成本是"浓缩液+水+气+装瓶费"。广义上的成本是指企业经营运行中所发生的全部耗费。产品的价值包括三部分，即产品生产过程中所消耗的生产资料价值（C），支付给企业员工的工资（V），劳动者为社会创造的价值（M）。

前两部分（$C+V$）构成产品成本，即产品成本是企业在一定时期内生产和销售一定产品的生产耗费的货币表现。它包括原材料、辅助材料、燃料和动力等物资消耗；固定资产的转移价值，即折旧费；生产工人工资及提取的相关费用；管理费用和其他支出。

随着市场经济的深化发展和经济体制改革的不断推进，经济运行中的成本及成本内涵亦在随之扩展。

2. 成本管理的意义

成本管理的意义主要表现在以下几个方面。

（1）产品成本是补偿生产耗费的尺度。为了保证再生产的实现，企业生产产品的耗费必须通过销售收入得到补偿。这一生产耗费份额的大小，要以成本这一尺度来衡量。因此，企业要正确计算成本，并据以确定从产品销售收入中补偿的数额，不断补充已消耗的各种材料，继续支付工资及其他费用，并逐渐积累固定资产已损耗的价值，以便进行固定资产的更新，保证再生产的不断进行。

（2）产品成本是反映企业运营质量的综合指标。产品成本反映了生产中的各种耗费，企业劳动生产率的高低，机器设备利用的好坏，原材料、燃料、动力消耗的多少，产品质量的优劣以及管理水平的高低等，都会在产品成本中体现出来。所以，产品成本如同一面镜子，可以综合反映出企业各个方面的工作质量以及企业的素质，利用成本指标来考核企业，可以促使企业挖掘内部潜力、降低消耗、提高管理水平和经济效益。

（3）产品成本是制定价格的重要依据。产品价格是价值的货币表现，而水平的价值是由产品成本、税金和利润三部分构成。因此，产品成本是制定价格的一项重要依据。国家和企业在确定产品的价格时，一般以平均成本为最低经济界限。在成本的基础上加上适当的利润和税金来确定价格，以保证企业能补偿生产过程中的消耗，并取得一定的盈利。

（4）产品成本是企业确定经营决策的重要因素。成本水平的高低，直接影响企业的盈利和产品的市场竞争能力。因此，产品成本是进行企业决策，以及确定企业发展和产品方向的重要因素之一。企业在确定发展战略、经营规划、年度计划、成效结构等项决策，以及组织实施全面预算管理和财务预算时，必须以产品成本作为重要依据。

二、成本的性质

成本按其性质来说，具有资本性、价值性、耗费性和盈利性。

1. 资本性

资本性是指在本质上是资本的组成部分和存在形式，是一种垫付资本，它履行资本的部分职能。这一性质要求要像资本那样理解成本，管理成本。

2. 价值性

价值性是指它同资本一样，也是一种价值形式，要以货币作为计量尺度，同时与一定数量的使用价值相联系。人们提到成本时，必然要求两个方面的概念，一是花了多少钱，二是产出了多少产品或提供了多少服务。因此，成本同样是价值与使用价值的统一，实现这种统一，也是成本的内在要求。这一性质要求要注意一定的成本应获得一定的使用价值。

3. 耗费性

耗费性是指成本在本质上是一种价值消耗，是资本的耗费。这种耗费反映成本所体现的使用价值在形成过程中对经济资源的耗费，这种耗费兼有垫付和花费的性质。当成本形成有形的使用价值时，人们主要将其作为一种垫付；当形成无形的使用价值时，人们主要将其作为一种花费和开销。这一性质要求要认识成本处于特定的资本形态，它给企业带来风险，又带来机会成本，使企业垫付的资本获得补偿，是企业的生存条件。成本所反映的价值消耗越低，使用效率越高，企业的收益就越大。

4. 盈利性

盈利性是指成本具有要求盈利的本性。企业支付成本不仅要考虑能不能收回本钱，还要考虑获利能力。

三、成本的分类

1. 制造成本、销售成本、管理成本和财务成本

（1）制造成本是一切与产品生产有关的直接或间接产生的成本，即从原材料购入至产品完工、成品入库的整个过程所发生的耗费。其内容可进一步分为直接材料成本、直接人工成本及间接制造费用，这三项亦被称为成本三要素。直接材料成本与直接人工成本构成主要成本，直接人工成本与间接制造费用构成加工成本。

（2）销售成本亦称营业费用，包括包装运输成本、仓储成本、促销成本、销售人员的工资和销售部门的开支费用等。

（3）管理成本亦称管理费用，是公司管理部门执行公司生产和销售功能时所发生的共有组织管理成本。

（4）财务成本亦称财务费用，是指为筹措资金所付出的代价。

课堂拓展

成本的分类

2. 产品成本与期间费用

（1）产品成本是指生产一定种类和数量的产品所耗费的直接材料、直接人工和间接制造费用，亦即产品制造成本。产品制造成本在会计处理上被确认为生产待销商品成本，又称为可计入存货成本，在销售之前，其成本在账上为资产，只有在产品销售时，这种可计入存货的成本才转化为销货成本，与其销售收入相配比。

（2）期间费用是指与时间相联系以时期为计算标准的成本。前述的销售成本、管理成本、财务成本均属于期间费用。从当期的销售收入中获得补偿。期间费用又称为不可计入存货的成本。期间费用的受益期仅在本期，而不在未来，因此在会计处理上全部将其计入当期费用。

产品制造成本与期间费用的比较，如图12-1所示。

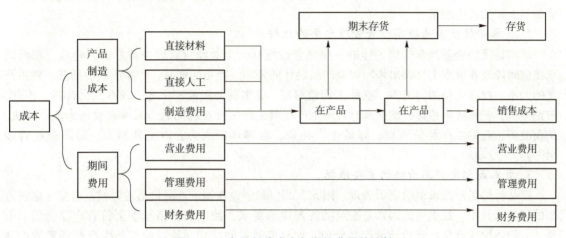

图12-1　产品制造成本与期间费用的比较

3. 变动成本与固定成本

（1）变动成本是指成本总额随业务量的增减成正比例升降的费用。如构成产品实体的直接材料费用、生产工人的计件工资等。变动成本的特点可以概括为两个方面：在相关范围内，变动成本总额随业务量成正比例变动；业务量虽然变动，单位成本不变。

（2）固定成本是指业务量在一定的幅度范围内变动时，成本总额基本不变的那部分费用。如采用直线法按余额提取的折旧费、管理人员工资等。需要强调的是固定成本不是固定不变的成本，它只是一个相对的概念。

混合成本

4. 直接成本与间接成本

（1）直接成本是指能够根据原始资料确认其负担的成本，即可追溯归属为某种产品、某一部门的成本。

（2）间接成本是指若干成本计算对象共同发生的，不能根据原始资料直接确认其负担对象，

四、成本的作用

1. 成本是补偿生产消耗的尺度

企业为了保证再生产过程连续不断地进行,必须对生产经营过程中的各种耗费进行补偿。生产消耗实物形式的补偿,要求重新取得为生产所必需的生产资料;生产消耗价值形式的补偿,要求重新取得生产过程中所耗费的资金数额。而成本就是衡量这一补偿数额大小的尺度,即企业只有在产品销售收入能够补偿成本的情况下,才能收回产品生产和销售过程中发生的全部支出,从而保证生产的顺利进行。如果得不到全额补偿,企业资金就会短缺,再生产就难以维持,更谈不上扩大再生产了。

2. 成本是促使企业提高经营管理水平的杠杆

成本是反映企业经营管理工作的一项综合性指标。企业经营管理中各方面的业绩,都可以直接或间接地在成本上反映出来。如果产品设计的好坏、产量的增减、产品质量的高低、费用开支的大小、材料消耗的情况等,这些工作做得好,成本就会降低,反之,成本就会升高。因此,定期分析、考核成本指标,能够及时发现生产经营工作中存在的问题,采取有效措施加以解决,从而改善企业的生产经营管理,降低生产耗费,合理调配人力、财力和物力,提高企业管理水平。

3. 成本是制定产品价格的重要依据

产品价格是产品价值的货币表现。国家、部门和企业在制定产品价格的时候,需要考虑多方面的因素。其中,最重要的因素是按照经济规律的要求,使产品价格基本上符合产品价值。但是,人们还很难直接准确地计量产品价值,而只能通过间接相对地反映产品生产所耗费的劳动量,从而大体上掌握产品的价值。因此,成本是产品定价的重要依据。

4. 成本是企业进行决策的重要因素

企业经营决策是现代企业管理的重要手段。正确地进行生产经营决策,是企业在竞争激烈的市场经济中成功的关键所在。所谓生产经营决策,就是从各种不同的备选方案中,选择出经济效益最佳的方案。产品价格一定时,成本的高低直接影响着经济效益的大小。所以在实际工作中,人们常常根据成本的高低对不同方案进行评价,以选择经济效益最佳的决策方案。因此,成本是企业经营决策的一项重要因素。

启发案例

标准化带来的低成本

一个客户在手机充电站要为自己的手机充电,手机充电站的充电线有几十条,他很容易地找到了通用充电线头,这是因为华为手机的充电线头都是一样的。不仅是充电器,华为公司的耳机、插孔、电池、软件等在商店里都很容易买到。这不仅因为华为手机的销售量大,最主要的是其配件在所有手机中全部通用,这一点让零售店认为进货的风险非常小。

不仅是在商店里可以买到的配件,包括手机内部看不见的零件,在华为这里都是标准化的。这种标准化和高度集成化,使得一台手机里面使用的原材料用一个简单的 Excel 表格就可以对物料清单进行轻松管理。

大部分国产手机的零部件个数要超过 800 个,每年与各种型号手机打交道的零件数量要超过 2 000 种。每增加一个零部件就意味着要增加一个供应商管理、增加一个物料编码,数据库中也就增加了巨大的存储量,同时财务处理的复杂程度、仓储的难度,以及盘点的工作量也都增加了，这就导致了成本的上升。

最主要的是增加了整机的不可靠性，每个零件都有焊接点，除了零件本身的质量外，还有安装工艺导致的质量问题，等等，增加一个零件将导致无数的成本因素跟着上升。一般情况下单个零件的成本再低，也比不上减少一个零件所带来的成本节约的数额。

ABC 成本法就揭示了这个道理，成本的上升不是来源于产出量，而是来源于复杂度。

ABC 分析法

学习单元二　成本管理及控制

一、成本管理的发展历程

1. 以事后分析利用成本信息为主的成本管理阶段

这一阶段时间跨度较大，大约从19世纪初到20世纪初。现代成本管理系统的起源在19世纪英国的工业革命完成以后。由于当时的机器作业替代了手工劳动，工厂制造替代了手工制作，企业规模逐渐扩大，出现了竞争，生产成本得到普遍重视。在工业革命以前，会计主要是记录企业与企业之间的业务往来，在工业革命之后，伴随大规模生产经营的到来，制造业为了降低每一单位产品所耗费的资源，一方面开始重视成本信息的生成，将成本记录与普通会计记录融合在一起，出现了记录型成本会计；另一方面开始利用成本信息对企业内部各管理层及生产工人的工作业绩进行考评。早期成本管理系统发展的最大动力来自19世纪中叶铁路业的产生和发展。铁路业是当时规模最大的企业组织，其生产经营管理比19世纪初的其他工业要复杂得多。铁路业的管理者们为了更好地管理经营成本，发明了许多与成本相关的经济计量指标，如每吨/千米成本，这些管理方法被随后发展起来的钢铁企业所运用。19世纪末，管理人员利用成本资料对大规模制造企业进行管理，取得了良好效果，因而使企业管理界认识到，拥有一个良好的成本管理系统对企业发展是非常重要的。

2. 以事中控制成本为主的成本管理阶段

这一阶段大约从20世纪初到20世纪40年代末，其主要标志是标准成本管理方法的形成和发展。20世纪初发展起来的从事多种经营的综合性企业和科学管理理论，为成本管理系统的进一步创新提供了机会。被誉为"科学管理之父"的美国管理学家、经济学家泰勒在1911年出版了《科学管理原理》一书，该书系统地阐明了产品标准操作程序及操作时间的确定方法，建立了详细、准确的原材料和劳动力的使用标准，并以按科学方法确定的工作量为标准来支付工人的劳动报酬。同时以此为基础，他发明了许多新的成本计量指标，如材料标准成本、人工标准成本等。这些内容为标准成本会计的形成奠定了坚实的理论基础。1911年美国会计师卡特·哈里逊第一次设计出了一套完整的标准成本会计制度。他在1918年发表的一篇论文中，对成本差异分析公式及有关账务处理叙述得非常详细。从此，标准成本会计就脱离了试验阶段而进入实施阶段。

标准成本制度的出现使得成本管理的重点从事后的核算与分析转向了事中的控制，这是成本管理观念的一次重大突破，它对于成本管理理论与方法的进一步发展具有极为重要的意义。标准成本制度作为一种行之有效的成本管理方法被企业管理界接受以后，人们开始对标准成本制度的一些关键环节做进一步的探试。

3. 以事前控制成本为主的成本管理阶段

这一阶段大约从 20 世纪 50 年代初到 20 世纪 80 年代末。第二次世界大战后，科学技术迅速发展，生产自动化程度大大提高，企业规模越来越大，市场竞争十分激烈。为了适应社会经济出现的新情况，考虑现代化大生产的客观要求，成本管理也要现代化。一方面，高等数学、运筹学、数理统计学中许多科学的数量方法开始被引进到现代成本管理工作中；另一方面，以计算机为代表的信息处理技术的飞速发展也基本满足了人们对成本数据进行快速处理的需要。在这一阶段，成本管理的重点已经由如何事中控制成本、事后计算和分析成本转移到如何预测、决策和规划成本，出现了以事前控制成本为主的成本管理新阶段。

4. 战略成本管理阶段

这一阶段是从 20 世纪 90 年代初至今。应该说，20 世纪 90 年代以来，由于市场竞争的进一步加剧，人们期望新的成本管理方法出现，实务界和学术界也开始致力于成本管理创新理论和新方法的研究，以适应科学技术的迅速发展和全球竞争带来的挑战，特别是企业战略管理理论与方法的迅速成长，使得这种愿望和要求更加强烈。国内学者多局限于纯粹理论层面的分析而没有将理论分析与实证研究结合起来进行综合考察，真正有理论根据的定性研究和规范的实证研究为数甚少，而且对企业战略成本管理的研究严重滞后于国内战略成本管理的实践。例如，邯郸钢铁集团面对内外忧患的局面，为了摆脱困境，进行了战略定位分析，以主要竞争对手的产品成本为目标，推行了"模拟市场核算，实现成本否决，走集约化经营的道路"的管理体制，结果企业成本连年下降，并且保持了持久的低成本优势，但这一成功的经验一直不能上升到理论层面，用于指导战略成本管理实践。造成这一问题的主要原因之一，是对战略成本管理中的信息结构体系建设、战略定位，以及与供应链、战略联盟、外包等之间的关系问题缺乏长期深入的研究。当前，企业战略决策者迫切需要一套新的成本管理理论与方法为其进行战略管理提供强有力的信息支持。如何通过对传统成本管理理论与方法体系的再造，使成本管理能够在战略管理这一大的企业环境下更好地发挥作用，为企业战略管理服务，仍需要成本管理学术界与实务界进一步探讨研究。

学术界中关于成本管理的企业运营方式的发展阶段，如图 12-2 所示，从中可以看出成本管理发展经历的三个主要阶段。

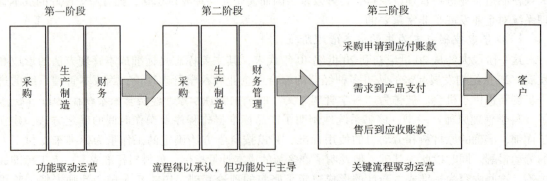

图 12-2　成本管理理论发展阶段

二、成本管理的内容

成本管理是指企业生产经营过程中的各项成本核算、成本分析、成本决策和成本控制等一系列科学管理行为的总称。成本管理包括成本预测、成本决策、成本计划、成本核算、成本控制、成本分析和成本考核等职能。目的是充分动员和组织企业全体人员，在保证产品质量的前提下，对企业生产经营过程的各个环节进行科学合理的管理，力求以最少的生产耗费取得最大的生产成果。

1. 成本预测

成本预测是根据企业现有的生产技术条件和经营状况的分析，以及计划期可能采取的技术组织措施，对成本可能降低的程度和达到的技术水平进行预计和测算。成本预测是成本管理的首要环节，它为提出合理的备选方案，正确地进行成本决策，科学地编制成本计划提供可靠的依据。成本预测是有效地进行成本控制，降低产品成本的重要措施，也是增强企业竞争力和提高企业经济效益的主要手段。

2. 成本决策

成本决策是根据决策理论，运用定性与定量的方法，对各种备选方案进行分析比较，从中选择最佳方案的过程。成本决策以成本预测为依据，以有效降低成本、提高经济效益为原则，贯穿于整个生产经营过程，涉及面广，因此，只有在每个环节都采用最优的成本决策方案，才能达到总体的最优。成本决策的基本程序为提出问题、确定决策目标、拟定方案、分析评价、优化选择、纳入计划。在实际的成本决策中，往往会出现可计算与不可计算的量等复杂的情况，需要权衡利弊，择优定案。

做出最优化的成本决策，是制订成本计划的前提，也是降低企业成本、提高经济效益的重要途径。

3. 成本计划

成本计划是企业生产经营总预算的一部分，是根据成本管理的方针、目标和资料，以货币的形式，预先规定企业在计划期内对人力、物理耗费的水平。以及相应的成本降低程度和为此采取的主要措施的书面方案。成本计划是达到目标成本的一种程序，使企业领导和职工明确成本方面的奋斗目标，推动企业节约人力、物力，降低产品成本。根据成本计划可对企业生产经营活动进行监督、考核和评价。成本计划对控制生产费用支出，挖掘降低成本的潜力，提高经济效益，都有着重要的意义。

4. 成本核算

成本核算是将企业生产经营过程中所产生的费用进行分类归集、汇总、核算，计算出生产经营费用发生总额，并分别计算出每种产品的实际成本和单位成本的管理活动。成本核算为企业经营决策提供科学依据，为成本管理提供真实的成本资料，并借助对成本计划的执行情况进行考核，综合反映企业的生产经营管理水平。成本核算是成本管理的重要组成部分，成本核算的正确与否，直接影响企业的成本预测、计划、分析和考核等工作，同时也对企业成本决策的正确性产生重大影响。

5. 成本控制

成本控制是对产品生产和销售过程中的各种费用，根据有关的标准、定额、计划和目标进行控制和监督，并采取有效措施及时纠正脱离标准的偏差，使实际成本的各种费用支出或劳动耗费限定在计划标准范围之内，以保证达到企业降低成本的目标。成本控制贯穿于企业生产经营的全过程，是指导和调节生产费用的重要手段，是成本管理转入预防性管理的重要标志，也是发挥成本管理作用的中心环节。

6. 成本分析

成本分析是按照一定的原则，采用一定的方法，结合成本计划、成本核算和其他有关资料，对成本计划的完成情况进行评价，分析成本升降的原因，提出进一步降低成本的方案，达到以最少劳动消耗获取最大经济效益的目的。成本分析为企业制定目标成本并防止实际成本超过目标成本范围提供可靠的依据。通过成本分析，可对成本实际执行结果进行评价，分析问题产生的原因，总结减少成本的经验，为下一期成本控制活动的开展提供有利条件。

7. 成本考核

成本考核是以成本分析为基础，定期通过成本指标的对比分析，对目标成本的实现情况和成本计划指标的完成结果进行的全面审核、评价，促使各责任中心对所控制的成本承担责任，并借以控制和降低成本。通过成本考核，企业能够对各部门、各单位的成本计划完成情况，财经纪律和管理制度的执行情况，以及各部门、各单位的业绩进行评价，为企业内部分配和确定奖惩提供可靠的依据。成本考核是成本管理的最后一个环节，对提高成本管理水平，降低成本具有重要的意义。

三、成本管理方法

随着市场竞争的加剧，企业在广告、销售网络、创新技术、市场调查等间接费用方面的投入不断加大，除粗加工制造企业的直接材料成本在产品成本中占较大比重外，精细加工制造业，附加值高的产品的间接费用在产品总成本占的比重越来越大，有的甚至超过 50%。制造费用如果仍然采用按工时、按原材料消耗分配这种传统的成本分配方法，将会使成本的准确性大大降低，甚至扭曲产品成本，误导产品的决策。因此，对制造费用采用作业成本法分配将使产品成本更加详细，纠正传统成本扭曲，并可以有针对性地降低成本。

1. 作业成本细分与管理

作业成本法作为一种正确分配制造费用、计算产品制造成本的方法被提出。其基本思想是在资源和产品之间引入一个中介：作业，基本原则是作业消耗资源，产品消耗作业；生产导致作业的发生，作业导致成本的发生。作业成本管理流程如图 12-3 所示。

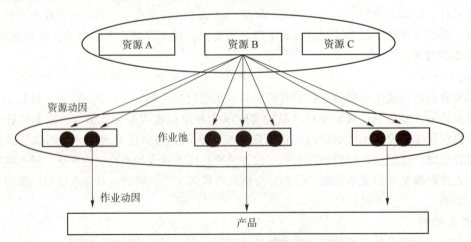

图 12-3　作业成本管理流程

根据基本原则，作业成本的计算可以按如下两个步骤进行。

第一步，确认作业、主要作业、作业中心，按同质作业设置作业成本库；以资源动因为基础将间接费用分配到作业成本库。

作业是基于一定目的，以人为主体，消耗了一定资源的特定范围内的工作，是构成产品生产、服务程序的组成部分。实际工作中可能出现的作业类型一般有启动准备、购货订单、材料采购、物料处理、设备维修、质量控制、生产计划、工程处理、动力消耗、存货移动、装运发货、管理协调等。

作业引发资源的耗用，而资源动因是作业消耗资源的原因或方式，因此，间接费用应当根据资源动因归集到代表不同作业的作业成本库中。

由于生产经营的范围扩大、复杂性提高，构成产品生产、服务程序的作业也大量增加，为每项作业单独设置成本库往往并不可行。于是，将有共同资源动因的作业确认为同质作业，将同质作业引发的成本归集到同质作业成本库中以合并分配。按同质作业成本库归集间接费用不但提高了作业成本计算的可操作性，而且减少了工作量，降低了信息成本。

第二步，以作业动因为基础将作业成本库的成本分配到最终产品。

产品消耗作业，产品的产量、生产批次及种类等决定作业的耗用量，作业动因是各项作业被最终产品消耗的方式和原因。例如，启动准备作业的作业动因是启动准备次数，质量检验作业的成本动因是检验小时。明确了作业动因，就可以将归集在各个作业成本库中的间接费用按各最终产品消耗的作业动因量的比例进行分配，计算出产品的各项作业成本，进而确定最终产品的成本。

作业管理就是将企业看作由顾客需求驱动的系列作业组合而成的作业集合体，在管理中努力提高增加顾客价值的作业的效率，消除遏制不增加顾客价值的作业，实现企业生产经营的持续改善。不增加顾客价值的作业以及增加顾客价值但无效率的作业称为不增值作业，由不增值作业引发的成本称为不增值作业成本。作业管理一般包括确认作业、作业链和成本动因分析、业绩评价以及报告不增值作业成本四个步骤，主要采用如下方法降低成本。

（1）作业消除。作业消除就是消除不增值的作业。即先确定不增值的作业，进而采取有效措施予以消除。例如，将原材料从集中保管的仓库搬运到生产部门，将某部门生产的零件搬运到下一个生产部门都是不增值作业。如果条件许可，将原料供应商的交货方式改变为直接送达原料使用部门，将功能性的工厂布局转变为单元制造式布置，就可以缩短运输距离，削减甚至消除不增值的作业。

（2）作业选择。作业选择就是尽可能列举各项可行的作业并从中选择最佳的作业。不同的策略经常产生不同的作业，例如，不同的产品销售策略会产生不同的销售作业，而作业引发成本，因此不同的产品销售策略，引发不同的作业及成本。在其他条件不变的情况下，选择作业成本最低的销售策略，可以降低成本。

（3）作业减低。作业减低就是改善必要作业的效率或者改善在短期内无法消除的不增值的作业，例如，减少整备次数，就可以改善整备作业及其成本。世界著名机车制造哈雷戴维森，就通过作业减低方式减少了75%的机器整备作业，从而降低了成本。

（4）作业分享。作业分享就是利用规模经济效应提高必要作业的效率，即增加成本动因的数量但不增加作业成本，这样可以减低单位作业成本及分摊于产品的成本。例如，新产品在设计时如果考虑到充分利用现有其他产品使用的零件，就可以免除新产品零件的设计作业，从而降低新产品的生产成本。

成本分配观导向下所提供的信息有助于分析各种决策，过程分析观导向下提供的信息反映作业过程的动态关系，为从根源上控制成本、评价业绩、持续改善生产经营创造了条件。

启发案例

厦门中外运物流有限公司的成本管理

2. 价值链分析法

每一种最终产品从其最初的原材料投入直至到达最终消费者手中，中间要经过无数个相互联系的作业环节，这些作业环节既是一种产品的生产过程，又是一种价值形成和增值的过程，从而形成价值链（Value Chain）。价值链分析具体又可分为行业价值链分析、企业价值链分析和竞争对手价值链分析。通过对行业价值链的分析，我们了解企业在行业中的位置和行业的现状与前景；通过对自身价值链的分析，消除不增值因素，我们可以在不影响竞争力的前提下降低成本；通过对竞争对手价值链的分析，则可以知己知彼，洞察全局，并由此形成企业成本管理的各种战略。

课堂拓展

京东物流基于价值链的全方位成本管理

3. 战略定位分析法

战略定位就是指企业如何选择竞争手段，并与对手抗衡。企业首先要对自己所处的内外部环境进行详细调查分析；然后确定企业所应进入的行业，所适合立足的市场，以及所需开发的产品；最后确定以何种战略来保证企业在所选择的行业、市场和产品中站稳脚跟，击败对手，获取行业平均水平以上的利润。举例来说明：比如成本领先战略，这是诸战略中最为明确的一种。在这种战略指导下，企业的目标是要成为其产业中的低成本生产（服务）厂商，也就是在提供的产品（或服务）的功能、质量差别不大的条件下，努力降低成本来取得竞争优势。如果企业能够创造和维持全面的成本领先地位，那它只要将价格控制在产业平均或接近平均的水平，就能获取优于平均水平的经营业绩。在与对手相当或相对较低的价位上，成本领先者的低成本优势将转化为高收益。而差异领先战略要求企业就客户广泛重视的一些方面在产业内独树一帜，或在成本差距难以进一步扩大的情况下，生产比竞争对手功能更强、质量更优、服务更好的产品以显示经营差异。当然，这种差异应是买方所希望的或乐于接受的。如能获得差异领先的地位，就可以得到价格溢价的报酬，或在一定的价格下出售更多的产品，或在周期性、季节性市场萎缩期间获得诸如买方忠诚等相应的利益。差异领先战略的逻辑要求企业选择那些有利于竞争的并能使自己的经营独具特色的性质，重在创新。除了这些，其他常见的战略定位有目标集聚战略、生命周期战略和整合战略等。

4. 成本动因分析法

成本动因是指引起产品成本发生的推动力和原因。战略成本动因主要是站在战略成本管理的角度，研究对企业的成本结构和成本行为产生长期影响的成本驱动因素。开创了企业竞争战略理论的管理学家迈克尔·波特将这些因素归纳为十个方面,即规模经济、学习曲线、生产能力、利用形式、相互关系、联合、选择时机、自主政策、地理位置和政体因素。有学者进一步将战略成本动因划分为结构性成本动因和执行性成本动因两类。结构性成本控制的案例如美国西南航空公司为了应对激烈的竞争,将其服务定位于特定航线而非全面航线的短途飞行,避免从事大型机场业务,采取取消用餐、定座等特殊服务,以及设立自动售票系统等措施来降低成本。结果其每日发出的众多航班与低廉的价格吸引了众多的短程旅行者,最终成本领先优势得以建立。

管理启示

倒推法

四、企业成本控制方法和步骤

1. 成本控制的方法

（1）降低产品的制造成本。提高生产规模是降低成本最有利的方式。在生产设备一定的情况下,扩大生产规模能有效降低单位产品的生产成本。扩大甚至加倍扩大原材料采购量是降低制造成本的有效方法。增加采购量,同时以较低的单位价格采购,不但可以保证供应商的总利润持续增长,还大大降低了企业自身的采购成本。

（2）降低企业销售成本。企业为了控制销售渠道成本,可以在销售上坚持只与大经销商交易并依靠大经销商的销售方式。同时,企业在给经销商供货时降低供应价,能使产品的销售量大幅度上升,从而使企业产量得到提高,促进产品制造成本的降低。

（3）降低资金使用成本。如果在企业内部对资金实行统一管理、统一借贷、统一调度的统筹制度及资金有偿占有制度,能有效提高企业自身控制与管理的效率和能力,同时也为降低制造成本和合理筹资创造了有利条件。

（4）采取目标成本管理。在企业内部模拟市场采用目标成本管理,例如分公司每月须将其财务处编制的资产负债表和损益表向总部汇报,并将分公司内部利润与收入挂钩,能显著提高材料的有效利用率,缩小产品生产周期,增强分厂自主经营能力,无形中降低了企业管理费用。

管理启示

目标成本管理

（5）科技创新。科技创新是降低成本的有效途径之一。企业科技创新的具体做法是采用新工艺、新技术和新材料。要实现成本大幅度降低,企业必须进行科技创新。

（6）不断健全企业管理制度。企业要对其管理制度不断进行有效监控,使其不断完善,具体做法有：建立如物价管理条例这样严格规范的管理制度；民主决策、公开购销、杜绝"暗箱操作"；实行封闭式质量检验测量制度，对于所有的采购物品，企业都要进行严格的检验和质量检查，对主要生产原料更要给予特别重视，最好实行"封闭式检验和审查"；要建立健全物价信息网络，并加强信息反馈和沟通；建立企业业务台账，责任具体到个人；对资金收支加强财务监管；对员工实行严格考核，对奖惩措施要严格兑现。

（7）及时引进先进的管理信息系统。引进现代管理系统，能使企业的财务管理更趋科学化。例如，以"费用对象化"理论为基础的 ERP 管理系统，通过费用的归集和分配，能在成本计算过程中实现同时对多种成本进行业务处理，将事后核算成本转化为事前管理成本和事中成本控制，使成本的管理和分析体系更加科学。此外，JIT、TQC 系统都侧重于事前预防，能极大地减少不必要成本的发生。

管理启示

JIT 和 TQC

JIT 是英文 Just in Time 的缩写，是准时制生产方式的简称，又称作无库存生产方式，零库存、一个流或者超级市场生产方式。准时制是日本丰田汽车公司在 20 世纪 60 年代实行的一种生产方式，1973 年以后，这种方式对丰田公司度过第一次能源危机起到了突出作用，后引起其他国家生产企业的重视，并逐渐在欧洲和美国的日资企业及当地企业中推行开来，这一方式与源自日本的其他生产、流通方式一起被西方企业称为"日本化模式"。

TQC 是英文 Total Quality Control 的缩写，是全面质量管理的简称，是一种综合的、全面的经营管理方式和理念，以产品质量为核心，以全员参与为基础，其根本目的是通过顾客满意来实现组织的长期成功，增进组织全体成员及全社会的利益。其代表了质量管理发展的最新阶段。

2. 成本控制的步骤

（1）确定成本标准。成本标准是成本控制的准绳，其中重要内容之一是成本规划中的各项指标。由于这些指标较为综合，不能满足具体控制的要求，因此，必须确定具体的标准。确定具体标准的方法有预算法、定额法、计划指标分解法三种。

①预算法：采用制定预算的方法制定控制标准的方法。一些企业的短期费用开支预算通常是按照季度销售计划核算的，这个短期计划会成为企业成本控制的标准。采用预算法时企业应结合自身的实际情况。

②定额法：是指建立开支限额和定额费用，并将这二者作为控制指标进行成本控制。在企业里，要尽可能多地建立定额，如工时定额、材料消耗定额等。采用定额控制方法有利于成本控制的经常化和具体化。

③计划指标分解法：是指将大指标分解为若干个小指标。在具体分解时可采用不同的分解方法，既可根据单位、部门分解，也可根据不同产品的零部件及不同工艺阶段进行分解，还可根据不同工序对大指标进行更细致的分解。

（2）监督成本形成。成本监督主要包括对材料费用、工资费用和间接费用的监督控制。其具体操作方法是：根据控制标准，对形成成本的所有项目进行经常性的检查、监督和评比。实施中不仅要对指标本身的执行情况进行检查，还要对影响各个指标的工艺、工具、设备、工作环境、工人技术水平等各项条件进行监督和检查。

（3）纠正偏差。企业在调查成本差异发生的原因时，应分清轻重缓急，根据不同的情况提出可行的改进措施，并将其贯彻实施。

五、企业成本控制策略

如何进行成本控制呢？有一条基本原则就是：谁是成本的决定者，谁就应当对其决定的成本负责并加以控制。企业各项成本是由其管理权限来决定的，成本按决定权限来划分，可分为三个成本决定层次，即企业董事会、进行企业生产经营决策的核心管理团队和生产经营各环节岗位上的员工；因此企业成本控制也必须分为三个层面来进行，即以董事会为核心的战略成本控制，以主要管理团队为核心的经营决策成本控制和以各环节员工为核心的经营成本控制。

1. 以董事会为核心的战略成本控制

产品成本是企业为生产某个商品的各项耗费的总和，是劳动生产过程中消耗的结果。从公司治理方面来看，公司董事会是公司事实上的战略决策机构，企业的各项大的事务都由其来决策，包括投资方向、规模、地点、时间等。这些投资决策一旦形成，在很大程度上决定企业成本所处范围，例如，投资地点选在产业集群周边，其采购价格、运输费用、库存量等都可能低于非产业集群的同类企业；投资规模也可能直接影响采用设备的先进程度，这对产品加工质量、效率、材料利用率都可能起决定性的作用；等等。此外，还有很多决定未来产品价值、成本的重大决策是董事会来制定的，不是管理团队或一般员工能轻易改善的；投资方向更是如此，每个产业都有每个产业的特点，单个企业很难在产业链的每个环节都取得优势地位，在专业化高度发展的今天，企业只有拓展其优势领域才能做到足够的增值，投资企业优势环节是企业战略成本控制的最优选择。

"无名以观其妙，有名以观其徼"，董事会的决策很多是在"无名以观其妙"阶段，一旦决策形成，从无名就变成有名了，很多的成本只能在有限的范围内"以观其徼"了。就如一块上好的钢材，是用来加工精密仪器、打成铁钉，还是用来垫床脚，这样的大政方针是由董事会来定的，一旦定下的是用来垫床脚，其他条件再好，其增值水平也无法与打成铁钉比，更不要说加工成精密仪器了，因此以董事会为核心的战略成本控制是企业成本控制的制高点。在这一层面进行成本控制，主要是通过分析企业所拥有的资源优势，包括投入资本数量、拥有技术、专门人才等，从企业将进入产业链的情况，全方位寻找合适的投资方向和投资地点，以最大限度地发挥企业资源效用。

2. 以管理团队为核心的经营决策成本控制

企业投资方向与投资地点等重要决策，由最高决策层的董事会决定，在企业投资形成后，则进入生产经营阶段，这一阶段企业还需进行大大小小的各种生产经营决策，并不是所有员工都有机会和有能力参与这些决策，能做这些决策的一定是企业核心管理团队。

尽管说"有名以观其徼"，但"名"不同，可能"徼"各异，如产品设计走高档、中档，还是中低档路线，产品设计中采用的原件走市场标准化道路还是企业特色道路，走单一功能还是多功能道路；这些往往是由企业核心管理团队的决策决定的，一旦管理团队决定下来，产品的大体成本范围也就确定了，其他人员很难在具体的生产过程中大幅压缩成本了。

企业核心管理团队的一些决策，也和董事会的决策一样，对某些成本起决定作用，但其站的高度没有董事会高，决定力没有董事会强，因此将其列为企业成本控制的第二个层次。在这个层次，主要是根据企业已形成的资源及经董事会批准的年度计划、经营方针等，拟定各项经营策略，极大地调动企业人力资源、财务资源、信息资源的潜力，以发挥有限资源的作用。

3. 以各环节员工为核心的经营成本控制

企业在大小决策都定下来后，余下就是企业各层面员工在各自的岗位上具体执行企业制定的各项政策。企业的中层和基层员工是具体掌握物料价值和劳动力价值的工作者，在确保产品品质的前提下，为了最大限度地增加产品价值，通过提高原料利用率，提高产品合格率、优级品率、扩大单位时间产品产量，压缩各项费用支出等手段，来控制产品成本。

企业经营层面成本控制涉及面广、环节多、控制过程复杂，是企业日常成本控制的重点。在大政方针制定后，关键是寻找各个环节的控制点，重点是制订成本降低计划，运用适当的方法，持之以恒地压缩生产成本与费用。在同类企业里，谁能做到花费较低的成本，谁就能取得较好的市场竞争地位，从而争得更多的利润，特别是在我国技术、质量、品牌差异小的情况下，成本往往是市场决胜之关键因素。

这一层面的成本控制涵盖产品成本生成过程的全部，从产品设计、原料采购、组织生产、产品销售到售后服务各个环节，可以通过分析企业历史成本，对比同行业企业，从各方面寻找差距和解决办法，采用责任成本、定额成本、计划成本、费用预算等各种成本控制方法，将企业各项成本费用控制在企业预算范围之内，最好能不断降低。

总之，企业成本控制是全方位的，更是全过程的，对成本的控制大体上可以分为以上三个层面。对成本控制叫得最响的往往是掌握决策权力者，"不识庐山真面目，只缘身在此山中"，而企业决策者又往往较容易忽视前两个层面的成本控制，只盯住经营层面的成本控制，企业要想获得更好的经济效益，必须全方位地建立各个层级的成本控制体系。

学习小结

企业的经营活动，既是产品的生产过程，又是价值的形成过程。产品的价值包括三部分，即产品生产过程中所消耗的生产资料价值（C）；支付给企业员工的工资（V）；劳动者为社会创造的价值（M）。前两部分（$C+V$）构成产品成本，即产品成本是企业在一定时期内生产和销售一定产品的生产耗费的货币表现。

成本管理经历了四个阶段。第一阶段是以事后分析利用成本信息为主的成本管理阶段；第二阶段是以事中控制成本为主的成本管理阶段；第三阶段是以事前控制成本为主的成本管理阶段；第四阶段是战略成本管理阶段。

现代企业成本管理的环节可以概括为成本预测、成本决策、成本计划、成本核算、成本控制和成本分析等几个方面。

企业成本控制可以通过三个层面来进行：以董事会为核心的战略成本控制；以管理团队为核心的经营决策成本控制；以各环节员工为核心的经营成本控制。

复习思考题

1. 什么是成本管理，有何意义？
2. 简述成本管理的四个发展阶段。
3. 成本控制有哪些步骤？
4. 简述成本管理的作业方法。

日本企业独特的成本管理体系

思考题：

分析日本企业成本管理的特点。思考日本企业的成本管理对于我国企业成本管理的启示。

模块十三

技术经济分析

本模块学习目标
1. 了解技术经济分析要素及其估算方法;
2. 掌握技术经济评价的基本方法;
3. 掌握经济、社会中种种不确定因素对建设项目和技术方案经济效益影响的分析方法;
4. 掌握项目可行性研究的方法、程序和可行性研究报告的编制;
5. 掌握可持续发展、价值工程的基本概念、内容和程序;
6. 了解技术创新的概念,技术创新的程序、组织形式以及技术创新的战略选择。

能力目标
掌握技术经济分析与评价的一般方法,能够识别企业技术活动中的分析要素,并能够在工作中解决企业管理的一般技术经济问题,以及为企业项目投资提出建议和方案。

关键概念
技术经济 技术创新 现金流 时间价值 价值工程 项目评价

【导入案例】

英法海底隧道又称为海峡隧道,是一条把英伦三岛与法国连接的铁路隧道。它由三条长51千米的平行隧道组成,是目前世界上最长的海底隧道,也是世界上规模最大的利用私人资本建造的工程项目,耗资约100亿英镑(约150亿美元)。隧道的开通大大方便了欧洲各大城市间的来往。若乘坐时速达300千米的"欧洲之星"穿越隧道,从伦敦到巴黎仅需3小时。英法海底隧道是全球最有名的BOT(Build-Operate-Transfer,即建设—经营—移交)项目之一。从融资方式来看,在隧道建设过程中,英法两国政府均不提供公共资金,全部利用私人资本建设隧道;承建隧道的项目公司负责融资并承担隧道建设的全部风险。隧道建成后,成立的欧洲隧道公司获政府授予55年拥有并经营隧道的特许权,55年之后,隧道由政府收回。在英法海底隧道第一批股票上市后,70多万中小投资者盲目看好海峡通车后可能带来的经济效益,争相购买"世纪工程"股票。英法海底隧道不仅是欧洲最大的建筑工程,也是世界上耗资最多的工程之一。代表工程史杰作的英法海底隧道,本应是令欧洲人引以为荣的标志,但现在它似乎已成为一个噩梦,原因是项目从孵化到实施过程中,出现了很多与项目预期不符的状况。由于工程难度大,施工过程中缺乏监督且随意修改工艺等,工程造价不断增加,工期一拖再拖,隧道正式竣工比预定完工时间晚了一年,完工时总造价比预算高出将近一倍。这也使得负责隧道建设、管理和运营的欧洲隧道公司从一开始就债务缠身。再加上本身经营不善,从隧道开始运营以来,隧道公司一直是负债经营。由于经营不善、债务沉重，欧洲隧道公司不得不实施破产保护计划。

管理启示

企业投资是一项复杂的经济活动，它直接关系到企业的生存和发展、成功与失败，企业决策者不得不慎重地考虑：投资什么项目？投资多大规模？投资风险如何？能获取多大的收益？等等。在这一系列问题的决策过程中，管理者必须做出周密思考，从而做出理性的判断和选择，进行科学的决策。技术经济管理主要以定量的分析方法解决企业管理过程中的技术管理问题，通过对技术方案的经济效果的评价，寻找具有最佳经济效果的技术方案，促进企业与经济的相互协调发展。

学习单元一　技术经济与企业管理

一、技术经济的概念

技术经济是指运用科学的方法，通过计算和分析，结合技术方案的特点和要求，对技术方案的优劣进行评价和论证，为决策者提供科学依据和合理建议的一门科学。技术经济管理是专门研究技术方案的经济效益和经济效率的科学。通过技术经济分析，企业的生产经营活动建立在技术上先进可行、经济上合理有效的基础上。

技术是根据生产实践经验和科学技术原理发展成的各种工艺技能和方法。随着技术的不断发展，技术内涵也日益丰富，包括物质工具、知识、技能。

经济有多重含义，广义上是指生产关系的总和。技术经济中经济有宏观和微观两方面的含义。宏观层次上，经济是指社会物质生产和再生产的过程，即国民经济的全过程；微观层次上，经济是节约、节省的意思，也可称为经济效果。

二者之间的关系主要体现在以下几个方面。

1. 技术与经济相互制约又相互促进

技术和经济在人类进行物质生产、交换活动中始终并存，是不可分割的两个方面。二者相互促进又相互制约。

技术的生命力在于应用价值和经济效益。技术具有强烈的应用性和明显的经济目的性，没有应用价值和经济效益的技术是没有生命力的。

技术的产生和应用需要经济的支持。任何新技术的产生与应用都需要经济的支持，受到经济的制约。综观世界各国，凡是科技领先的国家和产品超群的企业，无一不对研究与开发进行高投入。

经济的发展依赖技术的推动作用。经济的发展必须依赖一定的技术手段，世界上不存在没有技术基础的经济发展。同时，技术的突破将会对经济产生巨大的推动作用。每一轮技术革命都引发了新兴产业的形成与发展，世界经济就在这种周而复始的运动中高涨、繁荣与发展。

2. 技术革命与经济高涨交替作用，周而复始，推动人类社会发展

综观世界、国家与企业的兴衰交替可以得出明确的结论：一方面，发展经济必须依靠一定的技术，科学技术是第一生产力；另一方面，技术的进步要受到经济条件的制约。技术与经济这种相互促进、相互制约的联系，使任何技术的发展和应用都不仅是一个技术问题，而且是一个经济问题。

技术的衍化

二、技术经济管理的研究对象

技术经济管理是具有技术科学、管理学和经济学相互交融的一个交叉学科,它是当代技术发展与社会经济发展密切结合的产物,是 20 世纪 50 年代技术经济分析进一步演化的结果。今天的技术经济管理是一门研究技术领域经济问题和经济规律,应用于企业管理中,推进技术创新和科技进步的科学。它的研究对象主要有以下三个方面。

1. 技术经济是研究技术实践的经济效果,寻求提高经济效果的途径与方法的科学

这里的技术是广义的,是指把科学知识、技术能力和物质手段等要素结合起来所形成的一个能够改造自然的运动系统。技术作为一个系统,既不是知识、能力或物质手段三者中任何一个孤立的部分,也不是三者简单的机械组合,而是在解决特定问题中体现的有机整体。从表现形态上看,技术可分成体现为机器、设备、基础设施等生产条件和工作条件的物质技术(或称硬技术)与体现为工艺、方法、程序、信息、经验、技巧和管理能力的非物质技术(或称软技术)。不论物质技术还是非物质技术,它们都是以科学知识为基础形成的,并且遵循一定的科学规律,互相结合在生产活动中共同发挥作用。

技术的使用直接涉及生产活动中的投入与产出。所谓投入,是指各种资源(包括机器设备、厂房、基础设施、原材料、能源等物质要素和具有各种知识和技能的劳动力)的消耗或占用;所谓产出,则是指各种形式的产品或服务。人们在社会生产活动中可以使用的资源总是有限的。在这个意义上,技术本身也属于资源的范畴,它虽有别于日益减少的自然资源,可以重复使用和再生,但是在特定的时期内,相对于人们的需求而言,不论在数量上还是在质量上都是稀缺的。如何最有效地利用各种资源,满足人类社会不断增长的物质文化生活的需要是经济学研究的一个基本问题。而技术的经济效果学就是研究在各种技术的使用过程中如何以最小的投入取得最大产出的一门学问。投入和产出在技术经济分析中一般被归结为用货币量计算的费用和效益,所以,技术的经济效果学是研究技术应用的费用与效益之间关系的科学。

研究技术的经济效果在我国已有较长的历史,20 世纪 50 年代初期,我国曾引入苏联的技术经济分析。20 世纪 60 年代初制定的我国第二部科学技术发展规划(《1963—1972 年科学技术发展规划》)明确提出,任何科技工作,必须既有技术上的优越性,又有经济上的合理性。要求在科学技术工作中结合各项技术的具体内容对技术方案的经济效果进行计算和分析比较。这使得技术经济分析在工程项目建设以外的其他技术领域也得到了一定程度的应用,取得了较好的效果。20 世纪 50 年代和 60 年代的实践充分显示了技术经济分析的巨大实用价值。也使许多工程技术人员认识到技术工作必须讲求经济效果,技术经济分析的理论和方法是工程技术人员必须具备的基础知识。

改革开放以来,中断 10 余年的技术经济学研究有了新的发展。在过去的技术经济分析的基础上又引进了西方的投资项目可行性研究的内容。所谓可行性研究,是在调查研究的基础上,通过市场分析、技术分析、财务分析和国民经济分析,对各种投资项目(包括新建工厂或其他工程项目的建设、老企业的扩建或技术改造、工艺设备的更新，等等）的技术可行性和经济合理性进行的综合评价。可行性研究的引入，使技术经济分析提高到一个新的水平。

技术的经济效果还研究如何用最低的寿命周期成本实现产品、作业或服务的必要功能。就工业产品而言，所谓寿命周期成本，是指从产品的研究、开发、设计开始，经过制造和长期使用，直至被废弃为止的整个产品寿命周期内所花费的全部费用。对于产品的使用者来说，寿命周期成本体现为一次性支付的产品购置费与在整个产品使用期限内支付的经常性费用之和。所谓必要功能，是指产品使用者实际需要的产品的使用价值。用最低的寿命周期成本实现产品（作业、服务）的必要功能是提高整个社会资源利用效率的重要途径。

世界上第一辆汽车是19世纪80年代由戴姆勒（Dimler）和本茨（Benz）制造的，由于生产成本太高，在相当长一段时间内汽车仅是贵族的一种玩物。后来，经过亨利·福特（Henry Ford）的努力，每辆汽车的售价降至1 000~1 500美元，进而又降至850美元，到1916年甚至降至360美元。汽车的使用成本也有所降低。这为汽车的广泛使用创造了条件，最终使汽车工业成为美国经济的一大支柱。汽车工业的发展又推动了美国的钢铁、石油、橡胶等一系列工业部门的发展，同时又极大地改变了人们的生活方式。这一事例说明，在保证实现产品（作业、服务）必要功能的前提下，不断追求更低的寿命周期成本，对于社会经济的发展具有重要意义。

技术经济分析能帮助我们在一个投资项目实施之前估算出它的经济效果，并通过对不同方案的比较，选出最有效利用现有资源的方案，从而使投资决策建立在科学分析的基础之上。技术经济分析还能帮助我们在日常的工业生产活动中选择合理的技术方案，改进各种具体产品的设计与生产工艺，用最低的成本生产出符合要求的产品，提高工业生产的经济效益与社会效益。总之，技术经济分析是技术服务于生产建设的一个重要的中间环节，在经济、技术决策中占有重要地位。

启发案例

运筹学在军事中的应用

2. 技术经济是研究技术和经济的相互关系，探讨技术与经济相互促进、协调发展途径的科学

技术和经济是人类社会发展不可缺少的两个方面，其关系极为密切。一方面，发展经济必须依靠一定的技术手段，技术的进步永远是推动经济发展的强大动力。人类社会的发展历史雄辩地证明了这一点。18世纪末，从英国开始的以蒸汽机的广泛应用为标志的工业革命，使生产效率提高到手工劳动的4倍。到19世纪中叶，科学技术的进步使生产效率提高到手工劳动的108倍。从20世纪40年代以来，科学技术迅猛发展导致的社会生产力的巨大进步更是有目共睹的。

另一方面，技术总是在一定的经济条件下产生和发展的。经济上的需求是技术发展的直接动力，技术的进步要受到经济条件的制约。众所周知，任何技术的应用，都伴随着人力资源和各种物力资源的投入，依赖一定的相关经济技术系统的支持。只有经济发展到一定的水平，相应的技术才有条件广泛应用和进一步发展。例如蒸汽机从发明到广泛应用就经历了80年的时间。

技术和经济之间这种相互渗透、相互促进又相互制约的紧密联系，使任何技术的发展和应用都不仅是一个技术问题，而且是一个经济问题。研究技术和经济的关系，探讨如何通过技术进步促进经济发展,在经济发展中推动技术进步,是技术经济学责无旁贷的任务,也是技术经济学进一步丰富和发展的一个新领域。在这一领域中,与工程技术人员的日常工作关系最密切的问题是技术选择问题,即在特定的经济环境条件下,选择什么样的技术去实现特定的目标。技术选择分为宏观技术选择和微观技术选择。

宏观技术选择是指涉及面较广的技术采用问题,其影响的广泛性和深远性超出一个企业的范围,影响到整个国民经济的发展和社会进步。例如,从近期来看,发展中国的电力工业,是优先发展火电,还是优先发展水电,或者是优先发展核电,从长远来看又应作何选择;又如,要解决中国的城市交通问题,是大力发展小汽车,还是采用发展公共交通加自行车的办法;再如,中国铁路运输的牵引动力,应该以蒸汽机车为主,还是以内燃机车为主,或者是以电力机车为主。这些都是涉及范围很广的宏观决策问题,每一项决策都与采用和发展什么技术有关,而且最终都会影响到整个国家经济、技术和社会的发展。微观技术选择是指企业范围内的产品、工艺和设备的选择。企业生产什么产品,用怎样的方式生产,采用什么样的工艺过程,选用什么样的设备,等等,是影响企业市场竞争能力和经济效益的关键性问题,所以,技术选择是企业经营活动中的重要决策。微观技术选择虽然直接涉及的是各个企业的生存与发展,但最终也将影响到整个国民经济的发展。

指导各个层次技术选择的是各级技术政策。每个企业都应该根据自己的发展目标、资源条件和外部环境制定出企业的技术政策,在这种技术政策的指导下进行具体的技术选择,以适应竞争和发展的需要。每个产业部门也应该根据国民经济发展对本部门的要求、本部门技术发展的趋势及各种客观条件制定出本产业部门的技术政策,用以指导本产业部门的技术选择和发展规划。同样,国家也必须有明确的技术政策,用以指导、控制全国范围内各个层次的技术选择。国家的技术政策影响到整个国家长远的经济发展和技术进步。这些政策的制定必须建立在充分了解世界技术发展的大趋势,客观分析国情,深入研究技术与经济之间关系的基础之上。

世界各国的经济、文化和科学技术的发展是不平衡的,自然条件和资源条件也千差万别。这种不平衡和差别使得不同的国家不可能按照相同的模式进行技术选择。尤其是发展中国家不能照搬发达国家的技术选择模式。过去许多发展中国家曾出现盲目效仿发达国家,片面追求最新技术的现象,结果由于缺乏必要的技术力量和管理经验、基础设施和配套工业不健全等,引进的技术无法吸收,更难以扩散,达不到应有的效果,造成了资源的浪费。

技术的发展具有继承性和累进性,任何新技术的应用都要求相应的社会环境、经济结构、资源条件和相关技术系统的支持。对于发展中国家来说,技术选择要考虑本国现存的技术体系和技术基础,要与本国的技术水平、生产发展水平、社会成员的文化教育水平、生产要素条件、市场需求结构及历史文化背景相适应。技术选择首先要强调技术采用后的效果,而不仅仅是技术的新颖程度。所选择的技术可以是世界上的最新技术,也可以是不那么新的技术,关键在于技术的采用必须能对社会目标、经济目标和环境目标做出最大的贡献。

中国高铁的历史和成就

3. 技术经济管理是研究如何通过技术创新推动技术进步，进而获得经济增长的科学

所谓经济增长，是指在一国范围内，年生产的商品和劳务总量的增长，通常用国民收入或国民生产总值的增长来表示。经济增长可以通过多种途径来取得，例如，可以通过增加投入要素、增加投资（最终形成新的生产能力）、增加劳动力的投入等来实现经济增长。亦可通过提高劳动生产率，即提高单位投入资源的产出量实现经济增长。十分明显，资金和劳动力投入的增长速度会直接影响经济增长的速度。但是，各国的经济发展历史也表明，经济增长的速度与科学技术的发展也有着密切的关系。人们发现，在工业发达的国家中，后期与前期相比，产出量增长的差额往往大于投入要素增长量的差额，显然，这是技术进步因素的作用所致。

技术进步可分为体现型和非体现型两类。体现型技术进步是指被包含在新生产出来的资产（如机器设备、原材料、燃料动力等资金的物化形式）之中，或者与新训练和教育出来的劳动力结合在一起的技术进步。事实上，随着科技的发展，新投入资金形成的资产，必然把新的科技成就物化在其中，使之与过去的资产相比，具有更高的功能。同样，由于教育的发展，劳动力已不再仅仅是单纯的体力提供者，而是具有相当高的科学知识水平和劳动技能的生产者或创造者。非体现型技术进步则不体现于新生产出来的资产或新训练和教育出来的劳动力身上，而体现在生产要素的重新组合、资源配置的改善、规模经济的效益以及管理技术的完善等方面。在现实的经济生活中，两种技术进步同时共存并在经济增长中共同发挥作用。

应该承认，同发达国家相比，无论是体现型技术进步，还是非体现型技术进步，我国都有比较大的差距，这无疑影响了我国经济增长的速度与质量。在当今世界上，技术进步已经成为影响经济发展的最重要的因素，依靠技术进步促进经济发展，是我国实现现代化的必由之路。

技术创新是技术进步中最活跃的因素，它是生产要素一种新的组合，是创新者将科学知识与技术发明用于工业化生产，并在市场上实现其价值的一系列活动，是科学技术转化为生产力的实际过程。技术创新包括新产品的生产，新技术和新工艺在生产过程中的应用，新资源的开发，新市场的开辟。

技术创新是在商品的生产和流通过程中实现的。单纯的创造发明不称其为技术创新，只有当它们被用于经济活动时，才成为技术创新。技术创新是通过由科技开发、生产、流通和消费这四个环节构成的完整系统，实现其促进经济增长的作用。其中生产和流通是使技术创新获得经济意义的关键环节，缺少这两个环节，科技发明就不能转化为社会财富，就没有经济价值，同时，消费者（指广义的用户）也不能将各自的反映或评价传递给科技人员，发明创造就只能停留在实验室中，不能进入经济领域，无法转化为生产力，也就不是技术经济学中所要研究的技术创新。

各国经济发展的实践经验表明，哪里的技术创新最活跃，哪里的经济就最发达。技术创新不断促进新产业的诞生和传统产业的改造，不断为经济注入新的活力，因此，各工业发达国家，无不想尽各种办法，利用各种经济技术政策，力图形成一种推动技术创新的机制与环境。技术经济面临的一项重要任务是，从实际出发，研究我国技术创新的规律及其与经济发展的关系。探求如何建立和健全技术创新的机制，为制定有关的经济政策和技术政策提供理论依据。

课堂拓展

大数据的价值与应用

启发案例

顺丰快递给业界带来了新思考

学习单元二 技术经济分析指标

一、现金流量

对工业生产活动可以从物质形态与货币形态两个方面进行考察。

从物质形态来看，工业生产活动表现为人们使用各种工具、设备，消耗一定量的能源，将各种原材料加工、转化成所需要的产品。

从货币形态来看，工业生产活动表现为投入一定量的资金，花费一定的成本，通过产品销售获取一定量的货币收入。对于一个特定的经济系统而言（这个经济系统可以是一个企业，也可以是一个地区、一个部门或者一个国家），投入的资金，花费的成本，获取的收益，都可看成是以货币形式（包括现金和其他货币支付形式）体现的资金流出或资金流入。

在技术经济分析中，把各个时间点上实际发生的这种资金流出或资金流入称为现金流量，流出系统的资金称为现金流出，流入系统的资金称为现金流入，现金流入与现金流出之差称为净现金流量。技术经济分析的目的就是要根据特定系统所要达到的目标和所拥有的资源条件，考察系统在从事某项经济活动过程中的现金流出与现金流入的情况，选择合适的技术方案，以获取最好的经济效果。现金流量图如图13-1所示。

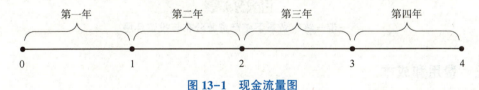

图13-1 现金流量图

在现金流量图中横坐标表示时间坐标，时间的推移从左到右，时间间隔相等，一般以年为单位。第一年年初规定为0，本期末与下期初重合。比如2表示第二年年末、第三年年初。

时间原点通常选为项目建设期的开始点。

垂直箭头线表示现金流量多少，箭头向上表示现金流入，箭头向下表示现金流出，线段的长短应反映出现金流量的大小，最好成比例。通常规定在利息周期发生的现金流量均作为发生在周期末。现金流量图的画法与观察、分析问题的角度有关。

二、投资

广义的投资是指人们的一种有目的的经济行为，即以一定的资源投入某项计划，以获取所期望的报酬。投资可分为生产性投资和非生产性投资，所投入的资源可以是资金，也可以是人力、技术或其他资源。本模块所讨论的投资是狭义的，是指人们在社会经济活动中为实现某种预定的生产、经营目标而预先垫支的资金。

对于一般的工业投资项目来说，总投资包括建设投资和生产经营所需要的流动资金。如果建设投资所使用的资金中含有借款，则建设期的借款利息也应计入总投资。对于某些投资项目，国家要征收投资方向调节税，这类项目的总投资中还包括投资方向调节税。

项目建设投资最终形成相应的固定资产、无形资产和递延资产。固定资产指使用期限较长（一般在 1 年以上），单位价值在规定标准以上，在生产过程中为多个生产周期服务，在使用过程中保持原来物质形态的资产，包括房屋及建筑物、机器设备、运输设备、工具器具等。无形资产指企业长期使用，能为企业提供某些权利或利益但不具有实物形态的资产，如专利权、非专利技术、商标权、版权、土地使用权、商誉等。递延资产指集中发生但在会计核算中不能全部记入当年损益，应当在以后年度内分期摊销的费用，包括开办费、租入固定资产的改良支出等。

流动资金指在工业项目投产前预先垫付，在投产后的生产经营过程中用于购买原材料、燃料动力、备品备件，支付工资和其他费用以及被产品、半成品、产成品和其他存货占用的周转资金。

在生产经营活动中，流动资金以现金及各种存款、存货、应收及预付款项等流动资产的形态出现。在整个项目寿命期内，流动资金始终被占用并且周而复始地流动。到项目寿命期结束时，全部流动资金才能退出生产与流通，以货币资金的形式被回收。

"一带一路"背景下矿产资源分布与投资环境

三、费用和成本

在工业生产经营活动中，费用泛指企业在生产经营过程中发生的各项耗费；成本通常指企业为生产商品和提供劳务所发生的各项费用。

工业项目运营过程中的总费用按其经济用途与核算层次可分为直接费用、制造费用和期间费用。

直接费用包括直接材料费用、直接工资和其他直接费用。直接材料是指在生产中用来形成产品主要部分的材料，直接工资是指在产品生产过程中直接对材料进行加工使之变成产品的人员的工资。

制造费用是指为组织和管理生产所发生的各项间接费用，包括生产单位（车间或分厂）管理人员工资、职工福利费、折旧费、矿山维检费、修理费及其他制造费用（办公费、差旅费、劳动保护费等）。

直接费用和相应的制造费用构成产品生产成本。已销售产品的生产成本通常称为商品销售成本。

其他用途的成本概念

四、销售收入、利润和税金

销售收入是指向社会出售商品或提供劳务的货币收入。企业的销售收入与总产值是有区别的。总产值是企业生产的成品、半成品和处于加工过程中的在制品的价值总和，可按当前市场价格或不变价格计算。而销售收入是指出售商品的货币收入，是按出售时的市场价格计算的。企业生产的产品只有在市场上被出售，才能成为给企业和社会带来收益的有用的劳动成果。因此销售收入才是反映工业项目真实收益的经济参数。技术经济分析中将销售收入作为现金流入的一个重要项目。

利润是企业经济目标的集中表现。工业投资项目投产后所获得的利润可分为销售利润和税后利润两个层次。

税金是国家依据法律对有纳税义务的单位和个人征收的财政资金。国家采用的这种筹集财政资金的手段叫税收。税收是国家凭借政治权力参与国民收入分配和再分配的一种方式，具有强制性、无偿性和固定性的特点。税收不仅是国家取得财政收入的主要渠道，也是国家对各项经济活动进行宏观调控的重要杠杆。

五、资金的时间价值

任何工业项目的建设与运行，任何技术方案的实施，都有一个时间上的延续过程。对于投资者来说，资金的投入与收益的获取往往构成一个时间上有先有后的现金流量序列。要客观地评价工业项目或技术方案的经济效果，不仅要考虑现金流出与现金流入的数额，还必须考虑每笔现金流量发生的时间。

在不同的时间付出或得到同样数额的资金在价值上是不等的。也就是说，资金的价值会随时间发生变化。今天可以用来投资的一笔资金，即使不考虑通货膨胀因素，也比将来可获得的同样数额的资金更有价值。因为当前可用的资金能够立即用来投资并带来收益，而将来才可取得的资金则无法用于当前的投资，也无法获取相应的收益。不同时间发生的等额资金在价值上的差别称为资金的时间价值。

对于资金的时间价值，可以从两个方面理解。

（1）资金随着时间的推移，其价值会增加。这种现象叫资金增值。资金是属于商品经济范畴的概念，在商品经济条件下，资金是不断运动着的。资金的运动伴随着生产与交换的进行，生产与交换活动会给投资者带来利润，表现为资金的增值。资金增值的实质是劳动者在生产过程中创造了剩余价值。从投资者的角度来看，资金的增值特性使资金具有时间价值。

（2）资金一旦用于投资，就不能用于现期消费。牺牲现期消费是为了能在将来得到更多的消费，个人储蓄的动机和国家积累的目的都是如此。从消费者的角度来看，资金的时间价值体现为对放弃现期消费的损失所应做的必要补偿。

资金时间价值的大小取决于多方面的因素。从投资角度来看主要有以下三方面。

(1) 投资收益率,即单位投资所能取得的收益;
(2) 通货膨胀因素,即对因货币贬值造成的损失所应做的补偿;
(3) 风险因素,即对因风险的存在可能带来的损失所应做的补偿。

储蓄利息的计算

学习单元三 价值工程

一、价值工程概念

价值工程中的"价值"可定义为评价某一事物与实现它的耗费相比合理程度的尺度。这里的"事物"可以是产品,也可以是工艺、服务等。以下主要针对产品进行分析。对于产品来说,价值公式可表示为:

$$V = F/C$$

式中:V——价值;
　　　F——功能;
　　　C——成本。

价值的定义和经济效果定义是相吻合的。价值工程的目的是要提高价值,也就是要提高经济效果。人们购买商品,不但求其性能好、可靠、耐用、美观,而且求其价钱便宜,总之要求"物美价廉",就是要追求高的价值。这是用户的价值观。对于产品的生产者来说,也许有人会认为,企业的价值观是以最低的成本获得产品的销售收入。从形式上看,不顾用户利益、不求产品物美价廉,甚至粗制滥造、以次充好,也可以牟取高利润,可以提高生产者所追求的价值。但这是一种错误的"价值"观,它不仅违背了生产的目的,而且损害了用户的利益,终究会为用户所唾弃,一时的高利润却会为企业的失败埋下祸根。实际上,企业增加利润的前提是扩大市场,而物美价廉才是产品占领市场、赢得用户的根本条件。因此,企业的价值观和用户的价值观应当是一致的。

"价值工程"可定义为:着重于功能分析,力求用最低的寿命周期成本可靠地实现必要功能的有组织的创造性活动。

这个定义概括地表述了价值工程的目的、重点、性质。目的是"用最低的寿命周期成本可靠地实现必要功能",重点是"功能分析",性质是"有组织的创造性活动"。这里的"功能"是指功用、效用、能力等。所谓"寿命周期成本",是指产品设计、制造、使用全过程的耗费。产品的制造成本由于在短期内集中支出并且体现在售价中,容易被人们重视,而使用中的人工、能源、维修等耗费常常是制造费用的好多倍,但由于分散支出,容易被人们忽视。价值工程要求综合考虑制造、使用费用,兼顾生产者和用户的利益,求得社会的节约。

价值工程强调有组织的活动,这是因为它不同于一般的合理化建议,需要进行系统的研究、分析。产品的价值工程,涉及设计、工艺、采购、销售、生产、财务等各个方面,需要各方面提供信息、共同协助、发挥集体智慧，调动各方面的积极性。

二、价值工程的中心内容和工作程序

1. 价值工程的中心内容

价值工程的中心内容可用六个字概括："功能、创造、信息。"

（1）功能分析是核心。功能分析是价值工程特殊的思考和处理问题方法。用户购买任何产品，不是购买产品的形态，而是购买功能。例如，用户买煤，是买其"发热"的功能，买灯泡是买其"照明"的功能，等等。只要具有相应的功能，就能满足用户的需要。煤气和液化石油气可以发热，因而可以取代煤供给居民；日光灯可以照明，因而可以代替白炽灯使用。但是，具有相同功能而成分或结构不同的产品或零部件的成本一般是不相同的。价值工程就是要通过对实现功能的不同手段的比较，寻找最经济合理的途径，它透过人们司空见惯的产品生产、使用、买卖现象，抓住功能这一实质，从而取得观念上的突破，为提高经济效益开拓了新的途径。

（2）创造是关键。功能毕竟要有具体的实现手段，这是上述问题的另一面。手段不同，效果也不同，要想取得好的效果，就必须找到更多更好的手段。手段是人们创造出来的，没有创造，一切都是空话。价值工程的全过程都体现了千方百计为创造开辟道路的宗旨。

（3）信息是基础。价值工程以技术和经济这两方面的结合为特点，也以这两方面的信息为基础。技术上的革新绝大多数是在继承他人成果的基础上实现的，不了解国内外同行在材料、产品、工艺、设备等方面的现有技术，不了解技术发展的趋势，或者提不出改进办法，或者耗时耗资甚多而收效甚微。不了解市场，不了解用户的意见，不了解同类产品的水平，就会无的放矢，甚至故步自封，最终会失去用户。

总之，价值工程就是要从透彻了解所要实现的功能出发，在掌握大量信息的基础上，进行创新改进，完成功能的再实现。

2. 价值工程的工作程序

价值工程活动的过程就是不断提出问题和解决问题的过程，它的工作程序如表 13-1 所示。

表 13-1 价值工程工作程序

问题的确定和解决	构思的一般过程	价值工程工作程序		价值工程提问
		基本步骤	详细步骤	
确定问题	分析	确定对象	1. 选择对象 2. 收集信息	1. 它是什么
		功能分析	3. 功能定义 4. 功能整理	2. 它是干什么用的
		功能评价	5. 功能评价	3. 它的成本是多少 4. 它的价值是多少
解决问题	综合	方案创新	6. 方案创造	5. 有无其他地方实现这个功能
	评价	方案评价	7. 概略评价 8. 方案具体制定 9. 详细评价	6. 新方案的成本是多少
		方案实施	10. 实验研究 11. 方案审批、实施 12. 成果总评	7. 新方案能满足功能要求吗

三、价值工程分析方法

1. 情报收集

情报是指在价值工程活动中所需要的有关技术和经济方面的信息和知识,它是进行价值工程活动的信息基础,贯穿于价值工程活动的全过程。为了实现提高产品价值这一主要目标,价值工程活动的每一步都离不开情报资料。

(1) 技术方面的情报。

①产品新设计原理。新设计原理会导致一代全新产品的出现,对技术和经济都会产生重大影响。

②新工艺、新设备。新工艺的出现可能导致制造加工方法的重大变化,对设计、设备也提出了新要求。

③新材料。新材料的应用对产品性能、差别有很大影响,同时引起工艺、设备做相应的改变。

④改善环境或劳动条件。减少粉尘和有害液气体外泄、减少噪声污染、减轻劳动强度、保障人身安全的技术越来越受到重视,这都会对产品的设计、生产产生影响。

(2) 经济方面的情报。

①用户情报。了解用户性质、经济承受能力、消费偏好、使用目的、使用环境,这是产品改进和生产的前提。

②用户对产品的意见反馈。用户对产品性能、价格、外观、售后服务等方面的意见要求,这是产品改进的依据,是一种宝贵的信息资源。

③了解同类企业规模、经营特点、管理水平以及产品成本、利润等方面的情报,特别是同类产品或零部件的生产成本,这是明确差距、找准改进对象的重要信息。

④了解市场情报。了解市场需求、同行竞争、同类产品价格和市场占有率等,特别是竞争对手的经济分析资料、生产资料、质量统计资料等。

⑤充分了解企业内部情报,包括企业的内部供应、生产、组织以及产品成本等方面的情报。

⑥了解产品生产的外协情报,包括外协单位状况以及外协件的品种、数量、质量、价格、交货期等。

⑦了解政府和社会有关部门的经济政策、法规、条例等方面的情报。

2. 功能改进

所谓功能,就是限定其内容,区别于其他事物。功能定义是价值工程的特殊方法,它要达到以下目的。

(1) 明确产品和零部件的功能。

(2) 便于进行功能评价。评价是针对功能进行的,所定义的功能要方便定性和定量的评价。

(3) 有利于开阔思路。功能定义要摆脱现有结构框架的束缚,以利于改进。

因此,功能定义要确切,同时要适当概括和抽象。

经过定义的功能可能很多,它们之间不是孤立的,而是有内在联系的,为了把这种内在联系表现出来就必须将其系统化。这种将各部分功能按一定逻辑排列起来,使之系统化的工作就叫功能整理。

3. 功能成本分析

功能成本分析是对功能的现实成本进行分析。功能成本分析一般从功能系统图的末位功能开始,逐级向上计算。末位功能成本计算中最常见的有两个问题:一是一个功能由多个零件实现,对于这一问题,可将各零件成本相加解决。二是一个零件具有多个功能,如保温瓶胆具有贮水、保温两个功能，此时必须根据该零件花费在各功能上的实际成本多少分摊，例如可将保温瓶胆的夹层、抽真空、镀银等工艺结构和工艺步骤的成本分摊到"保温"这一功能上去。有时功能成本难以从统计数据中直接得到，可请有经验的人员估算。

应用价值工程的成功案例

四、开发创新能力

1. 克服限制创新的障碍

价值工程能否成功、成果大小，取决于创新。从事价值工程工作的人员首先必须树立起创新观念，克服障碍。影响创新的障碍主要来自心理、环境、创新能力等方面。往往有这种现象：当有人对一种设计、一种工艺、一种方法提出问题、意见、改进设想时，人们会自然产生一种反驳、拒绝的反应，继而会举出许多理由予以否定。这可能是由于人们对事物长时间接触，习以为常，或者是由于权威发表了意见，形成了一种框架，束缚了思想。价值工程提倡多提问题、多做设想，不轻易反驳和反对别人的新提法、新意见，而要从别人的意见中接受启发，引起联想，突破现成框架的束缚，不断进取。

科技人员对自己呕心沥血设计的产品怀有很深的感情，舍不得改变，这也容易产生妨碍创新的感情障碍。创新有时也要经历痛苦的自我否定，一个有事业心的科技人员应当有这种勇气和风格。

不少人对创新有一种神秘感，似乎只有发明家、科学家才能创新，这也是一种心理障碍。其实，任何智力正常的人都可以有所创新。价值工程所说的创新并不仅重大发明，它包括所有突破现有框架的革新、改进，可以是原理性的突破，也可以是某些结构、工艺、材料的改进。对产品设计的重大改革是企业生产新产品、提高价值的重要源泉所在，企业需要有远见、有计划地组织研究。这类创造性工作往往要花较长的时间、较大的精力和一定的经费。采用先进的、比较成熟的技术对现有设计进行改革，见效快、效益大，改进创新的大量工作都体现在这些方面，也使技术人员大有用武之地。至于小改小革，随时可搞，全体员工都能参加，花钱不多，往往效果明显。

创造性思维是"发散性"思维，其答案不是唯一的。现有的设计、加工方法等本来也是人们创造出来的，是否存在更好的方式是有待探索的。况且，技术在不断进步，为创新、改进提供了更多的途径，创新是无止境的。

2. 创造力的培养和组织

创造力与智力有关，工程技术人员需要有全面的智力训练。观察、记忆、思维、想象、操作等都是智力的构成要素，不可偏废。想象力与创造力的关系尤为紧密，这正是工程技术人员容易忽视的。非智力因素对创造力有极为重要的影响，心理学家的大量试验表明，早期的智力水平对将来的成果不起决定作用。因此，任何智力正常的人，只要勤奋努力、坚韧不拔、方法得当，都可以有很好的创造力。

创造力的发挥也与合理的组织、采用恰当的方法有关。创新方法的研究在国外已形成专门学问,当今创新方法已有二三百种。价值工程创新的核心是激励智力、突破框架、引起联想。据日本统计,目前用得最多的是一种称为 BS(Brain Storming,头脑风暴)法的智力激励法。其方法是召开一个 5~12 人的提案会,会议提倡自由奔放的思考,勇于发言,发言次数越多越好;不允许对别人的设想进行评论、肯定、否定,更不允许批评,即使设想明显脱离现实和常识,也要全部记录下来;到会的人不以官职相称,完全处于平等地位;不允许私下交谈,不允许提出集体看法、权威的看法。由于创造了良好气氛,大家开动脑筋,集思广益、互相启发,可以在较短时间里提出大量设想。

此外,类比法、提问法、优缺点列举法等也都是较常用的方法。这些方法还可以和合理化建议结合起来。价值工程的工作过程就是"推倒—创新—再实现"的过程。所谓"推倒",是否定现有的实现功能的手段,"创新"是寻找实现功能的新手段,"再实现"不是简单重复,而是通过创新和提高达到功能重新实现。

课堂拓展

价值工程在手表改进中的应用

学习单元四　先进制造系统与项目评价

以计算机集成制造系统(Computer Intergraded Manufacturing System,CIMS)为代表的先进制造系统是近年来发展起来的新型工厂自动化系统。先进制造系统综合运用计算机技术、信息技术、系统技术等一系列先进科学技术,对企业的生产过程、管理过程和决策过程中的物质流与信息流进行有效的控制与协调,将产品与工艺设计、生产准备、生产计划与控制、加工制造乃至采购、销售、服务等活动有机结合起来,从而实现企业生产经营活动的全局动态最优化。

20 世纪 70 年代后期,人类进入了信息时代,企业要面对竞争日益激烈的全球化大市场。迅速变化的市场对制造业企业在产品质量、交货期、品种多样化等多方面提出了越来越高的要求。通过开发和应用先进制造系统,提高产品质量和生产效率,降低成本,增强应变能力,已成为现代企业建立并保持竞争优势的重要途径。本单元讨论先进制造系统投资项目评价的特点、过程与方法。

一、先进制造系统项目评价的特点

与传统的工业投资项目评价相比,先进制造系统投资项目评价有以下四个方面的特点。

(1)先进制造系统投资决策是具有战略决策性质的多目标决策,对先进制造系统投资项目需要在多层次、多维评价的基础上做综合评价。

(2)企业的经营目标往往是多元的,这些目标通常可分为战略目标和战术目标两个层次。与此相对应,企业的投资决策也可分为战略性决策和战术性决策两个层次。战略性投资决策指着眼于企业的长远利益和全局利益,为实现企业的战略目标所做的投资安排。

(3)评价战略性投资方案的主要依据是战略效益,即投资对实现企业战略目标所能做出的贡献。战术性投资决策是指在总体战略的框架内为实现某些阶段性的或局部的战术目标所做的投资方案选择。

(4) 评价战术性投资方案的主要依据是战术效果,即投资对达成具体的战术目标所能起到的作用。先进制造系统投资的主要目的在于增强企业的技术能力和市场应变能力,建立与保持企业的竞争优势,谋求长期稳定的经营绩效,这些都属于企业战略目标的范畴。

由此可见,先进制造系统投资决策本质上是战略性决策。在谋求战略效益的同时,先进制造系统投资也要解决提高生产效率,降低成本费用,清除生产经营中的瓶颈环节,获取直接经济效益等问题,这些通常属于企业战术目标的范畴。因此,先进制造系统投资决策也含有战术性决策的成分。

二、先进制造系统项目的效益

1. 财务收益

财务收益是指项目实施带来的可以用货币计量的收益。财务收益主要来自以下几个方面。

(1) 工作效率提高节省的费用。先进制造系统的采用,可以在工程设计、生产准备、加工制造、销售服务、生产计划、财务管理等各个生产经营环节提高工作效率,从而节省相应的人工费、材料费、能源费、试验费等。由于工作效率提高带来的费用节省一方面体现在用比较少的时间和资源耗费完成同样的工作任务,另一方面也体现在不需增加或较少增加时间和其他资源耗费完成更多的工作任务。

(2) 优化产品设计、工艺设计和生产计划而节省的费用。先进制造系统的采用使得设计人员和计划人员在从事产品设计、工艺设计和生产计划时有可能获得和利用更丰富、更精确的数据信息,采用更先进的设计与计划方法,并借助计算机进行大量的计算、模拟和优化,从而大大提高设计与计划的水平。设计水平与计划水平的提高会更有效地利用原材料,更多地采用通用零部件,更合理地安排加工过程,充分发挥生产潜力,减少设备闲置,从而节省生产过程中的各项费用。

(3) 减少生产作业环节而节省的费用。先进制造系统是一个集成系统,最终要实现对企业生产经营活动的资源与信息的统一管理和综合利用。系统的集成会导致传统的企业生产经营系统中的若干生产作业环节可以被省去,从而节省与这些生产作业环节有关的费用。

(4) 减少工作错误而避免的损失。采用先进制造系统可以提高企业生产经营活动各个环节的工作质量,减少工作错误,从而避免部分因工作错误造成的损失。可能避免的工作错误造成的损失主要包括:产品设计、工艺设计、生产计划等方面可能发生的工作错误导致的返工费用和误工损失;物料管理工作错误导致的物料积压或短缺造成的损失;加工制造过程中的工作错误导致的返工费用和废品损失等。

(5) 缩短生产周期和降低库存而减少的资金占用费用。采用先进制造系统可以有效地提高生产作业效率,增强各种生产作业活动的协调性,合理地安排物资的采购供应,从而明显地减少生产准备时间、加工装配时间和工件等待加工时间,缩短制造周期,减少在制品和库存。这使得与存货有关的流动资金周转加快,占用减少,节省财务费用。

(6) 因抓住市场机会而带来的收益。采用先进制造系统可以缩短设计、制造周期,增加生产柔性和计划的灵活性,从而大大增强企业的市场应变能力。这有助于企业在激烈的竞争中抓住市场机会,及时提供市场需要的产品,增加销售收入和利润。从多数企业开发与应用先进制造系统的动机来看,通过增强市场应变能力,抓住市场机会获得的收益应该是项目财务收益的主要部分。但由于未来的市场有很大的不确定性,除非存在可预见的特定机会,这部分收益通常难以定量估算,多数情况下,只能将增强市场应变能力作为一种战略效益加以考虑,做定性分析。

2. 战略效益

战略效益是指项目对企业全局和长远利益所做的贡献,主要体现为企业市场竞争能力的提高。先进制造系统项目的战略效益主要包括以下几个方面。

（1）市场应变能力的提高。缩短设计、制造周期，增加计划、调度的灵活性，实现柔性生产是先进制造系统的重要特点。设计、制造周期的缩短使企业有能力在短时间内推出市场需要的产品。计划、调度的灵活性使企业可以在市场急剧变化的情况下迅速调整生产安排，重新合理配置资源。生产柔性包括生产工艺柔性和生产能力柔性两个方面，生产工艺柔性指生产设备适应不同的加工工艺、加工任务和原材料的能力。生产能力柔性指生产设备适应不同生产批量的能力。具有生产柔性使企业有条件实现产品类型、品种、规格的多样化，针对不同用户的特殊要求提供用户满意的产品。先进制造系统的这些特点使拥有先进制造系统的企业具有较强的市场应变能力，为企业在激烈的市场竞争中立于不败之地创造了有利条件。

（2）技术水平的提高。先进制造系统的开发与应用会使企业的整体技术水平得到提高。技术水平的提高主要表现在三个方面：一是设备与工艺技术水平的提高；二是技术人员技术素质的提高；三是企业技术开发与技术管理经验的积累。技术水平的提高有助于企业在市场竞争中建立或保持技术领先的优势，使企业有能力不断开发新产品，并以比竞争者更低的成本生产性能和质量更高的产品，从而获得更高的市场份额和利润。

（3）管理水平的提高。采用先进制造系统可以大大提高企业各级组织收集、传递、处理各种信息的效率，提高信息的准确性和及时性。现代企业组织管理水平高低的一个重要衡量标准就是对信息收集、传递、处理的质量与效率。高效率、低失真地收集、传递、处理各种信息有助于提高各级管理者的决策水平、计划水平以及协调与控制能力，减少决策失误，提高各种资源的利用效率，从而增强企业的市场竞争能力。

（4）产品与服务质量的提高。市场竞争说到底是产品与服务质量的竞争。采用先进制造系统能有效地提高产品的设计质量和制造质量，能及时地根据用户反馈信息改进产品，并能减少不按时供货情况的发生，从而大大提高用户的满意程度，提高企业信誉。企业信誉是重要的无形资产，建立与保持良好的信誉会大大加强企业的竞争优势。

（5）对外合作能力的增强。拥有先进制造系统增强了企业的技术实力，也会改善企业形象。这使得企业在与国内外其他企业或机构进行业务合作时，能力与地位都得到加强。对外合作能力的加强有助于企业与合作伙伴保持稳定的合作关系，获得更有利的合作机会与合作条件。

三、先进制造系统项目的评价过程

先进制造系统投资项目的评价过程是一个对企业的目标、条件、要解决的问题以及各种备选技术方案的适用性认识不断深化的过程。一般来说，评价过程包括五个方面的工作内容。

（1）认识企业的目标结构和关键的成功因素；
（2）了解企业经营环境和项目实施条件；
（3）分析评价备选方案的技术功能；
（4）识别与计量各种备选方案的费用、效益与风险；
（5）对备选方案进行综合评价与比选。

这五个方面的工作内容在逻辑关系上可以理解为五个工作步骤，但实际的评价活动并不一定要按上面的次序进行，有些内容之间可能相互交叉，有些工作需要反复进行逐步深入。下面对这些工作内容分别加以说明。

1. 企业目标结构与关键成功因素的认识

投资项目评价的目的在于衡量不同投资方案对投资主体的目标贡献大小。所以，评价活动的第一步应从全面深入地认识企业实施先进制造系统项目的目标开始。如前文所述，企业投资实施先进制造系统项目的目标可能是多元的。就一般情况而言，这些目标可能包括降低作业成本；提高生产效率；扩大生产能力；增强新产品开发能力，增加产品品种；缩短产品的设计、制造周期；提高产品质量；保证按时交货；便于对外合作；提高经营决策的效率与水平；改善企业形象；改善职工劳动条件；等等。这些目标分属不同的层次，有些反映企业的近期利益，有些反映企业的长远利益。每个企业都有自己的具体情况，对于不同的企业来说，投资实施先进制造系统的目标可能不完全相同，实现各种目标的紧迫性和重要程度也可能不同。为了正确评价项目对企业目标的贡献，评价人员应该通过深入的调查，通过与决策者的反复对话，了解决策者所关心问题的全貌，把握企业的发展战略、总体目标以及服务于总体目标的不同层次、不同阶段的子目标。企业目标的结构可以用目标树的形式表示出来。一种典型的企业投资实施先进制造系统项目的目标树如图 13-2 所示。

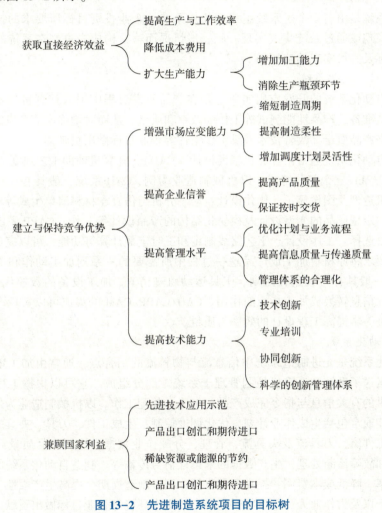

图 13-2　先进制造系统项目的目标树

2. 企业经营环境与项目实施条件的了解

企业经营环境和项目实施条件是项目投资决策中应考虑的重要因素。在项目评价过程中，调查了解企业的经营环境和项目实施的条件有助于认识企业实施先进制造系统项目要达到的基本目标和要把握的关键成功因素，有助于判断技术方案的适用性，有助于识别项目面临的主要风险。

对企业经营环境和项目实施条件的调查了解应包括四个方面的内容。

（1）构成企业经营坏境的各种要素及项目实施的各种条件现状；

(2) 这些要素发展的趋势和条件变化的可能；
(3) 企业经营环境及其发展趋势对本企业发展的影响、压力及可能提供的机会；
(4) 企业经营环境、项目实施条件及其发展变化对本项目的费用、效益与风险的影响。

四、备选方案技术功能的分析评价

在了解企业投资实施先进制造系统项目的目标结构、关键成功因素和项目实施的约束条件之后，下一步工作是对各种备选方案的技术功能进行分析评价，即分析在特定的约束条件下各种备选方案能够提供哪些企业投资目标所要求的技术功能，评价这些功能的有效程度是效益评价的基础。

先进制造系统是由若干个子系统组成的集成系统，企业投资目标所要求的技术功能要分别由各个子系统实现或通过系统集成实现。就一般情况而言，构成先进制造系统的各个子系统所服务的企业目标及其可实现的功能如下。

1. 工程设计自动化系统

工程设计自动化系统的开发应用实质上是在产品开发过程中引入计算机技术。它可以提高产品设计、制造准备、产品性能测试等工作的效率和质量，从而对增强产品开发能力、缩短设计制造周期、提高产品质量、改善技术人员工作条件等企业目标做出贡献。

工程设计自动化系统通常由计算机辅助设计（CAD）、计算机辅助工艺规划（CAPP）和计算机辅助制造（CAM）三个部分组成。以机械制造业为例，CAD系统一般具有计算机绘图、有限元分析、计算机造型及图像显示、优化设计、动态分析与仿真、材料清单生成等功能，可以完成产品结构设计、定型产品的变型设计及模块化结构的产品设计等工作。CAPP系统一般具有毛坯设计、加工方法选择、工序设计、工艺路线制定和工时定额计算等功能，可以完成对从产品设计转换到按设计要求将原材料加工成产品这一过程中所需要的一系列加工动作和资源的计划与描述。CAM系统一般具有刀具路径规划、工具运动轨迹仿真、加工设备的数控代码生成等功能，起到将工艺设计信息转换成加工指令的作用。CAD/CAPP/CAM的集成可以实现产品数据的相互交换与共享，进一步提高工程设计的效率与质量。

2. 制造自动化系统

制造自动化系统是先进制造系统中信息流与物料流的结合点，通常由加工单元、工件运送子系统、刀具运送子系统和计算机控制管理子系统等部分组成。它可以根据工程设计系统和管理信息系统提供的有关信息与指令完成产品的加工、装配工作。以机械制造业为例，制造自动化系统的主要功能通常包括生成作业计划，优化调度控制；生成工件、刀具、夹具的需求及供应计划；协调控制工件流、刀具流及夹具流；管理、分配作业数据；控制产品质量；系统的操作管理、状态监控和故障诊断处理；生产数据的采集评估与传输等。制造自动化系统的开发应用可以对提高生产效率、降低成本费用、提高产品质量、缩短制造周期、提高生产柔性、实现产品的多品种小批量生产以及为作业人员创造舒适而安全的工作环境等企业目标做出贡献。

3. 质量保证系统

质量保证系统开发应用的目的在于以最经济的方式有效地促进产品和服务质量的提高。质量保证系统通常包括质量计划子系统、质量检测子系统、质量评价子系统和质量信息综合管理与反馈控制子系统。质量保证系统的主要功能有确定产品质量的目标与标准，制订质量改进与检测计划；收集与处理质量数据；评价产品质量，进行缺陷诊断；反馈缺陷纠正和质量控制信息；为质量优化决策提供依据等。

4. 管理信息系统

管理信息系统可以说是先进制造系统的神经中枢。其功能可以覆盖市场预测、经营决策、各级生产计划、生产技术准备、生产调度、产品销售、物资供应、财务管理、成本管理、设备管理、技术管理、人力资源管理等企业各个部门和业务环节的信息收集、处理、存储与传输。通过信息集成，可以将各个子系统有机地结合起来，综合协调与平衡全企业的生产经营活动，实现资源的优化配置。管理信息系统的开发应用有助于实现缩短产品的设计制造周期、增加计划调度的灵活性、保证向用户按时交货、提高生产与作业效率、降低成本费用、提高管理水平等企业目标。

5. 计算机网络与数据库系统

计算机网络系统和数据库系统是先进制造系统的两个支持系统。其功能是形成系统互联和信息互通能力，保证数据的安全性、一致性和易维护性，满足先进制造系统信息交换、共享的要求，从而实现各个功能系统的集成。

制造业企业依其生产工艺过程的特点可分为不同的类型，有离散型生产的企业，有连续过程型生产的企业，也有半离散、半连续生产的企业。即使是同一种生产类型，不同企业的产品、生产批量、设备条件以及内部和外部环境也可能有很大的差异。因此，先进制造系统没有统一的模式。对先进制造系统技术功能的分析也要针对特定的企业目标结构和约束条件进行。技术功能分析的结果可以用图 13-3 所示的系统结构与功能树的形式表示出来。

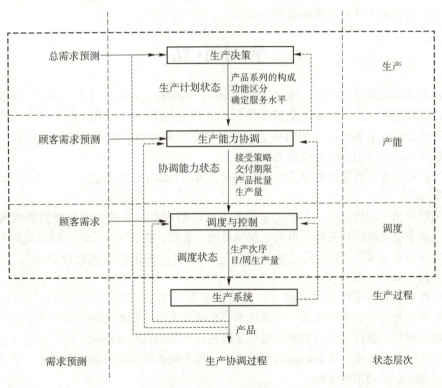

图 13-3　系统结构与功能树

在系统结构与功能树中，根据功能的可分性和投资的可分性将整个先进制造系统按递阶层次划分为若干分系统、子系统或功能单元。在每一个末级子系统或功能单元的后面列出该子系统或功能单元所具有的全部功能。由于有些功能需要通过系统集成才能实现，在系统结构与功能树中将系统集成也作为分枝。

完成技术功能分析之后，下一步是将系统的技术功能与企业的投资目标联系起来，根据企业目标的要求评价各种技术功能在特定约束条件下的有效性。在这里技术功能的有效性是指系统所具有的技术功能对于实现企业投资目标所能起到的作用。由于存在着多项系统技术功能服务于同一企业目标和一项系统技术功能服务于多项企业目标的情况，需要首先围绕企业目标树中的各项末级目标对系统的技术功能进行归集整理，建立起各项技术功能与目标间的对应关系。对于有多项技术功能为同一目标服务的情况，应视各项技术功能所起的作用是否可分离采取不同的处理方法，如果各项技术功能所起的作用可以分离，应该分别评价各项技术功能的有效性；如果各项技术功能所起的作用不可分离，则对应于该项企业目标的技术功能有效性指标所反映的应是多项系统技术功能共同作用的结果。

对技术功能有效性的评价应尽可能地用定量指标予以描述。例如，质量保证系统具有计划、检测、评价、反馈、控制等质量保证功能，服务于提高产品质量和降低成本费用这两项企业目标，对质量保证系统技术功能有效性的评价就应该给出可使产品合格率（或优质品率、平均质量等级、与制造质量有关的产品性能和寿命等）提高的幅度、可减少的废品损失和返工费用等定量描述。再如，管理信息系统的开发应用可以增加计划调度的灵活性，对与此相对应的技术功能有效性的评价可以用计划周期缩短的幅度来描述。对于某些确实难以定量描述的评价内容，如先进制造系统的开发对企业积累技术开发经验所起的作用，可以用一种以主观评价为基础的"目标达成度"予以描述。

对技术功能有效性的评价是从企业目标结构分析和系统技术功能分析过渡到系统效益评价的中间环节，是识别和计量系统效益的依据。

学 习 小 结

技术经济是运用科学的方法，通过计算和分析，结合技术方案的特点和要求，对技术方案的优劣进行评价和论证，为决策者提供科学依据和合理建议的一门科学。技术经济管理是专门研究技术方案的经济效益和经济效率的科学。通过技术经济分析，使企业的生产经营活动建立在技术上先进可行、经济上合理有效的基础上。

技术经济的主要分析指标有现金流量，投资，费用和成本，销售收入、利润和税金，资金的时间价值等。

价值工程着重于功能分析，力求用最低的寿命周期成本可靠地实现必要功能的有组织的创造性活动。这个定义概括地表述了价值工程的目的、重点、性质。目的是"用最低的寿命周期成本可靠地实现必要功能"，重点是"功能分析"，性质是"有组织的创造性活动"。这里的"功能"是指功用、效用、能力等。

以计算机集成制造系统为代表的先进制造系统是近年来发展起来的新型工厂自动化系统。先进制造系统综合运用计算机技术、信息技术、系统技术等一系列先进科学技术，对企业的生产过程、管理过程和决策过程中的物质流与信息流进行有效的控制与协调，将产品与工艺设计、生产准备、生产计划与控制、加工制造乃至采购、销售、服务等活动有机结合起来，从而实现企业生产经营活动的全局动态最优化。

复习思考题

1. 技术经济分析在促进现代企业发展和国民经济增长中的作用是什么？
2. 企业经济效益如何度量？
3. 什么是资金的时间价值，在投资决策中有何意义？
4. 什么是价值工程分析？
5. 先进制造系统的项目评价重点是什么？

案例分析

圣象打造木业绿色产业链

思考题：
你认为圣象的企业价值体现在哪些方面？这些价值体现对其他企业有什么启示？

模块十四

创新管理

本模块学习目标
1. 了解创新的概念、分类及其重要性；
2. 掌握创新的过程以及创新活动的管理；
3. 培养学生的创新思维能力。

能力目标
通过本模块内容的学习，学生在掌握基本内容的基础上，提高大数据时代下自身的创新意识、思维能力与创新创业水平。

关键概念
创新　创新过程　创新思维　创新创业

【导入案例】

小米的创新

3年时间，销售收入突破百亿；2012年，小米销售手机719万台，实现营收126.5亿元，纳税19亿元。小米模式再次引发热潮。刷新中国互联网公司的成长速度。在小米取得一系列成就的同时，人们也思考小米公司成功的原因。其中管理创新给小米的高速发展提供了充沛的助力。

一、花80%时间找人

小米在组建超强的团队时，雷军前半年花了至少80%时间找人，幸运的是高层管理人找到了7个牛人合伙，他们全是技术背景，平均年龄42岁，经验极其丰富。3个本地加5个海归，来自金山、谷歌、摩托罗拉、微软等，土洋结合，理念一致，大都管过超过几百人的团队，充满创业热情。

小米团队是小米成功的核心原因。如果一个同事不够优秀，很可能不但不能有效帮助整个团队，反而有可能影响到整个团队的工作效率。到小米来的人，都是真正干活的人，他想做成一件事情，所以非常有热情。来到小米工作的人聪明、技术一流、有战斗力、有热情，这样的员工做出来的产品注定是一流的。这是一种真刀真枪的行动和执行。

二、少做事，管理扁平化

小米的组织架构，基本上是三级：7个核心创始人—部门领导—员工。而且不会让团队太大，稍微大一点就拆分成小团队。从小米的办公布局就能看出这种组织结构：一层产品、一层营销、一层硬件、一层电商，每层由一名创始人坐镇，能一竿子插到底地执行。大家互不干涉，都希望能够在各自分管的领域给力，一起把这个事情做好。

扁平化是基于小米相信优秀的人本身就有很强的驱动力和自我管理的能力。设定管理的方式是不信任的方式，员工都有想做最好的东西的冲动，公司有这样的产品信仰，管理就变得简单了。当然，这一切都源于一个前提——成长速度。速度是最好的管理，少做事，管理扁平化，才能把事情做到极致，才能快速。

三、透明的利益分享机制

小米公司有一个理念，就是要和员工一起分享利益，尽可能多地分享利益。小米公司刚成立的时候，就推行了全员持股、全员投资的计划。小米最初的 56 个员工，自掏腰包总共投资了 1 100 万美元，均摊下来每人投资约 20 万美元。

管理启示

创新不仅是发展的灵魂与内在动力，创新也是企业提升综合能力，提升核心竞争力的重要途径。在当今多变的社会经济形势下，企业如果想要保持长期稳定的发展，就必须不断地创新，企业的管理创新更是首要解决的问题。企业的经营与管理，有如逆水行舟，不进则退，在激烈的优胜劣汰环境中，不去未雨绸缪，或者固守成规，都有被淘汰的风险。在变化无常的经济风云中，很多企业在某些阶段会面临各种各样的问题，创新是企业能够度过危机长远发展的有效途径。

学习单元一　创新概述

"创新是持续成功的关键所在。""我们今天的创新是为了保障未来的发展。"第一句话出自万事达卡公司的首席执行官彭安杰。第二句话出自施乐创新集团的首席技术官苏菲·范德布罗克。这两句名言，反映了创新对企业的重要性。在这个动态多变、紊乱无序的全球竞争态势下，如果企业想要在竞争中获得成功，就必须创造新的产品和服务，并且采用领先的技术。

世界目前的经济已由"管理型经济"转变为"创新型经济"，企业唯有重视创新与创业精神，才能再创企业生机（彼得·德鲁克）。

企业家精神的真谛就是创新，创新是一种管理职能（熊彼特）。

20 世纪 30 年代，奥地利经济学家熊彼特从经济学角度首先提出和使用了"Innovation"（创新）概念，他认为"创新"是指新技术新发明在生产中的首次应用，随着知识经济的到来和现代科学技术的飞速发展，传统的"创新"定义逐渐显露出一定的局限性，不能确切地表达社会各类创新活动的状况。因此，在当今的社会发展实践中，创新的概念已经被人们大大拓宽。新的"创新"定义是指人类在认识、适应和改造自然的实践过程中获得新知识、新方法、新原理、新技术、新产品的过程与结果，如在自然界中，我们发现埋在地下的石油和铝土矿（铝的原材料）的用途并赋予其经济价值时，这种"新"产品的发现就是创新；在经济中，收割机发明者麦克科密克创造了分期付款制度，提高了农民的"购买力"，使得农民能够以未来的收入购买收割机，于是一夜之间，农民就有了购买农机具的能力，这种分期付款制度"新方法"的创造就是创新；将卡车车身从轮子上卸下来，放置于货运轮船上的点子（即集装箱的发明），并没有多少新的技术含量在里面，但它使在港口停泊的时间尽可能地缩短，使远洋货船的效率提高了四倍，这种新的物流运输模式的发明就是创新。

过去，大家一般习惯性认为创新是指技术创新，认为"创新"是科技术语，现在我们越来越把"创新"当作一种经济或社会术语，如分期付款制改变了经济，任何领域只要引进分期付款制，就能将经济从供应驱动型转变为需求驱动型，如"报纸发行""保险业"等这种社会创新改变了人类的生活方式，推动了社会进步。

 **管理启示**

创新的 10 种类型

一、创新的定义

管理创新从概念体系上来说属于一种特殊领域中的创新活动。因此，要弄清楚管理创新，首先必须明确创新是什么。

熊彼特认为，创新就是"新的组合"，它包括下列五种情况。

（1）采用一种新的产品——也就是消费者还不熟悉的产品，或某种产品的一种新的特性。

（2）采用一种新的生产方法，也就是在有关的制造部门中尚未通过鉴定的方法，这种新的方法绝不需要建立在新的科学发现的基础上。

（3）开辟一个新的市场。

（4）掠取或控制原材料或半成品的一种新的供应来源。

（5）实现一种工业的新组织，比如造成一种垄断或者打破一种垄断地位。

在这里，熊彼特用列举具体创新领域的方法进行了描述，尽管其所涉及的创新领域包括了产品创新、技术创新、市场创新、环境创新和组织创新等方面，但是他并没有直接明确地揭示出创新的实质。

自从熊彼特提出"创新"概念以来，人们曾对创新赋予了各种各样的定义。管理大师彼得·德鲁克（1909—2005 年）提出，创新是组织的一项基本功能，是管理者的一项重要职责。在此之前，"管理"被人们普遍认为就是将现有的业务梳理得井井有条，不断改进质量、流程、降低成本、提高效率，等等。然而，德鲁克则将创新引入管理，明确提出创新是每一位管理者和知识工作者的日常工作和基本责任。

国内学者周三多认为："创新首先是一种思想及在这种思想指导下的实践，是一种原则以及在这种原则指导下的具体活动，是管理的一种基本职能。"周三多认为传统的管理职能属于管理"维持职能"，"有效的管理在于适度的维持与适度的创新的组合"。

国内另一位学者芮明杰认为："管理创新是创造一种新的更有效的资源整合范式，这种范式既可以是新的有效整合以达到企业目标和责任的全过程式管理，也可以是新的具体资源整合及目标制定等方面的细节管理。"根据这一概念，管理创新包括五种情况，"提出一种新精英思路并加以有效实施""创设一个新的机构并使之有效运转""提出一种全新的管理方式方法""设计一种新的管理模式""进行一项制度的创新"。

这两位学者的定义在一定程度上反映了管理创新的本质和特征，但没有明确管理与创新以及管理创新与其他管理活动之间的关系。如果从字面意义上来理解，创新一般是指对原有的东西加以改变或引入新的东西的过程或活动。而管理是指综合运用人力资源和其他资源以有效地实现目标的过程。那么创新管理就应该是指为了更有效地运用资源以实现目标而进行的创新活动或过程。

二、创新的模式与管理创新的分类

创新从创新主体的角度来分，可以分为三种模式：一是自主创新，二是模仿创新，三是合作创新。

1. 创新的模式

（1）自主创新。自主创新是指企业通过自身努力，依靠自身的力量，不断发现问题、解决问题的管理创新活动。自主创新是一个渐进性过程，往往从局部小创新开始，再过渡到较为系统的管理创新。自主创新由于自己的文化兼容，因此，创新成果在组织内部容易推广与扩散，但创新成果对外移植相对就比较困难。因为自主创新的成果在高层管理者发生变动或组织内外部环境发生重大变化时可能会失效。

（2）模仿创新。模仿创新是通过学习、模仿别人的创新思路和创新行为，吸取别人先进经验与管理模式，并在此基础上形成自己独特的管理模式的过程。管理上的模仿创新，实际上是风险大、最困难的创新，因为真正有生命力的管理创新肯定是根植于特定企业文化之中的，而文化的移植是相当困难的，没有相应文化支撑的先进经验与管理模式是苍白无力的。

问题互动

既然模仿别人的先进经验与管理模式是困难的，我们为什么还要学习呢？

（3）合作创新。合作创新是指企业科研机构、高等院校、管理咨询公司等共同进行的联合创新。合作创新是以合作伙伴的共同利益为基础，以资源共享或优势互补为前提，通常有明确的合作目标、合作期限和合作规则，双方相互之间高度信任、共同参与的管理创新活动。合作创新是管理创新中最重要、最富有创新成效的一种创新模式。它的最大特点是能够突破原有的思维定式，否定原有的管理模式，进行较大的管理创新活动。

2. 管理创新的分类

（1）管理观念创新。是指形成能够比以前更好地适应环境变化并更有效地利用资源的新概念或新构想的活动。

（2）管理手段创新。是指创新能够比以前更好地利用资源的各种组织形式和工具的活动，可进一步细分为组织创新、制度创新和管理方法创新。其中，组织创新是指创建适应环境变化与生产力发展的新组织形式的活动；制度创新是指形成能够更好地适应环境变化和生产力发展规则的活动；管理方法创新是指创造更有效的资源配置工具和方式的各种活动。

（3）管理技巧创新。是指在管理过程中为了更好地实施对观念的调整、制度的修改、机构的重组或进行制度培训和贯彻落实员工思想教育等活动所进行的创新。

管理创新始于管理观念创新。创新者在实践中，通过对以往管理方法运用效果的反思，发现原有管理方法或管理思想中存在的缺陷；或形成了诸如能否做得更好之类的要求，结合现代科学技术和社会的发展，融合形成新的管理思想；或随着管理经验的积累，经过总结升华，产生了更新更好的管理思想。这是一个关键阶段，这一阶段中所形成的管理思想的正确与否，直接影响这一管理创新的成败。

三、创新的原则

创新的原则是在创新的过程中带有一定的普遍性，可以作为指导创新活动的法则和标准。在管理创新中应用这些原则可以提高我们创新行为的自觉性和主动性，可以少走弯路，降低成本。下面是一些比较有效的管理创新原则。

1. 还原原则——寻求事物的本质

所谓的还原原则，就是打破现有事物的局限性，寻求其形成现有事物的基本创新原点，改用新的思路、新的方式实现管理创新。任何创新过程都有创新原点和起点。创新的原点是唯一的，而创新的起点则可以很多，如在管理上，实现目标的手段是多种多样的，在当时的条件下，我们可能选择了一种合适的解决方法，但是随着环境的变化，原来的方法不一定是最好的，这就需要回到最初的目标上来重新制定一种更为合适的新方法。管理创新的还原原则，就是要求创新主体在管理创新过程中，不要就事论事，就现有事物本身去探讨管理创新问题，而应进一步地寻求源头，从前提假设出发寻找创新的原点。

突破常规

2. 木桶原理——关键要素创新

木桶原理是指由几块长短不一的木板所围成的水桶的最大盛水量是由最短的一块木板决定的。木桶原理所要说明的是：在组成事物的诸多因素中最为薄弱的因素就是瓶颈因素，事物的整体发展最终将受制于该因素；只有消除这一瓶颈因素，事物整体才能有所发展。在管理创新中，如果能抓住这个影响事物发展的环节或因素，那么就会达到"加长一块木板而导致整个水桶盛水量很快增长"的目的。

木桶原理在企业经营管理中有很大用处，企业组织有不同层次、不同的职能部门、不同经营领域，而企业整体管理水平的高低既不由董事长、总经理决定，也不由那些效率最高、人才济济的部门决定，而是取决于那些最薄弱的层次和部门。因此，只有在最薄弱环节上取得突破性的创新，才能最终提高整体管理水平。

3. 交叉综合原则——发挥交叉优势

交叉综合原则是指管理创新活动的展开或创新意向的获得，可以通过各种学科知识的交叉综合得到。如计算机学科与管理学科的交叉综合就形成了一系列具有革命性的管理方法和手段：管理信息系统（MIS）、决策支持系统（DIS）、企业资源计划（ERP）等。

从管理创新的历史过程来看，两种创新的方式是值得重视的。一是用新的科学技术、新的学科知识来研究、分析现实管理问题。由于是用新的学科知识和技术来看待现实管理问题，即从一种新的角度来研究问题，这样就可能得到不同以往的看法和结论。

4. 兼容性原则——兼收并蓄，自成一家

管理创新要坚持"古为今用，洋为中用，取长补短，殊途同归"，既要学习外国的先进经验，也要学习中国古代的管理思想，并结合企业的实际情况。管理理论的发展不同于自然科学，自然科学理论的发展与创新，是一种否定之否定的关系，新理论的创新意味着对旧理论的否定，而管理理论的创新往往是一种兼容关系，是从不同角度对旧理论的完善和补充。如组织行为理论的出现，并不意味着泰勒制的结束，泰勒的科学管理方法仍是其管理的基础。

兼容性原则是指根据自身的实际情况，在吸收别人的先进的管理思想、管理方式、管理方法的基础上进行综合、提高和创新。

5. 宽容失败原则

管理者最大的错误在于怕犯错。没有尝试,就没有新作为,而要进行管理创新,就有可能面临失败,就有犯错的可能。只有营造出不怕犯错、宽容失败的氛围,才会有致力于创新的行为。

要做到不怕犯错、宽容失败是比较困难的,因为人们从小就养成了思维定式——"成者为王败者为寇"。同样,几乎所有的组织原则都是惩罚失误者,而绝对不惩罚服从命令的人,就此许多人养成了怕犯错的恐惧心理,并竭力避免犯错误,人们要学会做得完美无缺,而不是有创造性。企业永远需要有能够创新、敢于行动、不怕犯错、好学的员工。现在一些企业家开始避免犯"不让企业犯错误"的错误。如美国的3M公司就提出了"允许犯错误,不允许不创新""允许犯错,但不允许犯相同的错误"等概念,积极鼓励员工参与企业各类创新活动。

创新小故事:洛克菲勒的眼光

"二战"过后,战胜国决定在美国纽约建立联合国。可是,在寸土寸金的纽约,要买一块土地谈何容易;联合国机构刚刚成立,身无分文,硬性摊派不合适。

正当各国政要一筹莫展时,美国著名的洛克菲勒财团决定投下一笔巨资,在纽约买下一大片土地,无偿赠送给联合国。同时也将这块土地四周的地面都买下来。

消息一传开,各财团舆论哗然,纷纷嘲笑洛克菲勒家族:如此经营,不要几年,必然沦落!洛克菲勒财团则不管他人如何议论,决心不变,坚持将土地笑脸奉送。

几年之后,联合国大厦建起来了,联合国事务开展得红红火火,那块土地很快变成全球的一块热土。于是,它四周的地价也不断升值,几乎是成倍地飙升。结果,洛克菲勒财团所购买的土地价值直线上升,所赢得的利润相当于所赠土地价款的数十倍、上百倍。

在上面的例子中,洛克菲勒棋高一着,靠的是创造性思维。

其一,超越时代的政治眼光。洛克菲勒很清楚,历经多年战乱,世界需要和平,人民希望安定。联合国的建立第一次为世界各国提供了一个对话议事的场所和发表意见的讲坛,因此一定会得到全球广泛的拥护与支持。因此,联合国总部必然会成为世界瞩目的热土,成为各国高官要员出入的领地。捐赠给这样的机构,无论对于财团的声誉,还是对于事业的发展,都只有好处,没有坏处。

其二,超越时代的经济眼光。洛克菲勒知道,随着联合国声誉的提升及世界各国对联合国的重视,联合国总部所在地很快会成为各界人士瞩目的黄金宝地,各种政治、经济、文化等团体与组织都会争相在这里设立办事机构,其地价必然会急剧上升。因此,在策划购买土地时,洛克菲勒财团已将自己未来的发展也计划其中,在赠地的同时,也将四周的土地收购进来,以待来日。果然不出所料,精明的策划得到了丰厚的回报。

在这个例子中,正是预见性给了洛克菲勒超前的目光和非凡的胆略,因此,赢得丰厚的回报也就是自然而然的事了。

创新意识强烈的人都是主动思维的人。他们不是等到任务到了,问题来了或矛盾出现了,才去思维,而是时时处处都在思维。因为他们的思维细胞一直活跃着,所以可以随时捕捉最新鲜的思维素材,并进行最快速的思维加工,抢在他人前头产生创意,因而机遇往往会首先光顾他们。

学习单元二 创新过程及其管理

3M公司领导人中的创新

美国创新活动非常活跃，经营成功的美国3M公司的一位领导人在一次演讲中是这样说的："大家必须以一个坚定不移的信念作为出发点，这就是：创新是一个杂乱无章的过程。"

（资料来源：http://www.doc88.com/p-994394702567.html）

创新是对旧事物的否定，对新事物的探索。对旧事物的否定：创新必定要突破原先的制度，破坏原先的秩序，必须不遵守原先的章程；对新事物的探索：创新者只能在不断的尝试中去寻找新的程序、新的方法，在最终的成果取得之前，可能要经历无数次的反复和无数次的失败，因此，创新看上去必然是杂乱无章的。但是这种"杂乱无章"是相对旧的制度、秩序而言的，是相对于个别创新而言的，就创新的总体来说，必然依循一定的步骤、程序和规律。

一、创新的过程

要有效地开展系统创新活动，就必须研究和揭示创新的规律。总结众多成功企业的经验，发现成功的创新要经历四个阶段的努力。

1. 寻找机会

创新是对原有秩序的破坏。原有秩序之所以要打破，是因为内部存在或者出现了某种不协调的现象。这些不协调对系统的发展提供了有利的机会或者造成了某种不利的威胁。创新活动正是利用旧秩序内部的不协调现象，不协调为创新提供了契机。旧秩序中的不协调既可存在于系统的内部，也可产生于系统外部。企业的创新，往往是从密切地注视、系统地分析社会经济组织在运行中出现的不协调现象开始的。

就系统内部而言，创新的机会来自以下几个方面。

（1）技术变化。科技和生产技术的变化，可能影响企业资源的获取。

（2）人口变化。影响到劳动力市场供给和产品销售市场的需求。

（3）宏观经济环境变化。迅速增长的经济背景可能给企业带来不断扩大的市场，而整个国民经济的萧条则可能降低企业产品需求者的购买力。

（4）文化与价值观念变化。这会影响消费者的偏好或劳动和对工作及其报酬的态度。就系统外部来说，有可能成为创新契机的变化有以下两个方面。

①生产经营的瓶颈。生产经营中的瓶颈会影响劳动生产率的提高或者劳动积极性的发挥，因而始终困扰着企业的管理人员。

②出乎意料的成功。企业中派生产品的销售额和利润贡献有时会出乎预料地超过企业的主营产品。老产品经过精心整顿改进后，结构更加合理，性能更加突出，但是并未得到预期的销量。这种出乎预料的成果和失败，往往可以把企业从原先的思维模式中驱赶出来，从而可以成为企业创新的一个重要的源泉。

2. 提出构想

敏锐地观察到了不协调的现象以后，还要透过现象究其原因，并据此分析和预测不协调的未来变化趋势，估计它们可能给组织带来的积极和消极后果；并在此基础上，努力利用机会或将威胁转换为机会，采用头脑风暴、德尔菲等方法提出多种解决问题、消除不协调的创新构想。

3. 迅速行动

创新成功的秘密主要在于迅速行动，提出的构想可能还不完善，但这种并非十全十美的构想必须自己付诸行动才有意义。"没有行动的思想会自生自灭"，这句话对于创新思想的实践成功尤为重要，一味追求完美，以减少被攻击、受讥讽的机会，就可能错失良机，把创新的机会断送。

4. 坚持不懈

构想经过尝试才能成熟，而尝试是有风险的，是不可能"一打就中"的，是可能失败的。创新的过程是不断尝试、不断失败、不断提高的过程。因此，创新者在开始行动以后，为取得最终的成功，必须坚定不移地继续下去，决不能半途而废，否则便会前功尽弃。要在创新中坚持下去，创新者必须有足够的自信，有较强的忍耐力，能正确对待尝试过程中出现的失败。既为减少失误或者消除误会后的影响采取必要的预防或纠正措施，又不把一次失利看作是整个失败，知道创新的成功只能在屡屡失败后才姗姗而至。爱迪生说过："我的成功是从一路失败中取得的。"这句话对创新者应该有所启示，创新的成功在很大程度上要归因于"最后五分钟"的坚持。

二、创新活动的管理

系统的管理者不仅要根据创新的规律和特点的要求，对自己的工作进行创新，而且更主要的是组织下属的创新，但这并不是一味计划和安排下属该在某个时刻做什么，更要为下属的创新提供条件、创造环境，有效地组织系统内部的创新。因此，管理者在进行创新活动管理时，要注意以下五点。

1. 正确理解和扮演"管理者"的角色

"系统的活动不偏离计划的要求。"这是大多数保守的管理者都明确的，因此他们认为自己的首要任务就是保证实现预先制定的规则和计划，此时，他们的角色是规章制度的守护者。但是，由于管理环境的多变，对于管理者角色的理解显然就不能再这么狭隘了。管理人员必须自觉地带头创新，并努力为组织成员提供和创造一个有利于创新的环境，积极鼓励、支持、引导组织成员进行创新。

2. 创造促进创新的组织氛围

促进创新的最好方法是大张旗鼓地宣传创新，激发创新，使每一个人都奋发向上、努力进取、大胆尝试。要营造一种人人谈创新、时时想创新、无处不创新的组织氛围。让组织中的成员去探索新的方法、找出新的程序，只有不断探索、尝试才能更好地实现组织的目标，实现自身的价值。

课堂拓展

二教授心系学员，创立好赖网

3. 制订有弹性的计划

创新意味着打破旧的规则，意味着时间和资源的计划外占用，因此，创新要求组织的计划必须具有弹性。

创新需要思考，思考需要时间。把每个人的工作日程都安排得非常紧凑，对每个人在每时每刻都实行"满负荷工作制"，则许多创新的机会就会被忽略，创新的构想也无条件产生。美籍犹太人宫凯尔博士对日本人的高节奏工作制度就不是那么肯定，他说："一个人成天在街上奔走，或者整天忙于做一件事情，没有一点清闲的时间供他去思考，怎么会有新的创见？"他认为，每个人每天除了必需的工作时间以外，必须抽出一定的时间去思考，这更有利于人们创新。

4. 正确对待失败

创新的过程是一个充满失败的过程，创新者应该认识到这一点，创新的组织者更应该认识到这一点，只有认识到失败是常态，甚至是必需，管理人员才可能允许失败、支持失败。但支持失败不是指允许组织成员马马虎虎地工作，而是希望创新者在失败中取得经验和教训，学到对今后有用的东西，变得更加明白，从而使下次从失败到创新成功的里程缩短。

5. 建立合理的奖酬制度

要激发每个人的创新热情，还需要建立合理的评价和奖惩制度。因为创新的原始动机也包括个人成就感和自我实现的需要，但是如果创新的努力不能得到组织或社会的承认，不能得到公平和合理的奖励，则继续创新的动力就会渐渐消失。合理的奖励制度包括以下几方面内容。

（1）注意物质奖励与精神奖励的结合。从经济的角度来看，物质奖励的效益要低于精神奖励，因为金钱的边际效用是递减的，而且如果只靠物质奖励，为了激发或者保持同等程度的创新积极性，组织只能支付越来越多的奖金。所以，奖励不一定是金钱方面的，精神上的奖励也许比物质上的更有驱动力。

（2）奖励不能视为"不犯错误的报酬"。奖励应该是对特殊贡献，甚至是对希望做出特殊贡献的努力的报酬。对于组织发展而言，也许重要的不是创新的结果，而是创新的过程。如果奖励制度能促进每个成员都积极探索和创新，那么对组织发展有利的结果必然会产生。

（3）奖励制度要既能促进内部竞争，又能保证成员间的团结合作。内部的竞争与合作对组织的创新都是至关重要的。竞争能够激发每个人的创新欲望，但过度的竞争则会导致内部分裂，合作能够把发展的力量最大化，但是没有竞争的合作可能会无法区别个人的贡献，最终削弱个人的创新欲望。在奖励制度中应考虑的不是单一的竞争或者合作，更多的是需要综合考虑，相应的奖励制度要多元化、灵活化，以给每一个人都有成功的希望，同时也避免"只有少数人能成功"的现象，给组织营造一个良性的创新环境。

启发案例

几名高智商俱乐部的会员在一家餐厅吃饭，发现餐桌上一个瓶盖标志为"盐"的瓶子里装的是胡椒粉，而标志为"胡椒粉"的瓶子里装的却是盐。于是有人提出了一个问题：怎样在没有任何抛撒的情况下，只借助餐馆现有的工具，将两瓶调料对调过来？

面对这样充满挑战的问题，高智商人士们顿时兴奋起来。经过一番激烈的头脑风暴后，他们最终达成一致，想出了一个最充满才气的方案——仅需要一张餐巾纸、一根吸管、两个空碟子就可解决问题。

他们将服务员叫过来，打算炫耀一下他们绝妙的想法。谁料，服务员什么也没说，只是拿起盐瓶和胡椒粉瓶，互换了盖子……

学习单元三　培养创新思维

要创新，就要具备创新思维和创新能力。那么如何培养创新思维呢？首先要克服偏见思维，其次要树立创新思维及其模式。

一、克服偏见思维

1. 常见的偏见思维

要想具备创新思维，首先要消除偏见思维。费兰西斯·培根曾把人的认知看成是某种受控行为，即人们往往被一些自己并未察觉的假象（或偶像）所干扰，从而做出错误的判断，这些假象主要有：

种族假象。源于人的本性而产生的谬误看法，人总是从自己的感知和思维方式出发去判断事物。

洞穴假象。人总是在自己的个性和环境下观察和理解事物，类似柏拉图的"洞穴假象"，即人所看到的常常是洞穴中自己的影子。

市场假象。人在交往中所使用的语言就像市场中的交易一样被滥用了，由此便会生出诸多谬误。

剧场假象。各种貌似真理的权威思想搅乱了人们的思想。

偏见思维源于产生偏见的形式，偏见形式较多，其中，较为显性的有四种。

（1）经验偏见。经验偏见是指人们总是根据自己的经验进行判断，不接受外界的意见，仍然固执地在自己的经验中进行思考并得出结论。很多人总是认为经验推理应该更符合实际，总是想当然地认为会怎么样，因而在实践中，人们总是在自己的经验里生活，在自己的经验中思考，很难接受经验以外的事实。

 启发案例

有个盲人从干枯的小河的桥上经过时，不慎失足滑倒了，他两手紧紧地抓住桥栏杆，心想：如果失手放开，必定会掉进深渊。有个路人告诉他："不要怕！只管把手放开，下面是平坦之地。"但是瞎子不信，惊慌地抓住栏杆大哭大叫，直到筋疲力尽脱手掉到地面，未伤皮毛。盲人自嘲地说："嘻嘻！早知道下面是平地，何必坚持这样长久自找苦吃。"盲人根据经验认为桥下面一定是河，掉下会很危险，就算别人提醒他下面不是河是平坦的地面，盲人仍然抱持偏见。因为盲人和明眼人对这个世界有着不同的体验和感悟。

（资料来源：王健《超越性思维》）

 管理启示

一个人很难超越自己经验范畴的事物，但是一定要突破，只有突破才具有创新性思维能力。经验往往比科学更肤浅、更狭隘，有时候甚至更顽固。诚然，对于经验我们要客观辩证地对待，保留有用的经验，丢弃无用的经验。

（2）利益偏见。利益偏见就是人们往往会根据自己的价值观或立场对事物进行判断，从而造成一种超越理性的不知不觉由立场所决定的观点偏移，也就是常说的"鸡眼思维"。马克思说："愚蠢庸俗、斤斤计较、贪图私利的人总是看到自以为吃亏的事情；譬如，一个毫无修养的粗人常常只是因为一个过路人踩了他的鸡眼，就把这个人看作世界上最可恶和最卑鄙的坏蛋。他把自己的鸡眼当作评价人们行为的标准。"可见，鸡眼思维就好像大多数恋人都认为自己找到了世上最好的人，大多数孩子也都会得出结论说自己的父母是世界上最好的父母。所谓"王婆卖瓜自卖自夸"，其实就是一种典型的利益偏见思维模式。

事实上，许多公正的裁判和审判，往往需要超然于双方利益之外的意志来裁决，一方面需要杜绝利益的有意识干扰，另一方面也是为了免除利益的无意识介入。就好比在辩论赛中，抽签之前，对于辩题双方的立场并无特别偏向，但是一旦抽中某一立场，随着对问题的深入探讨与资料的收集，对于自己的辩题义无反顾地维持，日夜苦思冥想，觉得己方的观点就是正确的。这就是一种利益偏见导致的现象。因此，在实际工作、生活中，由于人们存在这些利益偏见，这往往会造成他们对一些事物的欠精确判断，从而失去一些机会。

（3）位置偏见。站在什么样的年龄位置就会有什么样的感受，这与站在什么样的物理位置，就会得到什么样的认识一样，这就是位置偏见。就如南宋词人蒋捷在《虞美人·听雨》中写的："少年听雨歌楼上，红烛昏罗帐。壮年听雨客舟中，江阔云低、断雁叫西风。而今听雨僧庐下，鬓已星星也。悲欢离合总无情，一任阶前、点滴到天明。"每一个人都生活在一定的社会坐标体系中，各种思想无不打上鲜明的烙印。位置偏见导致人们在看待问题时不够全面，角度比较单一，不能多角度地审视，从而造成设计出来的方案不一定是最优结果。在创业过程中，切忌有位置偏见，一定要从客户、产品、市场的角度进行深入分析。

（4）文化偏见。每个国家都有不同的文化，每个民族都有不同的民族文化，甚至不同地域都有地域特色的文化，每个不同地域、不同民族的人对待事物的看法一定会存在偏差。就如同中国影片很难获得奥斯卡奖一样，因为美国文化决定奥斯卡奖的评审标准，而这个评审标准并不适合中国影片，就算中国影片能够获得奥斯卡提名，外国人也不一定都能接受这部电影。所以这就是一种文化偏见，而这种偏见会导致人们思维的固化，从而失去创新的源泉。一个创业团队的人来自五湖四海，在对一个项目的讨论中，作为创业者不能有任何文化偏见，这样才可以做到公正公平。

文化偏见

2. 正确对待偏见

以上四种偏见形式是经常会碰到的，也是不可避免的。因为偏见有时并非主观故意，而是一种无意识的倾向。所以我们应该正确对待偏见才可以克服偏见。

（1）偏见具有不可超越性，但可以抛弃偏见本身。从哲学角度来说，偏见是一种本体性的存在。海森堡测不准原理（不确性原理）告诉我们，任何观察工具对观察对象的介入（如温度表试图对密封容器内空气温度的测定）都将在一定程度上使测试对象改变，从而达不到"绝对"准确。因此，偏见作为一种本体性的存在是无法抛弃的，要抛弃就必须是"抛弃偏见"本身。

卡夫卡在《变形记》中描述主人公格里高尔·萨姆沙从梦中醒来，突然发现自己变成了一只大甲虫。他的变形给整个家庭生活带来了不幸。无论是他的父亲还是他的妹妹都无法摆脱这样的念头，即使这只大甲虫就是格里高尔，但还是无法接受。可是他的妹妹喊出一句话："爸爸，你们一定要抛开这个念头，认为这就是格里高尔。我们很久以来都是这样相信的，这就是我们一切不幸的根源。"抛开一切，这只甲虫就是自己的孩子，那么一切都可以跟以前一样。所以，我们需要学会抛弃偏见，洒脱地看待问题。

（2）超越有限经验。大多数人都喜欢凭自己的经验做出推断，这种经验一般而言是感性的、朦胧的、自闭的，具有很大局限性，毕竟个人的经验永远只能是具体的，而一切具体都是有限的。经验无法达到完全归纳，一切有限的经验归纳在无限的事实面前其比值永远趋向于零。问题在于人们总是用近乎"零"经验来臆断，建立在有限归纳基础上的演绎可以是科学的，但是偏于一隅的经验强迫性地放大为全称的真理，那就是一种愚昧了。

有这样一道思考题：假如手里有一张很大的报纸，看完之后将它对折，第二天再对折一次，以后每天对折一次，两个月后，能想象一下报纸大概有多厚吗？（假设理论上可以做到多次对折）

（3）摆脱经验干扰。柏拉图说："经验使人失去的东西往往超过给人带来的东西。"首先，缺乏经验的年轻人比老年人在原创性上更锐利。牛顿、爱因斯坦都是在 26 岁时做出了人类历史上最重大的贡献。年轻人更容易出重大原创性成果，主要原因在于年轻人没有传统经验的干扰，倾向于革命和颠覆。所以，现在国家提倡"双创"，作为年轻人就应该发挥年轻的优势，大胆革新，积极创新。其次，要摆脱经验干扰除了初生牛犊不怕虎的精神之外，还需要具备跨专业、跨学科的知识储备。因为在科学领域中有一个不可否认的事实：一些半路出家的冒险者闯入一个多年徘徊不前的新领域，往往能给这个科学领域带来新的突破。例如，电报是由莫尔斯发明的，可他之前是一名肖像画家。就如马云虽然从事电商领域，但他曾经是一位英语老师一样。所以要学会摆脱经验干扰，大胆地去创新、去探索。

二、创新思维常见类型

熟悉偏见思维的常见形式之后，需要了解一些常见的创新思维方式。爱因斯坦说过：我们的观念决定我们所看到的世界。所以需要锻炼我们的思维，提升思维效率，实现创新思维的培养。创新思维的方式有很多种，这里主要介绍超越性思维、简单性思维、整体性思维、扩散性思维四种。

1. 超越性思维

超越性思维最本质的特征就是越界思维，就是要做到能够超越规则，突破传统。如何做到超越性思维呢？首先看看下面的练习。著名的九子图游戏，如图 14-1 所示，要求用四条直线把所有九个点连接起来，不能移动任何点，连线必须一笔完成，连线画完前，笔不能离开纸面。

图 14-1　九子图游戏（1）

相信很多人看到这个游戏，第一反应就是用 5 条线完成。如图 14-2 所示。

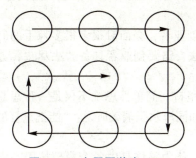

图 14-2　九子图游戏（2）

那么四条直线的要求让这个游戏难度加大，很多参与者都会一筹莫展，认为这是不可能完成的一件事情。可是当结果出现在自己面前的时候，会发现原来就是这么简单，如图 14-3 所示。

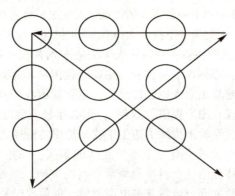

图 14-3　九子图游戏（3）

这个时候会发现，这不是一道脑筋急转弯题，也不存在偷换概念。那么这道题的意义在哪里呢？相信很多参与者看到结果都惊讶自己不自觉地陷入九子图边框的惯性思维中，无意识地在一种前提性假设下思考，认为九子图是一个封闭的整体，边界就这样自然而然地限定了。如果能够突破这个边界，突破无意识的一些前提假设，那么创新自然而然就会发生了，这就是一种超越性思维。

总之，超越性思维就是要做到能够超越规则，突破传统。这对于年轻人来说非常重要。当然要具备超越性思维能力，需要进行大量的思维锻炼。

2. 简单性思维

最伟大的真理常常也是最简单的真理。简单性思维就是用最直白、最简单的方式来解决问题的一种思维方式。简单也是一种智慧，这种智慧需要逻辑和知识，同时也需要超越逻辑和知识。所以要学会思考、善于发现，这样创新就自然而然地发生了。

要做到简单性思维需要注意以下几点：

（1）舍弃复杂表象，直指问题本质。简单性思维从方法论上说就是舍弃复杂表象，直指问题本质。对任何事物准确的解释通常就是那种"最简单的"，而不是那种"最复杂的"解释。所以在创业过程中，尤其起步阶段一定要用简单性思维，不要想太多，定好方向坚持做好就可以了。

（2）由繁入简。简单性思维虽然告诉我们很多复杂的问题其解决办法并不一定复杂，但需要看到问题本质。寻找问题的本质是一个复杂过程。由繁入简就是说在发现问题本质过程中要有耐心，专注一个问题，致力于发现问题本质，那么它的解决办法就一定能找到。这也是一种创新精神。

（3）删繁就简。作为一名创业者，会面对很多很多棘手的问题。怎么能够快速有效地解决这些问题，找到解决问题的办法？需要创业者具备"去尽皮，方见肉，去尽肉，方见骨"的直指事物本原的方法。

（4）简单就是一种态度与坚持。简单性思维不仅是一种思想方法，也是一种生存态度，对待任何事情都能始终如一，就如同海尔张瑞敏所说："能把重复的事情坚持做好，就是不简单。"

3. 整体性思维

整体性思维也是系统思维。认为整体是由各个局部按照一定的秩序组织起来的，要求以整体和全面的视角把握对象。整体性思维的最大特点是可以实现"整体大于部分的总和"，现代科学发展最明显的特点就是既高度分化，又高度综合，所以，要学会整体性思维。对于创业者、企业家来说，整体性思维可以帮助企业家在做任何一个决策时，能够从企业内外部经营环境、企业愿景、企业责任等多方面进行思考，这样做出来的决策会更加优化。

整体性思维的锻炼经常通过整合、系统、协同三种方式进行。整合就是能够将不同的部分拼凑在一起形成一个整体，就像小朋友玩的拼图一样，力争在最短时间完成一个复杂的拼图，这有利于进行整体性思维的锻炼。系统就是关注系统内部的基本要素有哪些，这些要素之间的关系是怎样的，这可以通过类似下面的案例进行锻炼。协同是现代管理中非常重要的应用技巧，作为创业者来讲，在善于整合各种性质的资源从而达到系统的最优化运作方面，这有着令人信服的作用。就如同"三个和尚没水喝"的故事一样，因为没有协同，所以没有水喝；《西游记》中师徒四人的分工配合与协同，实现了西天取经的成功，实现了整体合作效应。

启发案例

假设有9个一模一样的小球，其中有一个稍微轻一点，其余的重量相等。现请你选一种称重量的仪器，要求只称两次，便将此球找出来。请问用什么仪器？怎么称？（当有9个球时，先将球分成三组，每组3球，取两组放到天平两边去称，视天平的位置变化可先判断哪组有轻球，再按照前述方式称一次，就可以知道哪个球是轻球。）

（资料来源：王哲《思维训练500题》）

4. 扩散性思维

扩散性思维是一种不依常规，由一而想到多、触类旁通的思维。要求人们充分发挥想象力，突破原有的知识边界，将四面八方想到的知识进行汇总、整合、重新组合，从而产生新的观念。例如下面一道题：

$$1+1=1 \quad 2+1=1 \quad 3+4=1 \quad 4+9=1 \quad 5+7=1 \quad 6+18=1$$

以上结论该如何解释？如果敢于发散思维，那么只需要在数字后面加上单位名称，结果就是可以成立的。如：

1（里）+1（里）=1（公里）

2（月）+1（月）=1（季度）

3（天）+4（天）=1（周）

4（点）+9（点）=1（点）

5（月）+7（月）=1（年）

6（小时）+18（小时）=1（天）

由此可以看到，创新思维最重要的前提在于建立"一切都有可能"的哲学观念。体现了一种将不可能变成可能的意识。扩散性思维就是要让自己的思维发散开，扩散到自己思维与知识的极限。要想产生一个好的设想，最好的办法就是先激发大量的设想，而这些设想需要思维足够发散才可以实现。

三、创新思维模式——水平思考法

目前国际上有一种比较流行的创新思维模式——水平思考法。这种思维方式是爱德华·德·博诺提出来的。他第一次把创造性思维的研究建立在科学的基础上。为此，欧洲创新协会将他列为人类历史上贡献最大的250人之一，是全世界公认的创造性和创新思维领域以及思维技能的注意力指引领域的领导者和权威。他提出的"横向/水平思维"（Lateral Thinking）一词作为语言的一部分，已经被收入《牛津英语大词典》《朗文词典》。

1. 水平思考与垂直思考的区别

垂直思考就是一种由分析、判断和辩论来决定的思维，通过批判、争论、提出有力的证据来阐述一个问题，凸显逻辑性、系统性的思考。这种思维模式是目前一种主流思维模式，在科学实验中占据主要位置。然而，水平思考更有助于创新，水平思考模式不仅仅关注是什么的问题，而且更关注能够成为什么的问题，有助于开创一条继续前进的道路。

"黑白鹅卵石"的故事

很多年前，有些国家有这样的制度，一个人只要欠了别人钱，就会被送进监狱。一个伦敦商人就很不幸地欠了高利贷。这个放高利贷的商人又老又丑，但他却对伦敦商人美丽的妙龄女儿垂涎三尺。于是，他提出了一个交易条件，只要让他得到伦敦商人的女儿，他就可以取消伦敦商人的债务。伦敦商人和他的女儿都被这个提议吓坏了。狡猾的高利贷商人便进一步说，让上帝的旨意来决定这件事情。他告诉可怜的伦敦商人和少女，他会把一颗黑色和一颗白色的鹅卵石放进一个空的钱袋里，然后让少女挑选其中一颗。如果她选中的是黑色鹅卵石，那么她将嫁给高利贷商人，她父亲的债务也会被取消。如果她选中的是白色鹅卵石，那么她可以继续留在父亲身边，而债务也将被取消。但是，如果她拒绝挑选鹅卵石，那么她父亲将会被送进监狱。伦敦商人很不情愿地接受了这一提议。他们当时正站在高利贷商人的后花园里，脚下正好是一条由鹅卵石铺成的黑白相间的小路。于是，高利贷商人弯腰拾起了两颗鹅卵石。他拾鹅卵石的时候，眼尖的少女吃惊地发现他拾起了两颗黑色鹅卵石放进了钱袋里。接着，高利贷商人要少女选出一颗决定她和她父亲命运的鹅卵石。

（资料来源：爱德华·德·博诺《水平思考法》）

假如你是该案例中的那名不幸少女，你会怎么做？如果你要帮这名可怜的少女出主意，你会出什么主意？

如果是垂直思考者，想到的方案无外乎三种：

（1）少女拒绝挑选石头。

（2）少女应该指出钱袋里装着的是两颗黑色鹅卵石，从而揭穿高利贷商人的骗局。

（3）为了使父亲免受牢狱之苦，少女挑选一颗黑色鹅卵石。

可是这三种方案好像并不能帮助这位少女。

如果是水平思考者，想到的方案或许是让少女将她的手伸进钱袋并拿出一颗鹅卵石。趁大家还没来得及看这颗石头一眼，就把它丢在地上，由于地上到处是黑白鹅卵石，所以也分不清哪一颗是刚才掉在地上的鹅卵石了。然后要看一看钱袋里剩下的那颗是什么颜色，就会知道少女刚才选的鹅卵石是什么颜色了。这样的方案是可以帮到少女的。因为剩下的那颗鹅卵石肯定是黑色的，而高利贷商人也不敢承认他刚才的欺骗行径，所以少女选出的那一颗自然就被认为是白色的。就这样，通过水平思考，少女奇迹般地把一个看起来对她非常不利的情况变成了对她极为有利的情况。

垂直思考者会把注意力集中在少女必须进行选择这件事上，而水平思考者却会关注钱袋里挑剩下的那颗鹅卵石。垂直思考者对事情进行仔细的推敲，然后通过逻辑思考找到解决方案。水平思考者却倾向于从各个不同的角度来考察同一个事件，而不是接受其中一个，然后从中推出某个结论来，根据结论再来选择接受哪种方案。所以，垂直思考关注事情的逻辑性，而水平思考关注问题的解决。对于创业者而言，水平思考模式更为有用，在整个创业过程中，我们更多的是在解决一个又一个问题。

2. 水平思考的特征

水平思考就是有意识地运用大脑的推理能力，在面对一个问题时，随机选择一个思考方向，然后从这个方向往想要的结果方向去推演，努力在这两点之间找到一条逻辑路径，如果这条路径是合理、可操作的，那么这就是解决这个问题的优化办法。这个过程就是水平思考过程。与垂直思考不同，垂直思考一定是在逻辑推理与数量分析的前提下，步步为营，构建一个严密的思维逻辑，从而提出解决问题的办法往往是机械、传统的。要想得到一些新的创意，就一定要采取水平思考的方式，才可以激发出新的创意来。

垂直思考是一种高可能性的思考，而水平思考是一种低可能性的思考。首先，水平思考可以把一些低可能性的事情变成现实，这就是一种创新表现。所以要想锻炼创新思维，水平思考方法无疑是一种有效选择。其次，水平思考并不一定都能带来突破性的原创，有时候，水平思考只是帮助我们换一种方式看待事物。创造性思考通常需要一种天赋，而水平思考对每一个有兴趣创新的人来说都是可能的。最后，水平思考是大脑思维的一种态度、一种习惯，完全可以有意识地培养，是一种可以学习的创新思维。具备了水平思考这一思维方式的人就有了一定程度的创新能力。

3. 水平思考的原则

水平思考的原则有四条：认清支配性观念；寻找看待事物的不同方式；摆脱垂直思考的束缚；运用偶然性。

（1）认清支配性观念。水平思考关键在于要突破垂直思考的思维束缚，就好比垂直思考是要把一个洞越挖越深，而水平思考则是在别处另挖一个洞。一个浪费人们努力的洞本身没有错，至少它所处的位置没什么错，只不过已经被扩展得太具规模了。需要再挖一些更实用的洞，所以人们需要放弃现在的洞，开凿新的有用的洞。而放弃现有的洞，这个观念并不是很多人都能轻易接受的，毕竟已经投入了那么多的精力。摆脱这个洞的束缚，就需要思维的改变，将这种强有力的支配性观念摆脱。我们要勇于承认这种支配性观念的缺点，并且将其摆脱。

（2）寻找看待事物的不同方式。对于乐观者而言，半瓶酒已经很不错了，毕竟还有半瓶；而对于悲观者而言，半瓶酒是多么糟糕的事情，都快空了。所以要解决问题，看待问题的不同方式导致的结果有天壤之别。水平思考需要从不同角度来看待需要解决的问题。这里，介绍一些简单的技巧，希望帮助大家能用多种方式看待事物。

①规定几种方式：可以有意识地要求自己通过几种方式分析事物，如果坚持这样的训练，就会增强分析事物、解决问题的能力。

②颠倒事物关系：把一些事物关系进行颠倒，例如，房子的屋顶不再由墙支撑，而是让墙悬挂在屋顶上。这样做的话，可以帮助我们打开思维，寻找一些意想不到的关系。

③事物类推：把一种情况中的关系转移到另一个比较容易掌握的情况中去。例如，发明洗衣机网套的那个日本家庭妇女，就是以类推的方式，将捕捉蜻蜓的网套用到了洗衣机中。

④转移焦点：有意识地把焦点从问题的一个部分转换到另一个部分。例如前面所说的黑白鹅卵石的故事，就是把焦点从被挑出来的那颗鹅卵石转移到剩下的那颗鹅卵石上。

（3）摆脱垂直思考的束缚。垂直思考有一个极端的倾向，就是企图控制大脑里的每一个想法。因为垂直思考的强逻辑性，要求每一步、每一个环节都是正确的，这样才可以完成接下来的环节。然而水平思考不需要这样,不需要每一步都正确,只要最后的结论是正确的就可以。第一,要想摆脱垂直思考,尽量避免不要固定一个思考方向,而是要发散思维。第二,要避免对每一个事物进行分类和定义,而是要对这些事物进行新的组合,碰撞出新的火花。第三,避免用逻辑进行分析,因为很多新的创意在最初形成的时候,都与逻辑相矛盾,但这并不意味着不能发展成为新的创意。所以,一个新的想法提出,不要去质疑它,不要说"这是不可能的"。当然要培养这种思维,传统教育模式也需要改变。

(4)运用偶然性。偶然性的价值在于催生创意,需有意识地提供一个让偶然性发生的环境。通常有这些办法:漫无目的地玩耍、头脑风暴、随意挑选事物、打破不同思维的界限、接受任何来源的信息、从不同角度看事物,等等。

总之,创新思维的锻炼不是一蹴而就的,需要改变思维模式,克服偏见思维。天才都是百分之一的天分加上百分之九十九的汗水,要具备创新思维,就需要加大力度进行思维锻炼,从而让自己具备一定的创新能力。

学习单元四　大数据时代的企业创新

2015年3月5日李克强总理在政府工作报告中提出,制订"互联网+"行动计划,推动移动互联网、云计算、大数据、物联网等与现代制造业结合,促进电子商务、工业互联网和互联网金融健康发展,引导企业拓展国际市场。2016年3月6日第十二届全国人民代表大会第四次会议指出,要发挥大众创业、万众创新和"互联网+"集众智汇众力的乘数效应,打造众创、众包、众扶、众筹平台,构建大中小企业、高校、科研机构、创客多方协同的新型创业创新机制。

"互联网+""大众创业、万众创新"现在已是家喻户晓的热词,也成为不少企业的理想和寄托所在。随着网络信息化时代的发展,移动互联、社交网络、电子商务大大拓展了互联网和创新创业的领域,我们正处在一个数据爆发式、几何式增长的"大数据"时代。"大数据"时代给创业者的数据驾驭能力带来前所未有的挑战。

大数据带来的改变

一、聚焦优势

一个木桶能装下多少水,是它最短的一块板所决定的。在工业时代木桶理论还是很有说服力的,但现在是互联网时代,该理论已被淘汰。

当下企业没必要什么都厉害,如果财务不精通,可以找会计师事务所;如果欠缺人力资源,可以请猎头机构;如果市场营销是短板,优秀的广告公司很愿意为其效劳;另外还有法律服务、战略咨询、员工心理服务等,也有专业公司提供优质服务。

现在企业只需要有一个自己的长板作为优势,便可通过合作补齐自身的短板。企业完全可以围绕着核心优势展开布局,所以当你拥有一块长板,你会发现一只桶能装多少水决定于木桶长板的长度。最明显的例子就是在2014年年初,谷歌用29.1亿美元把摩托罗拉出售给了联想,仅一周时间，谷歌股价大涨 8%，为什么会这样？谷歌的 CEO 佩奇说："这一次交易之后，谷歌会将全部精力投入安卓生态系统的创新中，从而使全球智能手机用户受惠。"谷歌是做系统的，搞的是软件，起初买个手机是为了补齐自身的短板，可后来发现虽然硬件有提升，但收益远不如专注自己擅长的领域，做好系统才是王道。

长板和短板的本质其实就是自身优势和劣势，是激发优势，还是改变劣势？显然激发优势更简单些，至少能确保战略方向的正确，如果花太多的注意力去改变劣势，效果如何？真的很难说，大多的结果都成效寥寥，这就是方向不对，努力白费。

综上所述，如果创业创新还是建议找到自己的优势，然后集中全部力量于一个点上，做出"爆款产品"，用"长板理论"打败竞争对手。

二、征服挑战，具备风险意识

提升新时代风险意识，这是基于新时代我国社会发展中各式各样的结构性风险问题而做出的判断。例如，经济安全不但要以政治安全、军事安全与社会安全为前提，也要以科技安全、网络安全和资源安全为支撑；生态恶化、资源枯竭等安全风险问题越来越依赖于多边机制与合作对话这一带有"总体"性特征的共同安全思维来解决。没有意识到风险就是最大的风险。图之于未萌，虑之于未有，才能更充分更深入地估量新时代结构性风险应对的难点和复杂性。习近平总书记强调，"增强忧患意识，做到居安思危，是我们治党治国必须始终坚持的一个重大原则"。这就要求我们必须进一步增强风险防范意识，准确把握国家安全形势变化新特点新趋势，立足当下国情保安全，走出一条中国特色国家安全道路。

在党的十九大报告中，习近平总书记进一步强调了提升风险意识的极端重要性。他强调，"坚持总体国家安全观。统筹发展和安全，增强忧患意识，做到居安思危，是我们党治国理政的一个重大原则"。全面深化改革已经进入攻坚期与深水期，将面临许多困难与风险相互交织的考验，一定要登高望远，居安思危，知危图安。只有具有自觉的风险意识，才能更好地做到安而不忘危，存而不忘亡，治而不忘乱，更好地规避全面深化改革中的各种风险。

从世界风险的维度来看，主导当今世界的价值体系正在从"不平等"向"不安全"转换。基于这样的价值体系的转换，德国著名的现代风险社会学家乌尔里希·贝克在他的名著《风险社会》中，把现代社会的风险称为"文明的风险"，并指出当今世界人类正"生活在文明的火山上"。与之相应，英国著名风险学家安东尼·吉登斯则用"失控的世界"来描绘风险社会的风险景观。这就让人们感觉到，现代风险有如悬在人类头顶的"达摩克利斯之剑"。从当代启蒙的主导理念上说，风险社会所表达的是一个个别情景与原则上需要开展自我批评、自我反省、自我矫正的社会。只有积极地反思反省，才能有效建构现代风险价值体系，重构风险价值观念。比如，当今社会生态文明的建构要求否定资本主义一元现代性，倡导和实践多元现代性，使人们在生态意识上实现普遍的文化自觉，通过重塑风险价值观唤醒人们的风险意识，进而实现具有生态意义的生产与生活。

中国传统文化中蕴含了极为丰富的关于增强风险意识的思想养料。忧患意识是中国传统文化与中华民族精神中的瑰宝，它的价值在于集风险认知、判断及风险消解于一体。《孟子·告子下》中说，"生于忧患，死于安乐"。忧患意识是超前意识、风险意识与情感体验的集合体。风险意识在忧患意识中居于核心地位，因为人的社会实践活动总是受某种利益所驱动，但在这一过程中人们往往会冒着风险去应对各种不确定性因素可能导致的利益伤害与损失。例如，中国古代对冲自然灾害风险的"荒政"也蕴含了极为丰富的原始风险意识。因为频繁的灾害必然会在经济、政治乃至社会秩序等方面产生一定的震动和不利影响，即灾荒有可能引发政治动乱以及一系列相关的社会后果。中国古代的荒政大多具有补偿、分摊和转移意外损失的作用，是带有一定社会保障意义的经济手段。中国传统文化中蕴含了极为丰富的风险意识，这有待于我们进一步去挖掘、梳理,并从中汲取更为原始的新鲜的风险意蕴的思想精髓,这种思想精髓对于提高新时代驾驭风险的本领具有十分重要的参考价值。

当然,强调风险意识提升并不意味着要把风险控制在"零"的状态,不能为了追求绝对安全而不计成本地背上沉重负担,甚至顾此失彼,也不能因为包袱重而等待、困难多而不作为、有风险而躲避、有阵痛而不前。

三、价值创新

价值创新是现代企业竞争的一个新理念,它不是单纯提高产品的技术竞争力,而是通过为顾客创造更多的价值来争取顾客,赢得企业的成功。现代企业管理市场竞争手段不断变化,技术固然是一个十分重要的途径,但是向价值领域里扩展是当今的趋势。价值创新概念最先是由欧洲国际工商管理学院的金昌为(W. ChanKim)教授和雷尼·莫泊奈(Rence Mauborgne)教授提出的。

价值创新意味着一次关于商业成长的战略思想的改变,从本质上来说,它是将企业进行战略思考的出发点从竞争对手转变为创造全新的市场或重新诠释现有市场。价值创新并非着眼于竞争,而是力图使客户和企业的价值都出现飞跃,由此开辟一个全新的、非竞争性的市场空间。

价值创新的重点既在于价值,又在于创新。在没有创新的背景下,价值的焦点是规模扩张型的"价值创造",它提供了价值,但并不足以使企业超越市场。在缺乏价值的背景下,创新往往是技术拉动型、市场推广型的,或者是理想主义的,即忽略客户是否愿意接受并支付相应的价格。在此意义上,把价值创新与技术创新及市场推广加以区分是十分必要的。

企业技术中心坚持走产学研结合的创新之路,深度军民融合、产学研合作,努力创新、完善管理、提高品质。以科研机构、高校人才、研究成果输出作为企业发展的原动力。借助社会企业的良好平台及资源,科研机构在技术上开发的同时完成对研究方向的规划,以单纯的技术型研究机构转型成技术、方向性兼顾的研究机构;同时,研究成果将推动企业以及行业的整体发展,也为高校、研究机构提供研究和人才开发利用的资源。

四、引领生活方式,改变学习氛围

学习是通过教授或体验而获得知识、态度或价值的过程,从而导致可量度的稳定的行为变化,更准确一点来说是建立新的精神结构或审视过去的精神结构。任何事情从不会到会都是一个学习的过程。

学习是一种享受。学习的方法有很多,而学习态度却仅仅只有一种,那就是时时刻刻都要认认真真。学习能提高自身修养,能够使自己的人生变得更好,所以人们需要学习。学习是指学习者因经验而引起的行为、努力和心理倾向的比较持久的变化。这些变化不是因成熟、疾病或药物引起的,也不一定表现出外显的行为。学习表现为个体行为或行为潜能的变化。

学习所引起的行为或行为潜能的变化是相对持久的。

学习所引起的行为或行为潜能的变化是因经验获得而产生的。

学习是人和动物所共有的一种对环境的适应现象。

对于我国企业来说,当下是一个最好的时代。无论是政府、社会、高校、家庭,还是银行、风险投资机构,都前所未有地对创新投入了最大的热情。从公司注册资本起点降至零,到各种税收优惠、各种扶持待遇,再到"一带一路"倡议的激励,都体现了这种热情。中国正在进入一个全民创新的新时代。目前,人们已经能够从"互联网+"产生的海量数据中获取精准的预测结果并用于创新决策,创新领域出现了很多新的机遇和挑战。

在大数据时代,只要人们敢做,敢于突破保守的思想,敢于接受新鲜的事物,就能进行创新。创新者对新潮流能够接受,能够适应大数据带来的产业链重构和价值链重组的商业形态,大数据将为企业创新提供更广阔的舞台。

利用大数据助力创新创业

学 习 小 结

　　创新就是在现有的环境下，利用已有的知识、资源、技术，打破常规重新整合出新的事物，从而可以改进现有事物的不足，或者产生新的经济效益的行为。要实现创新需要具备创新能力和创新思维，创新思维是可以通过培养来具备的，创新能力是在具备了创新思维之后，结合自身专业知识可以得到更大限度的发挥。

　　常见的偏见思维有四种类型：经验偏见、利益偏见、位置偏见、文化偏见。每个人都很难逾越偏见，但是我们可以抛弃偏见本身，从而能够多角度地分析问题，尝试接受不同的观点，激发思维，实现创新。超越性思维、简单性思维、整体性思维、扩散性思维是常见的四种创新思维类型。水平思考模式有助于培养创新型思维。在日常生活中，人们要有意识地运用大脑推理问题，面对某一问题时，随机选择一个思考方向，按照这个方向往想要的结果去推演，努力在这两点之间找到一条逻辑路径，如果这条路径是合理、可操作的，那么这就是解决这个问题的优化办法。这是一种有效解决问题的创新思维模式。

　　创新意味着改变，所谓推陈出新、气象万新、焕然一新，无不是诉说着一个"变"字；创新意味着付出，因为惯性作用，没有外力是不可能有改变的，这个外力就是创新者的付出；创新意味着风险，从来都说一分耕耘一分收获，而创新的付出却可能收获一分失败。创新确实不容易，所以总是在创新前面加上"积极""勇于""大胆"之类的形容词。

复习思考题

1. 简述木桶原理。
2. 简述提高创新活动的要点。
3. 请你自主调查一家你感兴趣的企业，通过文献资料分析，简述其管理创新之道。
4. 你认为最能提高企业创新活动的组织管理手段是什么？

百香果园中做起"分享经济"

思考题:
1. 林瑞平"分享经济"取得成功的原因是什么?
2. 林瑞平"分享经济"对我们创新创业有什么借鉴意义?

实训任务

利用大数据了解分析市场行情

1. 实训目的

(1) 大数据的重要性;

(2) 使用常见的大数据;

(3) 将大数据同创新创业结合起来。

2. 实训材料

常见的大数据有百度司南、百度指数和风云榜等。

百度司南——完全免费的高端决策支持工具。基于百度积累的每年逾1 000亿次的海量网民行为数据和行为分析技术,百度司南以强大的数据分析优势,将看不见的用户需求进行量化,以数字形式准确展现用户行为,为广告主提供精准的营销决策依据,帮助更多广告主在网络上轻松寻找到更多更合适的潜在用户。同时,百度司南还可以为广告主企业的市场营销决策提供极有价值的参考数据。

百度指数——大数据时代最重要的统计分析平台。百度指数是以百度海量网民行为数据为基础的数据分享平台,是当前互联网乃至整个数据时代最重要的统计分析平台之一,自发布之日便成为众多企业营销决策的重要依据。百度指数能够告诉用户:某个关键词在百度的搜索规模有多大,一段时间内的涨跌态势以及相关的新闻舆论变化,关注这些词的网民是什么样的,分布在哪里,同时还搜了哪些相关的词,帮助用户优化数字营销活动方案。

风云榜——时事热点搜索排行平台。观热点事件,看时尚风云,透过搜索洞悉世界,穿越时空把握流行!风云榜是指在互联网、电视、报纸等媒介中,普遍受关注的人或事,并根据关注度进行名次量化。它是时事热点的一种直接反映,普遍受到都市时尚群体的关注。风云榜前10名的人或事,往往具有强大的传播力和感染力,并能够在很短的时间内为民众所熟知。

3. 实训要求

(1) 以创业团队为单位,基于已选择好的大数据指数,了解分析市场行情;

(2) 提交一份基于大数据分析下的市场行情报告书。

4. 实训步骤

(1) 资讯准备。

①确定具体产品和所推广的市场;

②通过不同渠道收集相关资料。

(2) 工作任务实施。

①确定市场行情报告书的主题思路;

②撰写在某一具体市场上的市场行情报告书;

③制作一份市场行情报告书PPT;

④进行市场行情报告书陈述演练。

(3) 工作检查与评价。

①每组成员就所撰写的市场行情报告书进行陈述;

②组织者对每组市场行情报告书的陈述和 PPT 予以评价;

③成员互评,组织者进行适当点评并进行实训总结;

④组织者对各项目小组及各成员进行综合评定。

5. 练习题

练习题

模块十五

工业企业的"绿色"管理

本模块学习目标

1. 掌握企业绿色管理的内涵;
2. 理解企业绿色管理的实施策略;
3. 了解"双碳"模式下的企业转型升级的实现路径;
4. 理解企业节能减排的措施方法。

能力目标

能够根据学习的内容意识到绿色管理对于企业管理及发展的重要意义,具备实际分析企业绿色管理和节能减排效果并制定改进措施的能力。

关键概念

绿色管理战略　双碳　企业升级转型　节能减排

【导入案例】

绿色发展,电商先行

企业是电子商务绿色发展的主体。2019年,商务部电子商务司发布《电子商务绿色发展倡议书》,号召广大电子商务企业共同探索并实践电子商务绿色发展道路,满足人民群众日益增长的优美生态环境需要。倡议发布以来,电子商务重点企业踊跃响应倡议,认真履行企业社会责任,克服困难阻力、创新实践举措,涌现出一些好经验好做法。

一、完善管理体系

为推动企业绿色发展,苏宁提出"12345"发展规划:"一个战略目标"——聚焦生态文明,聚力绿色发展;"两个基本原则"——绿色低碳,降本增效;"三个发展方向"——减量、绿色、提效;"四个核心模块"——仓储、分拨、运输、配送;"五个主要举措"——循环包装、直发包装、回收体系、单元化运输、自动化装备,确实将绿色环保理念融入企业发展的顶层设计。同时,苏宁先后制定《苏宁物流集团绿色网点评价指引》《苏宁物流集团绿色分拨评价指引》《苏宁物流集团包装耗材绿色采购规范》等一系列规范制度,并建立"局部试点——区域推广——全面铺开"的拓展机制,建立奖惩机制,规范和保障绿色理念和绿色举措的可落地执行。

二、应用绿色包装

京东通过发挥自身的平台优势,整合资源,联合多家检测机构、上下游伙伴企业签署合作协议,成立电商物流行业包装标准联盟,着力提升包装循环化、减量化水平。一是试点循环快递箱

"青流箱"。青流箱由可复用材料制成，箱体正常情况下可循环使用20次以上，破损后还可以"回炉重造"。目前，青流箱已在北京、上海、广州等30余个城市进行常态化使用。二是推动直发包装应用。京东物流通过入仓优惠政策，激励上游品牌商企业推行直发包装。目前宝洁、联合利华等品牌商的上千个商品已实现出厂原包装可直发。三是持续包装减量。京东基于大数据不断优化纸箱材质，每年可减少使用20万吨以上纸浆。此外，京东对封箱胶带进行"瘦身"，宽度降低15%，每年可减少使用胶带数亿米。还通过新材料升级，降低缓冲包装的厚度，气柱袋厚度降低35%，充气袋厚度降低25%，每年减少使用聚乙烯PE数千吨。

三、创新包装设计

设计之初，小米就考虑到包装材料对于整个环境和社会的影响，避免过度包装造成浪费。通过长时间在包装工艺、包装技术方面的积累，小米推出环保包装方法"一纸盒"（One Paper Box），只需要使用一张卡纸或瓦楞纸板折叠成一个包装盒，内部不需要多余的辅料来支撑，甚至不需要使用胶水，组装过程更加省力。根据计算，"一纸盒"的设计，最高能降低原传统包装成本的40%，避免过度包装带来的浪费。"一纸盒"包装方法也获得了行业和国际上的认可，斩获日本优良设计奖Best 100和德国iF设计奖。

四、促进绿色消费

美团发挥平台双向连接商户与消费者优势，多种方式倡导绿色发展理念。对消费者，美团将每个月最后一天设置为"美团外卖环保日"，利用App端内资源、微博、微信等渠道与环保组织合作倡导绿色消费等理念，迄今上线33期，并在植树节、地球日、"六五"环境日等重要节点开展宣传倡导行动，已触达超过10亿人次。此外，还发起"青山盒作社"系列线下活动，让公众体验餐盒再造变成新的塑料制品，线下参与用户超过18万人次。对平台商家，美团通过商家后台等渠道向商家推送避免过度包装、使用环境友好型餐盒等可持续发展理念，多次联合商家共同发起垃圾分类环保倡议。此外，还正与相关研究机构共同制定《外卖可持续商户指南》，从食材供应、外卖包装、能效管理、后端处理等维度提升商户可持续运营水平。

五、探索包装回收

针对短期内无法被取消或替代的外卖塑料包装制品，阿里本地生活积极探索其循环利用路径，基于平台数据和用户宣导在订单量高的商圈、办公楼等开展回收试点活动。饿了么在上海成功落地首个专注于外卖垃圾分类回收闭环的链路。在历时两个月的试点中，共收集塑料餐盒421千克，经过一系列清洗和深处理等后端步骤，获得了循环再生外卖塑料颗粒350千克，把这些颗粒再造升级制成21个多肉小花盆，俨然完成了一次外卖塑料的华丽"变身"。

管理启示

绿色管理的加强与改善是一项系统工程，因此无论是企业还是政府均应该放眼全局，从战略政策、法律法规、素质教育、激励机制等多个方面做出新的有效的举措，形成一种良好的绿色营销氛围，这样才能确保我国经济步入良性循环。

学习单元一　企业"绿色"管理战略

人类社会经济发展所造成的环境污染、资源枯竭、生态失衡和发展不可持续等问题日益凸显，要求企业转变经营理念，选择可持续发展的运营管理模式，将绿色、环保等理念融入管理的全过程，确保企业能以最小的资源和环境代价获得更多的收益。

一、企业绿色管理内涵及特点

1. 绿色管理内涵

绿色管理（Green Management）就是将环境保护的观念融于企业的经营管理之中，它涉及企业管理的各个层次、各个领域、各个方面、各个过程，要求在企业管理中时时处处考虑环保、体现绿色。

企业绿色管理是指以节约资源和能源、减少污染为核心目标的一系列管理活动。绿色管理实际上是现代社会生产和生活方式变化在企业经营管理上的反映，是国民经济可持续发展和人们生活质量提高的必然途径。在各种力量的推动下，绿色管理作为一种全新的管理理论和方式，必将成为未来企业经营管理的主要模式。

2. 绿色管理的特点

与传统的管理理念相比，绿色管理具有以下基本特点。

（1）综合性。绿色管理是对生态观念和社会观念进行综合的整体发展。

（2）绿色管理的前提是消费者觉醒的绿色意识。

（3）绿色管理的基础在于绿色产品和绿色产业。

（4）绿色标准及标识呈现世界无差别性。

3. 绿色管理的实施原则

（1）5R 原则。

①研究（Research）：将环保纳入企业的决策要素中，重视研究企业的环境对策。

②消减（Reduce）：采用新技术、新工艺，减少或消除有害废弃物的排放。

③再开发（Reuse）：变传统产品为环保产品，积极采用"绿色标识"。

④循环（Recycle）：对废旧产品进行回收处理，循环利用。

⑤保护（Rescue）：积极参与社区内的环境整治活动，对员工和公众进行绿色宣传，树立绿色企业形象。

（2）全程控制原则。企业大多只注重产品生产过程中产生的环境问题，而对产品在发挥完使用功能后对环境造成的污染和破坏则缺乏相应的管理。因此，实施以产品为龙头、面向全过程的管理是绿色管理的原则之一。

（3）双赢原则。即在处理环境与经济的冲突时，必须追求既能保护环境，又能促进经济发展的方案。这就是经济与环境的双赢，也是可持续发展的要求。有时这一原则表现为彼此在遵守规则的前提下相互做出一定程度的妥协，而不是双方都得到最大限度的利益。

（4）保护性原则。实施绿色管理的企业，不但应该做到自身不破坏环境，而且应该向企业员工和社会公众积极宣传环境保护的意义，积极参与社会和社区内各种环境整治活动，在社会公众中树立绿色企业的良好形象。

二、企业实施绿色管理的意义

1. 企业推行绿色管理是我国国民经济可持续发展的迫切要求

21世纪以来我国坚持走可持续发展道路，所以绿色管理的新管理模式在这种发展背景下应运而生。绿色管理是指企业在各项生产经济活动中应以环保和节约为主，通过有效地融合二者，且企业在相关管理制度进行制定和管理实践过程中应把环保问题考虑在内，考虑环境是否会因实践活动而受到威胁。在管理发展过程中企业合理地实施绿色管理，可进一步提升企业的综合效益，保证其生产出的产品污染和消耗较低，附加值较高。

2. 企业推行绿色管理战略是创造国民良好生存环境、提高生活质量的基本保障

生态文明建设关系人民福祉，关系民族未来。党的十九届六中全会审议通过的《中共中央

关于党的百年奋斗重大成就和历史经验的决议》指出，党的十八大以来，党中央以前所未有的力度抓生态文明建设，全党全国推动绿色发展的自觉性和主动性显著增强，美丽中国建设迈出重大步伐，我国生态环境保护发生历史性、转折性、全局性变化。

3. 企业推行绿色管理也是企业自身生存与发展的迫切要求

我国已经加入世贸组织，冲破关税壁垒只是时间问题，但非关税壁垒特别是国际上对环境标准的要求很高，在 WTO 框架中，几乎所有行业都渗透对污染程度和允许的资源开发方法、数量加以限制的要求，即"绿色壁垒"。我国很多产品在国际市场上因此受到冲击，如 2003 年我国有 39% 的出口产品遭遇国外技术壁垒的限制，造成损失约 170 亿美元，其中我国的冰箱、空调等数百个产品品种、50 多亿美元的出口产品，因使用氟利昂制冷剂，违反了保护臭氧层的有关国际公约而受到出口限制。因此我们必须重视加入 WTO 之后面临的严峻现实：在一个低环保标准的国度，无法开发出高环保标准的有竞争性的产品，环保问题还可能演化为贸易争端。企业必须进行清洁生产，切实执行 ISO 14000 的国际环境管理标准，大幅度提高绿色产品的比例，增强企业在国际市场上的竞争力，尽可能减少"绿色壁垒"给我国企业造成的损失。

课堂拓展

绿色贸易壁垒

4. 绿色管理是适应绿色消费浪潮的必然选择

随着人们逐渐提升环保意识，在购买相关产品时绿色产品会成为首选，所以绿色产品在市场上所占据的地位比较重要。各个企业以此为发展契机，竞争也更加激烈，因此对企业管理的要求也更高，企业想要保证生产的产品无污染，就要做好绿色规划。企业的市场竞争力只有坚持绿色发展方向才能进一步提升，为自身稳定发展奠定基础。

消费者趋向于绿色消费主要有两方面的原因：一是社会经济发展在为社会及广大消费者谋福利的同时，造成恶劣的自然环境及社会环境，已直接威胁人们的身体健康，因此，人们迫切要求治理环境污染，要求企业停止生产有害于环境及人们身体健康的产品；二是社会经济的发展，使广大居民个人收入迅速提高，他们迫切要求高质量的生活环境及高质量的消费，亦即要求绿色消费。

5. 企业参与国际竞争必须实施绿色管理

从 20 世纪 90 年代开始，世界范围内兴起了一场"绿色革命"，环境与发展问题已成为新一轮多边贸易谈判的中心，即"绿色回合"。由于 WTO 允许其成员采取相应措施加强环境保护，因此绿色壁垒将必然存在，而且会成为最重要的变相贸易壁垒。为了遵循这些绿色贸易规则，冲破绿色壁垒，免遭贸易制裁，企业必须实施绿色品牌战略，这样才能求得快速健康的发展。

启发案例

饮料瓶引发的贸易壁垒

早年，丹麦政府决定，所有啤酒和汽水都必须装在可回收再利用的瓶子中才能出售。这一决策的背景是：传统的运行良好的玻璃回收处理系统，受到日益增多的不可回收再利用的啤酒瓶及其他容器的威胁。欧洲共同体委员会认为该法律给进口货物增加了比丹麦货物高的成本，从而构成了阻碍联盟内货物自由流动的贸易壁垒。欧洲共同体仲裁法庭受理了这一案件。

共同体委员会声称，丹麦法律违反了某种货物一经在一国出售就自动可以在共同体内各国流动的基本法规。尽管并未直接禁止境外容器瓶的流动，国外货物供应商们建造可再利用瓶的处理系统都面临更大困难。委员会认为该法律歧视性对待国外厂商。委员会还认为，该法律不能等效于环境效益，并且采用其他方式也可以充分地保护环境，例如采取志愿收集系统和循环使用方式。

法庭裁决，允许丹麦保留其强制性的容器再利用法律。法庭确认，以环境保护为出发点，允许存在货物自由流动一般规则的例外。如果欧盟不包含某特殊领域的专款法律，就会引起由于不同国家采取不同法规而导致贸易混乱的情形。法庭认为，为了保证饮料包装的高回收率而使用可回收的饮料包装是必要的，从而此法规与目标成"适当的比例"。

然而，丹麦关于容器瓶种类认可的要求未获通过。此后，国外生产者的货物必须盛装于丹麦生产或认可的瓶中（仅在货物检验阶段使用并且有数量限制）。实施容器瓶认可法规的动机在于：如果市场上出现许多种容器，就不可能建立有效的回收体系。通过控制容器瓶的种类可以控制其类别上的多样性。

法庭发现，尽管回收再利用容器瓶并不能保证最大的回收再利用水平，但确实保护了环境。作为法庭裁决的结果，进口到丹麦的饮料很少。于是法庭又发现，从瓶子种类的强制性认可中所获得的环境效益，并不能同国外供应商们的巨额损失成比例。

6. 社会环境要求企业实施绿色管理战略

企业的生产经营活动面临着一系列的挑战。首先是宏观环境的压力，如保护消费者利益运动和保护生态平衡运动的压力，以及政府规范化立法的压力，从而驱使企业必须树立环保观念，实施绿色品牌战略，顺应时代要求；其次是广大消费者对绿色消费的需求剧增，企业必须顺应消费者的绿色消费需求，开展绿色经营，才能赢得顾客；最后是市场竞争优胜劣汰规律的作用，迫使企业改变经营观念，塑造绿色品牌，这样才能有力地对付竞争对手，不断地提高市场占有率。

三、绿色管理的实施策略

1. 建立企业文化

绿色企业文化是企业及其员工在长期的生产经营实践中逐渐形成的为全体职工认同、遵循，具有企业特色的，对企业成长产生重要影响的，对于节约资源、保护环境及其与企业成长关系的看法和认识的总和，包括价值观、行为规范、道德风尚、制度法则、精神面貌等，其中处于核心地位的是价值观。绿色企业文化既是绿色管理的重要内容，也是企业实施绿色管理的前提。

2. 制定管理战略

绿色经营战略是企业根据企业与自然、社会和谐发展，在促进社会经济可持续发展中实现企业可持续成长的理念，结合外部环境的变化和企业的实际情况，从总体和长远考虑成长目标，明确成长方向，并制定实现目标的途径和措施。制定绿色战略是企业长期稳定、持续实施绿色管理，避免一朝一夕短期行为，使绿色管理变成企业成长有力、持续、不可缺少的推动力量的保证，是企业采取节约资源、保护环境措施的纲领。

3. 发展组织结构

绿色管理不仅需要全体员工有绿色意识，还需要有形的具体的职能部门来履行绿色管理的职能，需要设置相应的计划制订部门、执行部门，以及监督部门。例如，在企划部门中设立绿色环保规划处、绿色认证研究部门，设立产品质量环保成效监督部门、绿色产品研发部门、绿色技术研发部门、绿色市场开拓部门等，使企业形成一个绿色管理的网络。

4. 实行绿色设计

绿色设计包括材料选购，生产工艺设计，使用乃至废弃后的回收、重用及处理等内容，即进行产品的全寿命周期设计，实现从根本上防止污染、节约资源和能源，在设计过程中考虑到产品及工艺对环境产生的副作用，并将其控制在最小的范围或最终消除。

启发案例

一直以来苏宁易购践行绿色物流，在包装方面坚持减量化、循环化、绿色化发展。苏宁易购物流已经100%实现45毫米以下"瘦身胶带"封装，电商快件不再二次包装率达到99%。循环中转袋实现全覆盖，所有网点全部设置标准包装废弃物回收装置，可降解塑料袋使用规模也按计划扩大，可循环快递箱（盒）全国投入40余万个，其中北京使用量达到3.8万个。

苏宁易购物流"青城计划"行动推行4年以来，包装环节实现单包裹减碳56克。面对"双11""双12"和年货节等各种大促节点，以全国29大绿仓为中心，苏宁易购物流联动合作伙伴提前规划直发包装，并通过一联单、3D包装等绿色化、智能化措施，持续为包裹"减负"。

2021年12月8日，发改委等三部门联合印发关于组织开展可循环快递包装规模化应用试点的通知，强调提升可循环快递包装产品绿色设计和标准化水平，培育可循环快递包装可持续使用机制。作为领先的零售服务商，苏宁易购上游连接供应商，下游直面消费者，在整个消费供应链环节中起着关键性的承上启下作用，苏宁易购物流一直主动承担着推动整个服务链向绿色化方向发展的重要角色。

苏宁易购物流持续推动实行可循环快递包装规模化应用探索，结合现有资源，联合可循环包装企业、厂家合理谋划建设，确保试点范围内可循环快递包装高效循环流转使用，建立合理的成本分担机制。同时继续强化技术创新应用，实现可循环快递包装流向的全链条实时监控，提升循环率和周转效率。

5. 进行绿色采购

产品原材料的选择应尽可能不破坏生态环境，选用可再生原料和利用废弃材料，并且在采购过程中减少对环境的破坏，采用合理的运输方式，减少不必要的包装物等。

6. 研究绿色技术

绿色技术贯穿于绿色生产的始终，是绿色生产的关键所在。企业应最大限度地研究并应用节约资源和能源、减少环境污染、有利于人类生存而使用的各种现代技术和工艺方法。

7. 推行清洁生产

清洁生产是绿色设计、绿色技术的综合实施过程，也是绿色管理的重点。

8. 发展绿色营销

绿色营销是企业绿色管理的一种综合表现，是一个复杂的系统工程，包括绿色产品、绿色价格、绿色渠道、绿色促销等。

问题互动

随着全球环境保护意识的增强，世界各国经济都在实施可持续发展战略，强调经济发展应与环境保护相协调。作为绿色保护运动的一个重要组成部分——绿色营销正成为社会和企业认真研究的热门课题。

所谓绿色营销,是指企业在生产经营过程中,将企业自身利益、消费者利益和环境保护利益三者统一起来,以此为中心,对产品和服务进行构思、设计、销售和制造。

北京长城饭店在每间客房放置一张淡绿色的节能卡,提醒客人在每次离房前熄灯,关掉暖气、空调、电视等,以节约能源。自觉节能是世界性的呼声,是人类对自身生存和发展的关注,是现代人文明素养的一种表现。身为五星级的大饭店欢迎入住客人参加节能活动,其用意当然不仅仅在于对自身利益的考虑,更重要的是对公众做了一次节能意识的影响和引导,体现了一个大企业对社会的责任感。事实证明,节能卡新颖别致,加强了公众对节能活动的理解与认同,也为长城饭店的形象添了一分亮色。

中国的矿泉水市场竞争非常激烈,早有娃哈哈与乐百氏的双雄争霸,后有雀巢、康师傅等的混战。农夫山泉能够异军突起名列三甲,与其长期开展绿色营销是分不开的。其广告词"农夫山泉有点甜"向消费者传达了健康饮用水的信息,其"千岛湖水源地""大自然的搬运工"的广告陈述,又准确地描述了其源自大自然、保护大自然、亲近大自然的营销理念。其中的成功真谛,值得玩味。

曾有一份全球性的调查报告显示,66%的英国消费者愿意付更高的价格购买绿色食品,80%的德国人和67%的荷兰人在购物时考虑环境问题,有77%的美国消费者愿意为绿色包装多付钱,而且这部分消费者的比例正在日益扩大。可见绿色产品备受青睐;另外,由于绿色产品在开发研制过程中用于环保的投入增加了,其成本也高于普通产品,具有较高的技术含量和环保价值,又有益于消费者的身心健康,因而价格可以定得高些。以绿色食品为例,芬兰政府允许其价格比一般食品高30%,日本则允许高出20%左右。但这种策略不能作为企业长期的定价策略,为了企业的长足发展,应在环保技术的开发研究上下功夫,不断革新技术,降低成本。可以预料谁拥有先进的环保技术和环保产品,谁就能在激烈的市场竞争中取胜。

以上案例内容对你有什么启发?

9. 开发绿色投资

企业应抓住机遇,投入绿色环保项目,发展绿色产业,进一步提高企业的绿化程度。企业的发展不能仅局限于现有规模,应适当开发新项目,增强企业实力,绿色投资可以作为企业绿色管理中的一个突破点。

10. 实行绿色会计

企业在进行会计成本核算过程中,除了包括自然资源消耗成本外,还应包括环境污染成本、企业的资源利用率及产生的社会环境代价评估,以便全面监督反映企业绿色管理的经济利益、社会利益和环境利益。

11. 执行绿色审计

绿色审计对企业现行的运作经营从绿色管理角度进行系统完整的评估,发现其中的薄弱环节,为开展绿色管理决策提供依据。这样既可降低潜在危险,又能比较准确地判断绿色管理的投入,更重要的是有助于企业发现市场中的新机会。

蒙牛集团铝塑包装盒的回收

学习单元二 "双碳"模式下的企业转型升级

一、"双碳"战略

"双碳"即碳达峰与碳中和的简称。中国力争在2030年前实现碳达峰，2060年前实现碳中和。"双碳"战略倡导绿色、环保、低碳的生活方式。加快降低碳排放步伐，有利于引导绿色技术创新，提高产业和经济的全球竞争力。中国持续推进产业结构和能源结构调整，大力发展可再生能源，在沙漠、戈壁、荒漠地区加快规划建设大型风电光伏基地项目，努力兼顾经济发展和绿色转型同步进行。

2021年，工信部印发《"十四五"工业绿色发展规划》，提出到2025年碳排放强度持续下降，单位工业增加值二氧化碳排放降低18%；污染物排放强度显著下降，重点行业主要污染物排放强度降低10%，规模以上工业单位增加值能耗降低13.5%，乙烯等重点工业产品单耗达到世界先进水平；大宗工业固废综合利用率达到57%，主要再生资源回收利用量达到4.8亿吨。单位工业增加值用水量降低16%，推广万种绿色产品，绿色环保产业产值达到11万亿元。

推动煤炭等化石能源清洁高效利用，提高可再生能源应用比重。加快氢能技术创新和基础设施建设，推动氢能多元利用。支持企业实施燃料替代，加快推进工业煤改电、煤改气。对以煤、石油焦、渣油、重油等为燃料的锅炉和工业窑炉，采用清洁低碳能源替代。通过流程降碳、工艺降碳、原料替代，实现生产过程降碳。

二、"双碳"背景下能源企业面临的挑战与机遇

自我国确定碳达峰、碳中和目标以来，绿色低碳发展已成为国家共识。能源行业作为碳减排的重点领域之一，对我国实现"双碳"目标影响深远，在此背景下，能源企业转型发展成为行业热点话题。

1. 传统能源企业应在新兴领域打造独特优势

"双碳"目标是一场新的革命，将推动我国以煤炭为主的高碳能源结构向以新能源为主的低碳能源结构转变，这是我国能源发展的必然趋势。

2. 我国企业在双碳背景下面临的挑战

从"双碳"目标要求看，2030年我国非化石能源占一次能源消费比重将达到25%左右。此外，"双碳"目标意味着我国将用大约30年的时间走完欧美国家50~70年才能实现的碳中和之路，这必将对我国当前仍以火电、煤电装机为主的能源结构带来巨大挑战，对能源企业加速优化业务结构、绿色低碳转型发展带来新的挑战。

（1）赛道选择多、不确定性大。新能源行业细分领域众多，覆盖范围广泛，可供能源企业选择的发展赛道众多。然而，目前风电、光伏等领域虽然产业链完整，发展相对成熟，但电量规模依然较小，作为主力负荷不够稳定；氢能、储能等尚处于培育阶段，相关政策不明朗，开发难度大，投资造价高，经济性尚待验证，将给能源企业新业务布局与拓展带来一定的挑战。

（2）市场竞争激烈、竞争难度加大。作为践行"双碳"目标的主力军，中石化、中石油、中海油、中国广核、三峡集团、国家能源等各大能源央企积极出台新能源投资规划，加快新能源布局。同时，各地方能源集团、交通投资集团、综合能源服务公司，甚至能源行业外的互联网、科技巨头等各路资本也都加快布局，加入新能源细分赛道，传统能源企业转型发展面临的市场竞争正愈加激烈。

（3）管理要求提高、机制束缚。一方面，新能源业务与传统能源业务在项目开发建设、项目拓展、运营服务、管理机制等方面的要求各不相同，将对能源企业跨行业、跨地域、多项目运营管理能力提出更高的要求；另一方面，面临新能源领域技术、商业模式的不断突破与创新，传统能源企业需要从职业经理人选聘、容错机制、人才引进、考核激励等方面入手，加快市场化改革，破除业务发展的桎梏与束缚，将对能源企业内部管理体系变革提出新的挑战。

我国传统能源企业业务结构大多以煤炭、煤电、石油等化石能源为主，新能源业务占比较小。面对"双碳"目标的挑战，对于大型能源企业来说，主动适应能源结构调整的时代需要，加强新能源产业布局，加快实现产业结构的低碳转型升级，是推动自身高质量、可持续发展的必然要求。

碳市场

3. 双碳背景下企业的发展机遇

在"双碳"目标引领下，能源企业应积极拓展新兴领域，在光伏、风电、水电、氢能、储能、生物质能、碳排放交易等领域打造独特优势，有效应对市场竞争。能源企业可结合区域能源特点、自身发展实际，选择性布局新的业务领域，拓宽发展空间，打造独特竞争优势，有效应对日益激烈的市场竞争。

国务院国资委明确要求"加快清理处置不符合绿色低碳标准要求的资产和企业，深入推进战略性重组和专业化整合"，部分转型动作慢、创新动力不足、资金实力薄弱的企业将面临被整合的命运。能源企业可借助资本运作方式，加强并购整合，提升资本运作能力，进一步补链、强链、延链，加速做优做强做大。

（1）数字智能解决方案推动企业绿色低碳发展。从长期看，化石能源消费比重下降、新能源消费比重上升是能源转型的大趋势；但从短期看，化石能源仍然是我国能源供应与保障的中坚力量。在"双碳"目标下，能源企业转型发展需要多头并进。

①提质增效、优化存量。一方面，传统能源企业要坚持聚焦主业提质增效，如电力企业要严控新增装机并淘汰落后产能，提高大容量高参数煤电装机占比，果断关停小容量煤电机组及低效的自备电站机组；煤炭企业要加快煤矿智能化改造，坚定不移有序退出三类矿井，优化产能结构。

另一方面，传统能源企业要借助余热回收、汽轮机流通改造、整体煤气化联合循环、循环流化床燃烧等多种技术，加快煤电技术改造，提高燃煤效率，减少资源消耗，实现降本增效。

②清洁替代、拓展增量。立足能源安全，能源企业要积极把握"双碳"机遇，通过自主培育、收购兼并、战略合作等方式加快新能源业务布局，积极探索光伏、风电、氢能、储能等多元化业务，加快清洁能源替代，加快构建多元的能源供应体系，实现从单一化石能源供应商向综合能源服务商转型，为高质量健康可持续发展奠定基础。

③数字驱动、智慧赋能。随着人工智能、大数据分析、云计算等数字化技术的快速发展，将低碳化的数字智能解决方案嵌入企业的核心业务及全产业链，推动自身绿色低碳发展，已成为能源企业的共同选择。一方面，对于像国家电网这种技术底蕴雄厚、资金实力强大的企业，可通

过强化数字化监控，加强上下游产业链的低碳技术研发应用，"自主"完成相关数字化转型进程；另一方面，大部分能源企业还可通过与华为、百度、施耐德等专业的互联网数字化企业展开合作，借助互联网企业的技术，以"合作"方式达成能源数字化，进而助力自身低碳转型。

④资本运作、外延扩张。借助兼并、收购、战略合作等方式，加速新能源布局与拓展，是能源企业"双碳"背景下绿色低碳转型的重要途径。2020年2月，京能集团通过收购港股上市公司熊猫绿色能源集团，开始了新能源发展战略的探索之路；2021年12月，华电福新引入中国人寿、中国国新、国家绿色发展基金等13家战略投资者，实现风电和光伏项目的开发建设及新能源业务开拓。

⑤技术革新、持久动力。二氧化碳捕集、利用与封存及生物能源和储存等新兴减碳技术是实现"双碳"目标的有效途径之一，但受技术、成本等因素限制，目前尚处于起步阶段。能源企业布局前沿减碳技术，是未来拓展发展空间、增强发展后劲的重要举措。随着技术的不断进步，减碳技术将为能源企业低碳转型提供新动能。

⑥绿色金融、增添助力。近年来，绿色债券、绿色贷款、绿色基金、绿色保险、碳金融等金融产品和工具发展迅速，为能源企业绿色低碳转型提供了强大助力。能源企业利用绿色金融产品和工具进行融资，投资符合条件的绿色项目，除了可以享受相关优惠政策外，也有助于树立公司品牌形象，同时能源企业持续披露环境效益信息，向投资者宣传企业在能源转型方面所做出的努力和发展前景。

(2) 开拓新局助力高质量可持续发展。我国能源企业应多多借鉴国际石油公司的转型经验，助力我国"双碳"目标的实现。面临"双碳"目标带来的机遇与挑战，绿色低碳转型不再是锦上添花，而是能源企业生存的必要条件。能源企业必须主动把握和引领新一代能源技术的变革趋势，推动传统能源业态提质增效、清洁高效利用，大力拓展新能源产业，创新能源业态与商业模式，加快构建多元的能源供应体系，借助资本运作、数字化、技术革新、绿色金融等多种渠道、多种功能，乘势而上，以转型应对变局，以创新开拓新局，加速突破跨越，助力自身高质量健康可持续发展。

启发案例

石化行业具有高排放的特性，在政策引导与应对气候变化责任的要求下，行业呈现绿色发展趋势，导致石油企业绿色低碳发展迫在眉睫。石油化工行业属于高排放产业，石油化工企业的绿色低碳发展既是碳中和要求，也是抓住新机遇的必经之路。

英国石油公司（BP）在2021年财富500强榜单上位列第三，原油产量和储量均居全球第二，天然气产量和储量均居全球第三，是全球油气行业的引领者。在绿色发展背景下，BP作为全球石化行业巨头存在绿色发展的需求。尤其是欧盟与英国出台了严格的降碳政策，通过行政要求、碳税政策、碳交易等方式推动企业绿色发展，BP公司承担着较大的政策压力，需要进行绿色低碳发展。BP很早就开始采取措施促进绿色发展。

面临新冠肺炎疫情及全球油气市场新变化，BP公布了其10年战略规划，明确提出由专注于油气资源生产转变为专注于为客户提供解决方案的综合性能源公司。通过"十年三步走"计划向综合能源服务商迈进。

第一步，收紧油气业务，剥离资产获取现金流。未来10年内，BP将在2019年的水平上减少40%油气产量，且不会尝试在尚未开展上游活动的国家进行勘探。第二步，布局新能源领域，优化投资组合。生物质能、氢气和低碳电力是BP最重要的三项新能源业务。此外，BP计划通过新增市场、零售业务和交通运输业务来进一步提高自身的市场地位。第三步，设计专业机构，支撑业务发展。成功的业务转型离不开组织架构和人才的支撑，BP专门成立了"天然气与低碳能源"板块，旨在对分散在各部门的能源团队进行整合，共同创建低碳解决方案。

三、"双碳"目标下制造业转型升级的策略

1. "双碳"目标下制造业转型升级的实施路线

对中国来说，节能减排是"达峰"手段，能源替代是"中和"途径，技术升级是"双碳"目标实现的关键。

绿色和低碳已成为中国经济、社会、生态发展转型的基本指导原则与重要评判标准。其中，制造业的碳减排是碳达峰、碳中和目标实现的重中之重。对应中国"双碳"节点，制造业的"双碳"目标达成也应采取分步走战略。在科学评估制造业主要门类发展现状、地位作用和未来趋势的基础上，应综合考虑能源结构、产业链安全、碳排基数、技术路线、社会成本、国际关系等因素，制定制造业"双碳"目标的近中远期实现路径。

碳中和

（1）近期内，要高强度减排，集中力量对能耗及碳排大户进行减碳化改造，以实现快速达峰的短期目标。

（2）在中期，要深度减排，对关键战略性行业和战略性环节的碳排放量进行重点监控，防止"伪低碳"制造门类的出现而发生碳排放强度反弹，尽早实现碳中和。

（3）在远期，要全面减排，聚焦全门类制造行业，加快推进绿色低碳技术的全面应用，促进制造业整体发展水平的跃升，完全建立起绿色低碳的制造业生产体系，长期保持零碳排。

"双碳"目标下中国制造业转型升级的近期行动方案主要包括三个重要方面。一是尽快出台制造业"双碳"转型升级的顶层设计方案，明确国家与地方各级政府具体行动计划的总则、范围、方向和重点；地方省市制造业的碳达峰与碳中和时间表；相关组织、保障、协调推进原则。二是加快制定制造业"双碳"转型升级的国家与地方中长期发展战略和行动计划，规划重点产业降碳布局和重点领域降碳部署，明确工业降碳的实施路径。三是尽快公布和实施制造业碳排放的统计、核算、定价方法，以利于各级政府及早明确制造业产业转型升级的调整方向。

2. "双碳"目标下中国制造业转型升级的体系建设

（1）治理体系建设。加强党对"双碳"目标实现的全面领导，强化国家力量对"双碳"工作实施的有力统筹。

一是在国家层面明确领导和推进机制。成立"双碳"工作领导小组，设立"双碳"工作推进领导小组办公室，负责制定总体规划、设计实施路径、推进统筹协调。

二是加大对"双碳"目标下制造业转型升级的制度性保障，健全和完善低碳经济法律法规体系。重点解决相关法律缺位和法规法条之间存在不协调的问题。

三是建立与制造业减碳有关的治理规则体系。涵盖碳排放规则治理、碳交易市场治理、碳中和的国际关系治理、区域协同治理、减碳手段的伦理治理等方面。

（2）绿色制造体系建设。全面构建绿色生产体系是制造业实现"双碳"目标的重要途径。

一是高度统筹能源生产体系与工业生产体系。以能源组合方案确定生产组织方案，在体系架构上保证工业减碳的低成本化和规模化。

二是构建绿色制造循环体系。将制造生产纳入循环经济整体框架，最大限度降低制造业转型升级对能源与资源的需求，实现全产业链、产品全生命周期的碳达峰与碳中和，并实现制造业对其他部门"双碳"目标达成的反哺。

三是构建绿色制造生产体系。优化能源使用结构、提高电气化程度、加快生产工艺升级、应用先进储能技术、布局回收与再用技术，系统设计、全面构建制造业的低碳生产链与低碳价值链，提高工业产品的绿色竞争力。

四是构建绿色制造支撑体系。完善绿色制造的基础、通用标准与评价方法；增加低碳指导定价、标准核算等方面的绿色金融服务供给；增加低碳技能培育、信息传递、资源对接等方面的绿色制造公共服务供给。

（3）技术支撑体系建设。中国制造业要实现"双碳"目标，需加快建立自主可控的绿色低碳技术创新体系。

一是加快低碳关键技术研发。围绕服务于制造业低碳转型升级的原料、燃料替代，工艺技术改进和碳捕集与利用三大核心目标，加快开发工业节能、氢能制备与储运、零碳电力、工业流程优化、碳捕获与碳汇等关键低碳技术，满足特定行业和关键环节的减碳需要。

二是加大低碳技术的战略储备。聚焦清洁能源、余热利用、梯级利用、高效电机、变频调速、高效保温、锂电储能等领域，开展一批具有战略性、前瞻性、颠覆性的低碳共性技术攻关，满足中长期制造业全行业节能减碳的技术供应需要。

三是加快推进低碳技术创新的成果转移转化。建立一批区域性的低碳技术研发平台、技术联盟、技术转移中心、技术交易市场，满足低碳技术资源优化配置的需要。

（4）政策体系建设。增加服务于"双碳"目标的制造业转型升级"绿色新政"供给。

一是财政方案调整政策：用以提供制造业快速转型升级所需的额外资金，满足较大规模的电气化、燃料和原材料替代、设备更新、技术开发要求，以及补贴转型所造成的额外的过程性消耗。

二是防止碳泄漏的政策：防止制造企业迁移到生产成本不受排放限制影响的国家，或从环境和可持续性标准较宽松的国家选择成本较低的产品，出现新一轮的产品进口潮。

三是系统性的能源定价和碳定价政策：以确保在转型升级过程中，制造业始终能够获得合理成本的能源供应。

四是技术开发与保护政策：建立绿色、低碳的制造技术体系，增加供给；保护可能被迅速淘汰的已有破坏性技术，防止产业转型升级造成的对绿色投资价值的侵蚀。

五是就业保护与就业补充政策：防止产业快速转型造成的劳动力供给结构性过剩与不足，增加具有绿色和数字技能的人才供给。

启发案例

低碳氢能或将成就新蓝海

在碳中和背景下，几乎所有的传统、高碳能源都可能消失，如果不积极地采用低碳、零碳技术进行转型，高碳产业和企业将面临生存危机。

2022年3月23日，国家发改委发布《氢能产业发展中长期规划（2021—2035年）》。连日来，氢能概念股集体飙涨，30余只个股涨幅超过5%，整个板块位居行业涨幅榜首位。

在顺利结束的 2022 北京冬奥会和冬残奥会上，氢能成为"绿色办奥"理念的重要体现。从"飞扬"火炬到氢燃料汽车以及赛场照明，亮起的都是"绿"灯，大大减少了碳排放总量。

"每卖出 5 辆车，就有 1 辆是新能源汽车。"2022 年全国"两会"上，全国人大代表，长安汽车董事长朱华荣代表业界发声：以新能源智能化推动汽车产业高质量发展，实现产业"换道超车"。

继 2021 年年末"双碳"政策体系两大纲领性文件发布后，2022 年以来，各部委密集谋划，绿色低碳政策体系持续完善并加快落地。《"十四五"工业绿色发展规划》提出：到 2025 年，我国绿色环保产业产值达到 11 万亿元，绿色低碳产业将迎巨大增量空间。

氢能来源丰富、绿色低碳、应用广泛，是重要的二次能源之一，在碳中和背景下，氢能正逐步成为全球能源转型发展的重要载体。全国已形成京津冀、华东、华南、华中、西南五大产业集群，覆盖了氢能的制备、储运及应用等领域。

2022 年 3 月 22 日，国家发改委、能源局印发的《"十四五"现代能源体系规划》提出：到 2025 年，基本掌握核心技术和制造工艺，燃料电池车辆保有量约 5 万辆，部署建设一批加氢站，可再生能源制氢量达到 10 万~20 万吨/年，实现二氧化碳减排 100 万~200 万吨/年。

目前中国新型储能已经从实验室阶段，进入了商业化应用的初期。2022 年，各省市加快推进储能项目的落地，有超过 20 个省份明确了配套储能设备的配储比例。

根据中国氢能联盟预计，到 2025 年，我国氢能产业产值将达到 1 万亿元；到 2050 年，氢气需求量将接近 6 000 万吨，实现二氧化碳减排约 7 亿吨，氢能在我国终端能源体系中占比超过 10%，产业链年产值达到 12 万亿元。

学习单元三　企业节能减排体系构建

工业企业作为能耗大户和污染物的主要排放者，应积极承担环境责任，履行环境义务，不断推进节能减排工作。企业内部节能减排机制是企业节能减排最本质最核心的动力源，起着基础性、根本性的作用。实施企业节能减排，重在建设和完善企业内部节能减排机制，针对企业内部节能减排机制建立科学合理的评价指标体系，制定用于评价企业节能减排机制体系的统一标准，具有重要意义。

煤炭是我国二氧化碳排放占比最高的能源，企业可以通过调整能源结构减少煤炭能源消费量，持续推动产业结构优化和能源清洁转型。

一、节能减排的内涵

节能减排有广义和狭义之分，就广义而言，节能减排是指节约物质资源和能量资源，减少废弃物和环境有害物（包括"三废"和噪声等）排放；就狭义而言，节能减排是指节约能源和减少环境有害物排放。

减排项目必须加强节能技术的应用，以避免因片面追求减排结果而造成的能耗激增，注重社会效益和环境效益均衡。《中华人民共和国节约能源法》所称节约能源（简称节能），是指加强用能管理，采取技术上可行、经济上合理以及环境和社会可以承受的措施，从能源生产到消费的各个环节，降低消耗、减少损失和污染物排放、制止浪费，有效、合理地利用能源。

在过去 100 多年里，发达国家先后完成了工业化，消耗了地球上大量的自然资源，特别是能源资源。当前，一些发展中国家正在步入工业化阶段，能源消费增加是经济社会发展的客观必然。

启发案例

中国的低碳之路

中国是当今世界上最大的发展中国家,发展经济,摆脱贫困,是中国政府和中国人民在相当长一段时期内的主要任务。自20世纪70年代末以来,中国作为世界上发展最快的发展中国家,经济社会发展取得了举世瞩目的辉煌成就,成功地开辟了中国特色社会主义道路,为世界的发展和繁荣做出了重大贡献。

中国是目前世界上第二大能源生产国和消费国。能源供应持续增长,为经济社会发展提供了重要的支撑。能源消费的快速增长,为世界能源市场创造了广阔的发展空间。中国已经成为世界能源市场不可或缺的重要组成部分,对维护全球能源安全,正在发挥着越来越重要的积极作用。

中国政府正在以科学发展观为指导,加快发展现代能源产业,坚持节约资源和保护环境的基本国策,把建设资源节约型、环境友好型社会放在工业化、现代化发展战略的突出位置,努力增强可持续发展能力,建设创新型国家,继续为世界经济发展和繁荣做出更大贡献。

课堂拓展

"节能减排"出自我国"十一五"规划纲要

二、推进节能减排工作的重要性

1. 节能减排是增加企业国际竞争力和实现外贸可持续发展的重要举措

经济全球化为我国广泛参与国际分工与合作创造了条件,但面临的竞争也更加激烈。节约能源资源,加大环境保护力度,从源头上减少污染,使企业生产过程和产品的原料成分、能效、回收、废弃和处置等都能够符合环境标准,关系到增加企业国际竞争力和实现外贸可持续发展。

2. 节能减排是工业可持续发展的基本要求

我国能源资源总量虽然较多,但人均占有量少。关于中国的能源家底,有一种说法是中国富煤、贫油、少气。而实际上,煤炭资源虽然绝对数量庞大,但1 800亿吨左右的可采储量,只要除以13亿这个庞大的人口基数,人均资源占有量就会少得可怜。目前我国探明石油储量约60亿吨,仅够开采20年,刚好是世界平均40年的一半。人均淡水资源量为2 200立方米,仅为世界人均占有量的1/4;人均耕地只有1.4亩①,不到世界平均水平的40%;人均森林面积为1.9亩,仅为世界人均占有量的1/5;45种主要矿产资源人均占有量不到世界平均水平的一半。

3. 节能减排是缓解能源资源约束矛盾的根本出路

近年来,随着经济快速增长,工业对煤电油运和重要资源的需求量明显增加,价格大幅度上涨。一些重要能源资源对外依存度大幅度上升,我国重要能源资源短缺对经济发展的制约进一

---

① 1亩≈666.67平方米。

步加剧。

4. 节能减排是实施环境保护的根本要求

我国能源生产和消费以煤为主，燃煤造成的二氧化硫和烟尘排放量均占其排放总量的80%~90%。目前我国环境形势严峻的状况仍然没有改变。主要污染物排放量已经超过环境承载能力，流经城市的河段普遍受到污染，许多城市空气污染严重。生态破坏呈加剧之势，水土流失量大面广，草原退化，生物多样性减少。

三、企业如何做好节能减排降碳工作

1. 增强员工节能意识，实现全员参与

资源与能源的不合理使用不仅加剧了能源供应紧张状况，而且加重了环境污染，助长了不良社会风气。节能减排工作是企业社会责任的重要体现。企业核心竞争力正在逐渐超越原有的单纯以资本技术和设备为基础的硬实力，转向了软实力方面，主要包括企业社会形象、社会公德、品牌影响力等。倡导节能减排的企业能够为自己树立良好的企业形象，增强市场竞争力。因此要实现企业节能减排目标，必须使全体员工在思想意识上充分认识到深入开展全民节能行动的重大意义，增强紧迫感和危机感，把节能减排变成日常工作和生活中的自觉行动。可在"全国节能周"及"无车日"期间重点宣传节能减排知识和相关主题，并开展相关活动；在日常工作中利用公司网站，经常宣传节能减排常识，供员工学习参考；在办公区域的适当空间张贴节能宣传挂画和粘贴节能环保标识牌，时刻提示全体员工注意节约。

2. 建设、完善能源管理体系和碳排放管理体系。

建设、完善与运行能源管理体系和碳排放管理体系，是节能减排的重要手段，是运用现代管理思想，借鉴成熟管理模式，将过程分析方法、系统工程原理和策划、实施、检查、改进（PDCA）循环管理理念引入企业（单位）能源和碳排放管理。建立覆盖能源利用和碳排放全过程的管理体系，对促进各单位构建节能减排长效机制具有十分重要的意义。

3. 建立能源监测管控中心

能源监测管控中心是以自动化控制及信息化为技术基础，以能源供需优化为主导方针，最终促进节能减排工作持续有效地开展，解决用能单位在日常运维过程中的能源资源管理问题，切实降低用能单位的能源运行成本，实现"十四五"节能减排目标的重要量化节能管控信息化工具。

能源管控监测管控中心的主要建设内容包含能源管控管理指标体系的建立、现场设备及计量器具的安装、网络通信弱电综合布线、能源管控中心数据中心的维护、能源管控中心应用软件的开发等。

能源监测管控中心建设完成后，实现能耗监测、能耗分析、对标定额管理、能耗报警、节能管理、运行维护等功能，指导用能单位更好开展节能工作。

4. 做好新的节能技术改造和应用工作

通过碳排放核查和能源审计等工作，找出节能潜力，利用新的技术做好主要用能系统的节能改造，一般包含供暖系统、空调通风系统、照明系统、变配电系统、给排水系统、电梯系统等。升级工艺、发掘潜力、改进工艺流程，通过技术革新、科技进步、时代发展的手段达到节能目的。

5. 淘汰国家规定的高耗能机电设备

根据《中华人民共和国节约能源法》与工业和信息化部等部门提出的《高耗能落后机电设备（产品）淘汰目录》，对现有的主要用能设备进行梳理，加快淘汰高耗能落后机电设备（产品），持续提升重点用能设备能效水平。

想一想：在企业日常管理中可以从哪些方面进行节能降耗管理？

学 习 小 结

企业绿色管理是指以节约资源和能源、减少污染为核心目标的一系列管理活动。绿色管理实际上是现代社会生产和生活方式变化在企业经营管理上的反映，是国民经济的可持续发展和人们生活质量提高的必然途径。在各种力量的推动下，绿色管理作为一种全新的管理理论和方式，必将成为未来企业经营管理的主要模式。

企业通过实施绿色管理，建立绿色发展战略，实施绿色经营管理策略，制定绿色营销方案，开发绿色投资，实行绿色会计，执行绿色审计，这样才能加快绿色企业文化的形成，推动企业绿色技术、绿色生产，生产出满足公众绿色需求的产品，实现人与自然的和谐、人与人的和谐，最终实现经济的可持续发展和未来国民生活质量的整体提高。

政府管制、市场和社会的压力能够推动企业节能减排工作持续改进，但是，由于企业才是节能减排终端的执行者，所以建立健全企业内部节能减排机制才是关键。企业需要不断健全环保组织机构，完善企业节能减排制度，营造以可持续发展为内涵的企业文化，积极有效地运用科技手段，来提高节能减排效率，最大化企业环境绩效，真正促使节能减排机制的内生化。

企业追求的是利益最大化，如果节能减排不能实现利润的增加，企业就很难有节能减排的内在动力，因此需要建立完善的企业节能减排内外机制，由外而内地强制引导、促进企业节能减排。企业节能减排外部机制包括强制的行政手段、激励的市场手段、调节的政策手段，旨在把外在的环保压力转化为企业内在节能减排的动力。同时，更应该加强企业内部节能减排机制建设，使企业节能减排行为规范化、制度化，更加科学，更加有效率。

复习思考题

1. 什么是企业绿色管理？
2. 如何对企业进行绿色管理，具体措施有哪些？
3. 企业应如何做好节能减排工作？

守护绿水蓝天的标杆型绿色火电企业

思考题：
该企业是怎么开展节能减排的？这样的举措对企业和消费者有何益处？